本书系重庆大学中央高校基本科研业务费项目"国内外有影响的语言测试一体化研究"(2021CDJSKZX07)的研究成果和国家社科基金重点项目"基于证据的四六级、雅思、托福考试效度对比研究'(14AYY010)的后续研究成果。

U0461136

《语言测评实践》百问

辜向东　晏飒绮　肖　巍/编著

重庆大学出版社

图书在版编目（CIP）数据

《语言测评实践》百问：汉文、英文 / 辜向东，晏飒绮，肖巍编著. -- 重庆：重庆大学出版社，2025. 1.
ISBN 978-7-5689-4669-8

Ⅰ.H09-44
中国国家版本馆CIP数据核字第2024EF5082号

《语言测评实践》百问

辜向东　晏飒绮　肖　巍　编著
策划编辑：安　娜
责任编辑：安　娜　　书籍设计：叶抒扬
责任校对：王　倩　　责任印制：赵　晟

重庆大学出版社出版发行
出版人：陈晓阳
社址：重庆市沙坪坝区大学城西路 21 号
邮编：401331
电话：（023）88617190　88617185（中小学）
传真：（023）88617186　88617166
网址：http://www.cqup.com.cn
邮箱：fxk@cqup.com.cn（营销中心）
全国新华书店经销
POD: 重庆新生代彩印技术有限公司
*
开本：720mm×1020mm　1/16　印张：27.25　字数：456 千
2025 年 1 月第 1 版　2025 年 1 月第 1 次印刷
ISBN 978-7-5689-4669-8　定价：88.00 元

前言
Preface

2001 年 3 月，当我在上海交通大学开始语言测试方向博士之旅时，对语言测试几乎一无所知，只是觉得考试对师生都很重要。当时我从四川大学硕士毕业到重庆大学工作已经 5 年，教过两届非英语专业本科生，学生的大学英语四级考试通过率从 46% 上升到 100%，我因此受到很大的激励，同时也有很多的困惑，希望对语言测试有更多的学习和了解，于是 2000 年报考了大学英语四、六级考试创始人、上海交通大学杨惠中教授的博士。

2001 年 9 月，杨惠中教授给我们讲授 "语言测试理论与实践" 课程，我也开始了语言测试专著和文献的阅读，其中就包括 Lyle F. Bachman 教授 1990 年的著作《语言测试要略》（*Fundamental Considerations in Language Testing*，牛津大学出版社出版，1999 年上海外语教育出版社引进）。第一次读 Bachman 教授的著作，虽然很多内容读不懂，但由于了解到他是国际语言测试界的知名专家，自己没有气馁，又选择读他 1996 年与 Adrian S. Palmer 合著的《语言测试实践》（*Language Testing in Practice*，牛津大学出版社出版，1999 年上海外语教育出版社引进）。也许是因为前期积累了一些语言测试方面的知识，这次读起来没有那么吃力，Bachman 教授也因此成为我初涉语言测试领域时印象仅次于导师的一位学者。

2002 年 5 月，上海交通大学举办首届语言测试国际研讨会，其中一位主旨发言嘉宾就是 Bachman 教授。我已经忘记他主旨报告的内容，但记得他与参会代表一起到东方明珠上参观的情形，我主动与他交流并合影留念，感觉他非常平易近人，因而要了他的联系方式。

2003 年 9 月，我获得重庆大学首批青年骨干教师资助，可以申请到国外名校访学一年，于是给 Bachman 教授写信，咨询访学事宜，得到他的肯定回复，但前提是要先获得博士学位。

2005 年 3 月，我获得博士学位，9 月即去加州大学洛杉矶分校做访问学者，师从 Bachman 教授。那是我第一次出国，第一次到英语国家，那一年的访学真可谓 eye-opening（大开眼界）。当我与 Bachman 教授谈到自己的博士论文选题《正面的还是负面的：大学英语四、六级考试反拨效应实证研究》（重庆大学出版社，2007）在国内很有争议、自己学术处于低谷期、没有写作的激情与灵感时，他对我说："Then enjoy your life. You are here in LA."（那就享受生活，你可是在洛杉矶啊。）这完全出乎我的预料，也大大减轻了我的焦虑。

于是，我在享受异国风土人情的同时，旁听了 Bachman 教授给硕士和博士生讲授的语言测试课程。当时他正在修改《语言测评实践：现实世界中的测试开发与使用论证》（*Language Assessment in Practice: Developing Language Assessments and Justifying Their Use in the Real World*）一书，我也参与了部分章节的修改与讨论。

在洛杉矶的一年，Bachman 教授对我最大的影响是使我认识到职业发展与生活享受二者可以兼顾。2006 年 4 月他带团队去旧金山参加美国教育学会的年会，我也一同前往。团队白天参会，晚上聚一起在酒吧放松。那是我第一次在国外参加国际会议，此次经历对我后来的学术与人生影响很大。

在洛杉矶访学期间，Bachman 教授对我关照有加，不仅把他的教授办公室借给我专用，还邀请我给他的硕士和博士生做讲座，分享我博士论文的研究；知道我喜欢旅行，他也时不时给我推荐美国各地的旅游胜地，还帮我订阅旅行杂志。可以说他对我印象深刻，认为我是一个"好学又好玩"的访问学者。访学结束时，他不仅给我们院长和校长写了一封热情洋溢的访学导师推荐信，还送给我一本他的语言测试统计学专著，扉页上有以下留言：

To Xiangdong,

We've really enjoyed having you with us as a visiting scholar, and have benefited from your experience and perspective. I wish you all the best.

Lyle

回国后，我与 Bachman 教授断断续续保持着邮件联系。2008 年，我与彭康洲合作，在《中国外语》发表了"从测试有用性到测试使用论证：Bachman 语言测试理论的新发展"一文，也算是我访学一年的学术成果。

2008 年 6 月，国际语言测试学会第 30 届年会（LTRC）第一次在中国（杭州）

召开。有一位境外的学者发言说中国可以不做研究而一夜之间出现一个上千万考生的语言考试。对此，我在他发言之后表示了抗议，因为我自己就是研究者之一，只不过我们的研究基本上是用汉语写的，国际学者不知道而已。会后，Bachman教授给了我一个鼓励的拥抱，赞赏我做得对。之后，我决定要追踪这个会议，让国际语言测试界听到中国学者的声音。

2009 年 Bachman 教授到中国讲学，我邀请他到重庆大学做讲座，受到师生的热烈欢迎。

2010 年我第一次到剑桥大学参加 LTRC，再次见到 Bachman 教授和他的团队，感到非常亲切，剑桥也成了我非常心仪的大学。

2012 年我获得国家留学基金委资助，申请去剑桥大学英语考评部做访问学者，得到 Bachman 教授的强烈推荐，得以成行，并开启了我与剑桥 10 年的高级学术研究顾问之旅。

2015 年我去加拿大参加 LTRC，见到了 Bachman 教授的合作者 Adrian S. Palmer。

2016 年 Bachman 教授与 Damböck 邀请我和团队为他们的书稿 *Language Assessment for Classroom Teachers*（《语言教师课堂评价》）提供反馈，我和团队成为此书最早的一批读者。

最近一次见到 Bachman 教授是 2018 年 12 月，他应邀来参加教育部考试中心与北京外国语大学联合举办的语言测试与评价国际研讨会，主讲的内容就是我们为他们提供过反馈的新书《语言教师课堂评价》。

2020 年 5 月至 10 月，我在线构建了 500 人的学术阅读共同体，组织开展 2016 年由外语教学与研究出版社引进出版的专著《语言测评实践：现实世界中的测试开发与使用论证》（*Language Assessment in Practice: Developing Language Assessments and Justifying Their Use in the Real World*）（Bachman & Palmer, 2010）的导读活动。该书 2012 年获得 SAGE 出版集团与国际语言测试协会颁发的最佳著作奖，是语言测试经典著作，书中所阐述的测评使用论证（Assessment Use Argument，简称 AUA）可视为全球最具影响力的语言测试理论框架之一，值得语言教育教学与测试专业的学生、语言教师、语言测试开发与研究者等学习。

AUA 专著在线学术共同体阅读采用支架式导读的形式。导读期间，我每周结合专著阅读内容，根据中国语言教育教学与测评实践及导读过程中对共同体成员语言测评素养和学术素养的观察与了解设置思考题，供在线学习共同体阅读时思考并作答。我对共同体成员提交的作答从逻辑、内容、语言和格式四个方面进行反馈，并于每周日晚 7:00—10:00 在线进行交流与答疑。期间，我计划邀请 Bachman 教授参与我们的线上交流。他得知后非常高兴，但因为健康和时差等原因，未能赴约。

AUA 专著既有理论篇，也有实践篇，内容丰富且庞杂，共同体成员普遍反映阅读有一定的难度。为辅助读者更好地理解 AUA 专著，我和我指导的访问学者晏飒绮以当时导读过程中共同体成员的作答为基础，精选、补充和完善了所有思考题的作答，形成《〈语言测评实践〉百问》一书，并于 2020 年秋季在我教授的硕士生语言测试课程教学中试用，得到学生们非常正面和积极的反馈。在硕士生试用反馈的基础上，我院青年教师肖巍博士与我们一起对书稿做了进一步完善，用简洁的语言、贴切的例证解读和阐释 AUA 专著，力求做到深入浅出，通俗易懂。

根据 Bachman 教授的建议，本书主体部分由"思考题"和"思考题作答"两个部分构成，按照原著 21 章的顺序编排，目的在于帮助读者快速把握章节结构和主要内容。本书中的"原著思考题"均指原著本身有的思考题；"补充思考题"均指我在导读活动中补充的思考题，"章节目录"均指原著每一具体章节的详细目录。本书所涉页码，如未标明具体文献，均指外语教学与研究出版社 2016 年引进版《语言测评实践：现实世界中的测试开发与使用论证》一书中的页码。

本书旨在通过富有启发性的问答形式实现以下三个目标：

一、辅助读者更深入地理解 AUA。本书通过大量的实例阐述了 AUA 的理论基础和实践模式，不仅可以帮助读者理解大规模、高风险测试开发与使用的重要意义，而且对理解基于课堂的测评、做好课堂测评实践也有着十分重要的指导意义。

二、辅助读者（尤其是语言测试和语言教育教学研究起步者）学会如何阅读一部学术专著，从而开启学术阅读与研究之旅；为硕士和博士生导师就如何指导学生阅读学术专著和培养学生的学术素养提供参考与借鉴。

三、从学科知识、信息素养等方面提高读者（尤其是职前和在职语言教师、语言测评开发与研究者）的语言测评素养。

　　本书的参考作答是对专著导读过程中共同体成员作答的综合与凝练，在此向所有参与作答的共同体成员表示深切的谢意，向以下积极参与作答的成员表示特别的感谢：陈竞春、陈泽涵、郝敏、胡瑜、黄燕红、李天宇、刘颖红、罗拾霞、麦肖群、王燕、王永利、王志芳、夏敏、尹开兰、曾妍妮、曾长萍、张海会、周洪艳等。因篇幅所限，无法一一列举，如有遗漏，深表歉意。我们也特别感谢导读期间我指导的三位硕士生王永利、尹开兰和曾长萍帮助整理作答，感谢我 2020 年秋季硕士生"语言测试"课程所有学生对书稿的反馈，他们是陈美玲、冯永华、龚燚凡、李钰泽、潘长俊、宋楚伊、谢娅、张梦格。感谢他们对书稿提出的宝贵意见，感谢最后审稿阶段博士生赵曦和崔腾江参与反馈。

　　本书的内容尽量做到规范与准确，但因编者能力有限，书中欠妥乃至谬误之处在所难免，欢迎各位专家、同行、读者交流切磋，批评指正！。

辜向东

2023 年 3 月于重庆大学虎溪花园

图目录
List of Figures

表目录
List of Tables

目 录
Contents

参考文献

说明：为了方便读者对照学习，第二部分章节安排与原著保持一致。每章含两个或三个小节——章节目录、原著思考题参考作答及补充思考题参考作答。原著第一、第六、第七和第八章没有提供思考题，故此四章只有两个小节，即章节目录和补充思考题作答。

第一部分　思考题

Chapter 2 Issues and considerations

1. Think of a language assessment you may have developed or helped develop, or one that you have used. What were the intended consequences and decisions for this assessment? Use Figures 2.2 and 2.3 to help you!

2. What unintended consequences occurred or might have occurred with your use of assessment in Exercise 1?

3. Recall your own classroom teaching and think of a five-minute sequence of continuous, implicit assessment. List the things you actually did in the assessment—decision—instruction cycle.

4. How do you decide when to give an explicit assessment to your class? What "content" do you assess? What kinds of assessment tasks do you use?

Chapter 3 Describing language use and language ability

1. Think of your own example of non-reciprocal language use. Write a short paragraph to describe it using the graphic organizer in Figure 3.1.

2. Think of your own example of reciprocal language use. Use the graphic organizer in Figure 3.2 to write a short description of it.

Chapter 4 Describing characteristics of language use and language assessment tasks

1. Think of an assessment you have used or are familiar with. What kinds of TLU domain seemed to have been used to select tasks as a basis for developing the

assessment tasks: real life, language teaching, both? What kind of decisions are made? How are these domains relevant to the decisions to be made?

2. Examine the descriptions of the characteristics of assessment tasks provided in the Projects on the web. Notice that these are written at different levels of detail. What real world conditions or constraints do you think might influence the amount of detail provided in the descriptions of the task characteristics?

3. Select an assessment task with which you are familiar that is somewhat similar to one of the assessment tasks used in the Projects. Then describe the characteristics of your assessment task, using the framework of language task characteristics provided in this chapter. You may also find that the terms used to describe task characteristics in other projects may provide some terms that will help you get started in describing the characteristics of your own tasks.

Chapter 5 Justifying the use of language assessments

1. Describe all the stakeholders that are likely to be affected by each of the following uses of language assessments:

Using a language assessment to:

(a) Certify that health care professionals have sufficient language ability to practice their profession;

(b) Certify that language teachers have sufficient language ability to teach effectively;

(c) Decide if non-native English speaking students need additional English language instruction;

(d) Decide if non-native English speaking students have sufficient language ability to take academic achievement test in science and mathematics that are given in English;

(e) Decide if individuals who are seeking political asylum in a country are legitimately eligible for this;

(f) Decide if individuals who want to immigrate to a country should be given an immigrant visa to do so.

(g) Decide if a citizen of a country are eligible to vote an election.

2. Describe the intended beneficial consequences and possible detrimental consequences of the decisions made in Exercise 1.

3. Describe how the test developer and/or decision maker would convince stakeholders that the decisions made in Exercise 1 are values sensitive and equitable.

4. For the Modern Chinese speaking test example above (pp. 103 -104), draw a figure with stacked boxes like Figure 5.5 to show the different claims in the AUA.

5. Read over Project 10 on the web, which illustrates how rebuttals to selected warrants in the AUA are affected by changing values of stakeholders. Think of an assessment situation that you are familiar with in which values of stakeholders may be changing. How might these changing values cause you to rethink the use of the assessment?

6. Read over "setting" for Project 12 on the web, in which an assessment is used in a situation in which two sets of stakeholders have differing values and perceive the usefulness of the test quite differently. This is a situation we have encountered many times in our discussions with Language testers around the world. Have you encountered such a situation? If so, describe it briefly and explain the major areas in which differing values of stakeholders affect their perceptions of the usefulness of the assessment.

Chapter 9 The intended consequences of using language assessments

1. Think of an assessment you have used. What were some of the intended beneficial consequences of assessment use in this situation? What were some of the intended

beneficial consequences of the decisions that were made?

2. Read through some of the Projects, paying particular attention to the distinction between consequences of assessment use and decisions that are made. Then think of an assessment use situation with which you are familiar. What are some of the intended beneficial consequences of (a) using the assessment and (b) the decisions that were made?

3. Think of an assessment development situation with which you are familiar in which essentially no thought seemed to have been given to consequences; i.e. the assessment development started with the kinds of tasks, and consequences were only addressed as an afterthought. What problems came up as a result of this approach to assessment development?

4. Think of an assessment use situation with which you are familiar. If you were to justify assessment use in this situation, who would the audience be for the AUA and backing? How would you take this audience into consideration in constructing the AUA?

5. Think of an assessment use situation with which you are familiar. Make a list of the principal stakeholders for this situation.

6. Think of an assessment use situation with which you are familiar. What steps are taken to assure that assessment reports of individual test are treated confidentially? Can you think of a situation in which this warrant might not be needed? This might be a very low-stakes test in which the distinction between assessment and instruction is blurred.

7. Think of an assessment use situation with which you are familiar. How were assessment reports presented to stakeholders? Would you be able to justify this using Warrant A3? Why or Why not?

8. Can you think of an assessment use situation in which use of the assessment or the decisions that were made did not promote good instructional practice and effective learning? How did this situation come to pass?

9. Think of an assessment use situation with which you are familiar. Describe the false positive and negative classification errors and list some potential detrimental consequences of these errors. What steps might be taken to minimize these consequences after the errors have been found?

Chapter 10 The decisions to be made on the basis of language assessments

1. Think of an assessment development situation with which you are familiar. Make a list of some of the educational values that were taken into consideration with respect to the decisions that were made on the basis of the assessment. Were any values overlooked that should have been taken into consideration?

2. Think of some legal requirements that must be taken into consideration when making decisions on the basis of assessments in your country: Are you familiar with any important legal precedents that brought these requirements to public awareness? What were they?

3. Are you working within an institution in which decisions to pass or fail students are made? If so, what educational values come to mind when you think about making these decisions?

4. Are you aware of any societal values that are considered when assessments are used making decisions in your country? What are they? Are they fairly stable, or do they tend to change over time? How might you anticipate them changing in the future?

5. Have you used assessments in educational settings in two different countries? If so, what differences in cultural and educational values were taken into consideration in making decisions on the basis of language assessments? Did you learn about any of these differences in the school of hard knocks? Are you wiser as a result?

6. Go through the Projects on the web. Make a list of some of the different kinds

of decisions that are made on the basis of language assessments. What kinds of decisions have you made on the basis of language assessments that you have used?

7. Look over Project 11 on the web, in which multiple tests are used to make multiple decisions. Are you familiar with any language teaching programs faced with the need to make similar decisions? If so, what were these decisions, and how were they made?

8. Think of an assessment use situation with which you are familiar that involved the use of a cut score to classify test takers. Describe the false positive and false negative decision errors for this situation. In this situation, what kind of classification decision error was the most serious: false positives or false negatives? Were any steps taken to reduce the likelihood of serious classification errors? If so, what were these steps?

9. Think of a situation in which an assessment is used to make decisions about test takers. To what extent were steps taken to justify the equitability of the decisions using Equitability Warrants B1-B3?

Chapter 11 Interpretations

1. Find manuals for some language rests on-line. Locate the construct definitions and characterize these definitions in terms of the following considerations: frame of reference, role of strategic competence, role of topical knowledge, performance on tasks, "skills" as the construct.

2. Think of some tests you have developed or used. Characterize these definitions in terms of the following considerations: frame of reference, role of strategic competence, role of topical knowledge, performance on tasks, "skills" as the construct.

3. Look through the construct definitions in the example Projects on the web. Classify each of these construct definitions i n terms of the considerations listed in

Exercise I above.

4. Read through the manuals for some published tests or tests available on-line. In what cases do the manuals specify the conditions under which one will observe or elicit performance from which one can make inferences about the construct one intends to assess?

5. Think of a test you have developed or used. Go through each of the meaningfulness warrants that could be articulated for this test and evaluate the degree to which each of these warrants could be used to justify the use of the test. Do you find anything that might lead you to question the meaningfulness of the interpretations?

6. Think of a test you have developed or used. Go through each of the impartiality warrants that could be articulated for this test and evaluate the degree to which each of these warrants could be used to justify the use of the test. Do you find anything that might lead you to question the impartiality of the interpretations?

7. Think of a test you have developed or used. Go through each of the generalizability warrants that could be articulated for this test and evaluate the degree to which each of these warrants could be used to justify the use of the test. Do you find anything that might lead you to question the generalizabiliry of the interpretations?

8. Think of a test you have developed or used. Go through each of the relevance warrants that could be articulated for this test and evaluate the degree to which each of these warrants could be used to justify the use of the test. Do you find anything that might lead you to question the relevance of the interpretations?

9. Think of a test you have developed or used. Go through each of the sufficiency warrants that could be articulated for this test and evaluate the degree to which each of these warrants could be used to justify the use of the test. Do you find anything that might lead you to question the sufficiency of the interpretations for making the intended decisions?

Chapter 12 Assessment records

1. Think of an assessment you have taken or used. Go through consistency Warrants 1-4. To what extent do you think the test developers had each of these warrants in mind when developing the assessment? In what ways might the assessment be modified to increase the consistency of assessment records?

2. Think of an assessment you have taken or used. Articulate the adapted consistency claim and warrants for this assessment. Note which warrants may not apply to your assessment.

Chapter 13 Real world conditions and constraints on language assessment

1. Think about your own experience with assessment development. If you have developed a test or been part of a development team, what trade-offs among the qualities of outcomes of claims did you make during the process of assessment design and development?

2. Look through the example Projects and find one that, for some reason, you find intriguing. Examine the assessment tasks or imagine what they would actually look like (In case example tasks are not actually provided). Then think about ways you might "improve" these tasks by changing some of their characteristics. What characteristics would you change? What qualities of outcomes of claims might be strengthened? what qualities of outcomes of claims might be weakened? How might the allocation of resources need to be modified? What trade-offs might be involved?

3. Think about your experience using assessments. Before reading this book, what did you think about the uncertainties involved in assessment development and use? What might you have claimed about the usefulness of the assessment at this point in time? How might your claims differ now that you've been walked through the forest of uncertainty?

4. Suppose you have put a lot of effort into developing an assessment, including providing extensive justification. Suppose someone else has come up wirh many rebuttals, all of which you have patiently responded to. But the person won't stop. You face a never ending stream of "Yes, but..." s. What could you say to this individual to put an end to this process in one way or another?

5. Think of an assessment you have taken or used. Go through consistency Warrants 1-4. To what extent do you think the test developers had each of these warrants in mind when developing the assessment? In what ways might the assessment be modified to increase the consistency of assessment records?

6. Look through the example Projects. Find one that interests you, and imagine you were in the position of having to bring this project to fruition. Make a list of human resources, material resources, and time that you would have to find to achieve the project.

Chapter 14 Developing a Design Statement

1. Think of an assessment that you need to develop. Create a Design Statement for the assessment. In the process, what issues did you find you needed to address that you had not considered prior to reading this chapter on Design Statements?

2. Look through the example projects. Find one that interests you for which a Design Statement is not provided. Create a Design Statement for the project. what did you learn from the process?

3. Imagine that you have been asked to critique a test for which no Design Statement exists. How would you structure such a critique? Given the absence of a Design Statement, what problems might you run into in critiquing the test?

4. Think of a test you might need to develop. Go through the process of conducting a needs analysis to develop a construct definition.

5. Think of a test you might need to develop. Go through the process of conducting a needs analysis to identify and describe the TLU doma in. Then go through the

process of selecting a nu task from within this domain to be used as a basis for developing assessment tasks. Explain how you used the warrants in the AUA as a guide in this process. Then explain how you considered the demands of practicality o n the selection of this TLU task.

6. Describe the characteristics of the critical TLU task you selected in Exercise above.

Chapter 15 Developing assessment tasks

1. Make a list of some tests you have developed or used. Which of the three situations for developing assessment task specifications do you think applied in each case?

2. Look over the Projects on the web. Find one that interests you that briefly describes assessment task type, but for which no specifications are provided. Create specifications for this task type following the format in Table 15.3.

3. Look through the examples of assessment task types in the Projects on the web. Then think about your own assessment needs. Locate a fask type that seems like it might be appropriate for use in your assessment situation. How might this task type need to be modified for your purposes?

4. Think about a test you have developed or used for which a task type seems to have been clearly based upon a TLU task. Describe the characteristics of both the TLU task (template) and the test task. What are the similarities and differences between these two sets of characteristics?

Chapter 16 Recording and interpreting assessment performance

1. Think of a situation for assessment use that you face that involves the use of rating scales. Then go through the examples of rating scales in this chapter and in the example Projects. Do the scales in any of these examples appear to be relevant to

your needs? If so, what modifications to the scales might be necessary?

2. Think of a situation in which you have had to use rating scales. How well did the scales work for you? Did you have. any problems using the scales. If so, can you articulate the nature of the problems using the language of the warrants i n the AUA?

3. Find an example of a short, well-organized example of academic writing that could be easily outlined. Outline it to three levels; then delete portions of the outline at each of the three levels. Create four selected response alternatives for each of the gaps in the outline. Do your best to provide distracters that, while incorrect, are still attractive. Try the test out and obtain feed back from the test takers on the responses. Would you make any changes in the alternatives on the basis of this information?

4. Obtain a copy of a test involving either selected or limited production responses. Determine how the responses are supposed to be scored. Is provision already made for partial credit scoring? If not, can you tell from the test specifications why not? If so, can you tell how partial credit scoring strengthens the link between the scores and the constructs they are intended to measure?

5. Obtain a copy of a test involving either selected or limited production responses with single right/wrong scores. Examine the test specifications, and determine whether partial credit scoring might be used to strengthen the link between the construct to be measured and the test scores. Then develop a partial credit scoring procedure to establish this link.

6. Obtain a test involving selected response tasks. Determine whether the test takers are told to choose the "best" response or the "correct" answer. Are the instructions consistent with the actual criteria that the test takers use to select the responses? Why or why not?

7. Obtain a foreign language textbook. Develop a set of test tasks involving limited production responses to test several grammar points from the text. Determine how

the construct to be measured might be defined. Then have a number of test takers complete the test tasks. From the responses, develop a partial credit answer key for scoring the responses.

8. Obtain a language test involving the use of "global" rating scales. How do the scales address or deal with the problem of inference, difficulty in assigning levels, and differential weighting of components? How might the scales be revised to deal with difficulties that you foresee?

9. Obtain a language rest involving the use of analytic scales. Are these scales based upon a clear definition of language ability or not? What components of language ability are measured by means of these scales? Are the scales criterion-referenced, or are they referenced to the abilities of a particular kind of language user? How many levels are defined? Can you figure out the rationale for the number of levels included in the scales?

10. Are you faced with a testing situation for which it would be appropriate to use test tasks scored by means of analytic, criterion-referenced scales? If so, develop a set of specifications for a test, a preliminary description of one or more test tasks, and scales for scoring the responses.

11. Obtain a language test with tasks involving written responses scored by means of rating scales. Either administer the test or obtain copies of responses to the test tasks. Have several people score the responses using the rating scales. Then compare the scoring. If raters disagreed, have them explain the basis for their ratings in order to determine why they disagreed. Would it be possible to design a training program for raters that would reduce the amount of disagreement? What might such a training program look like?

12. Obtain a language test involving either written or spoken responses scored by means of rating scales. Examine the rating scales and the characteristics of the expected responses. Do the expected responses provide a ·ratable sample, one in which there is opportunity for a full range of components that are to be rated

to occur? If not, how might the characteristics of the test task(s) be modified to provide a ratable sample?

13. Obtain a language test in which a single, composite score is produced from a profile of scores. Are the composite scores obtained through compensatory or non-compensatory procedures? Can you determine the rationale for the particular procedures? How do the procedures either enhance or limit the usefulness of the test?

Chapter 17 Blueprint

1. Think of an assessment that you developed or are familiar with that started with writing tasks without the existence of a Blueprint Did you or the assessment developers or users run into any problems, either immediately or later when the test was used, that might have been avoided had the tasks been developed from a Blueprint? How might these problems have been avoided if there had been a Blueprint to work with?

2. Have you ever developed multiple forms of a test? How did you go about doing so? What role did a Blueprint play in the process? Given what you know a bout Blueprints now, how would you go about the process differently?

3. Go through the Projects on the web. Find one that interests you for which no Blueprint is provided. Create a Blueprint for that project containing the components in Table 17.1. Look at Blueprints in other Projects to find language that may be helpful in creating the Blueprint you are working on.

4. Think of an experience you have had administering or taking a test. What procedures were followed? In what ways did these procedures seem to provide backing for warrants in the AUA? In what ways could the procedures have been improved?

5. Think of an experience you have had taking a test in which the way the test was administered seemed particularly conducive for your performing at your

best. what characteristics of the procedures for administering the test seemed particularly helpful in this regard?

Chapter 18 Preparing effective instructions

1. Look through the example projects. Find one or more in which instructions for the test taker are provided. Evaluate them according to the criteria in this chapter.

2. Look through the example projects. Find one for which instructions are not supplied. Create a complete set of instructions for this Project.

3. Obtain a language assessment. Do the instructions provide a statement of the purpose(s) for which the assessment is intended, a statement of the language abilities that the assessment is intended to measure, a specification of the procedures and tasks, and a specification of the criteria for correctness? How might you revise the instructions to provide any missing information?

4. Recall a language assessment you have taken. What kind of instructions were provided? How did you react to them? What changes do you wish had been made in the instructions?

5. Obtain a published assessment. Compare the information provided in the general instructions with the information provided in the specific instructions for each part. Does the division of information seem appropriate for this assessment? Why or why not?

6. Obtain a language assessment that consists of several parts. Do the instructions indicate how many parts there are, the relative importance of each, what each part is like, and how much time will be allocated to each? If not, how might the instructions be improved to provide this information?

7. Prepare a set of instructions for an assessment that you are developing. Explain how your decisions with respect to the instructions helped you maximize the usefulness of the assessment.

8. Obtain a test. Delete the written instructions. Then locate two individuals: one

who has no language teaching experience and one who has. Explain orally what the test requires the test takers to do. Have each individual write instructions for the test. Compare the language of the instructions in terms of the degree to which it shows sensitivity to the language abilities of the test takers (i.e. to what degree are the instructions written in effective "teacher talk". To what degree does the simplification of the grammar and vocabulary differ between the two instruction writers?

Chapter 19 Collecting feedback and backing

1. Consider the problems with the assessment environment discussed on p.417. How might types of problems with the assessment environment affect the backing for the warrants in the AUA? Do different types of problems affect the different warrants in the same way?

2. Consider the problems with the procedures for giving the assessment discussed on p.417. How might different types of problems with the assessment environment affect the backing for the warrants in the AUA? Do different types of problems affect the different warrants in the same way?

3. Recall an assessment you have developed in the past. Describe the process you used to pre-test and administer the assessment. Which of the procedures described in this chapter did you follow? Why? How might you change the procedures if you developed the assessment again?

4. Think of an assessment that you might develop. Prepare a list o f pre-testing and administration procedures for this assessment.

5. Recall an assessment you took. To what extent did the administration procedures help you do your best work? To what extent did they get in the way? What changes would you suggest?

6. Recall an assessment you have used. What kinds of feedback on usefulness from stakeholders did you obtain? What kinds of feedback might you now want to

obtain if you used the test again? What procedures might you use to obtain this feedback?

7. Recall a time when you developed an assessment for classroom use and then used it only once. What kinds of resources went into developing this assessment? What other opportunities may have existed for using this assessment test again? How rrught you have allocated available resources toward developing a more useful test to be administered on multiple occasions?

8. If you are a teacher who regularly needs to develop classroom assessments, think of ways in which you might reorganize your current assessment program in order to channel available resources into improving your assessments, rather than rein venting them.

9. How have you traditionally given assessments? What kinds of impressions do you think your procedures have made on the test takers? Do you think these i mpressions have contributed positively to the usefulness of your assessments? If not, what changes might you make in your assessment giving procedures?

10. Do some library research on recent controversies in educational measurement (not necessarily language assessment. Try to find instances where assessments "made the news" due to administrative issues, such as a cheating scandal that was later solved by an administrative change, or a lawsuit brought by an examinee who detected some questionable practice. These are examples of feedback of a very critical nature. What does it mean to a test developer or test user when his or her assessment gets in the news? What kind of feedback is that, and how can it affect later assessment practice?

Chapter 20 Identifying, allocating, and managing resources

1. Recall a test you developed or helped develop. Prepare a table of tasks and resources for your project. Compare your table with those of other classmates.

2. Think of a test you are planning to develop. Prepare a table of tasks and resources for your future project. Discuss possible areas in which anticipated resources may exceed available resources.

3. Prepare a time line for specifying the test development tasks in Exercise 2 above.

4. Think of an assessment you might create for which you can imagine using two different types of test tasks. Briefly, compare the two types of tasks in terms of the trade-offs in terms of qualities of claims, and demands on resources.

5. Recall a time when you developed a test in cooperation with other individuals. What was your experience of working on a team? What were the rewards? What were the problems? How might you avoid such problems in future team efforts?

6. Invite someone who has prepared a "high-stakes" test to tell the class about the process she went through and how resources were allocated to each step in the process. Ask her how she might allocate resources differently if she had another chance to develop the same test.

7. Think of an assessment development process that you were involved in that turned out to be way more resource intensive than you imagined. Explain where your advance thinking went awry, what problems this created for you, how upset you were with yourself, and what you'll do to be sure it never happens again.

Chapter 21 Using assessments responsibly

1. Recall an assessment use situation with which you are familiar. What role(s) did you play? Test developer? Decision maked Both? How did you exercise your responsibilities in either or both of the roles? Now that you are older and wiser, how might your actions be different?

2. Look over Project 12. Have you ever found yourself in such a situation, or do you know someone who has? What do you think would be responsible behaviour on the part of the assessment developers and users? In the cosmic scheme of things, how likely do you think this is to happen?

3. Recall a situation in which you have developed or used a test in which therewas insufficient interaction among the test developers, the test users, and other stake holders in the real world and the test ended up not being used responsibly. What were the negative consequences of this? What might have been done to elicit more interaction from the beginning that might have led to more responsible use?

4. Recall how you thought about language assessment before you picked up this book. Think about the long, Zen-like path you bave followed as you worked your way through its chapters. How has your internal world changed? In what ways are you a better person as a result? Or, are you ready to find another occupation?

5. OK! So now you've stroked your way through the smooth waters of LAIP, and you're ready to take the plunge into the unpredictable waters of the Real World. How will you navigate the rapids? What will you do when you encounter a whirlpool? How will you handle the tsunamis that threaten to pound you to the bottom? How might the pearls of wisdom in this book help you navigate the waters from whence they came? Do you think the writers have gone off the deep end? If so, will they find more pearls or will they have rapture of the deep and reach enlightenment?

第二节　原著思考题翻译及补充思考题（中文）

第一章

补充思考题

1. 作者撰写本书的目的是使读者学会开发和运用语言测评（p.2）。请问你阅读此书和加入"我们一起学测试"在线导读这本专著还有什么其他目的？

2. 请描述你印象最深的一次命题经历或参加考试的经历。

3. 作者总结了人们对测评的三大误解（pp.8-9），你是否也有类似的误解？如果有，导致误解的主要原因是什么？

4. 请分享你或者你身边的人对某个具体考试的认识，其中有哪些你认为是对该考试的误解？为什么？

5. 作者认为语言测评开发者和使用者需要知道什么？你认为自己需要知道什么？

6. 请浏览本书提供的 16 个项目样本，熟悉前三个，并总结它们结构的共性。

第二章

第一部分　原著思考题

1. 请参照图 2.2（p.23）和 2.3（p.24），想想你或你了解的机构可能开发过，或帮助开发过，或使用过的一项语言测试的预期影响和决策。

2. 你或你所在的机构在使用练习 1 中提到的测试时，产生或可能产生哪些非预期的影响？

3. 请回想一个你在课堂教学中实施的持续 5 分钟的隐性测评。列举你在测评—决策—教学循环中实际所做的事情。

4. 你如何决定何时对全班同学进行显性测评？测评的"内容"是什么？你会使用哪些测评任务？

第二部分　补充思考题

1. 请梳理本章出现的语言测评术语，并查阅语言测试专业词典对它们的解释。

2. 语言测评的本质是什么？

3. 请简述测评（assessment）与评价 (evaluation) (pp.20-21) 的联系与区别。

4. 请分享你对 Figure 2.1 Relationship between assessments/measurements/tests, their use for evaluation, and the consequences of assessment use（p.22）的理解。

5. 请分享你对 Figure 2.2 Links from test taker's performance to intended uses（decisions, consequences）（p.23）的理解，并用你开发或使用过的一项语言测评来举例说明你的理解。

6. 请分享你对 Figure 2.4 Assessment, evaluation, and teaching and learning（p.26）的理解，并用你开发或使用过的一项语言测评来举例说明你的理解。

7. 请举例说明语言测评任务（language assessment tasks）与语言教学任务（language teaching tasks）（p. 28）的联系与区别。

8. 请分享你对 Assessment Use Argument（AUA）的理解。该方法遵循的基本原则是什么？

第三章

第一部分　原著思考题

1. 想想发生在你自己身上的非往复性语言使用的例子，根据图 3.2 用一段话来描述这一例子。

2. 想想发生在你自己身上的往复性语言使用的例子，根据图 3.3 用一段话来描述这一例子。

第二部分 补充思考题

1. 请问作者为何要专辟一章的篇幅描述语言使用（language use）和语言能力（language ability）？你能用自己的语言简要描述什么是"语言使用"以及什么是"语言能力"吗？

2. 请梳理本章中出现的语言测试术语及作者对这些术语的定义。

3. 请在语言测试专业词典上查阅本章中出现的语言测试术语，并与作者的定义对比，注意其异同。

4. 请用表格形式重新呈现"语言使用概念框架概览"（Overview of a conceptual framework for language use，pp.24-40）部分的内容。

5. 请以本章中的"受试特征"（Attributes of individuals，pp. 40-43）内容做参考，尝试设计一份"受试特征"问卷调查表。请说明你拟调查的受试对象。

6. 如果用 Table 3.1 Areas of language knowledge（p.45-46）作为参考框架，能否分析高考英语科（或其他任何外语测试）试卷所测的语言知识？请尝试分析 2019 年高考英语 I 卷所测的语言知识。请分享在分析过程中遇到的问题和困难。

7. 如果参照 Table 3.2 Areas of metacognitive strategy use 研究高考英语科考生的策略能力（strategic competence），可以用哪些方法进行研究？请提供你建议的方法相关的语言测试实证研究文献及文献目录（按 APA 格式）。

8. 本章所列 Suggested readings 中的文献现在看来总体偏旧，请在查阅这些文献的基础上，查阅相同作者是否有新的相关文献。请分享你查阅到的文献及文献目录（按 APA 格式）。

第四章

第一部分 原著思考题

1. 请想想你使用过或熟悉的一项测评。在该测评中，测评任务是基于哪些类型的目标语言使用域开发的：实际生活？语言教学？还是两者兼具？要基于该测评做出什么决策？这些目标语言使用域与要做的决策是如何相关的？

2. 请仔细考察网页提供的项目中对测评任务的描述，注意这些描述详略不一。

你认为有哪些现实世界条件或限制可能会影响任务特征描述的详细程度？

3. 选择一个你熟悉且在某些方面与所附项目中某个测试任务相似的测试任务。请使用本章的语言任务特征框架对该测试任务特征进行描述。你可能会发现在其他项目中用来描述任务特征的术语可能有助于你对该任务特征的描述。

第二部分　补充思考题

1. 请问作者为何要专辟一章的篇幅描述语言使用任务（language use tasks）和语言测试任务（language assessment tasks）？两者有何联系与区别？

2. 请梳理本章中出现的语言测试术语及作者对这些术语的定义。

3. 请在语言测试专业词典上查阅本章中出现的语言测试术语，并与作者的定义对比，注意其异同。

4. 请举两个目标语言使用域（target language use domains）的例子解释其两大类型——language teaching domain 和 real life domain。

5. 请参照 Figure 4.1 TLU domain and TLU tasks（p.63），举例阐释目标语言使用域和目标语言使用任务之间的关系。

6. 请浏览辜向东教授及其团队运用 Bachman & Palmer（1996）任务特征框架所做的部分研究，并分享浏览后的体会。

7. 请在查阅 Suggested readings 的基础上，查阅相同作者最新的相关文献，请分享你查阅到的文献及文献目录（按 APA 格式）。

第五章

第一部分　原著思考题

1. 请描述所有可能受到下列每种语言测评使用影响的利益相关者。

2. 请描述基于练习 1 中的语言测试所做决策预期的有益影响和可能的不利影响。

3. 请描述测试开发者和 / 或决策者是如何使利益相关者信服练习 1 中所做的决策具有价值观敏感性和公平性？

4. 请仿照专著中图 5.5 为 pp.103-104 所讨论的现代汉语口语小测试画图展示 AUA 中的不同主张。

5. 请浏览网页上的项目 10。该项目说明了 AUA 中对某些理据的反驳依据是如何受到利益相关者不断变化的价值观影响的。回想你熟悉的一个测试情境，在该测试情境下，利益相关者的价值观可能会有变化，这些变化的价值观是如何使你重新思考该测试的使用的？

6. 请在网页上浏览项目 12 的"测试情境"部分。在该情境下，对该测试的使用有两组价值观不同、对该测试的有用性也持完全不同看法的利益相关者。在我们与世界各地的语言测试者的讨论中多次遇到过这种情境。你遇到过吗？如果遇到过，请简要描述这个情境，并解释利益相关者的不同价值观影响其对测评有用性的理解主要表现在哪里？

第二部分　补充思考题

1. 本章练习 1 列出了 7 种语言测试的使用，对于每一种使用，你能列出国内外对应的高风险语言测试吗？

2. 除本章练习 1 列出的语言测试使用外，你还能补充列举更多语言测试使用的例子吗？如果能，请就本章练习 1-3 对这些语言测试的使用做相应的描述。

3. 请梳理本章中出现的语言测试术语及作者对这些术语的定义。

4. 请在语言测试专业词典上查阅本章中出现的语言测试术语，并与作者的定义对比，注意其异同。

5. 请比较本章中的"THE USE OF LANGUAGE ASSESSMENTS"（pp. 87-93）部分与第二章中的"USES OF LANGUAGE ASSESSMENTS"（pp.22-303）部分在内容与结构上的异同？请问作者为何要做这样的安排。

6. 请问作者提供了几条解读"从影响到受试作答表现"之间的推理链的思路（方法）（pp.92-94）？请列出这些思路（方法）的具体内容。

7. 请自己举例阐释你对 Toulmin（1958，2003）"实用推理模型"（Practical Reasoning）的理解。

8. 请问本章前四个图之间是否有关联？如果有，有什么样的关联？

9. 请将 Table 5.1 Four types of claims in an AUA（p. 106）翻译成中文。

10. 请问你的测评报告（Assessment Reports），除了分数或者等级外，还包括其他内容吗？为什么？

11. 请用图表和列点的方式，总结／汇总各主张（Claim）中理据（warrant/warrants）的作用。请分享你在汇总过程中的感受与体会。

12. 请重新精读 INTRODUCTION 和 CONCLUSION 部分并略读／浏览本章其余部分，然后批判性地评论本章的内容与写作风格。

13. 请查阅 SUGGESTED READINGS 中的文献，并用 APA 格式整理这些文献。

14. 请尝试用 Table 5.1 的四类主张作为标准评价高考英语科考试。

15. 你认为我国的高考英语是否具有公信力（accountability）？为什么？

16. 请结合你的高考经历，谈谈你对语言测试公平性（fairness）的理解。

17. 请思考高考对考生特征（attributes）的影响。

18. 请思考高考英语科"一年两考"的资源成本与经济影响。

第六章

补充思考题

1. 第 6 章在全书第二、第三部分的作用／功能是什么？作者对读者该如何阅读本章有何建议？

2. 请解读图 6.1 "语言测试开发与使用的五个阶段"（p.144），并用文字表述。

3. 请阐述 "Design Statement" 与 "Blueprint" 两者的联系与区别。

4. 请用"语言测试开发与使用的五个阶段"作为框架评估自己平时的测评实践，如中期或期末测评，反思哪个或哪些阶段比较欠缺需要加强。

5. 请结合自己的教学实践、科研实践或自我专业发展，谈谈"语言测试开发与使用的五个阶段"的普适性。

第七章

补充思考题

1. 在 Table 7.1 Planning functions and potential problems（p.150）中，你认为应该考虑哪些 "basic issues"？要评估哪些 "resources"？

2. 请将 Table 7.2 Stage 1: Initial planning questions（p.151）翻译成中文。

3. 请重新阅读 Projects 1-2，并参照本章中的两个案例拟定一份你本学期期末考试的"初步规划"。

第八章

补充思考题

1. 请将 Table 8.1 Assessment Use Argument Claims, Warrants, and Rebuttal (p.161) 翻译成中文。作者对 Table 8.1 有几点说明？具体内容是什么？

2. 请将 Table 8.2 Assessment development questions (p.169) 翻译成中文。

3. 请问 Table 8.2 与 Table 8.1 有何区别与联系？

4. 请重新阅读 Project 3，并结合本章的实例，就你熟悉的一项考试尝试构建你的 AUA 框架。

5. 请精读这篇文献：Wang, H. et al. (2012). Review of Pearson Test of English Academic: Building an assessment use argument. *Language Testing, 29*(4), 603-619。谈谈这篇文献是否帮助你更好地理解了 AUA 及其应用，思考你可以借鉴这篇文献做什么样的研究。

第九章

第一部分　原著思考题

1. 请回想你曾经使用过的一个测试。请问在该情境下测试使用的预期有益影响是什么？所做决策的预期有益影响又是什么？

2. 请浏览专著所附项目，并特别关注测试使用和所做决策的影响之间的区别。回想你熟悉的一个测试情境，在该情境下，（a）测试使用的预期有益影响是什么？（b）所做决策的预期有益影响是什么？

3. 请回想你熟悉的一个测试开发情境。在该情境下，测试开发根本没有考虑测试的影响，即测试开发只考虑了各种任务，影响只在测试之后才想到。这种测试开发方法可能会导致什么问题？

4. 请回想你熟悉的一个测试使用情境，如果要在该情境下论证测试使用，谁将是 AUA 和支撑证据的受众？在 AUA 建构过程中你会如何考虑该类受众？

5. 请回想你熟悉的一个测试使用情境，并列举该情境下的主要利益相关者。

6. 请回想你熟悉的一个测试使用情境，在该情境下，采取了什么措施来确保对每个考生的测试记录保密？你能想到在什么情境下不需要考虑这个理据吗？（可能是低风险，测评与教学界限模糊的情境。）

7. 请回想你熟悉的一个测试使用情境，在该情境下，测试报告是如何呈现给利益相关者的？你能使用理据 3 来论证这一方式的合理性吗？为什么可以或为什么不可以？

8. 请回想一个测试使用情境，在该情境下，测试的使用或所做决策没能促进更好的教学实践和有效的学习。为什么会出现这种情况？

9. 请回想一个你熟悉的测试使用情境，描述错误的肯定和错误的否定分类错误，并列举这些错误可能导致的不利影响。发现错误后可能采取什么措施使不利影响最小化？

第二部分　补充思考题

1. 请用自己的语言概括第 9 章，然后对照专著"导读"中的第 9 章，对比两者的异同。

2. 请整合全章内容，用两个表将本章的两个例子分开呈现，涵盖问题、主张、理据和反驳，请凸显出你认为最重要的内容。

3. 请模拟本章的四个问题，回答你参加《语言测评实践：现实世界中的测试开发与使用论证》这部专著导读对你和相关人员的影响。

第十章

第一部分　原著思考题

1. 请回想你熟悉的一个语言测试情境，列举在基于测试所做决策方面考虑的教育价值观，有什么应该考虑而被忽略了的价值观吗？

2. 请想想在你的国家基于测试做决策时必须考虑的法律要求：你熟悉任何使这

些要求为公众所意识到的法律事件吗？

3. 你是否在一个需要对学生做出"过"与"不过"决策的机构工作？如果是，你在决策时想到了哪些教育价值观？

4. 在你的国家使用测试做决策时，你是否意识到所考虑的社会价值观？具体是什么？这些价值观非常稳定，还是往往会随着时间的推移而改变？你希望在未来这些价值观如何改变？

5. 你曾经在不同的两个国家的教育情境下使用过测试吗？如果使用过，在基于语言测试做决策时所考虑的文化和教育价值观有何不同？你是否从经验中了解过这些差异？

6. 请浏览网页上的项目，列举一些基于语言测试所做的不同决策，并说明你曾经使用语言测试做过何种决策。

7. 请浏览网页上的 Project 11，该项目使用了多个测试以做出多种决策，你熟悉需要做出相似决策的语言教学项目吗？如果熟悉，这些项目基于测试做出了何种决策？这些决策是以何种方式做出的？

8. 请回想你熟悉的一个测试使用情境，在该情境下，需要根据分数线来给学生分类。请描述该情境下错误的肯定和错误的否定决策。哪种分类决策错误的后果最严重：是错误的肯定还是错误的否定？有没有采取任何措施减少严重的分类错误的可能性？如果有，是什么措施？

9. 请回想一个用测试对考生做决策的情境，在该情境下，在多大程度上采取了措施来确保测试决策的公正性？请用公平性理据 B1-B3 来论证这些决策的公正性。

第二部分　补充思考题

1. 请用自己的语言概括第 10 章，然后对照"导读"中的第 10 章，对比两者的异同。

2. 请整合全章内容，用两个表将本章的两个例子分开呈现，涵盖问题、主张、理由和反驳，请凸显出你认为最重要的内容。

3. 请模拟本章的三个问题，回答你参加《语言测评实践：现实世界中的测试开发与使用论证》这部专著导读的决定的主张及理由。

第十一章

第一部分　专著思考题

1. 请在网上找一些语言测试的测试指南。找出指南中的测试构念定义，并从参照体系、策略能力的角色、话题知识的角色、任务表现以及语言"技能"等方面来描述这些定义。

2. 请回想你开发过或使用过的一些测试，从参照体系、策略能力的角色、话题知识的角色、任务表现以及语言"技能"等方面来描述这些定义。

3. 请浏览网页上示例项目中的构念定义，并按照练习 1 的形式界定这些构念定义。

4. 请浏览一些纸质测试或网络测试的测试指南，这些指南对观察或引发受试表现（从中可以推测出要测评的构念）的条件有何具体说明？

5. 请回想一下你开发过或使用过的一项测试。整理每一条可用于详细阐述这一测试使用有意义性的理据，并评价每一条理据在何种程度上可用于论证该测试使用的合理性。你是否找到可能让你对解读的有意义性产生质疑的问题？

6. 请回想一下你开发或使用过的一项测试。整理每一条可用于详细阐述这一测试使用无偏性的理据，并评价每一条理据在何种程度上可用于论证该测试使用的合理性。你是否找到可能让你对解释的无偏性产生质疑的问题？

7. 请回想一个你开发或使用过的一项测试。整理每一条可用于详细阐述这一测试使用的可概推性理据，并评价每一条理据在何种程度上可用于论证该测试使用的合理性。你是否找到可能让你对解释的可概推性产生质疑的问题？

8. 请回想一下你开发或使用过的一项测试。整理每一条可用于详细阐述这一测试使用的相关性理据，并评价每一条理据在何种程度上可用于论证该测试使用的合理性。你是否找到可能让你对解读的相关性产生质疑的问题？

9. 请回想一下你开发或使用过的一项测试。整理每一条可用于详细阐述这一测试使用的充分性理据，并评价每一条理据在何种程度上可用于论证该测试使用的合理性。你是否找到可能让你对解读的充分性产生质疑的问题？

第二部分　补充思考题

1. 请问你阅读本章遇到的主要困难是什么？

2. 请用自己的语言，概括本章有关"解释"主张的理据和有关"构念界定"部分的内容（pp.220-230）。请对比你的概括与专著"导读"中的概括的异同。

3. 请评价本章存在的问题与不足。

第十二章

第一部分　原著思考题

1. 请回想一下你参加过或使用过的一项测试，并浏览一致性理据 1-4。你认为测试开发者在测试开发过程中在何种程度上考虑了这 4 个理据？为了增强测试记录的一致性，可对测试作何调整？

2. 请回想一下你参加过或使用过的一项测试。请详细阐述该测试的一致性主张和理据，并注意可能不适用于该测试的理据。

第二部分　补充思考题

1. 请用一个表清晰呈现本章的主要内容。

2. 请问 Claim 4 与 Claim 3 有何关联？

第十三章

第一部分　原著思考题

1. 请回想你自己的测试开发经历。如果你开发过测试或参与过测试开发，在测试设计和开发过程中，你在主张的结果质量属性之间做出过何种取舍？

2. 请浏览专著所附项目并找出一个出于某种原因你感兴趣的项目。仔细研究其测试任务或想象一下其实际上可能的测试任务（如果项目实际上没有提供测试任务的示例），想想可以如何通过改变某些任务特征来"完善"这些测试任务？你会改变哪些特征？哪些主张的结果的质量属性可能会被加强？哪些会被削弱？资源该如何重置？可能会有何取舍？

3. 请回想你的测试使用经历。在阅读本书之前，你对测评开发和使用的不确定性有何认识？当时你是如何理解测试有用性的？在阅读了有关不确定性的内容之后，你对有用性的理解可能会有何不同？

4. 假设你投入了大量的精力开发一项测试，包括提供广泛的测试论证。假设他人对该测试提出许多反驳，你对这些反驳都给予了耐心的回应。但是提出反驳的人无休止地说："是的，但是……"，你可以如何回应他来结束这个过程？

5. 请回想你参加过或使用过的一项测试。浏览一致性理据 1-4，你认为测试开发者在开发测试时在多大程度上考虑了这些理据？可以如何修订测试以增强测试记录的一致性？

6. 请浏览专著所附项目，并找出一个你感兴趣的项目。想象一下你是该项目的负责人，要使项目圆满达到目标，需要哪些人力资源、物力资源和时间，请列表展示。

第二部分　补充思考题

1. 请用自己的语言概括第 13 章，然后对照"导读"中的第 13 章，对比两者的异同。

2. 请谈谈你职业发展（如：读博、职称晋升、自我提升等）的现实世界以及面对现实世界中的条件与局限实现职业发展的有效途径。

3. 请将语言测试开发与使用中存在的四点不确定性因素与你的职业发展进行关联，思考在职业发展过程中应该如何应对这些不确定性因素。

4. 请参照表 13.1，谈谈你职业发展拥有哪些自己可以掌控的资源？还可以开发哪些潜在的资源？

第十四章

第一部分　原著思考题

1. 请思考一个你需要开发的测试，并为该测试开发设计方案。有何问题是你在阅读本章之前从未考虑过，但在该设计方案的开发过程中需要你去解决的？

2. 请浏览本书所附项目并找出一个你感兴趣却没有提供设计方案的项目。请你为该项目创建一个设计方案。在创建过程中，你有何收获？

3. 设想你被邀请评价一个没有设计方案的测试，你会如何制订评价框架？鉴于该测试没有设计方案，你在评价该测试的时候可能会遇到什么问题？

4. 请思考一个你可能需要开发的测试，请进行需求分析以界定测试构念。

5. 请思考一个你可能需要开发的测试，进行需求分析以确认和描述目标语言使用域。然后在该目标语言使用域中选择目标语言使用域任务，将其作为测试任务开发的基础。请解释在此过程中你是如何使用 AUA 中的理据的，并解释你在选择这个目标语言使用域任务时是如何考虑可操作性要求的。

6. 请描述你在第 5 个问题中选择的关键目标语言使用域任务的特征。

第二部分　补充思考题

1. 为什么本章的标题首字母均为大写？

2. 请翻译 Table 14.1 Design Statement（p.281）。

3. 请参照 Project 2 的 DESIGN STATEMENT（pp.13-1）部分，编制一份你为评聘更高一级职称、为报考 / 攻读博士学位或未来 5 年自我提升计划的设计方案。

第十五章

第一部分　原著思考题

1. 请列出你曾开发或使用过的测试，每项测试对应三种测试任务规范编写情形中的哪一种？

2. 请浏览网站所附项目，找一个你感兴趣的、只简要描述了测试任务类型，但没有提供测试规范的项目。请按照表 15.3 的格式为该任务类型编写测试规范。

3. 请浏览网站所附项目的测试任务类型并思考你自己的测试需要。选定一个适合你的测试情境使用的任务类型。需要对该任务类型做出哪些修改才能达到你的测试目的？

4. 思考你开发或使用过的测试，该测试中的某项任务看起来似乎明显是基于某一目标语言使用域任务开发的。请描述目标语言使用域任务（模板）特征和测试任务特征。这两组特征有哪些相似和不同？

第二部分　补充思考题

1. 请用自己的语言概括第 15 章，然后对照"导读"中的第 15 章，对比两者的异同。

2. 如果把我们的导读作为形成性评价的一项测试任务，请参照表 15.3（p.333）编制一份导读测试任务规范。

第十六章

第一部分　原著思考题

1. 请思考你面临的一个需要使用等级评分量表的测试使用情境。请浏览本章以及所附项目中的等级评分量表，看看是否有与你的需求相关的量表？如果有，需要对该量表作何修改？

2. 请回想你曾经必须使用评分量表的情形。你认为当时的量表对你有用吗？你在使用该量表时有什么问题？如果有，你能使用 AUA 中的理据来表述这些问题的本质吗？

3. 请找一个篇幅短小、篇章结构好、容易列出提纲的学术写作范例。列出该文的三级提纲，并删掉每个层级上的部分提纲，再为每个删掉的部分创建四个作答选项，提供的干扰项虽然不正确，但尽量使其具有干扰性。进行试测并获得受试对作答的反馈。基于受试的反馈，你会对选项做出变化吗？

4. 请获取一份有选择性或有限产出性作答的试卷，确认评分标准对部分得分评分法是否已有规定。如果没有，你能从考试规范中理解为什么没有吗？如果可以，你能解释部分得分评分法是如何增强分数与测试构念之间的关系的吗？

5. 请获取一份含有选择性或有限产出性作答且对该类作答采用的是单一对／错得分评分法的试卷。仔细查看测试规范，确认是否可用部分得分评分法来增强测试构念和测试分数之间的联系，然后编制一个部分得分法评分程序来建立这种联系。

6. 请获取一项有选择性作答反应任务的测试。请确认该测试是否告知了受试选择"最佳"作答或"正确"答案。测试指令是否与受试用来作答客观题的实际标准一致？为什么一致？为什么不一致？

7. 请获取一本外语教科书，编制一套有限产出作答测试任务，来检测课文中的几个语法点，然后请几位受试完成这些测试任务。请按照受试的作答编制一个用部分得分评分法来评分的参考答案。

8. 请获取一个使用"整体"评分量表的语言测试。该量表是如何处理推断、等级评定难题以及区分成分比重问题的呢？可以对量表做何修改以解决你所预见的困难？

9. 请获取一个使用分析性等级评分量表的语言测试。请问该量表是否建立在清晰的语言能力定义之上？该量表测量了哪些语言能力？该量表是标准参照型还是参照了某类特定语言使用者的语言能力？该量表界定了几个等级？你能理解该量表中等级数量的理据吗？

10. 你是否面临适合使用分析性、标准参照量表来对测试任务进行评分的测试情境？如果是，请编制一套测试规范、一个初步的一个或多个测试任务描述和作答评分量表。

11. 请获取一个用评分量表给写作任务赋分的语言测试，请对该测试施考或获取几份对测试任务的作答，邀请几个人用该评分量表对作答进行评分，并对比各自的评分。如果评分员之间的评分不一致，请他们解释各自评分的依据以确认导致不一致的原因。是否有可能设计一个评分员培训项目以减小评分员之间的评分差异？这样的培训项目是什么？

12. 请获取一个用评分量表给写作或口语赋分的语言测试，仔细查阅评分量表和预期作答反应特征。预期作答是否提供了一个展现要评分的所有组成成分的可评分样本？如果不是，测试任务可做何修改以提供一个可评分的范例？

13. 请获取一项语言测试，该测试通过各个分项的得分生成一个综合得分。该综合得分是否通过补偿或非补偿程序得来？你能确定该特定程序的理据吗？该程序是增强了还是限制了该测试的有用性？

第二部分 补充思考题

1. 请用自己的语言概括第 16 章，然后对照"导读"中的第 16 章，对比两者的异同。

2. 请翻译 Figure 16.11 Scoring rubric for pre-university writing course（p.378）。请问本评分细则对你自己的写作或学生的写作有何指导意义？

3. 请翻译 Figure 16.12 Example feedback form for pre-university writing course（p.380）。请问本反馈形式对你自己的写作或学生的写作有何指导意义？

4. 如果把导读思考题的作答作为受试产出性测评表现，请参考 Figure16.11 或 Figure16.12，编制一份通用的评分细则或反馈表。

第十七章

第一部分 原著思考题

1. 请回想你开发或熟悉的一项测试，该测试的测试任务是在没有测试蓝图的情况下编写的。你自己、测试开发者或使用者在当时或随后的测试使用中有没有遇到什么难题？而如果测试任务是根据测试蓝图开发的话，这些难题是可以避免的。如果有测试蓝图，这些难题可以如何避免？

2. 你是否曾经采用过多种形式开发一项测试？你是怎么做的？测试蓝图在该过程中扮演什么角色？鉴于你目前对测试蓝图的了解，你会以何种不同的方式来处理这个过程？

3. 请浏览网页所附项目，找一个你感兴趣但未提供测试蓝图的例子，按表 17.1 的内容为该项目创建测试蓝图。

4. 请回想你曾经施考或参加过的一项考试的流程，该流程是如何为 AUA 的理据提供证据的？该流程可以如何改进？

5. 请回想你曾经参加过的一项考试，该考试的施考方式似乎特别能促使你发挥出最佳水平。该考试的施考流程有何特征，使其对你发挥出最佳水平特别有帮助？

第二部分　补充思考题

1. 请翻译 Figure 17.1 Components of a Blueprint（p.389）。请问该测试蓝图构成图对你有何现实指导意义？

2. 请参照本章详细的提纲，编制一份你的新学期蓝图，将你自己的多重身份、每种身份下的多重任务考虑在内。

第十八章

第一部分　专著思考题

1. 请浏览专著所附项目，找出一个或多个提供了任务指令的项目并依照本章的标准对指令进行评价。

2. 请浏览专著所附项目，找出一个或多个未提供任务指令的项目，并为该项目创建一套完整的任务指令。

3. 请获取一项语言测试，该测试的任务指令是否包括了测试的预期目的、要测量的语言能力、测试流程和任务规范以及正确标准的规范？如有遗漏，对该指令可作何修改？

4. 请回想你曾经参加过的一项语言测试，该测试提供了哪种任务指令？你对该指令是如何回应的？你希望该指令做出何种变化？

5. 请获取一项已经公布的测试，比较整体指令和每部分的指令信息。你认为该测试的信息划分合适吗？为什么合适？为什么不合适？

6. 请获取一项包括多个部分的语言测试，其测试指令是否指明了该测试有多少个部分，每部分的相对重要性，每部分的大致内容，每部分指定的测试时间？如果没有，该测试指令可能做出何种修改以提供以上信息？

7. 请为你正在开发的一项测试起草一套任务指令，解释你的任务指令决策是如何使测试的有用性最大化的。

8. 请获取一项测试，把书面任务指令删除，然后确定两个人选：一个无语言教学经验，一个有语言教学经验。请口头解释该测试对考生的作答要求。请他们为该测试编写测试指令。请从各自对考生语言能力的敏感性来比较二者的指令语言（即指令在何种程度上是用有效的教师话语来写的；两位指令编写者在语法和词汇简化方面的差异有多大？）。

第二部分　补充思考题

1. 请用自己的语言概括第 18 章，然后对照"导读"中的第 18 章，对比两者的异同。

2. 请对比 2020 年高考英语全国卷 I、大学英语四、六级考试卷和全国硕士研究生入学英语考试卷的全卷任务指令和具体阅读理解与写作部分的任务指令的异同，并用本章提供的标准评价这些试卷的测试任务指令的质量。

3. 请对比雅思、托福、大学英语六级、汉语水平考试 5 级的全卷任务指令和具体阅读理解与写作部分任务指令的异同，并用本章提供的标准评价这些考试的测试任务指令的质量。

4. 请参照本章的提纲，给学生编写一份你本学期所授课程的任务指令。

第十九章

第一部分　原著思考题

1. 请思考第 417 页讨论的测试环境问题。请问不同类型的测试环境问题会如何影响 AUA 中用来支撑理据的证据？不同类型的问题是否以同样的方式影响不同的理据？

2. 请思考第 417 页讨论的施考流程问题。不同类型的施考流程问题会如何影响 AUA 中用来支撑理据的证据？不同类型的问题是否以同样的方式影响不同的理据？

3. 请回想你以前开发过的一项测试，描述你的试测和施考过程。你遵循的是本章描述的哪种流程？为什么遵循这种流程？如果你再次开发此项测试，你可能会如何更改流程？

4. 请思考你可能开发的一项测试，列表计划该测试的试测和施考流程。

5. 请回想你曾经参加过的一项测试，该测试的流程在何种程度上有助于你发挥出最佳水平？在何种程度上妨碍了你水平的发挥？你对该测试流程的更改有何建议？

6. 请回想你曾经使用过的一项测试，你从利益相关者那里获得了何种对测试有用性的反馈？如果你现在再次使用该测试，你可能会想获得何种反馈？你可能会使用何种程序来获得这种反馈？

7. 请回想你开发且只使用过一次的课堂测试，开发该测试使用了何种资源？有什么其他的机会可能会再次使用该测试？你可能会如何分配可利用的资源来开发一项可在多种情况下施考的更有用的测试？

8. 如果你是一名需要经常性地开发课堂测试的教师，想想你可能会以何种方式来重新组织现有的测试项目以利用现有资源改进测试，而非浪费时间重新开发一项测试？

9. 你通常是如何施考的？你觉得自己的施考流程给考生留下了何种印象？你认为这些印象对测试的有用性有积极的贡献吗？如果没有，你可能会对该测试的施考流程做何更改？

10. 请就最近教育测量（不一定是语言测试）方面的争议进行研究，找出因为施考问题而出现"考试新（丑）闻"的例子，比如作弊丑闻，后经改变施考流程解决了，或考生发现某些可疑的考试实践问题而提起法律诉讼的例子，这些都是非常关键的反馈。如果测试开发人员或测试使用者开发或使用的测试卷入了新闻事件，这对他们意味着什么？这种反馈是什么性质的反馈？这种反馈会如何影响今后的测试实践？

第二部分　补充思考题

1. 请用自己的语言概括第 19 章，然后对照"导读"中的第 19 章对比两者的异同。

2. 请参照表 19.1 Plan for collecting backing and feedback for the university example (pp.425-428)，一份计划表，用于收集你所教课程的教学效果的反馈和证据，或者用于收集本专著导读的效果的反馈和证据。

3. 请查阅最近 5 年在语言测试领域有哪些 SSCI 文献使用了本章中介绍的收集反馈的研究方法，并按照 APA 格式做一份文献目录。请分享你完成此任务后的收获与感想。

4. 请查阅 Suggested Readings 中每一位学者最近 10 年与研究方法相关的文献（专著或论文），并按照 APA 格式做一份文献目录。请分享你完成此任务后的收获与感想。

第二十章

第一部分　原著思考题

1. 请回想你开发过或帮助开发过的一项测试，并为该测试编制一个任务与资源表。

2. 请思考你计划开发的一项测试，就该测试项目制定任务和资源一览表。请讨论预期要用的资源可能超过可用资源的地方。

3. 请为练习 2 中的测试开发任务制定一个详细的时间进度表。

4. 请思考你可能创建的一项测试，想象你在该测试中会使用两种不同的测试任务。请从权衡主张的质量属性和对资源的需求两个方面的来比较这两类任务。

5. 请回想你与他人合作开发测试的经历，谈谈你当时的团队工作经历。有什么收获？有什么问题？在今后的团队中如何避免此类问题？

6. 请邀请一个曾经开发过"高风险"测试的人来向同学们讲述她参与该测试开发的过程以及在每个过程中的资源分配方式。请问问他，如果再给她一次开发相同测试的机会，他会以何种不同的方式来分配资源？

7. 请回想你曾经参与过的测试开发过程，在该测试的开发过程中发现所需资源远远超过你的想象。请解释你当时的想法是哪里出错了？导致了什么问题？你对自己有多懊恼？您将来会怎么做以确保同样的问题不会再次出现？

第二部分　补充思考题

1. 请用自己的语言概括第 20 章，然后对照"导读"中的第 20 章，对比两者的异同。

2. 如果你要实现下一级职称晋升，或获得下一级学位，或完成一篇课程论文 / 发表论文 / 学位论文或类似的情况，

   1）请参照 Table 20.1 (p.441) 制定一份需要的人力、物力、时间等资源表。

   2）请参照 Table 20.2 (pp.442-443) 制定一份对资源的认定、使用以及成本的估算表。

   3）请参照 Table 20.3 (p.444) 制定一份为实现既定目标的时间进度表。

3. 如果你有小孩，请参照本章的提纲及练习 3 中的表格，从孩子出生到高中毕业，预计需要多少资源、成本等。如果你没有小孩，回顾自己从出生到上大学使用了多少资源、成本等。

4. 想象 20 年后你想成为一个什么样的人，预计一下在未来 20 年的时间，你需要对自己投入哪些资源和成本等。

第二十一章

第一部分　原著思考题

1. 请回想你熟悉的一个测试使用情境，你在该测试使用中扮演什么角色？测试开发者？决策者？还是两者兼而有之？你在其中一种或两种情境下是如何履行自己的职责的？随着你年龄和智慧的增长，你的履职行为可能会有何不同？

2. 请浏览项目 12，思考你是否也遇到过类似情况，或你知道有人曾经遇到过这种情况。你觉得在这种情况下测试开发者与使用者负责任的行为应该是怎样的？你觉得这种情况发生的可能性有多大？

3. 请回想你曾经的测试开发或使用情境，在该情境下，测试开发者、测试使用者和现实中的其他利益相关者因为缺乏充分的互动，导致该测试最终没能得到负责任的使用。这种情况有什么负面影响？能从工作伊始就做些什么来引发更多的互动，以使测试得到负责任的使用？

4. 请回想你在读本书之前对于语言测试的理解，再想想你耐心读完这本书的漫长历程。你的内心世界发生了什么变化？从什么角度来说读这本书使你变得更加美好了呢？或者，你准备去从事另一个职业了吗？

5. OK！现在你已经走过了语言测评实践（LAIP）的理论之路，准备投入不可预测的现实世界的测评实践了。在现实中你将如何做呢？遇到困难你会怎么办？如果遇上足以把你击垮的困难，你会如何处理？当这些困难来临时，本书中的金玉良言可能如何帮助你？你会不会觉得作者是在探寻真谛呢？如果是，你觉得他们能发现更多的真知灼见吗？或者是他们已经触摸到了真理并给读者以启迪了呢？

第二部分　补充思考题

1. 请用自己的语言概括第21章，并对照"导读"中的第21章，对比两者的异同。

2. 请打印阅读 The ILTA Code of Ethics and Guidelines for Practice 的两份材料。谈谈你完成此任务后的收获与感想。

3. 请翻译 The ILTA Code of Ethics and Guidelines for Practice 的两份材料，并分享你翻译的思维过程与感悟。

4. 请问你可以用上述两份材料做什么样的教学实践与科学研究？

5. 作为英语教师，国际同行的道德准则和实践指南是什么？请查阅并回答。

第二部分　思考题参考作答

1 Objectives and expectations, or why we need another book about language testing
第一章　目标与期望——我们为何需要另一本关于语言测试的书

1.1　章节目录

1. 思维导图呈现本章目录

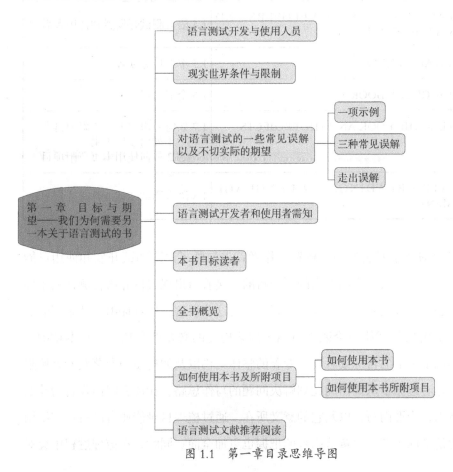

图 1.1　第一章目录思维导图

2. 表格呈现本章目录

表 1.1　第一章表格目录

1 Objectives and expectations, or why we need another book about language testing	第一章 目标与期望——我们为何需要另一本关于语言测试的书
PEOPLE WHO DEVELOP AND USE LANGUAGE ASSESSMENTS	1.1 语言测试开发和使用人员
REAL WORLD CONDITIONS AND LIMITATIONS	1.2 现实世界条件与限制
SOME COMMON MISCONCEPTIONS AND UNREALISTIC EXPECTATIONS ABOUT LANGUAGE ASSESSMENT An illustrative example Three common misconceptions Alternatives to misconceptions	1.3 对语言测试的一些常见误解和不切实际的期望 1.3.1 一个示例 1.3.2 三种常见误解 1.3.3 走出误解
WHAT LANGUAGE TEST DEVELOPERS AND USERS NEED TO KNOW	1.4 语言测试开发者和使用者需知
INTENDED AUDIENCES	1.5 本书目标读者
OVERVIEW OF THE BOOK	1.6 全书概览
HOW TO USE THE BOOK AND THE PROJECTS Book Projects	1.7 如何使用本书及所附项目 1.7.1 如何使用本书 1.7.2 如何使用本书所附项目
SUGGESTED READINGS ON LANGUAGE ASSESSMENT	1.8 语言测试文献推荐阅读

　　本章是对整本专著的一个概览。作者首先勾画了语言测试开发和使用可能涉及的各类人群，然后提出本书的写作目的，接着指出现实世界语言测评的条件和所受限制以及人们对语言测评的误解。针对这些误解，作者提出了几条可能的出路，从而引出测试使用论证（AUA）框架构建的必要性和意义。在本章中，作者还明确了本书的目标读者群，专著的整体结构以及如何使用专著及专著所附目录等。作者遵循了从提出问题到解决问题的写作思路，让读者明白作者为什么要写这本书，为谁而写，以及它的意义所在。通过梳理目录能使自己对章节结构有一个更清晰的了解，对章节内容的把握也更加全面。同时，在梳理过程中会对

阅读过程中没能透彻理解的内容进行再次细读，深化理解。

43

1.2 补充思考题及参考作答

1. 作者撰写本书的目的是使读者学会开发和运用语言测评（p.2）。请问你阅读此书和加入"我们一起学测试"在线导读这本专著还有什么其他目的？

参考作答

　　大家阅读此书和加入"我们一起学测试"在线导读这本专著的目的因个体而异，概括起来主要有以下 5 点：

　　（1）对语言测评感兴趣，想通过专著阅读系统学习该领域知识，提高语言测评素养；

　　（2）期望通过阅读经典，系统了解 Bachman 的语言测评理论，了解有关语言测评的系统知识；

　　（3）作为教师，对测评知识知之甚少，给学生的测评任务、对测评表现的解读以及基于对测评表现的解读所做的决策通常都缺乏理论依据。希望通过专著阅读，为自己教学中的测评开发和使用提供理论指导，从而更好地服务于教学；

　　（4）希望通过专著阅读，培养科研意识，了解科研方法，学习学术写作规范。通过系统地接受和参与学术训练，提升科研素养；

　　（5）希望通过参与学习共同体，踏踏实实地跟着导师和学友一起努力，共同进步，培养学术毅力。

2. 请描述你印象最深的一次命题经历或参加考试的经历。

参考作答 1

　　从初任教职到现在，多次参与命题工作，印象最深的是去年"综合英语思辨课程"改革后期末考试的命题。因为我院基础课综合英语课程从上学期开始使用《大学英语思辨教程》，这是一套旨在提高语言能力的同时提高学生思辨能力的教材。因此测评的方式也要随之变化。但是，如何出一份试卷既能考察学生的语言能力又考察思辨能力对命题人而言无疑是个挑战，课程组的老师始终不能达成一致，因为大家对思辨的理解有分歧。其中一位教学经验丰富的老师认为前面词汇、语法、翻译、释义（paraphrase）部分都是思辨的构成部分，思辨不是通过阐述问题才能体现，整张试卷都是思辨考试。而我个人和她持有相反的观点，我认为的思辨能力应该是高阶思维的体现，是考查学生的分析、应用、综合评判能力，而这些技能我希望通过主观题的部分来考察。但是更多的老师认为这样不好阅卷，主观题很难保证评阅的客观与公正，万一造成一大批学生不及格怎么办？因此经过讨论，最后思辨题占整个试卷的 30%，而其中只有 10% 是一道考查学生判断能力的题目。我个人不是很满意，但也没办法。

参考作答 2

我印象最深的一次考试的经历是 2003 年 1 月参加硕士研究生招生考试的初试。当时有一门考试科目是"西方文化史"，考试指南上指定的阅读参考书目是一本关于西方文化史的教程。该教程主要是讲述欧洲文化的起源及历史发展进程，对古希腊和古罗马文化的阐述颇多。但考卷发下来我就傻眼了，因为几乎所有的考题都是关于美国历史、文化、政治等方面的内容。于是考试时就只能根据自己仅有的一点关于美国文化的知识储备闷头苦做，走出考场心情非常糟糕。后来入学了，才听自己的导师说他们改卷的时候发现出题人根本没去仔细阅读考试指南。这样的测试对于考生（最为重要的利益相关者之一）而言，打击非常大。这次考试经历让我在后来的教学中对测试内容特别敏感，也提醒自己在出卷前一定要熟悉课程教学大纲和教学目标，不能想当然地出题。

3. 作者总结了人们对测评的三大误解（pp.8-9），你是否也有类似的误解？如果有，导致误解的主要原因是什么？

参考作答 1

作者提出的三大误解是：（1）认为存在一种完美的测评方式；（2）因为

一种测评方式好用就一直使用，或因为某种测评方法被广泛采用而简单模仿；
（3）从测评是否能满足某个单一的需求来确定一项测评的好坏。

我曾经对测试也有过误解，认为如果一项测评能全面系统地测试被试所学
的知识，那这项测评就是近乎完美的。实际上，我们不可能找到完美的测评，只
能尽量去找更好的信度和效度都较高的测评。此外，我们还应该考虑形成性评价
和终结性评价所占的比例，等等。

参考作答 2

如果要说误解的话，可能有时会对一份试卷以"好"或"不好"来评价。
这个评价往往是基于某一单方面的质量问题而做出的。比如，期末试卷如果对学
生来说太难或太易，都会轻率地以"好"或"不好"来评价。所谓"无知者无畏"，
这种误解主要是因为缺乏对语言测评概念和理论知识的了解和理解造成的。希望
随着自己语言测评素养的提高，能更客观、更全面地理解测评的意义。

4. 请分享你或者你身边的人对某个具体考试的认识，其中有哪些你认为是对该考试的误解？为什么？

参考作答 1

周围很多朋友包括我自己都认为：像三级笔译这样的考试，只要我们考过
了就具备三级翻译的水平，也可以从事相关的翻译工作。但是三级翻译考试涉及
的知识面和领域都比我们现实生活中遇到的要少，而且每一套题的侧重点不同。
所以通过该考试从某些方面来说虽然具有了一定的翻译水平，但距离真正的实操
还有一定距离，有时甚至有很大的距离。

参考作答 2

对于一年一度的大学生英语竞赛外语学院本着"以赛促学"的理念，通常
都会鼓励学生参赛。结果是每年有 3000 到 5000 不等的人报名，但每年缺考的学
生也成百甚至上千。个人认为这里的"以赛促学"就是对这项考试不切实际的期

待。首先，这项赛事是竞赛类的考试，是对语言尖子生的考试，参加这项考试对很多语言能力一般的学生而言，可能会打击其语言学习的信心。其次，很多学生每年报名了却不去参加考试，学院对不参加考试的学生也不会采取任何措施，导致考试不但没能起到积极的反拨效应，反而让考生对这种考试甚至学院和老师产生误解。

但外国语学院之所以会这样鼓励、动员学生报名，除了"以赛促学"的出发点之外，还有一点跟该项竞赛的赛制有关。大赛的获奖是按参赛学生的比例来设置的，这就意味着，如果一个学校报名人数太少，那初赛之后按比例选拔去参加全国决赛的人数就会少，这样可能会埋没一些尖子生，剥夺他们参与更高级别竞赛的机会。所以，这个考试对很多任课老师来说是一个艰难的选择：动员学生都参加，有一种负罪感；不动员，全凭自愿，可能会埋没人才。

5. 作者认为语言测评开发者和使用者需要知道什么？你认为自己需要知道什么？

参考作答1

所有的语言测评开发者和使用者都需要知道如何论证测评的开发与使用，如果他们不具有这样的能力就要向其他具有相关能力的人寻求帮助。由于现实环境的差异，他们需要了解的内容也存在差异。无论现实差异如何，语言测评开发者可能都需向使用者论证测评的合理性。

我认为自己不仅需要在设计测评时了解测评群体、测评目的、测评的影响等，在论证测评使用的合理性时也需要了解利益相关者的声音、测试的信度、效度和公平性等问题。

参考作答2

作者认为语言测评开发者和使用者却需要知道如何向利益相关者就测评开发、实施和使用做出合理的解释。作为语言教师，有时既是测评开发者，又是测评使用者，因此自己不但要知道为什么要以某种方式、用某些内容来测评，还要知道如何解读学生的测评结果，以及时调整自己的教学策略，并帮助学生调整学习策略，以达到"以评促学"的目的。

6. 请浏览本书提供的 16 个项目样本，熟悉前三个，并总结它们结构的共性。

参考作答

表 1.2　16 个项目样本的结构共性

构成部分		项目 1	项目 2	项目 3
背景（Setting）		√	√	√
初划（Initial Planning Questions and Answers）		√	√	√
讨论（Discussion）		×	√	×
测评使用论证(Assessment Use Argument)	影响（Consequences）	√	√	√
	决策（Decisions）	√	√	√
	解读（Interpretations）	√	√	√
	测评记录（Assessment Records）	√	√	√
来自程序与文件的证据（Backing from procedures and documents）	设计方案（Design statement）	√	√	×
	测试蓝图（Blueprint）	√	√	×
	讨论（Discussion）	×	×	×
	测评任务示例（Example of Assessment Tasks）	√	√	×
	评分算法示例（Example of Scoring Algorithm）	×	√	×
基于试测与使用的证据搜集（Collection of Backing from Trialing and Use）		√	√	×
参考文献（References）/ 推荐阅读文献（Suggested Readings）		√	√	×

（注：√表示该项含有对应部分的内容，× 表示该项不含有对应部分的内容。）

　　前 3 个项目虽然测评的目的和方式不一样（第 1 个是为了评估幼儿园学生的英语语言能力；第 2 个是英语分级考试；第 3 个是汉语口语能力考试），但是这 3 个项目都是基于 AUA 框架而开发的测试，三个项目在结构上的共性都包含项目背景、7个初步规划问题和 AUA 构建的四大主张：影响、决策、解读和记录；都使用推理模型，由事实推导结论，有理由（warrant）作支撑，理由有相关证据（backing）证明，也有说明反驳（rebuttal）是否成立。

2 Issues and considerations
第二章 议题与考量

2.1 章节目录

1. 思维导图呈现本章目录

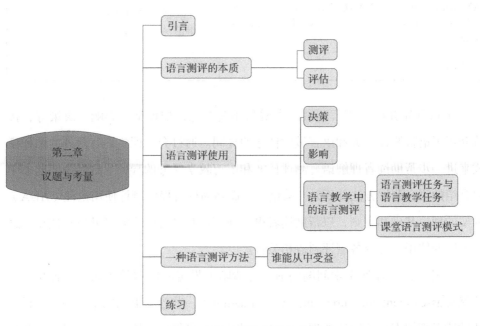

图 2.1 第二章目录思维导图

2. 表格呈现本章目录

表 2.1 第二章表格目录

2 Issues and considerations	第二章 议题与考量
INTRODUCTION	2.1 引言
THE NATURE OF LANGUAGE ASSESSMENT Assessment Evaluation	2.2 语言测评的本质 2.2.1 测评 2.2.2 评估
USE OF LANGUAGE ASSESSMENT Decisions Consequences Language assessment in language instruction and learning	2.3 语言测评的使用 2.3.1 决策 2.3.2 影响 2.3.3 语言教学中的语言测评
AN APPROACH TO LANGUAGE ASSESSMENT Who can benefit from this approach to language assessment	2.4 一种语言测评方法 谁能从中受益
EXERCISES	2.5 练习

　　本章首先介绍了语言测试的本质和相关概念，如评估、影响、决策等，接着介绍了语言测评任务和语言教学任务的异同。通过介绍课堂语言测评的两种模式来进一步帮助读者理解语言测评任务和语言教学任务的异同。最后说明此书中要介绍的语言测评方法并不是"菜谱"，而是为读者提供测评使用论证（AUA）框架的理论基础和原则，以帮助读者更好地理解和进行语言测试开发和使用，这一方法的使用将惠及各测评利益相关者。

　　此外，讨论任何学术问题的前提是清晰地界定所使用的概念。作者在一开始就对 assessment, measurement, test, evaluation 等一些容易混淆的术语做了辨析，帮助读者理解书中所阐述的理论体系，同时也很自然地从测试的本质过渡到测试的使用（因为评价是测试的一种使用方式），可以看出作者的逻辑非常清晰。

　　本章初读比较容易理解，但一到回答问题时就会发现还是有些概念的内涵容易混淆，需要结合教学中的测评实践去思考才能理解得更加透彻。

2.2 原著思考题及参考作答

1. 请参照图 2.2（p.23）和 2.3（p.24），想想你或你了解的机构可能开发过，或帮助开发过，或使用过的一项语言测试的预期影响和决策。

参考作答 1

（1）我所在的机构对四级考试低于 350 分的学生进行相应的学位英语测试，采用的试题是普思考试试题（Aptis）。分别测试学生的听、说、读、写能力，考试等级从 A0—C 级。根据这一项测试要做出的决策是成绩达到 A2 的学生才可获得学位证书。

（2）这些决策的预期影响是学生通过考试获得学位证书，找到较好的工作。

参考作答 2

有些学校会根据学生的大学英语六级、英语专业八级或雅思考试成绩来判断学生是否可以免修研究生公共英语。此处"是否免修研究生公共英语"就是学校根据语言测试要做的决策。而达到某个分数就可免修，使学生有更多的时间和精力投入到专业学习就是使用语言测试的预期影响。

2. 你或你所在的机构在使用练习 1 中提到的测试时，产生或可能产生哪些非预期的影响？

参考作答 1

在采用普思考试试题（Aptis）对学生进行相应的学位英语测试时，非预期的影响是学生为了通过测试，顺利获得学位证，会使用某些违规手段，或者为了通过考试，花费额外的费用参加语言强化班，但可能并没有真正提高自身的语言能力和语言学习能力。由于这个测试的时间是学生毕业前 3 个月，因此作为机构也无法跟踪学生语言能力的动态发展过程。

参考作答 2

在大学英语六级、英语专业八级或雅思考试达到某个分数就可免修研究生公共英语的例子中，可能会产生的非预期影响有：因为不用修读英语课程，学生从此不再学习英语，导致英语水平倒退，从而影响阅读高水平国际期刊文献，用英语写作或参加以英语为会议语言的国际会议等；或是因为同伴都可免修，只有自己一个人需要继续修读而觉得很没面子，影响学习情绪等。

3. 请回想一个你在课堂教学中实施的持续 5 分钟的隐性测评。列举你在测评—决策—教学循环中实际所做的事情。

参考作答 1

隐性测评（implicit assessment）是在课堂中发生的持续的、及时的循环往复的测评过程。在这一过程中，学习者甚至教师本人往往并没有意识到测评在发生。

表 2.2　5 分钟隐性测评示例

测评（assessment）	决策（decision）	教学（instruction）
随堂提问，检查对知识点的掌握情况，发现学生没能准确理解	叫其他的同学回答或换一种提问方式	比较两个作答，以使学生对正确理解做到心中有数

参考作答 2

测评：在授课过程中的某一环节，要求学生齐声回答老师的问题，发现学生回答不理想；

决策：点名让个别同学作答，旨在通过点名的方式提高学生的专注力；

教学：重新讲解知识点，直到学生可以异口同声说出正确答案。

4. 你如何决定何时对全班同学进行显性测评？测评的"内容"是什么？你会使用哪些测评任务？

参考作答1

显性测评（explicit assessment）是与教学截然分开的测评方式。在这种测评方式中，教师和学生清楚地知道这是一个测评，通常也清楚测评的目的。

我在自己的课堂上通常会在下述情况下采用显性测评：

（1）了解学生的课前预习情况；

（2）检验学生过去一段时间的学习情况；

（3）一个问题大部分同学都没理解，对自己的错误没有意识到的时候。

测评的内容会依据教学大纲设定的目标和具体的教学内容来确定，比如在平时的形成性评估中，完成每个单元的学习之后，会在网络平台布置一个单元测验，测验的内容为该单元的主要知识点及知识点的运用。

测评任务会根据单元教学目标而定。如果是大学英语基础课程，会按照词汇、句型、话题等来确定测评任务；如果是跨文化商务沟通提高类课程，通常是问答题和案例分析题。

参考作答2

Hughes（2008）指出：何时（when）使用测评取决于教师何时决定调整教学过程；测评什么（what）则取决于课程的内容，教学大纲中设定的学习目标、教学材料内容、教学活动内容等。例如，在语言课堂教学中，课程所涵盖的语言能力将为课程的评估内容提供依据。

显性测评除了我们的单元测试、期中和期末测试外，还可以通过其他的任务形式来实现，比如展示（presentation）、角色扮演（role-play）、采访（interview）、小组作业（group work）等，这些任务不仅可以考察学生对知识的理解，更能考察其对知识的运用、分析、综合和评价的能力。

2.3 补充思考题及参考作答

1. 请梳理本章出现的语言测评术语，并查阅语言测试专业词典对它们的解释。

参考作答

表 2.3 第三章语言测评术语定义一览表

术语	专著定义	词典定义
（1）Assessment 测评	Assessment is the process of collecting information about something that we're interested in, according to procedures that are systematic and substantively grounded.(p.20) 测评是按照系统的、有理有据的程序对我们关心的方面进行资料搜集。	Assessment often used interchangeably with testing; but also used more broadly to encompass the gathering of language data, including test data, for the purpose of evaluation and making use of such instruments as interviews, case study, questionnaire, observation techniques. More narrowly the term is used to indicate assessment procedures which do not involve tests. (p. 11) 通常情况下，测评（assessment）与测试（test）可以换用。从广义上说，前者包括以评估为目的的语言数据的收集，比如测试数据，以及运用面试、个案研究、问卷调查、观察等测评工具搜集数据。狭义上的测评指不包括测试在内的测评程序。
异同	二者都强调对资料的搜集，但词典定义中，狭义的测评不包括测试。	
（2）Evaluation 评价	Bachman (1990, 2004b) describes evaluation as an activity that is different from assessment. He describes evaluation as "One possible use of assessment" (Bachman, 2004b:9).Evaluation involves making value judgments and decisions on the basis of information, and gathering information to inform such decisions is the primary purpose for which language assessments are used. (p.21)	The systematic gathering of information in order to make a decision. Within a language education program, evaluation may be carried out to provide information about the program to stakeholders, such as sponsors, managers, teachers or parents, and to make decisions about the future of the program. Where the effectiveness of the instruction is under investigation, language tests are frequently used as one component of the evaluation; typically pre- and post-testing, or achievement testing would be carried out, with or without a control group of subjects. (p.56)

术语	专著定义	词典定义
（2） Evaluation 评价	评价是不同于测评的一种活动，是对测评的一种可能的使用。评价是根据信息做出价值判断和决策，是语言测评使用的首要目的。	评价是为做出某种决定，系统搜集资料的过程。在一个语言教育项目中，评价能为项目组织者、管理者、教师或父母等利益相关者提供信息，以对项目的未来做出决策。在语言教学效果评价中，语言测试是最常用的评价手段之一，比较典型的是通过设定控制组或不设定控制组，做前测和后测以及学业水平测试来实现。
异同	二者都强调评价是为了决策。但专著定义只是强调了评价是一种做出价值判断和决策的活动；而词典定义则强调，评价是为了做决定而进行资料搜集的过程。	

（注：此处所用语言测试专业词典为外语教学与研究出版社 2002 年出版的由 Davies, A. 等编著，韩宝成导读（2002）的《语言测试词典》（*Dictionary of Language Testing*），后续章节凡涉及术语词典定义均指此词典。）

2. 语言测评的本质是什么？

参考作答 1

语言测评的本质是通过测评收集信息，并依此做出决策。

参考作答 2

语言测评的本质是通过对受试在完成语言测试任务过程中表现出来的语言能力的数据进行分析，并根据分析做出决策。在不同的领域，可能会根据分析结果做出不同的决策。例如，在教学领域会根据测评结果做出是否改变教学的决策，如调整课程目标，改变教学方法等。

3. 请简述测评（assessment）与评价 (evaluation) (pp.20-21) 的联系与区别。

参考作答 1

联系：测评为评价提供信息。对测评提供的信息进行价值判断，并做出决策的过程就是评价。评价是对测评信息的一种使用，是测评使用的主要目的。根据测评信息做出的评价对个体、机构和教育项目都可能产生一定的影响。有些影响可能是预期的，有些是非预期的，还有些是未知的。而这些影响会促使测试开发者和使用者思考测评的有效性，从而优化测评程序和测评任务，为做出更好的决策服务。

区别：测评包括了开发和使用两个过程，评价只是测评的一种。

参考作答 2

测评主要是收集信息来形成决策。评价是依据信息做一些价值判断和决策，是测评的一种使用方式，体现了测评的主要目的。在教学中，我们常常使用测评来为评价服务。如测评后，通过学生的成绩来评价学生的长处和不足，以帮助他们形成提升学习的决策。

4. 请分享你对 Figure 2.1 Relationship between assessments/measurements/tests, their use for evaluation, and the consequences of assessment use（p.22）的理解。

参考作答 1

（1）Assessments，measurement 和 tests 通常是指差不多相同的活动，三者没有本质上的区别，其目的都是为了搜集信息。

（2）测评都是在一定的情境下进行的，要考虑社会价值观、教育价值观、利益相关者及其价值观等。

（3）Evaluation（评估）是测评的一种使用，是其主要目的。根据评估，语言测评使用者会做出一定的决策，这些决策可能会对个体、机构或教育项目等利益相关者产生一定的影响，这些影响可能是预期中的，可能是非预期的，也还有可能是未知的。

参考作答 2

Assessment/measurement/test 指搜集信息的活动，包括但不限于考试。

evaluation 指基于上述活动所搜集的信息做出价值判断和决策（decisions）。这些决策会对利益相关者（individuals & institutions）和语言学习项目（programs）产生影响，其中包括一些未知的预料之外的影响。测试开发者要尽可能消除测试可能造成的负面影响，创造积极的影响（beneficial consequences）。为此，在测试的开发和使用过程中必须充分考虑测试情境（assessment situation），包括社会价值观、教育价值观，利益相关者以及他们的价值观。

5 请分享你对 Figure 2.2 Links from test taker's performance to intended uses（decisions, consequences）（p.23）的理解，并用你开发或使用过的一项语言测评来举例说明你的理解。

参考作答 1

　　由下往上，考生在测评任务的完成过程中会有不同的表现，其表现会通过分数或语言描述的方式记录下来。语言测评使用者会对分数或描述做出解读，从而对受试的语言能力做出判断。根据这种判断，测评使用者会做出相应的决策，这些决策会对利益相关者产生某种影响。由上往下，在测试开发中，测试开发者首先考虑测试的预期影响，这些预期影响反过来又会作用于决策，从而影响对成绩的解读以及测试任务的设计等。图中各环节之间是相互支撑、相互影响的。

　　在课堂上我经常给学生做 quiz，用作诊断性测评。希望通过分析测评表现，了解学生课前学习情况。根据 quiz 中每道题的正确率可获知大部分学生对知识点的理解，根据这种解读，我在课堂上会调整教学重点和难点，这是一个决策的过程。对大部分学生都不会的知识点进行重点讲解和拓展，学生也要根据教师的讲解及时调整自己的课前学习方法、习惯和策略。通过这种师生双方的教和学的策略的调整，使师生的教和学更有效，从而提高学生的自主学习能力，教师的课堂教学内容也能在高阶性、创新性和挑战度上得到提高。

参考作答 2

　　向上的箭头是描述测试的使用过程。考生在完成测试任务的过程中会有不同的表现（performance），这种表现会以分数或语言描述的形式记录下来，然后基于这些记录对受试的语言能力做出解读 (interpretations)，并做出相应的决策（decisions），这些决策必然会产生一定的影响（consequences）。

向下的箭头描述的是测试开发过程。由于测试会对利益相关者产生影响，测试反过来又会影响他们的决策，包括机构学习项目的设置、教师教学策略和学生学习策略的选择等，进而会影响学生的语言能力，影响他们在未来测试中的表现。

我感受比较深的是高考英语，由于有些省份不考听力，测试任务主要是阅读和写作，他们的决策完全是基于对考生在这两项任务上的作答表现的解读做出的。因此，教和学的决策完全忽视了听和说能力的培养。所以来自这些省份的学生的听力和口语会相对差一些。这就是测试使用影响学生的语言能力的例子。

6. 请分享你对 Figure 2.4 Assessment, evaluation, and teaching and learning （p.26）的理解，并用你开发或使用过的一项语言测评来举例说明你的理解。

参考作答 1

作为语言教师，我们通常会问以下几个问题：为什么要测评（why）；什么时候测评（when）；测什么（what）；如何测（how）。Figure 2.4 中上面的椭圆告诉我们为什么要测评，测评的目的是搜集信息以作决策。右边的椭圆告诉我们什么时候测，什么时候测取决于我们什么时候需要信息来做评估，根据评估来做决策，我们所做的决策要对教学产生有益的影响。为使决策产生预期的有益影响，左边的椭圆告诉我们在实施测评时要清楚决策会对教学产生哪些影响，会如何影响。测试的内容由课程内容来决定，包括教学大纲设定的学习目标、教学材料的内容以及教学活动的内容。该用隐性测评还是显性测评也取决于测评的预期影响。测评会促使教师和学生调整教学策略和教学内容，即教什么和学什么，如何教以及如何学。测评的实际影响又会对将来是否继续采用这一测评方式提供信息。这样，测评—评估（决策）—影响就形成了一个周而复始的循环过程。

以本人开发的一项测评为例。为了了解学生对"跨文化交际"课程知识点的理解以及学生的跨文化沟通实践能力（why），该课程的期末（when）考核方式是写一个大作业（how），作业内容包括"我的文化故事""跨文化采访计划""跨文化采访日志"以及"采访报告"。要求学生根据所学跨文化理论知识去采访一个异文化群体成员，然后完成上述四个部分的内容（what）。根据学生交上来的作业，教师收集他们在跨文化知识、能力和素养方面的信息。依据这些信息，教师会对每个学生做出评价（决策）。这个决策会对教学产生影响，如果大部分学生都达不到课程教学大纲规定的要求，说明今后要调整课程教学目标以及教与学的策略。此外，大部分学生"不过"也会对课程的开设产生不利的影响。这就提示在调整教学目标和教学策略的基础上，可能将来的测评方式也要做出相应的调整。

在整个测评中，先是明确为什么测和什么时候测以及如何测的问题，然后根据测评的结果，对教学和学生进行评估，做出决策，这些决策对师生教什么、学什么、如何教以及如何学都会产生影响。而对教学的影响可能会决定教师以后会不会继续采用该测评方式。

参考作答2

Figure 2.4 Assessment, evaluation, and teaching and learning：我认为三者之间的关系是一个动态单向循环的过程。教师要了解学生的学习情况和检验自己的教学效果，就要对学生进行测评以收集数据，教师根据测评（assessment）的信息进行评价(evaluation)，并做出决策，也就是解决了为什么测评和何时测评的问题。这个决策会给教师的教学和学生的学习带来影响(consequences)。为了使影响是有益的，教师要根据评价做出决策来调整自己的教学，学生根据教师的评价反馈调整自己的学习，这个环节回答了测什么和如何测的问题。教师在教和学生在学的过程中发现问题，教师进行另一轮的测评收集相关信息，如此往复。

我在教学过程中采用形成性评价对学生进行测评。例如，学生对虚拟语气的掌握情况的测评：首先让学生完成相关内容的作业，收集学生的作业信息后发现很多学生没有理解这个内容，就需要调整教学进度，根据学生的问题再次设计教学任务，通过讲授、讨论的形式对这一部分内容再次强化，然后进行下一轮测评，了解学生对虚拟语气的掌握情况，直到学生理解再进入下一个环节。

7. 请举例说明语言测评任务（language assessment tasks）与语言教学任务（language teaching tasks）（p. 28）的联系与区别。

参考作答 1

联系：在很多情况下，特别是在课堂教学中，语言测评任务同时也是语言教学任务。

区别：语言测评任务的首要目的是采集信息以帮助人们做出能带来积极影响的决策；而语言教学任务的首要目的是帮助、促进教学。

在课堂教学中，让学生讨论一个问题，这是一个教学任务，是为了通过讨论，深化对概念的理解和运用，并培养学生创造性地解决问题的能力。但在这个任务的实施过程中，教师对学生的表现也在做隐性的或显性的测评。所以这个任务既是教学任务也是测评任务。但有些测评任务不是教学任务，比如，每单元结束后的单元测验。

参考作答 2

语言测评任务和语言教学任务主要的区别在于使用的目的不同。测评任务的主要目的是收集信息，以帮助做出决策，决策可以带来有益的影响，测评任务更有针对性。语言测评任务可以是显性的，也可以是隐性的。教学任务的主要目的是帮助和促进学习，相较于语言测评任务，教学任务更加具体、细致。但教学任务和测评任务并不是独立存在的，两者经常在教学的过程中交替发生，甚至重合。

例如，教师在讲授阅读中的主题句时，安排的教学任务是阅读策略的教学，讲授的过程中会引导学生找出所讲段落的主题句。在这个活动中，语言教学任务同时也是语言测评任务，只不过这种测评是隐性的。随后，教师为了确保学生掌握了主题句的用法，布置给学生一些段落或篇章，让学生完成阅读任务，找出主题句，以检查学生主题句的掌握情况，这就是单纯的语言测评任务。

8. 请分享你对 Assessment Use Argument（AUA）的理解。该方法遵循的基本原则是什么？

参考作答 1

测评使用论证（AUA）为测评开发提供指导，为测评使用论证提供解释性框架。该框架不是为测试使用者和开发者提供一个包罗万象、一成不变的模型或"菜单"，不提供测试任务中可能涉及的各类题项或任务的例子，而是帮助他们依据框架做出自己的判断和决策，对测评进行选择、修订、开发和使用等，使测评开发和使用的合理性得到解释；为语言测评开发和使用提供理论基础和原则。

AUA 遵循的原则有四条：

（1）语言测评开发者和使用者需要对利益相关者就测评开发和使用的合理性做出解释；

（2）需要一个清楚明了、合乎逻辑的测评使用论证，使从测评表现到解读再到测评的预期使用之间形成一个完整的链接；

（3）需要为 AUA 中的各个主张提供证据；

（4）需要所有利益相关者在测评开发和使用过程中进行合作。

参考作答 2

测评使用论证（AUA）是用来指导测评的开发并论证测评使用的一个概念框架。测评使用和开发由 performance, records, interpretations, decisions and consequences 五个程序组成。这五个程序组成了一个往复循环的过程链，可以用来解释测试的目的，并根据收集的测评信息做出决策。而这五个部分又通过实用推理模型来论证。实用推理模型由 6 大要素组成：主张（Claim）、事实（Data）、理据（Warrant）、依据（Backing）、反驳（Rebuttal）和反驳依据（Rebuttals）。每个程序既是主张（claim），又是下一程序的 data。

该方法遵循的基本原则是：

（1）需要向利益相关者论证测评开发和使用的合理性；

（2）需要清楚连贯的 AUA 来链接语言测评表现，语言测评表现的解读以及预期使用；

（3）需要给 AUA 中的主张提供证据；

（4）需要利益相关者之间的合作。

3 Describing language use and language ability
第三章 描述语言使用和语言能力

3.1 章节目录

1. 思维导图呈现本章目录

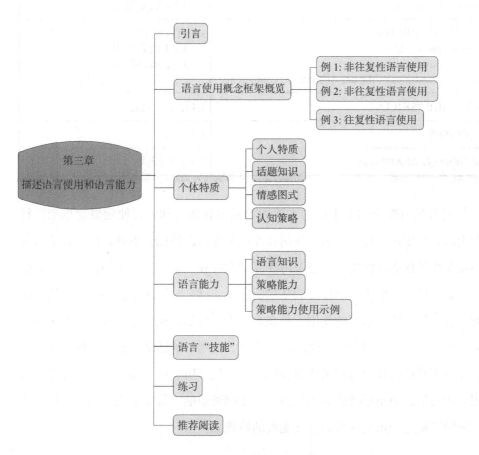

图 3.1　第三章目录思维导图

2. 表格呈现本章目录

表 3.1　第三章表格目录

3 Describing language use and language ability	第三章 描述语言使用和语言能力
INTRODUCTION	3.1 引言
OVERVIEW OF A CONCEPTUAL FRAMEWORK FOR LANGUAGE USE Example 1: Non-reciprocal language use Example 2: Non-reciprocal language use Example 3: Reciprocal language use	3.2 语言使用概念框架概览 例 1：非往复性语言使用 例 2：非往复性语言使用 例 3：往复性语言使用
ATTITRIBUTES OF INDIVIDUALS Personal attributes Topical knowledge Affective schemata Cognitive strategies	3.2 个体特质 3.2.1 个人特质 3.2.2 话题知识 3.2.3 情感图式 3.2.4 认知策略
LANGUAGE ABILITY Language knowledge Strategic competence Illustrative examples of the use of strategic competence	3.3 语言能力 3.3.1 语言知识 3.3.2 策略能力 3.3.3 策略能力使用示例
LANGUAGE "SKILLS"	3.4 语言"技能"
EXERCISES	3.5 练习
SUGGESTED READINGS	3.6 推荐阅读

　　作者首先简要介绍了本章的主要内容是语言能力和语言使用概念框架；接着指出语言使用包括往复性语言使用和非往复性语言使用，不管是往复性语言使用还是非往复性语言使用，都涉及内在互动和外在互动；然后详细论述了语言能力的内涵；最后，作者指出传统的从"听、说、读、写"四个技能来定义语言能力的方法的局限性。语言的使用不是在真空中进行的，同样是"听"，在不同的语言使用任务中，不同的语言使用情境性下，"听"的活动有着很大的差别。所以，作者不建议去抽象地定义语言技能，认为把"听、说、读、写"看作是语言使用的活动形式而不是技能会更合适。《中国英语能力等级量表》及《欧框》中的"能做"描述语正是这种语言技能观的体现。

本章结构上也存在着一些不大合乎逻辑的地方。比如："语言使用概念框架概览"应该是独立于"引言"部分的，但在教材中标题却用了小写，意味着是从属于"引言"部分的，很明显这是不合逻辑的。这是本章与语言能力同等重要的一个部分，因此在目录整理时把该部分进行了调整。此外，本章开篇即讲到语言能力是语言测评中最受关注的考生特质，包括后面在讲语言使用时也一直把语言能力包括在个体特质之中，但却把"语言能力"一节与"个体特质"并列。

3.2 原著思考题及参考作答

1. 想想发生在你自己身上的非往复性语言使用的例子，根据图 3.2 用一段话来描述这一例子。

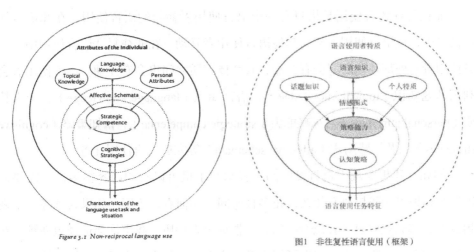

Figure 3.1 Non-reciprocal language use

图1 非往复性语言使用（框架）

图 3.2 非往复性语言使用

参考作答 1

　　以上是非往复性语言使用框架图示。非往复性语言使用只有一个语言使用者，在该语言使用情境下，语言使用者不与其他语言使用者发生交互（p.35），但语言使用者与语言任务和情境之间会有外在互动，语言使用者特质（话题知识、语言知识、个人特质、策略能力、认知策略、情感图式）之间也会有内在互动。

以我自己阅读本章内容为例。在阅读过程中，语言使用有外在互动，我与本章文字内容、图表等语言使用任务（情境）特征之间是有互动关系的，图表与文字结合、理论与示例结合的写作模式使我能更顺畅地阅读和理解。而在理解本章内容的过程中，我的个体特质之间存在着互动关系，也就是有内在互动。我在设定阅读目标和计划的时候会运用策略能力，在执行计划的过程中会运用评价策略来调整自己的认知策略以完成阅读目标。同时，我会运用与本章内容相关的已有话题知识来帮助我理解内容和解决问题，并运用语言知识来理解本章概念，运用个人特质在最短的时间内完成阅读任务并尽可能全面理解，情感图式会影响整个的阅读和理解过程。各特质之间的协调互动以及我与章节内容和图表之间的外在互动助我达成阅读（语言使用任务）目标。

参考作答 2

非往复性语言使用是指只有一个语言使用者参与的语言使用，在此语言使用情境中，该语言使用者不与其他语言使用者互动。在非往复性语言使用中，语言使用者与外部环境之间会有互动，其个体特质之间也会有互动。语言使用者会利用话题知识（topical knowledge），语言知识（language knowledge），个人特质（personal attributes），策略能力（strategic competence），认知策略（cognitive strategies）以及情感图式（affective schemata）等完成语言使用任务。

例如：我想要玩手机打发时间，我拿起手机可以看的内容很多，我需要运用话题知识思考我想要看什么，花多长时间，如何看，等等。如果我选择一个视频 APP，那么就要思考我想看的内容，根据个人特质，我也许会选择短视频，在看的时候会运用我的语言知识了解视频究竟在传达什么，之后会运用元认知策略能力来计划、设定目标，诸如看 30 分钟，可以看搞笑视频、综艺类短视频或其他类型的视频；最后我会运用我的认知策略对看的这几类视频进行比较，看我自己更喜欢哪一类。

2. 想想发生在你自己身上的往复性语言使用的例子，根据图 3.3 用一段话来描述这一例子。

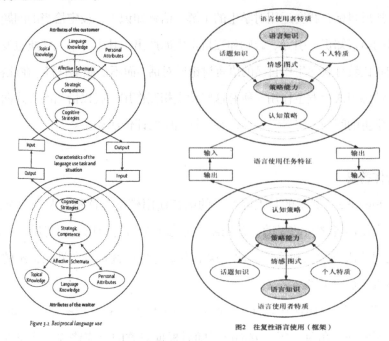

图 3.3　往复性语言使用

参考作答 1

　　上图是往复性语言使用框架图式。往复性语言使用是指不只一个语言使用者直接参与的语言互动（p.35）。在往复性语言使用中，既有语言使用者之间的互动，也有语言使用者与语言使用任务和情境特征之间的互动，还有语言使用者个体特质之间的互动。换言之，既有内在互动，也有外在互动。

　　师生课堂互动是典型的往复性语言使用案例。在该情境下，语言使用的外在互动体现在两个方面：一是语言使用者（教师与学生）与语言使用情境（课堂环境、话题等）之间的互动；二是语言使用者（教师与学生）之间的互动。学生会利用教师提出的话题知识（或反过来）用自己的语言知识与教师/学生对话或讨论。在这个过程中，学生/教师会运用个人特质来进行个性化的表述。同时，教师/学生会根据对方的表情、语气等情感流露，运用自己的情感图式做出相应的反应，完成循环往复的语言输出与输入的互动过程。

作为教师，在意义和话语建构过程中，语言使用者（我）的特质之间也会产生内在互动。我会运用策略能力设定目标，评价活动可能的走向，制定计划。为了顺利达成目标，我会运用对学生的了解（话题知识），设定恰当的问题。同时运用自己的语言知识，引导、鼓励和支持学生的产出。其中，个人特质也发挥着作用，比如我比较喜欢学生用自己的语言讨论或对话，而不是照本宣科。在此特质影响下，我的情感图式会发生作用。所有这些特质相互作用使我以恰当的方式向学生发问或回答学生的问题，引导学生讨论并进行相应的评价活动。

参考作答 2

Figure 3.2 展示的是人际互动的语言使用模型。这里涉及到两个或两个以上的语言使用者之间的互动，首先需要考虑每个语言使用者的特质，其次要考察他们之间的语言输入和输出活动。这个模型的特点就是双向性强，A 的输出即为 B 的输入，反之亦然。

我们日常生活中的对话就是这样一个模型，双方以一来一往的方式进行对话，不断交换角色，每一方都可以随时根据对方的反应修改、补充说话内容或改变说话方式。就像作者在第 55-56 页给出的换座位的例子一样，在这种情况下，要想成功地完成一项交际任务，除了语言能力，还需要有恰当评估对方特质、采取合适的沟通策略的能力。

3.3　补充思考题及参考作答

1. 请问作者为何要专辟一章的篇幅描述语言使用（language use）和语言能力（language ability）？你能用自己的语言简要描述什么是"语言使用"以及什么是"语言能力"吗？

参考作答 1

语言测评的目的，是通过测评搜集信息以做出决策，是衡量考生在一定语言使用情境下，完成某类语言任务的能力的有效途径，而描述语言使用中的语言能力是语言测评的一个核心概念。因此，如果对这两个概念没有准确、清晰的认识，就无法科学有效地开发和使用语言测试。

语言使用是指个人或多人使用一种或多种语言完成某一具体情境下的互动任务。语言能力就是使用语言完成特定互动任务的能力。

参考作答 2

只有先厘清了语言使用和语言能力的具体内涵，才能构建起可操作的语言测评开发和使用论证框架。语言使用和语言能力是测评构念的基础，理解了语言是如何在现实中使用的，语言能力是由什么构成的才能对语言能力进行测评。

语言使用是指个体对话语意义的表达或理解，或是两个或更多个体在特定情景中对意义动态、互动性的商讨。

语言能力是指语言使用者表达和理解话语意义的能力。

2. 请梳理本章中出现的语言测试术语及作者对这些术语的定义。

参考作答

（1）Language ability 语言能力

It refers to the capacity that enables language users to create and interpret discourse, which consists of two components: language knowledge and strategic competence. (p.33)

（2）Language use 语言使用

It refers to the creation or interpretation of intended meanings in discourse by an individual, or as the dynamic and interactive negotiation of intended meanings between two or more individuals in a particular situation. (p.34)

（3）Strategic competence 策略能力

It refers to the higher-order meta-cognitive strategies that provide a management function in language use, as well as in other activities. We define three general areas in which meta-cognitive strategies operate: goal setting, appraising and planning. (p.50)

（4） Internally interactive 内在互动

It refers to the interactions among attributes within individual language users. (p.34)

（5） Externally interactive 外在互动

It refers to the interaction between a language user and the characteristics of the situation. (p.35)

（6） Personal attributes 个人特质

It refers to the age, sex, nationality, resident status, length of residence, native language, level and type of general education, type and amount of preparation or prior experience with a given assessment of a test taker. (p.41)

（7） Topical knowledge 话题知识

It can be loosely thought of as knowledge structures in long-term memory. (p.41)

（8） Affective schemata 情感图式

It refers to the feelings we associate with special kinds of topical knowledge. (p.42)

（9） Cognitive strategies 认知策略

It is what language users employ when they execute plans, so as to realize these in language use, either in comprehension information in the discourse, or in co-constructing discourse with another interlocutor. (p.43)

（10） Reciprocal language use 往复性语言使用

When more than one language user is involved directly in the interaction, we will refer to this as reciprocal language use. (p.35)

（11） Non-reciprocal language use 非往复性语言使用

When only a single language user is involved, so that there is no give and take with other language users in the language use situation, we will refer to this as non-reciprocal language use. (p.35)

（12） Construct 构念

We can consider a construct to be the specific definition of an ability that provides the basis for a given assessment or assessment task and for interpreting scores derived from this task. (p.44)

（13）Language knowledge 语言知识

Language knowledge can be thought of as a domain of information in memory that is available to the language user for creating and interpreting discourse in language use. (p.45)

3. 请在语言测试专业词典上查阅本章中出现的语言测试术语，并与作者的定义对比，注意其异同。

参考作答

表 3.2　第三章语言测试术语定义对比一览表

术语	专著定义	词典定义
（1）Language ability 语言能力	a capacity that enables language users to create and interpret discourse, which consists of two components: language knowledge and strategic competence. 语言使用者表达和理解话语的能力，包括语言知识和策略能力。	current capacity to perform an act. Language testing is concerned with a subset of cognitive or mental abilities, and therefore with skills underlying behavior (e.g. reading ability, speaking ability) as well as with potential ability to learn a language (aptitude). 现有的行事能力。语言测试涉及的一系列认知或心智能力，既包括作为行为基础的各种技能，如阅读能力、口语能力等，也包括学习语言的潜在能力，即学能。
异同	两者都强调了语言的行事能力，以及认知能力在语言能力中的重要性。相对作者的定义，词典定义倾向于把能力定义为语言技能，而作者的语言能力定义不仅仅包括技能，还包括语言知识以及语言知识在语言使用中的运用能力，即策略能力。	
（2）Strategic competence 策略能力	higher-order meta-cognitive strategies that provide a management function in language use, as well as in other activities. We define three general areas in which metacognitive strategies operate: goal setting, appraising and planning. 高阶元认知策略管理语言使用和其他活动。元认知策略主要在三个领域起作用：目标设定、评价和计划。	the capacity that relates language competence to the user's contextualized performance ability. It is considered to be a general cognitive ability, akin to intelligence. 把语言能力和语境化的语言运用能力联系起来的能力。策略能力被认为是一种类似于智力的普遍认知能力。

续表

术语	专著定义	词典定义
异同	两者都强调策略能力对语言使用或行事能力的管理和协调能力，但前者强调元认知能力，后者认为是普遍的认知能力。	

4. 请用表格形式重新呈现"语言使用概念框架概览"（Overview of a conceptual framework for language use，pp.24-40）部分的内容。

参考作答

表 3.3　语言使用概念框架概览

语言使用	非往复性语言使用	Figure 3.1	示例 1
			示例 2
	往复性语言使用	Figure 3.2	示例 3
语言使用的本质	内在互动和外在互动		

5. 请以本章中的"受试特征"（Attributes of individuals，pp. 40-43）内容做参考，尝试设计一份"受试特征"问卷调查表。请说明你拟调查的受试对象。

参考作答

受试特征问卷调查表

本问卷调查的对象为英语专业大一新生。

各位同学，为了更有针对性地开展教学，我们需要了解大家对英语语言学习方面的认识及相关的个人情况，故设计此问卷。请大家认真、如实填写。问卷数据只用作本课程的教学之用，对他人保密。谢谢配合！

Part I 背景信息

年龄：＿＿＿＿　性别：＿＿＿＿　民族：＿＿＿＿

居住地：＿＿＿＿＿＿＿＿＿＿＿＿＿＿＿＿

学习英语的时间：_____（年）

Part II 话题知识

（5. 完全能 4. 基本能 3. 不太确定 2. 不大能 1. 完全不能）

1. 您能准确说出英国的全称吗？   1 2 3 4 5

2. 您能准确说出英国本土是由哪四个部分组成的吗？   1 2 3 4 5

3. 您能准确说出哪些国家属于英联邦国家吗？   1 2 3 4 5

4. 您能准确说出英语的主要变体吗？   1 2 3 4 5

Part III 情感图式

（5. 完全同意 4. 比较同意 3. 不确定 2. 不太同意 1. 完全不同意）

1. 您认为学习英语很有趣吗？   1 2 3 4 5

2. 您认为学习英语会有助于您的个人发展吗？   1 2 3 4 5

3. 您认为学习英语会对您的母语有负面影响吗？   1 2 3 4 5

4. 您认为英语学习有助于您的母语学习吗？   1 2 3 4 5

Part IV 认知策略

（5. 完全能 4. 基本能 3. 不确定 2. 不大能 1. 完全不能）

1. 您能通过词根词缀猜测英语单词的意思吗？   1 2 3 4 5

2. 您能通过上下文推断英语词汇的意思吗？   1 2 3 4 5

3. 您能通过连接词的使用改变您的话题吗？   1 2 3 4 5

4. 您能根据说话者词汇的选择判断其态度吗？   1 2 3 4 5

6. 如果我们用 Table 3.1 Areas of language knowledge（p.45-46）作为参考框架，能否分析高考英语科（或其他任何外语测试）试卷所测的语言知识？请尝试分析 2019 年高考英语 I 卷所测的语言知识。请分享在分析过程中遇到的问题和困难。

参考作答

表 3.4　2019 年高考英语 I 卷所测语言知识

语言知识			听力	阅读理解	语言知识运用	写作
I 组构知识	A. 语法知识	1. 词汇知识	√	√	√	√
		2. 句法知识	√	√	√	√
		3. 语音知识	√			
	B. 语篇知识	1. 衔接知识		√	√	√
		2. 修辞知识或会话组织知识	√	√	√	√
II 语用知识	A. 功能知识	1. 意念功能知识	√	√	√	√
		2. 操控功能知识	√	√	√	√
		3. 启发功能知识	√	√	√	√
		4. 想象功能知识	√	√	√	√
	B. 社会语言学知识	1. 体裁知识		√		
		2. 方言/语言变体知识	√			
		3. 语域知识	√	√	√	√
		4. 自然/地道表达知识	√	√	√	√
		5. 文化与修辞知识	√	√（主要是文化知识）	√	√

分析过程中遇到的问题和困难：

很多试题很难区分具体在考察哪方面的语言知识，比如，听力第二道题是考察学生做简单推断的能力。但因为这是一道听力题，首先要有语音知识，句法知识等；其次这道题如果不能理解 get in shape 以及 register for 的意思，是不可能正确答题的，这就涉及词汇知识；第三，听力部分用的是美式英语发音，所以很难简单地说哪道题考察了哪个语言知识。于是在试着分析了几道题之后，决定采用整体分析法来分析。这也印证了"语言是个系统工程"的说法，并让我更深刻地理解了 Bachman 和 Palmer 在本章所阐述的关于语言"技能"的看法，我们不要抽象地定义语言技能，而是要把语言技能看作是具体的语言使用活动，语言能力要结合具体的语言任务特征、受试特质等从语言知识和策略能力两个方面来考量。此外，语言知识涉及的概念很多，在分析题项时，需要不断地去对照这些概念的定义，很考验耐心，需要非常细致的做事方式。只有熟悉并准确理解概念，才能真正做好分析。

7. 如果参照 Table 3.2 Areas of metacognitive strategy use 研究高考英语科考生的策略能力（strategic competence），可以用哪些方法进行研究？请提供你建议的方法相关的语言测试实证研究文献及文献目录（按 APA 格式）。

参考作答

我们可以用问卷调查法、有声思维、回顾性访谈等获得关于高考英语考生策略能力运用的数据，然后采用定量分析和定性分析相结合的方法分析数据，以研究高考考生的策略能力。以下是相关研究文献目录：

Miyamoto, A., Pfost, M., & Artelt, C. (2019). The relationship between intrinsic motivation and reading comprehension: Mediating effects of reading amount and metacognitive knowledge of strategy Use. *Scientific Studies of Reading, 23*(6), 445-460.

Phakiti, A. (2003). A closer look at the relationship of cognitive and metacognitive strategy use to EFL reading achievement test performance. *Language Testing, 20*(1), 26-56.

Phakiti, A. (2016). Test takers' performance appraisals, appraisal calibration, and cognitive and metacognitive strategy use. *Language Assessment Quarterly, 13*(2), 75-108.

Zhang, L., Goh, C. C. M., & Kunnan, A. J. (2014). Analysis of test takers' metacognitive and cognitive strategy use and EFL reading test performance: A multi-sample SEM approach. *Language Assessment Quarterly, 11*(1), 76-102.

孔文，李清华 .（2008）. 英语专业学生元认知和认知策略使用与英语水平关系的

研究 [J]. 现代外语 (02)：173-184, 219-220.

8. 本章所列 Suggested readings 中的文献现在看来总体偏旧，请在查阅这些文献的基础上，查阅相同作者是否有更新的相关文献。请分享你查阅到的文献及文献目录（按 APA 格式）。

参考作答

Eckert, P. & Rickford, J. (2001). *Style and sociolinguistic variation*. Cambridge University Press.

Eckert, P. (2008). Variation and the indexical field. *Journal of Sociolinguistics, 12*(4), 453-476.

Leung, C., Davidson, C., East, M., Evans, M. Green, T., Liu, Y., Hamp-Lyons, L., & Purpura, J. (2018). Using assessment to promote learning: Clarifying constructs, theories and practices. In J. Davies & J. Norris (eds.), *Useful Assessment and Evaluation in Language Education*. Georgetown University Press.

McCarty, R., & Swales, J. M. (2017). Technological change and generic effects in a university Herbarium: A textography revisited. *Discourse Studies, 19*(5), 561-580.

Moreno, A. I. & Swales, J. M. (2018). Strengthening move analysis methodology towards bridging the function-form gap. *English for Specific Purposes, 50*, 40-63.

Neiderhiser, J. A., Kelley, P., Kennedy, K. M., Swales, J. M., & Vergaro, C. (2016). "Notice the similarities between the two sets ..." : Imperative usage in a corpus of upper-level student papers. *Applied Linguistics, 37*(2), 198-218.

Purpura, J. E. (2016). Learning-oriented assessment in second and foreign language classrooms. In Tsagari, D. & Baneerjee, J. (eds). *Handbook of Second Language Assessment*. (p.255-272). De Gruyter, Inc.

Purpura, J. E. (2016). Second and foreign language assessment. *Modern Language Journal, 100*(S1), 190-208.

Purpura, J. E. (2017). Assessing meaning. In Shohamy, E., Or, I. G., & May, S. (eds.).

Language testing and assessment. Springer International Publishing.

Purpura, J. E., & Christison, M. (2016). A lifetime of language testing: An interview with Adrian (Buzz) Palmer. *Language Assessment Quarterly, 13*(2), 142-155.

Purpura, J. E., Brown. J. D., & Schoonen, R. (2015). Improving the validity of quantative measures in applied linguistics research. *Language Learning, 65*(S1), 37-75.

Richord, J & Price, M. (2013). Girlz II women: Age-grading, language change and stylistic variation. *Journal of Sociolinguistics, 17*(2), 143-179.

Swales, J. M. (2016). Configuring image and context: Writing "about" pictures. *English for Specific Purposes, 41*, 22-35.

Swales, J. M. (2017). Standardisation and its discontents. In Cargill, M. & Burgess, S. (eds.). *Publishing Research in English as an Additional Language: Practices, Pathways and Potentials*, pp.239-254. The University of Adelaide Press.

Swales, J. M. (2018). *Other floors, other voices: A textography of a small university building* (second 20th anniversary edition). University of Michigan Press.

Swales, J. M. (2019). The futures of EAP genre studies: A personal viewpoint. *Journal of English for Academic Purposes. 38,* 75-82.

Swales, J. M., & Post, J. (2018). Student use of imperatives in their academic writing: How research can be pedagogically applied. *Journal of English for Academic Purposes, 31,* 91-97.

Swales, J. M., Jakobsen, H., Kejser, C., Koch, L., Lynch, J., & Mølbæk, L. (2017). A new link in a chain of genres? *HERMES-Journal of Language and Communication in Business, 13*(25), 133-141.

Swales,J.M. (2004). *Research genres: explorations and applications.* Cambridge University Press.

Taylor, L. (2013). Communicating the theory, practice and principles of language testing to test stakeholders: Some reflections. *Language Testing, 30*(3), 403-412.

4 Describing characteristics of language use and language assessment tasks
第四章 描述语言使用任务与测试任务的特征

4.1 章节目录

1. 思维导图呈现本章目录

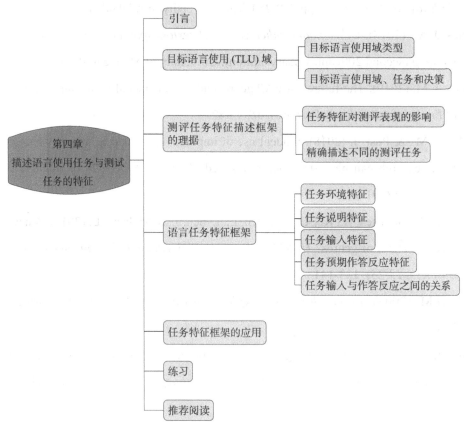

图 4.1 第四章目录思维导图

2. 表格呈现本章目录

表 4.1　第四章表格目录

4 Describing Characteristics of language use and language assessment tasks	第四章 描述语言使用任务与测试任务的特征
INTRODUCTION	4.1 引言
TARGET LANGUAGE USE (TLU) DOMAINS Types of TLU domains TLU domains and tasks and decisions to be made	4.2 目标语言使用（TLU）域 　4.2.1 目标语言使用域类型 　4.2.2 目标语言使用域、任务和决策
RATIONALE FOR A FRAMEWORK FOR DESCRIBING ASSESSMENT TASK CHARACTERISTICS Effects of task characteristics on assessment performance Precision in characterizing different assessment tasks	4.3 测评任务特征描述框架的理据 　4.3.1 任务特征对测评表现的影响 　4.3.2 精确描述不同的测评任务
A FRAMEWORK OF LANGUAGE TASK CHARACTERISTICS Characteristics of the setting Characteristics of the rubric Characteristics of the input Characteristics of the expected response Relationship between input and expected response	4.4 语言任务特征框架 　4.4.1 任务环境特征 　4.4.2 任务说明特征 　4.4.3 任务输入特征 　4.4.4 任务预期作答反应特征 　4.4.5 任务输入与作答反应之间的关系
APPLICATIONS OF THE TASK CHARACTERISTICS FRAMEWORK	4.5 任务特征框架的应用
EXERCISES	练习
SUGGESTED READINGS	推荐阅读

　　在目录梳理过程中发现本章内容很多，尤其是第四部分，在介绍任务特征框架的时候，如果完全按章节中的标题事无巨细地罗列，会有五级标题。这样列出来虽然内容很全面，但会因为内容过多，无法起到整理篇章结构和思路的作用。最后决定列到三级标题，这样更加清晰明了，主要内容都能囊括。

　　通过梳理，最大的收获是发现本章的语言任务特征框架非常详细，可以参照框架对目标语言使用域任务和测试任务进行描述。通过比较二者的异同，有助于了解测试任务和目标语言使用任务的匹配程度，从而可以更好地从有意义性、相关性、充分性和可概推性四个方面解释测试表现，并论证测试的效度。

4.2 原著思考题及参考作答

1. 请想想你使用过或熟悉的一项测评。在该测评中，测评任务是基于哪些类型的目标语言使用域开发的：实际生活？语言教学？还是两者兼具？要基于该测评做出什么决策？这些目标语言使用域与要做的决策是如何相关的？

参考作答 1

　　我于 2003 年写过一篇题为《在 CET 中增加快速阅读测试的必要性（英文）》的文章。写作背景是我发现在中国的教育环境下，语言教学（包括外语和母语教学）特别重视精读，对泛读或快速阅读重视不够，而在实际生活以及语言教学当中，我们使用泛读或快速阅读的时候很多。所以我认为大学英语四、六级考试应该增加快速阅读这一题型。后来的大学英语四、六级考试确实增加了快速阅读。这个例子就是从目标语言使用域出发，根据我们现实生活当中经常会用到快速阅读、泛读的实际语言使用情况来设计测试任务——快速阅读。这是基于语言教学与实际生活两个目标语言使用域设计测试任务的典型例子。

　　基于这一语言测试要做的决策是判断学生是否达到了大学英语教学的基础或提高级目标。达到基础目标的阅读要求是"能够基本理解语言难度中等、涉及常见的个人和社会交流题材的口头或书面材料"，"对不同场合中一般性话题的语言材料进行处理和加工，理解主旨思想，明晰事实、观点与细节，领悟他人的意图和态度，进而进行综合与合乎逻辑的判断"；达到"提高级"目标的阅读要求是"能够较好地理解语言难度中等、内容熟悉或与本人所学专业相关的口头或书面材料，理解材料内部的逻辑关系、篇章结构和隐含意义"。目标语言使用域中的阅读任务通常也要求做出如上所述的反应，因此二者是密切相关的。

参考作答 2

　　某单位要招聘一个外事工作人员，主要负责处理一些外教招聘和外教日常教学管理工作。这项工作要求应聘人员既要有熟练的英语口语交际能力，又要有一定的英语书面表达能力。根据这一要求，招聘时设计了两个部分的语言测评，一部分是英语口语面试，一部分是编写一份英文教学日历。这项测试是基于实际生活域开发的。依据这项测试要做的决策是是否雇用应聘人员。换言之，用英语进行口头交流、编写英文教学日历这些测评任务是基于实际生活中该岗位职责开发的，具有代表性，与要做的决策密切相关。

2. 请仔细考察网页提供的项目中对测评任务的描述，注意这些描述详略不一。你认为有哪些现实世界条件或限制可能影响了任务特征描述的详细程度？

参考作答

从专著所附的 16 个测评项目来看，影响任务特征描述详略的现实条件或限制主要表现在以下几个方面：

（1）**测评项目的规模及风险**。如果一个测评项目涉及的受试人数众多，利益相关者广泛，且对利益相关者（特别是受试）未来的生活影响比较大，任务特征描述通常较为详细。相对来说，规模小、风险低的测评（比如课堂口语测评），其任务描述比较简单。

（2）**测评任务的数量和难度以及目标语言使用（TLU）域任务特征**。任务多、难度大的测评，其任务特征描述相对更详细。目标语言使用域任务特征的复杂性也影响着描述的详略程度。

（3）**测评项目开发所拥有的资源**。这里的资源包括人力、物力、财力以及时间。如果是由教师个人开发，依靠自身拥有的资源（学生、教学大纲、课堂教学设备等）就能完成的测评任务，其任务特征描述相对比较简单。或因为资源有限，只能依靠手头资源完成的项目，描述也比较简单。而需要调用更多资源的测评，比如 Project 2—大学分班／免修测评，其涉及的测评开发人员类型较多，对任务的描述也更为详细。

3. 选择一个你熟悉且在某些方面与所附项目中某个测试任务相似的测试任务。请使用本章的语言任务特征框架对该测试任务特征进行描述。你可能会发现在其他项目中用来描述任务特征的术语可能有助于你对该任务特征的描述。

参考作答

以下描述的是 2020 年普通高等学校招生全国统一考试英语科全国卷 I 阅读第一节 4 个任务的特征。该测试任务与专著所附的 Project 2 都是阅读理解题，故本描述是基于专著所提供的任务特征描述框架，仿照 Project 2 中对任务特征的描述所做的。

表 4.2　2020 年高考英语 I 卷阅读第一节任务特征描述

阅读篇章 分析框架	A—B—C—D
任务情境特征	**物理特征**：考场 **参与者**：所有使用全国卷 I 的考生 **测试时间**：2020 年 7 月 8 号下午 15：00-17：00
任务说明特征	**指令** 　1. 汉语（母语） 　2. 书面（视觉） 　3. 结构、答题程序、成绩记录程序见 B、C 两个部分 **结构** 　任务数量：共 4 篇阅读文章，15 个问题 　任务之间的重要性：同等重要 　任务顺序：A—B—C—D 　每个任务的问题数量：A 篇 3 个，B、C、D 篇各 4 个 **时间分配** 　没有明确要求，整个测试在 2 个小时之内结束。 **成绩记录方法** 　1. 成绩记录类型：分数 　2. 正确标准：从每题所给的 A、B、C、D 四个选项中， 　　选出最佳选项。 　3. 机改。每答对 1 题得两分，总分 30 分。

分析框架＼阅读篇章		A—B—C—D			
任务输入特征	格式	篇章理解、书面、英语、非速度测试、长度			
	语言特征	语法：高中课标规定语法范围 词汇：高中课标必修 3000 词内 语篇：结构比较清晰 语域：正式 修辞手段：多种常用修辞			
	体裁	应用文	夹叙夹议	说明文	说明文
	题材	出行信息指南	精神生活	健康	科普
	长度（词数）	268	394	400	477
	Flesch 易读度	45.3	71.4	59.3	64.5
任务预期作答反应特征	格式	选择题、时间不限			
	考察技能 理解事实细节	21、24、25 小题	25 小题	29、30 小题	33 小题
	推理判断		24、27 小题	28、31 小题	32、34 小题
	词义猜测		26 小题		
	理解主旨大意				35 小题
任务输入与作答反应之间的关系		A 外部互动类型：非往复性互动 B 关系范围：大范围和小范围兼有 C 关系的直接性：直接			

　　从上表可以看出，从语篇输入来看，高考阅读文章的体裁主要由说明文、应用文、议论文、记叙文或夹叙夹议的文章组成。阅读文章加上题项及选项总词数在 1500 左右。阅读文章的难度上有区分，1 篇标准难度、1 篇偏易、2 篇较难。但发现一个问题：根据 Flesch 易读度参考表（辜向东、关晓仙，2003），易读度值对应的难度可以分为 7 个级别，易读度值越大的文章难度越小。照此理解，D 篇属于标准难度，B 篇是较容易。A 篇和 C 篇较难，但实际做题时，明显感觉 B 篇和 D 篇的难度更大。这是为什么呢？有没有可能因为 A 篇有大量的专有名词出现，导致系统软件识别不出，从而导致易读度值较小呢？

　　从预期作答反应来看，总体考查学生的四类阅读理解能力：理解事实细节、推理判断、词义猜测和理解主旨大意。其中又以理解事实细节和推理判断为主。说明高考英语测评既要能快速定位细节信息，又要能对隐含信息做出推理判断。对教学提出的要求是既要理解基础语言知识，又要培养学生综合、分析和评价的能力。换言之，高中英语教学既要设置低阶目标，也要设置高阶目标。

4.3 补充思考题及参考作答

1. 请问作者为何要专辟一章的篇幅描述语言使用任务（language use tasks）和语言测试任务（language assessment tasks）？两者有何联系与区别？

参考作答1

　　语言使用任务：个体在特定语言使用情境中使用语言完成特定交际目标的语言活动。

　　语言测试任务：构成语言测试的基本要素，是能够诱发考生作答，从而推断其语言能力的程序（procedure）。

　　联系：语言测试任务的设计以目标语言使用域的任务为基础，根据语言测试情境和目的对其进行改造、设计。测试使用者通过考生在完成语言测试任务中的表现推测其完成目标语言使用域任务的能力，解读其实际语言运用能力。

　　区别：二者的首要目的不同，语言测试任务旨在收集信息并做出决策；而语言使用任务是完成实际情境中的交际目的。语言测试任务是语言使用任务在特定情景中的表征，有着显性的测评特征。但在日常的语言使用任务中，测评通常都是隐性的。

　　作者专辟一章来描述语言使用任务和语言测试任务是因为：首先，只有清楚地描述了语言使用任务和语言测试任务的特征，才能将语言测试任务与语言使用任务进行细致的比较，以确认语言测试任务与语言使用任务的匹配度，以依据测试结果推断受试在测试语境之外的现实生活中的语言使用能力，并判断这种解读和推断是否有意义；其次，通过二者的匹配，才能清楚地向利益相关者论证测试的合理性；最后，在理论部分阐述清楚二者之间的联系与区别，可为现实世界中的语言测试开发与使用论证奠定基础。

参考作答2

语言使用任务：指在特定的情境中个人为实现特定目标，使用语言完成任务的具体活动。

语言测试任务：是构成语言测试的基本要素，是能够诱发考生作答的"程序"。

联系与区别：语言测试任务要以目标语言使用域任务为参照进行改造和设计。了解语言测试任务的特征有利于推测和解读考生的实际语言能力。语言测试任务与语言使用任务之间的相似程度，决定了后续由考试表现推导语言能力的有效程度。了解语言测试任务的特征有助于确定考生的表现是否可推及到测试之外的语言使用情境中。

作者专辟一章来描述语言使用任务和语言测试任务是基于这样一个理念，即如果了解了语言使用任务与测试任务的特征，测试开发人员就了解了测试环境与非测试环境下语言使用的联系，从而恰当地挑选并设计测试任务。此外，通过控制测试任务的特征，测试开发人员可以确保对考生能力表现的解释能够推广到测试以外的目标语言使用域。

2. 请梳理本章中出现的语言测试术语及作者对这些术语的定义。

参考作答

（1）Language use task　语言使用任务

It refers to an activity that involves individuals in using language for the purpose of achieving a particular goal or objective in a particular setting. (p.60)

（2）Target language use (TLU) domain　目标语言使用域

It refers to a specific setting outside of the test itself that requires the test taker to perform language use tasks. (p.60)

（3）Target language use task 目标语言使用任务

It refers to a language use task within a specific TLU domain. (p.60)

（4）Language teaching domain 语言教学域

It refers to a setting in which language is used for the purpose of language teaching and language learning. (p.60)

（5）Real life domains 真实生活域

It refers to a setting in which language is used for purposes other than teaching and learning language. (p.60)

（6）Physical characteristics of the setting 语言任务情境物理特征

It includes the location, the noise level, temperature, humidity, seating conditions, and lighting. Degree of familiarity of the test takers with the materials and equipment to be used is also included. （p.69）

（7）Participants 参与者

It refers to people who are involved in the task. (p.69)

（8）Time of task 任务时间

It refers to the time at which the assessment is conducted or at which the TLU task takes place. (p.69)

（9）Rubric 任务说明

It provides the context in which TLU tasks and assessment tasks are performed. Specifically, it includes characteristics that provide the purpose and structure for particular tasks and that indicate how language users or test takes are to proceed in accomplishing the tasks. (pp.69-70)

（10）Instructions 考试说明（考试指令）

They are the means by which the test takes are informed about the procedures for taking the assessment, how it is structured, how it will be scored, and how the results will be used. Need to be explicit and comprehensible. (pp.70-71)

（11）Language of instructions 指令语

It refers to the language in which the instructions are presented: native language, the target language, or both. (p.71)

（12）Channel 渠道

It refers to the way in which the instructions are presented: aural, visual, or both. （p.71）

（13）Number of parts and tasks 测评各部分及任务数量

It consists of the main divisions, or parts, that are included in the assessment as a whole, and how many tasks there are in each part. (p.72)

（14）Salience of parts and tasks 测评各部分之间及测评任务之间的辨识度

It consists of the extent to which the different parts and tasks of the assessment are clearly distinguishable from one another by the test takers. (p.72)

（15）Sequence of parts and tasks 测评各部分及各任务的呈现次序

It refers to the order of the parts or tasks of the assessment, either fixed or variable. (p.72)

（16）Relative importance of parts and tasks 测评各部分及各任务的相对重要性

It refers to the extent to which the parts or tasks of the assessment differ in importance. (p.73)

（17）Number of tasks/items per part 每部分任务／题项数量

It refers to how many different tasks or items are included in each part of the test. (p.73)

（18）Time allotment 测评时间分配

the amount of time provided for individual assessment tasks, for the parts, and for the entire assessment. (p.73)

（19）Recording method 表现记录方法

It can be a score, a verbal description, or a combination of these. (p.73)

（20）Recorders 表现记录人员

It refers to the individuals who will prepare the assessment record. (p.73)

（21）Input 任务输入材料

It consists of the material contained in the task which the test taker or language users are expected to process in some way and to which they are expected to respond. (p.75)

（22） Degree of speededness 速度

the rate at which the information in the input is presented. (p.76)

（23） Types of input 输入类型

They consist of item, prompt, or input for interpretation. (p.77)

（24） Item 题项

It consists of a highly focused chunk of language or non-language information whose functions is to elicit either a selected or a limited production response. (p.77)

（25） Prompt 提示

It refers to the input in the form of a directive, the purpose of which is to elicit an extended production response. (p.77)

（26） Input for interpretation 解释性输入

It consists of language, either written or oral, that the language user is presented with and must process in order to complete the task.(p.77)

（27） Expected response 预期作答反应

It consists of the linguistic or non-linguistic behavior the assessment task is attempting to elicit by the way the instructions have been written, the rubric has been specified, and by the input provided. (p.79)

（28） Selected response 选择性作答反应

It is typified by multiple-choice and matching tasks, where the test taker must select one response from among two or more that are provided. (p.80)

（29） Limited production response 有限产出作答反应

It consists of a single word or phrase, and may be as long as a single sentence or utterance. (p.80)

（30） Extended production response 拓展性产出作答反应

It is one that is longer than a single sentence or utterance, and can range from two sentences or utterances to much longer stretches of language. (p.80)

（31）Reciprocal tasks　往复性任务

It refers to those in which the test taker or language user engages in language use with another interlocutor. Two distinguishing features: the presence of feedback and back-and forth interplay between the two interlocutors. (p.81)

（32）Non-reciprocal tasks　非往复性任务

It refers to those in which there is neither feedback nor back-forth interplay between language users. (p.81)

（33）Adaptive test tasks　自适应性测试任务

It refers to the tasks that do not involve the feedback, but involve an aspect of interaction in the sense that test taker's responses affect subsequent input. (p.81)

（34）Scope of relationship　关系范围

It refers to the amount or range of input that must be processed in order for the test taker or language user to respond as expected. (p.82)

（35）Directness of relationship　关系的直接性

It refers to the degree to which the task can be successfully completed by referring primarily to information that is included in the input, or whether the test taker or language user must also rely on information in the context or in her own topical knowledge. (p.82)

3. 请在语言测试专业词典上查阅本章中出现的语言测试术语，并与作者的定义对比，注意其异同。

参考作答

表 4.3　第四章语言测试术语定义对比一览表

术语	专著定义	词典定义
（1）Domain 语域 / 范围	a specific setting outside of the test itself that requires the test taker to perform language use tasks（p.60）在测试之外，要求受试完成语言使用任务的具体情境。	In testing theory, the term is used broadly to denote that portion of the total universe of subject matter (linguistic or other) which is being tested or about which inferences are to be drawn. Domain is an important factor in needs/job analysis surveys and in test construction. 在测试理论中，域指的是整个学科（语言或其他的）中要被测量的或要从中得出推论的那部分内容。域是需求或工作分析调查以及测试构建中的重要因素。
异同	专著定义中的"域"是指测试之外的目标语言使用域（TLU），是语言使用情境。而词典的定义既包括测试情境也包括测试之外的语言使用情境，范围更广。	
（2）Input 输入	the material contained in the task which the test taker or language users are expected to process in some way and to which they are expected to respond (p.75) 输入是指期望受试或语言使用者以某种方式加工并作答的任务中所包含的材料。	In language teaching and learning, refers to the language (written or spoken) to which learners are exposed. In language testing the term is used differently, to denote the information or stimulus material contained in a given test task. 在语言教学中，输入指学习者所接触的语言（书面或口头）材料。在语言测试中，输入指在某一特定测试任务中所包含的信息或刺激材料。
异同	两者所指基本相同，都是指语言材料，但专著所指的语言使用域更宽泛，除了测试场景之外，任何其他需要对语言材料进行加工或作答的场景都可能包括在内，而词典定义仅限于教学场景和测试场景。	

4. 请举两个目标语言使用域（target language use domains）的例子解释其两大类型——language teaching domain 和 real life domain。

参考作答 1

语言教学域是指为了语言教学和语言学习的目的而使用语言的情境，而现实生活域是指所有语言教学域之外的语言使用域（p.60）。二者并非界限清晰，非此即彼，语言教学的目的之一是为了现实生活中的语言使用，而现实生活中的语言使用也会促进语言教学。

比如：在护理英语中，为了教授注射中的关键规则：打针前、打针中、打针后都需要核对病人的姓名，我们会设置 3 次询问病人姓名和年龄的表达。但是在实际应用中，打针的过程不过 30 秒，病人如果没有变动或者走动，护士是不会在打针的前中后三个时段反复询问病人年龄的。

参考作答 2

以谈论天气为例。

语言教学域：教师在教室里教授各种天气的表达，并在课堂上开展"模仿天气预报员"的活动。

真实生活域：A 与 B 在电话中商量周末外出野餐活动，在谈论期间，他们谈到周末的天气情况，并讨论应对方案。

5. 请参照 Figure 4.1 TLU domain and TLU tasks（p.63），举例阐释目标语言使用域和目标语言使用任务之间的关系。

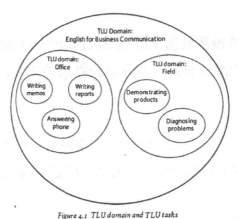

Figure 4.1 TLU domain and TLU tasks

图 4.2　目标语言使用域与目标语言使用任务

参考作答 1

从图 4.1 可见，目标语言使用域是比较大的一个范围。例如，在商务英语沟通这个目标语言使用域中，会有一系列的任务，包括接电话、写报告、做会议记录等，也有可能涉及产品展示或问题诊断等，这些都是该使用域中的具体任务。公司根据不同的需求和员工在具体任务中的表现来选择合适的人选去从事相应岗位的工作。比如：如果在这一大的语言情境中，发现某一员工更能胜任接电话、写报告、做会议记录等工作，就很有可能会被排到办公室这一工作场景中。当然，办公室是商务英语沟通这一大的语言使用域下更为具体的目标语言使用域。在这一场景中，接电话、写报告、做会议记录等就是具体的语言使用任务，所以，目标语言使用任务是在目标语言使用域中的具体活动。

参考作答 2

根据图 4.1，我认为目标语言使用域和目标语言使用任务的关系如下：

目标语言使用任务是指在目标语言使用域中开展的具体的语言使用活动。在同一个目标语言使用域中，在不同的场景下，会有不同的语言使用任务。比如在医院，护士和患者的交流是一个目标语言使用域，在这个使用域中，根据不同的场景和目的，护士的语言使用任务是不同的。在病房要就生命体征测量、注射、抽血、入院登记等使用语言完成任务，但在办公室，她的语言使用任务可能是写工作记录，整理出院、入院人员信息等。

6. 请浏览辜向东教授及其团队运用 Bachman & Palmer（1996）任务特征框架所做的部分研究，并分享浏览后的体会。

参考作答 1

辜向东，王秋艳（2008）以及彭莹莹、辜向东、黄娟（2017）都是从语篇输入和预期作答反应特征两个方面对高风险、大规模英语测评的阅读理解篇章进行分析。

辜向东、李亚果（2010，2012）是从语篇输入和预期回答特征对 CET 听力测试语篇进行分析。

　　辜向东、杨志强（2009）从试题内容和试题设计两个方面对 CET 写作测试二十年的试题进行了历时分析。

　　总体而言，从这个框架出发，对高考英语、CET、TEM 进行了分析，主要是从语言任务特征框架的语篇输入特征和预期作答反应特征两个方面着手的。

　　个人体会：最开始我发现五个方面都很重要，但是当我浏览完团队部分研究文献后发现，用作任务分析的特征主要集中于两个方面：语篇输入和预期作答。我原以为任何一个语言任务分析都要囊括整个框架，但浏览完文献发现，框架的应用要根据不同的研究目的来选择相应的分析视角。诚如作者在本章所言，这个任务特征框架有很大的灵活性和适应性。通过阅读团队文献，我还发现了一个研究思路，那就是可以运用一个框架做多种测试的研究，或对同一测试的不同部分进行分析研究。

参考作答 2

　　辜教授团队在运用 Bachmann 和 Palmer（1996）的任务特征框架作研究时，主要是从任务特征框架中的语篇输入和预期作答反应特征两个方面对高考试卷、CET 试卷、TEM 试卷等作历时分析，并对照相应的考试大纲和教学大纲探讨试卷的命题质量。通过实证分析，得出结论，并对今后的教学和命题给出建议，既有理论价值，又有实践指导意义。

　　浏览文献后的体会：运用框架进行语言任务特征分析不需要面面俱到，要根据自己的研究目的选择相应的方面来分析。

　　浏览文献后的疑问：语篇输入和预期作答反应特征中的题材是否有明确的分类表？

7. 请在查阅 Suggested readings 的基础上，查阅相同作者最新的相关文献，请分享你查阅到的文献及文献目录（按 APA 格式）。

参考作答

Alderson, J. C. & Kremmel, B. (2013). Re-examining the content validation of a grammar test: The (im)possibility of distinguishing vocabulary and structural knowledge. *Language Testing, 30*(4), 535-556.

Alderson, J. C. (2009). Air safety, language assessment policy, and policy implementation: The case of aviation English. *Annual Review of Applied Linguistics, 29*, 168-187.

Alderson, J. C. (2010). A survey of aviation English test. *Language Testing, 21*(1), 51-72.

Alderson, J. C. (2011). The politics of aviation English testing. *Language Assessment Quarterly, 8*(4), 386-403.

Alderson, J. C., Brunfaut T & Harding, L. (2014). Issues in language testing revisited. *Language Assessment Quarterly, 11*(2), 125-128.

Alderson, J. C., Brunfaut T & Harding, L (2014). Towards a theory of diagnosis in second and foreign language assessment: Insights from professional practice across diverse fields. *Applied Linguistics, 36*(2), 236-260.

Alderson, J. C., Brunfaut, T., & Harding, L. (2017). Bridging assessment and learning: A view from second and foreign language assessment. *Assessment in Education: Principles, Policy & Practice, 24*(3). 379-387.

Alderson, J. C., Nieminen, L. & Huhta, A. (2016). Characteristics of weak and strong readers in a foreign language. *The Modern Language Journal, 100*(4), 1-28.

Brunfaut, T. (2014). A lifetime of language testing: An interview with J. Charles Alderson. *Language Assessment Quarterly, 11*(1), 103-119.

Fulcher, G., & Márquez Reiter, Rosina. (2003). Task difficulty in speaking tests. *Language Testing, 20*(3), 321-344.

Fulcher, G. (1996). Does thick description lead to smart tests? A data-based approach to rating scale construction. *Language Testing, 13*(2), 208-238.

Fulcher, G., Davidson, F., & Kemp, J. (2010). Effective rating scale development for speaking tests: performance decision trees. *Language Testing*, *28*(1), 5-29.

Harding, L., Alderson, J. C. & Brunfaut, T. (2015). Diagnostic assessment of reading and listening in a second or foreign language: Elaborating on diagnostic principles. *Language Testing*, *32*(3) 317-336.

Kremmel, B., Brunfaut, T. & Alderson, J. C. (2015). Exploring the role of phraseological knowledge in foreign language reading. *Applied Linguistics, 38*(6) 848-870.

Luoma, S., & Tarnanen, M. (2003). Creating a self-rating instrument for second language writing: from idea to implementation. *Language Testing*, *20*(4), 440-465.

Wang, H., Choi, I., Schmidgall, J., & Bachman, L. F. (2012). Review of Pearson Test of English Academic: Building an assessment use argument. *Language Testing, 29*(4), 603-619.

Xing, P., & Fulcher, G. (2007). Reliability assessment for two versions of vocabulary levels tests. *System, 35*(2), 182-191.

5 Justifying the use of language assessments
第五章 论证语言测评的使用

5.1 章节目录

1. 思维导图呈现本章目录

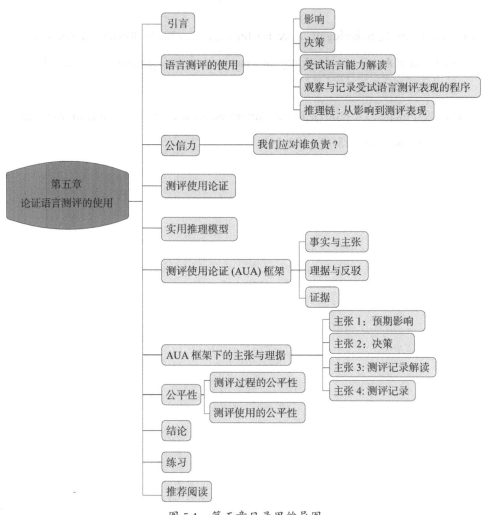

图 5.1 第五章目录思维导图

2. 表格呈现本章目录

表 5.1　第五章表格目录

5 Justifying the use of language assessments	第五章 论证语言测评的使用
INTRODUCTION	5.1 引言
THE USE OF LANGUAGE ASSESSMENT Consequences Decisions Interpretations about test taker's language ability Procedures for observing and recording test takers' language performance Inferential links from consequences to assessment performance	5.2 语言测评的使用 　5.2.1 影响 　5.2.2 决策 　5.2.3 受试语言能力解读 　5.2.4 观察与记录受试语言测评表现的程序 　5.2.5 推理链：从影响到测评表现
ACCOUNTABILITY To whom do we need to be accountable	5.3 公信力 　我们应对谁负责
JUSTIFICATION OF ASSESSMENT USE	5.4 测评使用论证
PRACTIAL REASONING	5.5 实用推理模型
ASSESSMENT USE ARGUMENTS Data and claims Warrants and rebuttals Backing	5.6 测评使用论证（AUA）框架 　5.6.1 事实与主张 　5.6.2 理据与反驳 　5.6.3 证据
CLAIMS AND WARRANTS IN AN AUA Claim 1: intended consequences Claim 2: decisions Claim 3: interpretations Claim 4: assessment records	5.7 AUA 框架下的主张与理据 　5.7.1 主张 1：预期影响 　5.7.2 主张 2：决策 　5.7.3 主张 3：测评记录解读 　5.7.4 主张 4：测评记录
FAIRNESS Fairness in the assessment process Fairness in assessment use	5.8 公平性 　5.8.1 测评过程的公平性 　5.8.2 测评使用的公平性
CONCLUSION	5.9 结论
EXERCISES	练习
SUGGESTED READINGS	推荐阅读

　　作者从讨论语言测评的使用出发，指出无论从影响到测评记录，还是从测评记录到影响，都是相互关联的推理过程，前者对测评开发提供指导，后者对测评结果的解读和使用提供理据。接着，作者提出了公信力这一重要概念。公信力是指能向利益相关者展示对某项测评有目的的使用是合理的，其合理性是可以论证的（p.94）。为使测评具有公信力，作者基于 Toulmin（2003）的实用推理模型

建构了 Assessment Use Argument（AUA）框架，即"测评使用论证"框架，并对框架中的 4 个主张（claims）以及相应的理据（warrants）做了详细的阐述。随后作者指出，公平性应贯穿测评开发和使用的全过程。最后，作者明确了 AUA 对测评开发和测评结果使用的重要意义。

5.2　原著思考题及参考作答

1. 请描述所有可能受到下列每种语言测评使用影响的利益相关者。

参考作答

专著作者在主张 1（Claim 1）——预期影响（intended consequences）（p.106）中概述了测评使用的影响，论述了测评使用对个体的影响（consequences for individuals），指出受到最直接影响的是考生、教育项目和教师，受间接影响的有考生未来的同学、同事以及雇主等。测评对整个教育制度或社会也会有影响。虽然利益相关者从理论上讲是无法穷尽的，但按照作者的思路，本题所列为各项测评使用中受影响的重要利益相关者：

（1）证明医护从业人员是否有足够的语言能力从事该职业实践：参加这一考试的医疗从业人员、考前培训机构 / 教师、医疗机构、病人、测试开发者等。

（2）证明语言教师是否有足够的语言能力进行有效的教学：语言教师、学生、学校和培训机构、测评开发者、教育体制和整个社会等。

（3）决定非英语母语学生是否要先修语言课程：学生、语言课程教师、学术课程教师、学校语言教育项目、测试开发者、学生父母等。

（4）决定非英语母语学生是否能参加科学和数学学术成就考试：学生、语言课程教师、科学和数学课程教师、测评开发者、科学和数学教学项目、学校等。

（5）决定政治庇护申请者能否获得政治庇护：政治庇护申请者、政治庇护申请者家庭、负责审核的部门、可能提供庇护的政府、测试开发者等。

（6）决定移民申请者能否获得移民签证：移民申请者、移民申请者家庭、移民局、接收移民的国家、测试开发者、提供语言培训的机构／教师等。

（7）决定公民是否具有选举权：公民、竞选者、立法者、测试开发者、整个社会等。

2. 请描述基于练习 1 中的语言测试所做决策的预期有益影响和可能的不利影响。

参考作答

表 5.2　决策的预期有益影响和可能的不利影响

语言测评使用	预期的有利影响	可能出现的不利影响
（1）证明医护从业人员是否有足够的语言能力从事该职业实践	语言能力合格的医护人员被雇用；医院可以招聘到具备专业语言能力的人才。	部分具备专业水平的医护人员可能因为语言能力不达标而无法获得实践机会；语言能力合格但专业水平不够的医护人员受到雇用，病人的利益可能受到损害，影响医院的声誉和利益。
（2）证明语言教师是否有足够的语言能力进行有效的教学	语言能力合格的教师获得教职；学校招聘到语言能力合格的教师；教师能进行有效的教学。	语言能力不合格的教师可能得到雇用，但无法胜任教学工作，危害学校、学生和家长的利益，甚至引发社会对教育的不信任。
（3）决定非英语母语学生是否要先修语言课程	语言能力合格的学生不用上额外的英语语言课程；学术课程教师可以顺利开展教学。	语言能力合格的学生可能因非语言因素影响在测评中的表现不佳，被错误地划分为必修语言课程学生，由此浪费时间和金钱，或自信心受到打击；语言能力不合格的学生因一次考试成绩好被划分为免修语言课程学生，导致在实际学习过程中跟不上学术课程进度，教师也很难开展教学；学校语言教育项目受到影响。
（4）决定非英语母语学生是否能参加科学和数学学术成就考试	语言能力合格的学生可以参加科学和数学学业成绩考试。	语言能力合格的学生可能因一次考试失误被错误划分为语言不合格，不被允许参加科学和数学学术成绩考试，引发对考试合理性的质疑；语言能力不合格的学生可能因一次考试超常发挥错误地划分为语言合格，被允许参加学业成就考试，但是因语言能力影响测试表现，考生自信心可能受到打击。

续表

语言测评使用	预期的有利影响	可能出现的不利影响
（5）决定政治庇护申请者能否获得政治庇护	通过语言鉴定的申请者获得政治庇护。	获得政治庇护的申请者可能给庇护国或原籍国带来安全威胁。
（6）决定移民申请者能否获得移民签证	语言能力合格的申请者可获得移民签证。	语言能力合格，但因非语言因素不能为移民国创造价值的移民可能对移民国家造成负担。
（7）决定公民是否具有选举权	语言能力合格的公民可获得选举权。	有些公民可能因受教育程度低，无法通过语言测评，导致其选举权被剥夺。

3. 请描述测试开发者和 / 或决策者是如何使利益相关者信服练习 1 中所做的决策具有价值观敏感性和公平性？

参考作答

专著对价值敏感性和公平性做了如下定义：

价值敏感性是指对测评的使用以及基于测评所做的决策在多大程度上考虑了现行教育和共同体价值观以及相关的法律要求（p.115）。

公平性是指能力相同的考生在多大程度上获得了同等的被划分为同一群体的机会（p.116）。

根据以上定义，测评开发者和 / 或决策者可以用如下方式向利益相关者证明基于各项测评所做的决策具有价值敏感性和公平性。

1）价值敏感性：在所列测评的使用中，所有决策都考虑了利益相关者的价值观和具体领域价值观，以及相关法律要求。对具体领域价值观和相关法律要求的考虑体现在：（a）考虑了现有医疗领域价值观和法律要求；（b）（c）（d）考虑了现有教育价值观及相关法律要求；（e）（f）（g）考虑了社会价值观及国际和 / 或国内相关法律要求。

2）公平性：在所列测评的使用中，确保了所有考生只以分数来划分"过"与"不过"，而不以其他任何标准来划分，比如：年龄、性别等；确保了所有考生都了解决策程序，且实际决策都是按既定程序做出的；确保了考生都能提前获取考试信息并有平等的机会学习／练习要测评的能力。只以测评分数来划分"过"与"不过"主要体现在：（a）和（b）分别只按照医护人员／语言教师的测评分数来决定其是否通过该测评，而不以任何其他标准来划分；（c）和（d）只以语言测试分数决定学生是否需要修读语言课程、是否能参加科学和数学学业成绩；（e）（f）（g）在满足其他条件的情况下，只以语言测评结果来决定申请者能否获得庇护或移民签证，以及公民能否获得选举权。

4. 请仿照专著中图 5.5 为 pp.103-104 所讨论的现代汉语口语小测试画图展示 AUA 中的不同主张。

参考作答

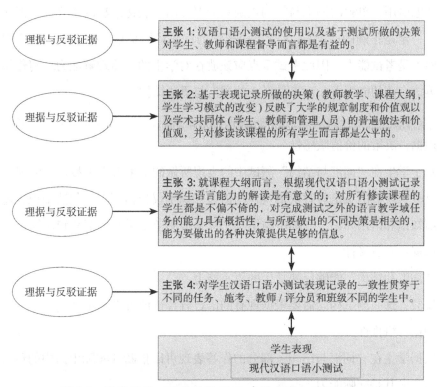

图 5.2　现代汉语口语小测试 AUA 中的主张和理据

5. 请浏览网页上的项目 10。 该项目说明了 AUA 中对某些理据的反驳依据是如何受到利益相关者不断变化着的价值观影响的。回想你熟悉的一个测试情境，在该测试情境下，利益相关者的价值观可能会有变化，这些变化着的价值观是如何使你重新思考该测试的使用的？

参考作答

　　某校大学英语期末考试在 10 年前是一直有"词汇与结构"这一题型的，教师们认为只有词汇量足够大，语法知识足够牢固，才能正确地说英语、写英语。但随着大家对语言及语言使用的本质、语言的主要功能、语言学习观、大学英语教学目标认识的变化，考试不再设有单独的"词汇与结构"题。这种认识的变化主要表现在：（1）语言使用的本质是互动，只有能流畅地表达才能真正产生有效的互动；对外语学习者来说，在语言能力不足的情况下，过分考虑语言的准确性会阻碍语言表达的流畅性；（2）语言的主要功能是用来交流思想，交流就要考虑语用，单独的词汇与结构正确只能保证语言表达语法的正确性，但在语用上不一定是正确的；（3）大学英语教学的首要目标是培养学生的英语应用能力，而不是考试能力。因此考试重点应该放在对学生的语篇理解能力、写作能力和用英语交流的能力上，而不是孤立的词汇与语法结构。

理据：决策的价值敏感性
基于学生在"词汇与结构"测试中的表现所做的决策考虑了教育价值观。
反驳：现有的英语教育价值观认为语言知识不仅包括词汇、句法知识，还包括语篇知识和语用知识。"词汇与结构"只是检测了学生的词汇和句法知识。
理据：有意义性
"词汇和结构"能够反映学生的语言能力。
反驳：这一测试构念需要根据现有的语言教育价值观重新定义。
理据：概推性
根据学生在"词汇与结构"部分的作答表现可以推断其实际生活中的英语应用能力，尤其是交际能力。
反驳："词汇与结构"与现实生活域语言使用任务匹配度不高，不能依据受试在该部分的作答表现推断其实际语言应用能力，尤其是语用能力，即语言使用的适恰性。

6. 请在网页上浏览项目 12 的"测试情境"部分。在该情境下，对该测试的使用有两组价值观不同、对该测试的有用性也持完全不同看法的利益相关者。在我们与世界各地的语言测试者的讨论中多次遇到过这种情境。你遇到过吗？如果遇到过，请简要描述这个情境，并解释利益相关者的不同价值观影响其对测评有用性的理解主要表现在哪里？

参考作答

下面以疫情期间某国外孔子学院不同利益相关者对期末测评可采取的方式、测评的内容等的不同意见，解释利益相关者的不同价值观会影响其对测评有用性的理解。

情境

新冠疫情背景下，某国外孔子学院需要进行期末考试。由于疫情，学期大部分课程以及考试都需要远程进行。大学要求考试必须保证所有学生得到公平的测评机会。在该情境下，利益相关者为：1）受试：孔子学院学生（大学生、社会人员，包括三分之一 50 岁以上的老年人）；2）测评开发者：中方人员（负责教学的中方院长与教师）；3）测评使用者：外方人员（大学副校长，负责行政事务的孔院外方院长与秘书）、中方人员。依据对期末考试成绩的解读所要做的决策包括：1）中方人员决定学生是否可以进入下一个级别的学习；2）外方人员决定是否给学生颁发大学文凭。

各方对该测评有用性的理解不同：

中方院长认为可以通过在线考试、用电子邮件发送试卷或邮寄试卷等形式进行考试；为了保证测评的有效性，需要进行听、说、读、写各项技能的测评。中方老师认为测评方式可以灵活多样，测评内容也可以有所删减，比如：可以删去听力部分，只进行阅读和写作测试，用录音发邮件的方式进行口语测试；为确保测评的公平性，不建议用邮寄或用电子邮件发送试卷，以防学生找人替考。外方人员认为为了保证测评的公平性，必须考虑到有的学生家中没有网络或电脑，有的老年学生电脑操作能力不足，不能进行在线考试或者通过电子邮件发送试卷；所有学生可以接触到的工具是邮件和电话，所以能保证公平的方式是邮寄试卷和打电话；为了效率和公平，防止学生作弊，建议只通过电话测评学生的听说能力即可。

不同价值观的体现

中方院长作为教学质量的监管者，对测评内容的有效性要求比中方老师更为严格；中方老师将测评当作衡量教学质量的指标，希望能保证测评内容与决策的相关性；外方人员将测评当作一个行政任务，在确保大学对测评公平性的要求之下，希望尽快完成测评任务，减少行政工作量，简化考试程序与内容。

5.3　补充思考题及参考作答

1. 本章练习 1 列出了 7 种语言测试的使用，对于每一种使用，你能列出国内外对应的高风险语言测试吗?

参考作答

对应原著思考题 1 列出的国外语言测评，高风险测评有：

（1）证明医护从业人员是否有足够的语言能力从事职业实践

Occupational English Test (OET)

（2）证明语言教师是否有足够的语言能力进行有效教学

Teaching English to Speakers of Other Languages

Diploma in Teaching English to Speakers of Other Languages (DELTA)

Certificate in English Language Teaching to Adults (CELTA)

Teaching Knowledge Test (TKT)

Certificate in English Language Teaching – Primary (CELT-P)

Certificate in English Language Teaching – Secondary (CELT-S)

（3）决定非英语母语学生是否要先修语言课程

International English Language Testing System (Academic)（IELTS A）

Test of English as a Foreign Language (TOEFL)

Duolingo English Test

Pearson Test of English Academic (PTEA Academic)

（4）决定非英语母语学生是否能参加科学和数学学术成就考试

Graduate Record Examination (GRE)

Graduate Management Admission Test (GMAT)

（5）决定政治庇护申请者能否获得政治庇护

Language Analysis for the Determination of Origin (LADO)

（6）决定移民签证申请者能否获得移民签证

International English Language Testing System (General)（IELTS G）

对应原著思考题 1 中所列的国内前 3 种语言测评，高风险测评有：

（1）证明医护从业人员是否有足够的语言能力从事职业实践

测评：医护英语水平考试（Medical English Test System，简称 METS）

（2）证明语言教师是否有足够的语言能力进行有效教学

测评：普通话水平测试（Putonghua Shuiping Ceshi，PSC）

测评：《国际汉语教师证书》考试（Certificate for Teachers of Chinese to Speakers of other languages，简称 CTCSOL））

（3）决定非英语母语学生是否要先修语言课程

测评：汉语水平考试（Hanyu Shuiping Kaoshi, 简称 HSK）

注：1）以上所有信息来源截止时间为北京时间 2021 年 11 月 24 日 15：10 分。

2）LADO 不是传统意义上的语言测评，但目前很多国家都用 LADO 来鉴别政治庇护申请人来源国声明的真实性，且与传统测评受到相似的原则限制，故也列举于此。3. 没有找到与第 7 种语言测评使用对应的国外高风险测评，国内只找到与前 3 种对应的高风险测评。

2. 除本章练习 1 列出的语言测试使用外，你还能补充列举更多语言测试使用的例子吗？如果能，请就本章练习 1-3 对这些语言测试的使用做相应的描述。

参考作答 1

语言测试使用的例子：大学英语分层教学分班考试

利益相关者：在大学英语分层教学分班考试中，最直接的利益相关者包括学生、授课教师、学院、学校等。

预期的有益影响和可能的不利影响：此类考试的有益影响是让学生能在符合自己英语语言能力的班级学习英语；授课教师能够根据班级学生水平的同质性设定合适的教学目标，制定合适的教学计划，使用恰当的教学方法和手段，以使教学效能最大化。可能的不利影响是或许会因为测评构念、测评内容或其他非语言因素（比如：测试环境、考生特质、测试形式等）的影响而导致学生在测试中的表现并不真实，从而被分到不符合其真实语言水平的班级。这或许会对学生的学和教师的教造成困扰，甚至影响整个学校的英语教学效果。

价值观敏感性和公平性：测试要使利益相关者相信决策考虑了各方的价值观，并且对所有利益相关者都是公平的。就价值敏感性而言，测试开发者和 / 或决策者应该让利益相关者清楚地知道：1）决策考虑了学校的各项规章制度和相关法律法规，符合习惯做法，并充分考虑了学生和教师的意见；2）在确认因分班错误而导致的严重后果时也充分地、批判性地考虑了各利益相关者的价值观；3）测试分数只用于分班，不作他用。就公平性而言，要让利益相关者清楚地知道：1）学生能分到哪个层级的班级只取决于他们的测试成绩，不会考虑其他因素；2）决策是严格按照决策程序做出的；3）学生学习英语的机会是均等的。

参考作答 2

剑桥商务英语考试（Business English Certificate, BEC）

表 5.3　剑桥商务英语考试的利益相关者、影响和决策

测试名称		剑桥商务英语考试（Business English Certificate, BEC）
利益相关者		考生、用人单位、测试开发者、施考者、教师、培训机构
影响	预期的有益影响	● 考生通过考试，获得相应语言能力证书，有助于求职或晋升 ● 备考过程有助于促进考生语言能力的提高 ● 为公司聘用商务英语高水平人才提供参考依据
	可能的不利影响	● 考生无法通过考试，被辞退或者需要进一步培训，需要投入更多的时间、精力和财力备考 ● 因考生备考，其所在公司人手紧缺，工作安排不易落实
价值观敏感性		● 考试考虑了教育和各群体价值观以及相关的法律法规 ● 考试充分考虑了各利益相关者的意见
公正性		● 考生只会按照分数来分类，不会考虑其他因素 ● 考生充分了解决策的程序 ● 为取得证书，考生有均等的学习机会

3. 请梳理本章中出现的语言测试术语及作者对这些术语的定义。

参考作答

（1）accountability 公信力

It means being able to demonstrate to stakeholders that the intended uses of our assessment are justified. (p.94)

（2）warrant 理由

It refers to a statement that provides the legitimacy of the inference from data to claim (Toulmin 2003:92) or provides specific justification for the qualities that are claimed of the intended consequences, of the decisions, of the interpretations, and of the assessment records. (p.98 & p.104)

（3）rebuttal 反驳

It refers to a statement that challenge or reject the qualities of the claims. (p. 104)

（4）washback 反拨效应

It refers to the broad effects of assessment use on learning and instruction in an educational system. (p. 112)

（5）values sensitivity 价值观敏感性

It refers to the degree to which the use of an assessment and the decisions that are made take into consideration existing educational and community values and relevant legal requirements. (p.115)

（6）equitability 公正性

It refers to the degree to which different test takers who are at equivalent levels of the ability to be assessed have equivalent chances of being classified into the same group. (p. 116)

（7）impartiality 无偏（公正性）

It refers to the degree to which the format and content of the assessment tasks and all aspects of the administration of the assessment are free from bias that may favor or disfavor some test takers. (p. 119)

（8）sufficiency 充分性

It refers to the degree to which the interpretation provides enough information for the decision maker to make a decision. (p.122)

（9）consistency 一致性

It refers to the extent to which test takers' performances on different assessments of the same construct yield essentially the same assessment records. (p.128)

（10）fairness 公平性

Although specialists in educational measurement and language testing agree that fairness is a fundamental concern, defining this has proven elusive. *The Standards for Educational and Psychological Testing* (AERA, APA & NCME 1999), for example, avoids defining the term entirely, stating, "a full consideration of fairness would explore the many functions of testing in relation to its many goals, including the broad goal of achieving equality of opportunity in our society" (p.73). Nevertheless, the Standards discuss several different characteristics that comprise fairness: absence of bias, equitable treatment of test takers in the testing process, equality of testing outcomes for different groups of test takers, and equity in opportunity to learn the content that is measured in an achievement test. Similarly, Kunnan (2004) does not define fairness, but discusses it in terms of different qualities: validity, absence of bias, equity of access, administration, and social consequences. From this, it is clear that fairness is not a single quality, but is a function of many different aspects of not only the assessment process itself, but also the use of assessments. (p.132)

（11）stakeholder 利益相关者

In general, stakeholders include (1) the test developer, (2) the test user, or decision maker, who may also be the test developer, and (3) those individuals, programs, institutions, or organizations that the decision maker and/or test developer specifically targets or intends to be affected by or to benefit from the intended consequences. (As we will discuss in Chapters 8 and 9, for any particular assessment, we will identify and describe the specific stakeholders.) (pp.87-88)

（12）test developer 测试开发者

It refers to individuals who design and develop assessments. (p.88)

（13）test user 测试使用者

It refers to those who make decisions based on the assessment, whether these are tests or other kinds of assessments. We will use the singular form, even though in many situations these may constitute groups of individuals. (p.88)

（14）test taker 受试

It refers to individuals who take assessments, whether these are tests or other kinds of assessments. (p.88)

（15）decisions 决策

It can be viewed as actions the test user takes to attain his ends—the intended beneficial consequences. Many of the decisions that are made will involve the classification of stakeholders into groups such as "pass/fail," "certified/not certified", "beginning/intermediated/advanced". (pp.88-89)

（16）assessment records 测评记录

The test takers performance—their responses to the test tasks—may then be assigned scores according to scoring criteria and procedures established by the test developer, or they can be analyzed to provide verbal descriptions of their performance. We will refer to these scores or verbal descriptions as assessment records. (Note that these are not the same as assessment reports which are sent to test takers and other stakeholders, as discussed below.) (p.91)

（17） assessment reports 测试报告

The types of feedback test takers receive about their assessment performance are also likely to affect them directly. We will refer to the feedback that is given to test takers and other stakeholders as an assessment report. This assessment report will include the assessment record (discussed above) plus an interpretation of the record, in terms of the ability to be assessed and the domain to which this interpretation generalizes. In some cases, the assessment report may also include the decision that is made. The specific contents of this assessment report will vary, depending upon the situation in which the assessment is used. (p.110)

（18） justification 论证

The process that test developers will follow to investigate the extent to which the intended uses of an assessment are justified is called assessment justification. (This process is analogous to that of building a legal case to convince a judge or a jury.) (p.96)

（19） claims 主张

They are statements about the inferences to be made on the basis of data and the qualities of those inferences. A claim thus includes two parts: (1) an outcome of the assessment process and (2) one or more qualities of that outcome.(pp.100-101)

（20） backing 依据

It consists of the evidence that we need to provide to support the warrants in the AUA. The backing to support our warrants in language assessment generally comes from a variety of sources, including documents, regulations, legal requirements, theory, prior research or experience, the procedures we use to develop the assessment, the procedures we follow in administering the assessment and scoring the test takers' responses, and evidence collected specifically as part of the justification process. (p.104)

（21）comfort zone 舒适区

It is the decision maker's level of tolerance for making decision errors: the greater the tolerance, the larger the comfort zone. (p.123)

（22）data 事实

The facts we appeal to as a foundation for the claim (Toulmin 2003:90). (p.98)

4. 请在语言测试专业词典上查阅本章中出现的语言测试术语，并与作者的定义对比，注意其异同。

参考作答

表 5.4　第五章语言测试术语定义对比一览表

术语	专著定义	词典定义
（1）Washback 反拨效应	It is the broad effects of assessment use on learning and instruction in an educational system. 反拨效应是指测试使用对教育体制内学与教的广泛影响。	It is the effect of testing on instruction. 反拨效应是指测试对教学的影响。
异同	相比词典定义，作者的定义更加全面。词典定义只是强调测试对"教"的影响，而作者的定义既指测试对教的影响，也指对学的影响。	
（2）Bias 偏向	It is a difference in the meanings of assessment records for individuals from different identifiable groups that is related to the ability that is assessed. 偏向是指根据要测评的语言能力，对来自不同的、可鉴别的群体中的个体的测评记录的意义解读上的差异。	A factor or factors inherent within a test that systematically prevents access to valid estimates of candidates' ability. One consequence, which is increasingly the subject of litigation, is that the scores of a particular subgroup of candidates (the focal group) will be systematically different from those of the majority group (the reference group). Bias may be claimed on the ground that the difference derives from factors irrelevant to performance on the criterion measure. 测试中内在的一个或一组因素规律性地阻止测试获得对受试能力的有效估测。测试偏向导致的后果之一就是某一部分受试（即焦点组）的分数总是和大部分受试（参照组）的分数有着规律性的差别。这可能是由与测试要测量的受试能力水平无关的因素引起的。
异同	作者的定义更倾向于对测评记录解读的偏见，而词典上的意义更倾向于指测试本身所具有的与受试能力水平无关的因素。	

5. 请比较本章中的 "THE USE OF LANGUAGE ASSESSMENTS"（pp. 87-93）部分与第二章中的 "USES OF LANGUAGE ASSESSMENTS"（pp. 22-30）部分在内容与结构上的异同？请问作者为何要做这样的安排。

图 5.3 "语言测评的使用"与"语言测评使用"部分的结构目录图

参考作答

为帮助读者更好地理解二者的异同，特制作以下目录。

要了解两章中这两个部分在结构和内容上的不同，首先需要了解两个部分的篇章结构，然后对内容加以分析。

1）结构上，第 2 章先讲"决策"，再讲"影响"，而第 5 章的顺序相反。作者这样的安排可能是考虑到两个章节的写作目的不同。第 2 章旨在给读者提供一个概貌，主要是在讲一些重要的议题，先把重要的内容都列出来，在后面的章节加以详细阐释。基于上述考虑，第 2 章仅呈现了一个比较简洁的框架，而第 5 章是对第 2 章的详细说明与解释。

2）内容上，两章都讲了"影响"和"决策"，但第 2 章主要集中于对教学的语言测评，而第 5 章并非阐述具体的测评使用，而是一种抽象化的概念。第 2 章阐述了 WHAT，即用语言测评做什么的问题。语言测评可用来解读语言能力，从而根据对考生语言能力的解读做出相应的决策，决策对利益相关者产生预期中或预期外的影响。第五章讲 HOW，即如何使用语言测评，包括如何做好语言测评开发和如何用好语言测评结果（测评分数或描述性结果），有助于读者更好地理解 AUA。两章存在逻辑上的关联。如此安排，读者对语言测评论证要论证什么，如何论证就很清楚了。

6. 请问作者提供了几条解读"从影响到受试作答表现"之间的推理链的思路（方法）（pp.92-94）？请列出这些思路（方法）的具体内容。

参考作答

两条思路：

第一条：从"预期影响"到"测评表现"的推理链。在决定是采用已有测评还是开发新的测评时，先考虑测评要达到什么样的预期影响（intended consequences），要做出什么样的预期决策（intended decisions）才能达到预期的影响；再决定哪些语言能力（what aspects of language ability）与决策相关，然后决定要收集哪类信息以使我们能对语言能力做出预期的解读（intended interpretations），并判断是否需要通过测评来获得这类信息；如果决定使用测评，就需要决定哪类测评任务（assessment tasks）能引发受试表现出要测评的能力，最后决定如何观察和记录受试的表现（test-taker's performance）。

图 5.4　从预期影响到测评任务表现的推理链

第二条：从"测评表现"到"实际影响"的推理链。当要根据测评结果做决策时，要考虑实际用了哪些测评任务，受试对测评任务的实际作答表现如何，其作答表现是如何记录的，是如何解读这些记录（actual interpretations）的，如何根据这些解读来做决策(actual decisions)，以及决策带来了什么样的实际影响（actual consequences）。

图 5.5　从测评任务表现到实际影响的推理链

7. 请自己举例阐释你对 Toulmin（1958，2003）"实用推理模型"（Practical Reasoning）的理解。

参考作答 1

　　"实用推理模型"（practical reasoning）认为推理是由事实推导结论（主张）的过程，推导过程应遵循一定的规则，即要有理由 (warrant) 作支撑，理由自身也要有相关证据 (backing) 加以证明。推理的可靠性取决于证据的可靠性和反驳 (rebuttal) 是否成立。反驳是否成立关键看反驳的证据是否确凿。（韩宝成 & 罗凯洲，2015）

　　　　小明卧室的灯还开着，他还没有睡。（根据常识，人们都关灯睡觉。小明卧室的灯很晚还开着，我推断小明还没有睡觉。除非小明喜欢开灯睡觉，事实上小明没有开灯睡觉的习惯。所以我推断小明还没有睡觉。）

DATA（事实）：小明卧室的灯很晚还开着。

CLAIM（主张）：小明还没睡。

WARRANT（理据）：人们关灯睡觉。

BACKING（证据）：根据常识，人们都关灯睡觉。

REBUTTAL 反驳：小明喜欢开灯睡觉。

REBUTTAL BACKING（反驳证据）：小明没有开灯睡觉的习惯。

参考作答 2

DATA（事实）：××老师从教学岗调到行政岗去了。

CLAIM（主张）：××老师八年没有发表任何科研成果。

WARRANT（理据）：专业教师连续八年没有发表任何科研成果将被调离教学岗位。

BACKING（依据）：根据学校规定，专业教师连续八年没有发表任何科研成果将被调离教学岗位。

REBUTTAL（反驳）：××老师不是因为连续八年没有任何科研成果被调离教学岗位。

REBUTTAL BACKING（反驳依据）：学校红头文件上说那个行政岗位缺人，××正好是符合岗位要求的合适人选。并且从每年的考核情况来看，××老师并不是连续八年没有发表任何科研成果。

8. 请问本章前四个图之间是否有关联？如果有，有什么样的关联？

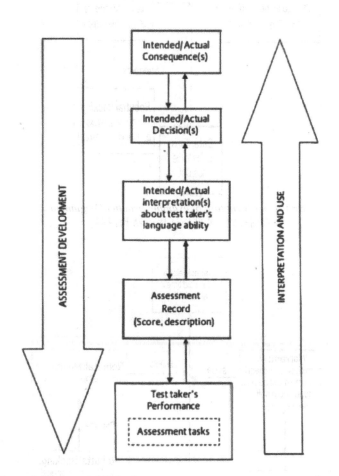

Figure 5.6 Inferential links from consequences to assessment performance
图 5.6　从影响到测评表现的推理链

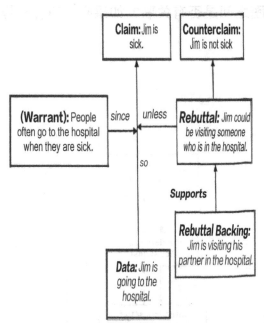

Figure 5.7 Structure of example practical argument

图 5.7　实用论证举例结构图解

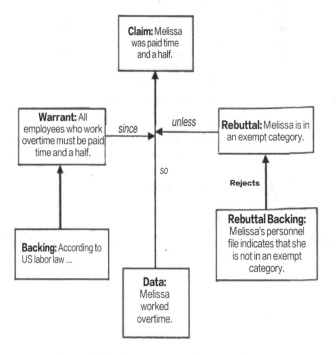

Figure 5.8 Toulmin diagram for example argument

图 5.8　Toulmin 实用论证举例图解

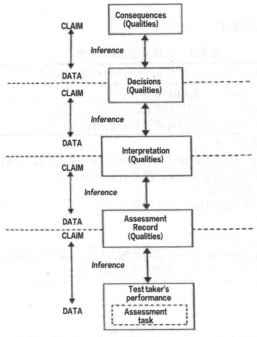

Figure 5.9 Data-claim inferential links in an Assessment Use Argument
图 5.9 测评使用论证中的事实—主张推理链

　　四个图之间是有关联的。图 5.1 是从影响到受试作答表现的推理链，是图 5.4AUA 框架中事实—主张推理链的基础。图 5.2 和图 5.3 都是用来说明 Toulmin 的实用推理模型的实例。作者的 AUA 框架是以 Toulmin（2003）的实用推理模型为理论依据的。在图 5.1，5.2 和 5.3 的基础上，作者建构了图 5.4 的 AUA 框架下的推理链。在这个推理链中由事实 performance 推导出 assessment record 这一主张，这一主张又成为推导出 interpretation 这一主张的事实，以此类推，直至 consequences 这一主张。反之亦然，consequences 这一主张会是推导出 decisions 这一主张的事实，直至 performance 这一事实。

9. 请将 Table 5.1 Four types of claims in an AUA（p. 106）翻译成中文。

参考作答

表 5.5 是专著中表 5.1 的翻译

表 5.5　AUA 中的四种主张

主张 1：测评使用和所做决策都会对利益相关者产生有益的影响；
主张 2：根据对测评记录的解读所做的决策要： • 考虑到社区价值观和相关的法律要求； • 对所有受此决策影响的利益相关者都是公正的；
主张 3：对测评能力的解读要做到： • 就特定教学大纲、对完成目标语言使用域任务所需能力的分析，一般的语言能力理论，或从以上各方面综合来看都是有意义的； • 对所有受试群体都是公正的； • 能够概推到要做决策的目标语言使用域； • 与所做决策相关； • 能为决策提供充分的信息；
主张 4：测评记录（分数或语言描述）在不同的测评任务、测评程序的不同方面（比如：形式、场合、评分员）以及不同的受试群体之间都是一致的。

10. 请问你的测评报告（Assessment Reports），除了分数或者等级外，还包括其他内容吗？为什么？

参考作答 1

　　我查看了手头的几份证书的成绩报告（TEM4/8；BEC；CATTI；教师资格证合格证明），除了分数或者等级说明外，这几类证书都包括的内容还有：考试的主办机构（高等学校外语专业教学指导委员会、中华人民共和国人力资源和社会保障部、Cambridge English）；该分数和等级代表的语言能力的说明（如 CATTI：表明持证人通过国家统一组织的考试，取得相应语种的翻译专业资格）；BEC 证书背面还有一页 C1、C2 分数所对应的欧框能力水平的详细描述。因为作者在本章中对 assessment reports 进行了阐述，assessment reports 是考生收到的关于考试的反馈，会包括测试记录（assessment records，多数情况下为分数）以及对于测试记录的解读，测试了哪些方面的能力以及该解读可以概括的目标语言使用域，有时 assessment reports 还会包括所作决策。因此，可以看出 assessment reports 涵盖的内容较多。在上述例子中，考试主办方对考试分数的解读，是在向利益相关者阐述、展示该考试可能的使用，以利于考生、决策者或 AUA 中所说的考试使用者做出更好的决策。

参考作答 2

就大学期末考试（achievement assessment）而言，对不同的利益相关者有不同的测评报告内容。对于受试来说，只有分数。但对于教师和行政管理部门，除了分数，还有试卷分析报告。试卷分析报告就说明了考试形式、试卷批阅形式、分数分布、考试时间、试卷难度系数、区分度等信息。这些信息一是为了了解整体的学习效果，二是为了了解试卷质量，三是为以后的教学提供参考意见和建议。但这种成绩报告方式似乎颠倒了测评报告对象的重要性，我们的报告重点应该是对学生的学习进行反馈，但我们反馈的重点对象似乎不是学生，而是教师和学校行政管理部门。平时的测评除了分数还有语言描述，主要是为了让学生清楚自己的优缺点，从而明确努力方向。

本人曾参加过雅思考试，该考试的测评报告单内容包括：成绩使用说明、个人信息、考试成绩（包括分项成绩和总评成绩）、写作评分员编号、口语测试员编号（这两点与 accountability 密切相关）以及相应的等级所对应的语言能力说明。分项成绩可使受试清楚地了解自己各分项语言能力，明确强项和弱项，指出未来要加强的分项。总评成绩对应各项语言能力说明，可以使受试更清楚自己是否具有在英语国家学习或生活所需要的语言能力。

11. 请用图表和列点的方式，总结/汇总各主张（claim）中理据（warrant/warrants） 的作用。请分享你在汇总过程中的感受与体会。

参考作答 1

- Claim 1: intended consequences
  - ✓ The role of warrants and rebuttals about beneficence in an AUA
- Claim 2: decisions
  - ✓ The role of the warrant about values sensitivity in an AUA
  - ✓ The role of the warrant about equitability in an AUA

● Claim 3: interpretations

   ✓ The role of warrants about meaningfulness in an AUA

   ✓ The role of warrants about impartiality in an AUA

   ✓ The role of warrants about generalizability in an AUA

   ✓ The role of the warrant about relevance in an AUA

   ✓ The role of the warrant about sufficiency in an AUA

● Claim 4: assessment records

   ✓ The role of warrants about consistency in an AUA

发现：warrant(s) 是针对各类主张质量属性的详实说明

参考作答 2

表 5.6　AUA 各主张中理据的作用

主张（声明）	理据	理据的作用
（1） 测评使用和所做决策都会对利益相关者产生有益影响。	有益性	• 说明测试使用的结果和预期决策对个人、教育项目、公司、机构、体制或整个社会都是有益的 • 向受试说明会对测评记录保密，会以明晰且可理解的方式将之及时分发给各个利益相关群体 • 在语言教学情景中，说明测评将有助于促进优秀的教学和有效的学习 • 说明决策会对所有利益相关者有益
（2） 根据对测评记录的解读所做的决策要考虑社区价值观和相关的法律要求；对所有受此决策影响的利益相关者都是公正的。	价值敏感性	• 清楚地说明决策是在审慎并批判性地考虑了现有教育和社区价值观以及相关的法律要求上做出的
	公正性	• 说明所有的受试只会按照分数和决策规则来分类，而不会考虑别的因素 • 说明确保受试充分了解决策程序并确保实际决策确实是按照程序所描述的方式做出的 • 说明所有的受试都有均等的机会学习要测评的技能，以通过学业水平测试或获得证书
	有意义性	• 说明测评构念是基于课程大纲、目标语言使用域中的语言使用能力需求分析、一般语言能力理论等来界定的 • 说明测评任务能诱发受试在测评构念上的表现 • 说明记录程序聚焦于与要测评的构念相关的测评表现 • 说明测评记录可用于解读要测评的能力 • 说明测评开发者以清晰且可理解的方式向利益相关者交流要测评的构念

主张（声明）	理据	理据的作用
（3）对被测评的能力的解读要做到：就特定教学大纲、目标语言使用域中完成任务所需能力的分析，一般语言能力理论，或从以上各方面综合来看都是有意义的；对所有受试群体都是公正的；能够概推到（推测出）要做决策的目标语言使用域的语言能力；与所做决策相关；能为决策提供充分的信息。	无偏性	• 说明测试内容和形式不会对任何受试有偏爱或偏见，不包含任何有冒犯性的内容，任何个体都有均等的机会了解测试内容和测试程序以及测试本身，有均等的机会准备测试等
	概推性	• 说明测试任务的特征，包括互动类型、受试对测试任务的作答方式、评价方式等与目标语言使用域高度一致 • 说明决策与能力解读的标准和程序与目标语言使用域中使用的标准和程序是高度一致的
	相关性	• 说明能力解读所提供的信息与决策相关
	充分性	• 说明基于测评所做的能力解读本身能为做出预期决策提供充分的信息
（4）测评记录（分数或语言描述）无论从不同的测评任务，测评程序的不同方面（比如：形式、场合、评分员）还是不同的受试群体来说都是一致的。	一致性	• 说明测试记录在不同特征的测试情境下都是一致的，比如不同的测评任务，不同的测评形式，不同的测评者，不同的测评时间下都是一致的 • 说明施考程序和评分程序都是一致的 • 说明评分员都要接受培训，其评分是一致的 • 说明受试的测评记录在不同的测试程序上是一致的，比如测试任务或题项、测试员、测试形式和测试时间等说明测评记录在不同的受试群体之间都是一致的

据发现： 通过这种梳理，发现作者在该部分的写作模式是：主张—理据—理据的作用。梳理之后更容易理解专著所附的 16 个项目了。

12. 请重新精读 INTRODUCTION 和 CONCLUSION 部分并略读 / 浏览本章其余部分，然后批判性地评论本章的内容与写作风格。

参考作答 1

INTRODUCTION 部分是对全章进行一个概览性的介绍，作者的 introduction 逻辑非常清楚，运用了很多信号词，如 "We **first** discuss the use of language assessments...We **then** discuss accountability...We **next** discuss the process of assessment justification"。通过阅读 INTRODUCTION 部分读者能够大致把握本章的主要内容。而 CONCLUSION 部分主要总结了测评使用论证方法的贡献以及它对测试开发和使用者提出的要求，并对后面的章节内容进行了预告。由此看来，作者是从全局而非局部的角度来写本章的结论部分的。全章某些部分的语言不大好懂，写作风格没有我们平时阅读的文章那么中规中矩。

参考作答 2

INTRODUCTION 部分首先说明测试的目的、决策的影响，然后简单介绍本章的内容，主要是说明为什么要构建 AUA。主体部分从语言测评使用到实用推理模型，再到测评使用论证框架 (AUA) 逐步展开，对 AUA 框架的构建进行了详细的阐述。在此基础上对事实、主张、理据、证据、反驳以及反驳证据的作用等进行论述和举例。最后的 CONCLUSION 并非对本章内容的简单概括，而是对框架的要素、框架的用途、框架应用的注意事项以及框架对语言测评开发和使用的意义一一进行了说明。

本章总体上采用了总—分—总的写作方法，对每一个理论，每一个概念都娓娓道来，对有些比较重要或不容易理解的概念进行了实例说明，给读者创设了一种面对面聊天的感觉，比较亲切。但是，因为本书是为专业人士而写，感觉主体部分还是有点难，特别是对框架各要素的定义和理据（warrants）的阐述有点繁复。逻辑上，本章遵从了提出问题—分析问题—解决问题的基本框架，但有些地方的逻辑不是特别清晰；内容上，紧紧围绕 AUA 的构建和 AUA 各要素由浅入深，逐步深入；语言上，有点难懂，尤其是术语太多；学术规范上，整体上比较规范，但小标题的设置不是特别清晰，感觉有些地方比较随意，比如在 ACCOUNTABILITY 一节，只有一个小标题，一般来说要有两个以上的平行项才会设小标题。

13. 请查阅 SUGGESTED READINGS 中的文献，并用 APA 格式整理这些文献。

（注：为更加完整地向读者展示文献搜索和制作过程，本题两个示例保留了原制作者对于文献搜索的说明，也未对文献进行任何整合。此外，文献是根据 APA 第七版格式制作的。）

参考作答 1（目录按照 SUGGESTED READINGS 介绍的顺序制作）

Alderson, J. C., & Urquhart, A. H. (1985). The effect of students' academic discipline on their performance on ESP reading tests. *Language Testing*, *2*(2), 192-204.

Shohamy, E. (1984). Does the testing method make a difference? The case of reading comprehension. *Language Testing*, *1*(2), 147-170.

American Educational Research Association, American Psychological Association & National council on Measurement in Education. (2014). *Standards for educational and psychological testing*. American Educational Research Association.

International Language Testing Association. (2018). *ILTA code of ethics*. International Language Testing Association. (Minor corrections approved by the ILTA Executive Committee, January 2018)

International Language Testing Association. (2020). *ILTA Guidelines for Practice*. International Language Testing Association. (Updated version to be ratified by ABM in 2020)

The Association of Language Testers in Europe. (1994). *The ALTE code of practice 1994*. The Association of Language Testers in Europe.

European Association for Language Testing and Assessment. (2014). *EALTA guidelines for good practice in language testing and assessment*. European Association for Language Testing and Assessment.

The Japan Language Testing Association. (2015). *The JLTA Code of Good Testing Practice*. The Japan Language Testing Association.

Bachman, L. F. (2005). Building and supporting a case for test use. *Language*

Assessment Quarterly, 2(1), 1-34.

Bachman, L. F. (1990). *Fundamental considerations in language testing.* Oxford University Press.

Bachman, L. F. (2004). *Statistical analyses for language assessment.* Cambridge University Press.

Kirk, J. & Miller, M. L. (1986). *Reliability and validity in qualitative research.* Sage.

Denzin, N. K., & Lincoln, Y. S. (2017). *The SAGE handbook of qualitative research* (5th ed). Sage.

Moss, P. A. *(1992).* Shifting conceptions of validity in educational measurement: Implications for performance assessment. *Review of Educational Research, 62*(3), 229-258.

Wiggins, G. (1993). Assessment: Authenticity, context, and validity. *Phi Delta Kappan, 75*(3), 200-214.

Messick, S. (1994). Alternative modes of assessment, uniform standards of validity. *ETS Research Report Series*, (2), 1-22.

Linn, R. L., & Burton, E. (1994). Performance-based assessment: Implications of task specificity. *Educational Measurement: Issues and Practice, 13*(1), 5-8.

Baker, E. L., O'Neil, H. F., & Linn, R. L. (1993). Policy and validity prospects for performance-based assessment. *American Psychologist, 48*(12), 1210-1218.

Linn, R. L., Bake, E. L., & Dunbar, S. B. (1991). Complex, performance-based assessment: Expectations and validation criteria. *Educational Researcher, 20*(8), 15-21.

Canale, M., & Swain, M. (1980). Theoretical bases of communicative approaches to second language teaching and testing. *Applied Linguistics, 1*(1), 1-47.

Swain, M. (1985). Large-scale communicative language testing: A case study. In: Y. P. Lee, A. C. Y. Fork, R. Lord, & G. Low (Eds.). *New Directions in Language testing.* Pergamon.

Wall, D. (1997). Impact and washback in language testing. In C. Clapham, & F. Corson (Eds.). *Encyclopedia of Language and Education.* Kluwer Academic Publishers.

Alderson, J. C. and Wall, D. (1996). Editorial for special issue on washback. *Language Testing, 13*(3), 239-240.

Cheng, L., Watanabe, Y., & Curtis, A. (Eds.). (2004). *Washback in language testing: research contexts and methods*. Lawrence Erlbaum Associates Publishers.

Davies, A. (1997). Introduction: the limits of ethics in language testing. *Language Testing, 14*(3), 235-241.

Kunnan, A. J. (2000). *Fairness and Validation in Language Assessment: Selected Papers from the 19th Language Testing Research Colloquium, Orlando, Florida*. Cambridge University Press.

Kunnan, A. J. (2004). Test fairness. In L. Taylor (Ed.), *European Language Testing in a Global Context*. Cambridge University Press.

Bond, L. (1995). Unintended consequences of performance assessment: Issues of bias and fairness. *Educational Measurement: Issues and Practice, 14*(4), 21-24.

Hamp-Lyons, L., & Davies, A. (2008). The Englishes of English tests: Bias revisited. *World Englishes, 27*(1), 26-39.

Elder, C. (1997). What does test bias have to do with fairness? *Language Testing, 14*(3), 261-277.

参考作答 2（按照首字母降序排列）

Alderson, J. C., & Wall, D. (1993). Does washback exist? *Applied Linguistics, 14(2), 115-129.*

Alderson, J. C., & Urquhart, A. H. (1985). The effect of students' academic discipline on their performance on ESP reading tests. *Language Testing, 2*(2), 192-204.

Bachman, L. F. (1990). *Fundamental considerations in language testing*. Oxford University Press.

Bachman, L. F. (2005). Building and supporting a case for test use. *Language Assessment Quarterly, 2*(1), 1-34.

Bachman, L. F. (2004). *Statistical analyses for language assessment*. Cambridge University Press.

Baker, E. L., O' Neil, H.F., & Linn, R. L. (1993). Policy and validity prospects for performance-based assessment. *American Psychologist, 48*(12), 1210-1218.

Bond, L. (1995). Unintended consequences of performance assessment: Issues of bias and fairness. *Educational Measurement: Issues and Practice, 14*(4), 21-24.

Canale, M. (1987). The measurement of communicative competence. *Annual Review of Applied Linguistics, 8*, 67-84.

Cheng, L., Watanabe, Y., & Curtis, A. (Eds.). (2004). *Washback in language testing: research contexts and methods*. Lawrence Erlbaum Associates.

Davies, A. (1997). Introduction: The limits of ethics in language testing. *Language Testing, 14*(3), 235-241.

Denzin, N. K., & Lincoln, Y. S. (Eds.). (2005). *The Sage handbook of qualitative research* (3rd ed.). Sage Publications.

Elder, C. (1997). What does test bias have to do with fairness? *Language Testing, 14*(3), 261-277.

Hamp-lyons, L., & Davies, A. (2008). The Englishes of English tests: Bias revisited. *World Englishes, 27*(1), 26-39.

International Language Testing Association. (2000). *ILTA Code of Ethics: Language Testing Update, 27*, 14-22.

International Language Testing Association. (2008). *ILTA Code of Practice*.

Kirk, J., & Miller, M.L. (1999). *Reliability and Validity in Qualitative Research*. Sage Publications.

Kunnan, A. J. (2004). Test fairness. In M. Milanovis, & C, Weir (Eds.), *European Language Testing in a Global Context* (pp.27-48). Cambridge University Press.

Linn, R. L. (1994). Performance assessment: policy promises and technical measurement standards. *Educational Researcher, 23*(9), 4-14.

Linn, R. L., Baker, E. L., & Dunbar, S. B. (1991). Complex, performance-based assessment: Expectations and validation criteria. *educational Researcher, 20*(8), 15-21.

Messick, S. (1994). Alternative modes of assessment, uniform standards of validity. Paper presented at the Conference on Evaluating Alternatives to Traditional Testing for Selection, Bowling Green State University, October 25-6.

Moss, P. A. (1992). Shifting conceptions of validity in educational measurement: Implications for performance assessment. *Review of Educational Research*, *62*(3), 229-258.

Shohamy, E. (1984). Does the testing method make a difference? The case of reading comprehension. *Language Testing*, *1*(2), 147-170.

Swain, M. (1985). *Large-scale communicative language testing: a case study*. In Y.P. Lee, A. C. Y. Fok, R, Lord, & G, Low (Eds.), *New Directions in Language Testing*. Pergamon.

Wall, D. (1997). Impact and washback in language *testing*. In C. Clapham, & D. Corson (Eds.), *Encyclopedia of Language and Education*. (*Vol.vii: Language Testing and Assessment*, pp. 291-302). Kulwer Academic Publishers.

Wiggins, G. (1993). Assessment: authenticity, context and validity. *Phi Delta Kappan International*, *75*(3), 200-214.

14. 请尝试用 Table 5.1 的四类主张作为标准评价高考英语科考试。

参考作答

A. 高考英语科考试的成绩是用来决定考生能否升入更高一级学府深造的重要组成部分，这项测评的使用和所做决策对利益相关者（学生、教师、家长、学校、教育主管部门、大学、国家等）是有益的。高校能够选拔人才，学生能够通过考试进入心仪的学校学习，实现人生理想。高考能为社会和国家发展输送各行各业的人才，对社会有益。

B. 就录取分数和录取规则而言，根据高考成绩所做的决策对于利益相关者来说是公正的，符合整体社会价值观和相关法律法规，但所做决策并不是对所有利益相关者都是绝对公正的。因为地域和家庭环境的差异，农村的学生不一定能获得与大城市学生均等的语言学习资源和学习机会，这一群体的价值观不一定得到了测评开发者和决策者的充分考虑和尊重。

C. 高考英语考试所测的能力由高考英语学科做出解释。高考英语大纲紧跟时代前沿、国家政策和发展规划，与国家重大决策定息息相关。考试分数的解读是有意义的、公正的、相关的、充分的，但对在目标语言使用域中的语言能力的可概推性还有待提高。

D. 测评记录（分数、描述）在不同的测评任务、测评程序的不同方面（例如：形式、场合、评分员）以及不同的受试群体之间是一致的。

15. 你认为我国的高考英语是否具有公信力（accountability）？为什么？

参考作答 1

首先，对于 accountability，很多学者都做出了相关的注解，此处沿用本书作者的定义 "Being accountable, or accountability, means being able to demonstrate to stakeholders that the intended uses of our assessment are justified. Another way to think about this is that we, as test developers and decision makers, need to convince stakeholders that the intended uses—decisions and consequences—of the assessment are justified."（p.94）。高考作为一项大规模、高风险考试，按照课程标准和考试大纲进行编写，命题过程严格，评分也以统一的标准进行，因此在这方面是具有公信力的。但是按照作者的定义，一项测试是否具有公信力重点在于其是否能使利益相关者信服测试的预期使用是合理的。我尝试搜索了相关的高考英语测试使用的文件，搜索到的说明较少。同时，如今的高考英语尚未实现全国统一用卷，不少省市仍采用自主命题，不同试卷之间的难度、信度、效度控制都值得思考，且分数没有经过等值处理，这对其公信力提出了挑战。高考英语考试改革也引发了较多质疑，例如，浙江省 2018 年"关于英语科目考试成绩的说明"中提到"因今年英语学科部分试题与去年同期相比难度较大，为保证不同次考试之间的试题难度大体相当，决定面向所有考生，对难度较大的第二部分、第三部分的部分试题进行难度系数调整，实施加权赋分，其他试题未作调整。"这类人为调整的加权赋分造成了较多学生的"滑铁卢"和"逆袭",引发了很多考生和家长的不满。高考是中国考生人生中最重要的考试之一,其公信力需要不断加强。

参考作答 2

作为一项全国性的高风险、大规模考试,高考英语必须具有公信力。我国高考英语整体上来说是具有公信力的。首先,高考试卷严格按照课程标准和考试大纲开发,保证了测试任务与考试大纲的一致性,所考内容都是所学内容的抽样;再者,考试时间相同、同一地区考卷难度相同、考试程序相同、遵守的法律法规相同;其次,试卷的评判是基于统一标准做出的;最后对成绩的解读是公正的,对学生的分类只基于一个标准:考试分数。当然,要取得绝对的公平是一种理想,但测试开发者和使用者必须为提高公信力而努力。

16. 请结合你的高考经历,谈谈你对语言测试公平性(fairness)的理解。

参考作答

Fairness in assessment has to do with two aspects of assessment: equitable treatment of individuals in the assessment process, and absence of bias in the assessment process, assessment records and in the interpretations that are made on the basis of these records.(p.132)

就作者给出的定义而言,测试的公平需考虑到两个方面:测评过程对每个个体平等,测评过程、测评记录以及基于测评记录所作的解读无偏向性。

本人于 2011 年参加高考,觉得高考的公平性主要体现在以下几个方面:

(1)高考考试过程中的公平性:整个测试过程公平对待每一个考生,不允许考试作弊,不允许个人及团体提前提供答案、替考等;

(2)考试结果的判定具有公平性,改卷老师并不知道学生的姓名,性别,学校等信息,影响判卷公平的因素很少。

(3)测试结果的使用体现了公平性,能上哪个层次的哪所学校完全由分数决定。一般来说学校不会因为社会地位的差异来决定考生能否进入高一级学府学习，判断的唯一标准是分数。

17. 请思考高考对考生特质（attributes）的影响。

参考作答

考生的个人特质（personal attributes）包括年龄、性别、民族、居民身份、居住时间、母语以及为某一特定测试做了哪种准备，做了多少准备或之前有多少这种考试经验等（p.41）。对考生特质的影响可能主要表现在对居民身份以及为考试做准备方面。有些考生为了避免某些省份的激烈竞争，会选择落户到竞争相对不那么激烈的省份或直辖市参加高考。对于绝大部分考生而言影响主要体现在为考试的准备方面。考生可能会为了考试从高一开始就为之奋斗，通过做高考模拟卷等方式积累经验。

其他个体特质还包括主题知识、情感图式和认知策略。考生可以通过分析历年高考试卷，总结相关主题，在平时学习过程中注意主题知识的积累，在考试时碰到与主题相关文章时可以调用主题知识助其作答。考试要让考生感到舒服和安全，但又要符合考试大纲的要求。高考可能会使考生产生正面或负面的情感反应，在实际操作中，要尽量避免引起负面情感反应的内容。学生通过研究高考试题，促使自己调整认知策略，如复习侧重点、记忆方式或答题技巧等。

此外，高考前的备考过程会培养学生的学习能力、恒心、耐心、批判性思维、创造性思维等；也会培养考生的细心、心理素质和综合能力等。

18. 请思考高考英语科"一年两考"的资源成本与经济影响。

参考作答

首先高考英语科实行"一年两考"的利弊已经有较多讨论。推荐阅读这篇文章：杨志强，辜向东. 高考英语"一年两考"改革的利与弊 [J]. 教学与管理，2020(3): 21-23。该文对"一年两考"进行了详细的阐述。

　　我们从利益相关者角度出发，思考高考英语科"一年两考"的资源成本和经济影响。对考生及其家庭而言，如果一年有两次考试的机会，绝大多数考生会选择参加两次高考英语考试，对比只有一次考试机会，这让学生有了多一次选择的机会，但也需要付出更多的精力，并且在物力上的投入也更多（相关的教辅资料和生活支出）。对英语教师而言，集中投入精力的时间被延长。对考试命题方而言，需要组织命题人进行两次命题，保密工作等投入的资源是双倍的。对考试组织方而言，一年组织两次考试，组织的人力物力投入翻番，同时第一次和第二次之间的报考人数预估可能出现错误的情况，造成一定程度的资源浪费。

6 Overview of assessment development and use
第六章　测试开发与使用概览

6.1　章节目录

1. 思维导图呈现本章目录

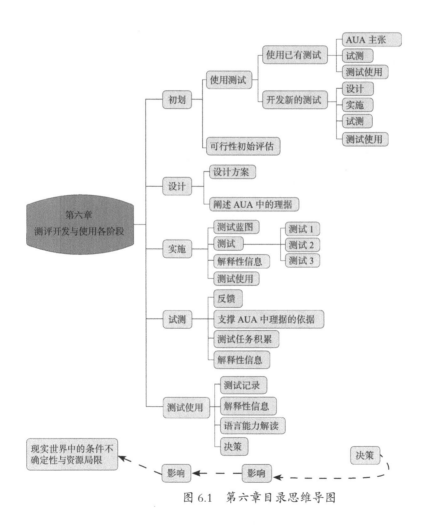

图 6.1　第六章目录思维导图

2. 表格呈现图 6.1 的内容

表 6.1　第六章表格目录

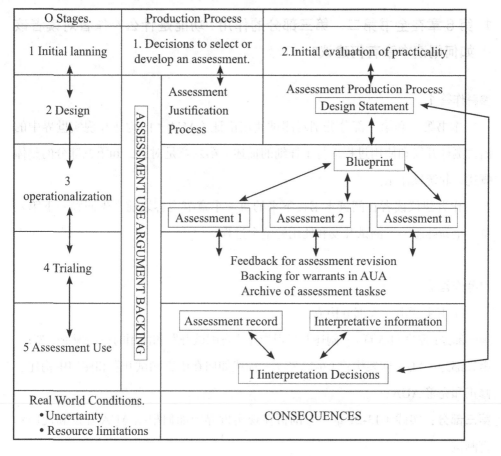

6.2 补充思考题及参考作答

1. 第6章在全书第二、第三部分的作用 / 功能是什么？作者对读者该如何阅读本章有何建议？

参考作答1

本书第二和第三部分分别对测试使用论证（AUA）的构建和现实世界中的语言测评开发和使用过程进行了详细的描述。第六章是对第二和第三部分的整体概述，起统领作用。

作者建议读者在阅读本书接下来的每一个章节内容之前，先回顾一下第六章，重新熟悉一下测试开发和使用的整个过程。

参考作答2

本书主要由三大部分构成：

第一部分：理论（1-5章）—阐述并呈现指导语言测试开发和使用的一些理论框架；

第二部分：AUA框架构建（6-12章）—描述如何在语言测试开发和使用中构建、修正和完善AUA；

第三部分：实践（13-21章）—剖析在现实世界中如何根据AUA开发和使用语言测试。

由此可见：第6章在全书中的作用是从理论向实践的一个过渡。该章阐述了测试开发和使用的步骤，每一个步骤就是一个子目录。因此，本章内容对第二和第三部分起着提纲挈领的作用。

作者建议在阅读后面的每一个章节之前先对第6章进行回顾，这样可以在阅读每部分的细节之前对测评开发和使用有清晰的整体概念。

2. 请解读图 6.1 "语言测评开发与使用的五个阶段"（p.144），并用文字表述。

参考作答

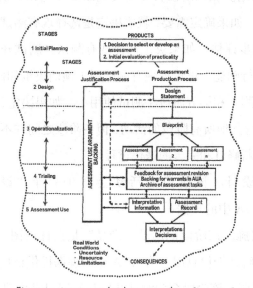

Figure 6.1 Assessment development and use, Stages 1–5

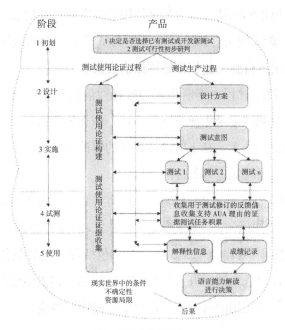

图4 测评开发与使用各阶段

图 6.2 语言测试开发与使用的五个阶段

　　语言测试开发与使用的各项活动可概念化为五个阶段，如 Figure 6.1/图 4 左栏所示，分别为初划、设计、实施、试测和测试使用，每个阶段都有其所涉及的具体活动，活动会产生一些具体的结果，即 Figure 6.1/图 4 右栏的"product/产品"。

　　第一阶段：初划。在该阶段首先需要判断要做出预期决策是否需要使用测评来搜集所需信息。如果确定需要，就要决定是选择现有测试还是开发新的测试，并对可行性做出初步评估。如果决定选择现有测试，测试开发者就需要对 AUA 中的主张和理据进行阐述，以论证现有测试用于预期决策和使用的合理性。然后进入第四阶段（试测）和第五阶段（测试使用）。如果决定开发新测试，就进入第二阶段，然后进行其他所有阶段的活动，但各阶段之间并不是简单的线性关系，而是循环往复，不断修订和完善的迭代过程。

　　第二阶段：设计。该阶段的活动会产生一个"设计方案"（Design Statement）以及 AUA 中的理据。

　　第三阶段：实施。该阶段的活动"产品"是设计蓝图、一套或多套测试、为测试使用者提供解释性信息以及为 AUA 中的理据提供证据。

　　第四阶段：试测。该阶段会为测试开发和使用提供反馈，为 AUA 中的理据提供支撑证据，积累测试任务，为测试使用者提供解释性信息。

　　第五阶段：测试使用。该阶段会产生测试记录、为测试使用者提供解释性信息、对测试记录进行解读并依据解读做出决策。

　　测试开发和使用过程中不断积累的解释性信息包括对测试构念、呈现给受试的测试任务以及测试记录生成方式的描述。该类信息由测试开发者提供给测试使用者和其他利益相关者。基于对测试记录的解读所做的决策会对现实世界产生影响，但同时也受到现实世界条件的制约。

　　测试开发的首要成果是 AUA 本身，因为在测试开发和使用的各个阶段，要对 AUA 中各个不同理据进行阐述并收集证据以支持这些理据。

　　外圈虚线内的区域代表"现实世界"，包括现实世界条件的不确定性和资源的局限性。论证过程为测试开发和使用的各项活动提供质量监控，对现实世界的考量为测试开发与使用的每一个阶段提供"底线"检验。

我们之所以把测试开发与使用的各项活动在概念上分为五个阶段是因为这些活动并不是严格地按照线性顺序执行。在实践过程中，任何一个阶段的决策都可能让测试开发者重新考虑和修改之前各个阶段的决定，并重复之前的程序，因此各个阶段之间的箭头是双向的。

3. 请阐述"Design Statement"与"blueprint"两者的联系与区别。

参考作答 1

Design Statement（设计方案）是陈述实际测试编制之前需要知悉的内容文件，其主要目的有 3 个：一是用来指导测评开发和使用过程中最后三个阶段的活动：实施、试测和测评使用；二是为 AUA 中的几个理据提供依据；三是为测试使用者和其他利益相关者以他们能理解的方式提供解释性信息。

Blueprint（测试蓝图）是对整个测试以及测试中的每个任务的详细说明。其主要目的是指导测评开发者创建测试任务和实际测试。

两者的联系：两者都为测评使用者和其他利益相关者提供测试使用合理性解释性信息。

两者的区别：设计方案的主要目的是为测试开发中的实施、试测以及测评使用提供指导，而测试蓝图的主要目的是指导测试任务和实际测试的创建。设计方案所涵盖的内容要比测试蓝图更广，测试蓝图则更为具体，是对考什么、如何考进行详细的说明。

参考作答 2

Design Statement 是关于整个测试以及测试使用论证过程的说明，而 Blueprint 是对具体的测试内容开发提供指导。

表 6.2　Design Statement 和 Blueprint 的区别

	Design Statement (p.146)	Blueprint (p.147)
定义	The Design Statement is a document that states what one needs to know before actually creating an assessment. 设计方案是一个说明性文件，说明在实际开发测试之前需要了解的内容。	A Blueprint is a set of specifications for the assessment as a whole and for the individual tasks within the assessment. 蓝图是关于整体测试以及测试中具体测试任务的一套规范。
目的	• 为测试开发和使用者在后面三个阶段的活动提供指导：实施、试测和使用 • 为 AUA 中的理据（Warrants）提供支持证据（backing）。 • 为测试使用者和其他利益相关者提供关于测试的解释性信息。	• 在测试任务开发和具体的测试过程中为测试开发者和使用者提供指导。 • 为测试使用者和其他利益相关者提供解释性信息。
联系与区别	1）Design Statement 为 Blueprint 提供指导性信息； 2）Design Statement 是设计阶段的产品，涵盖了 AUA 的整个论证过程，指导后面三个阶段；而 Blueprint 是实施阶段的产品，主要涉及的是具体的测试开发内容。3）两者的共同点是为测试使用者与其他利益相关者提供解释性信息。	

4. 请用"语言测试开发与使用的五个阶段"作为框架评估自己平时的测评实践，如期中或期末测评，反思哪个或哪些阶段比较欠缺需要加强。

参考作答 1

　　大学英语课程期末测评并未经过五个完整的阶段。第一步初划，课程组会决定是采用原有测试形式还是要开发新的测试。如果是决定采用原有测试形式，通常会直接进入命题阶段（第三阶段：实施），然后是测试使用阶段（第五阶段）。如果是决定开发新的测试，大家会一起讨论要采取何种测试形式、依据什么来命题、要测试哪些内容，然后是命题（实施）和测试使用。第二阶段（设计）虽有所涉及，但并不会有非常详细的书面设计方案产生，第四阶段（试测）完全被忽略了。第五阶段（测试使用）仅限于测评记录，即根据测评记录解读学生能力，并做出"过"与"不过"的决策。

　　从校本期末课程测评的实践来看，之所以有些步骤会被忽略，跟教师对测评重要性或决策影响重要性的认识不足有关，也与教师对测试本质（收集信息以做决策）和使用（对不同利益相关者有不同的使用）的认识有关。对于许多教师来说，期末测试只是教学程序的一部分，是对学生一个学期学业成绩的检验。教师对测试使用缺乏足够的认识，因此一般不会做更多的设计方案，不会为论证测试开发和使用的合理性构建 AUA，更不会为了进一步修订和完善测试做试测。

这种局面由主观、客观多重因素造成，但在认识到测试使用论证的重要性后，在今后的测评实践中，教师还是要加强测试使用论证的构建，使自己的测试开发和使用做到有理有据。如果可能，还可以在期末考试之前进行隐性的试测，为测试修订和完善收集反馈信息，为使最终的测评使用达到预期目的做好充分的准备。

参考作答2

下面以"英国历史"（线上）课程的期末考试为例，来说明我们的测试实践并反思实践中的不足之处。

表6.3　"英国历史"测评实践

	阶段	具体的活动结果（产品）
《英国历史》期末测试开发与使用	1.初划	**决定：开发新测试** 　　因为决定采用线上测试的形式，所以不能继续使用以前的题库，需要创建新测试。学校规定允许的考试形式有线上考试、课程论文和口试三种选择。 •课程组对各种测试形式进行可行性评估； •线上考试如何防止作弊；考试时间、监考老师需要学院统一安排。论文跟课程教学内容联系不紧密，很难做到教、学、评一体；大一学生没有经过论文写作训练，论文写作任务不符合他们的实际水平；别的科目也采用课程论文形式，堆积在一起学生压力太大；不好解决抄袭问题；班级和学生人数多，老师批阅论文可行性差。 •视频口试，内容和形式跟课堂教学比较一致；既考察历史知识，也考察语言运用能力；能相对有效地避免作弊；可随堂使用钉钉平台进行，不需要学院另外安排监考教师；可以录像作为存档依据。
	2.设计	**设计方案** •根据教学内容，把试题分成专有名词和简答题两部分，用随机化方式保证每个班级每个学生的试题都不一样。 •每个班的学生分成3组进行口试并录像，减少网络压力带来的故障。 •向教学院长请示，是否可以按照此初步方案进行口试，得到批准之后开始创建测试任务。

续表

"英国历史"期末测试开发与使用	2.设计	**AUA 主张与理据** **主张 1：预期影响** 　　测试使用和所做决策对学生、授课教师和学院都有有益的影响。 **主张 2：决策** 　　决策是基于学生的测试表现所做的解读形成的，考虑到学生、授课教师和学院的价值观以及学校的相关制度。所有学生都得到公正对待。 **主张 3：解释** 　　对所测评的能力的解释是有意义的，考虑到《英国历史》的教学大纲和关于语言能力的一般理论；没有涉及具体的目标语言使用域。 　　对所有受试群体都没有偏见。 　　与所要做的决策相关，即是否能通过考试拿到学分。 　　结合各项平时成绩之后，所提供的信息足够充分来做决策。 **主张 4：测试记录** 　　测试记录的一致性贯穿于不同的测试任务、测试程序的不同方面和不同的测试群体。
	3.实施	**测试蓝图** 　　制定考试说明，详细规定考生形式与时间、题型和作答要求以及评分标准。 **创建 36 套测试题** 　　每套题一页 PPT，分两部分。第一部分朗读和翻译专有名词，共 5 个，朗读每个 4 分，翻译每个 4 分，共占 40 分；第二部分从三个话题中选择一项进行论述，内容（权重 40 分）；词汇、语法（权重 10 分）；语音、语调（权重 10 分），共 60 分。 **为测试使用者提供解释性信息** 　　给教学院长和学生发放考试说明。 **为 AUA 生成更多的理据** 　　第二部分给出三个话题供学生选择，可以考查学生的策略能力。
	4.试测（最为欠缺的部分）	**反馈** 　　在考试前一周进行平台调试、给出样题、展示答题流程，没有试测，没有给学生针对试题进行反馈的机会。 **为 AUA 中的理据提供支撑证据** 　　没有进一步提供支撑证据。 **测试任务积累** 　　已提前完成并上交学院存档。 **为测试使用者提供的解释性信息** 　　让受试更加熟悉测试结构和测试任务以及测试实施方式。

"英国历史"期末测试开发与使用	5.测试使用	测试记录：分数 　　提前制定评分表和评分标准，教师按项打分，最后相加得出总分。
		给测试使用者提供解释性信息 　　在教务平台提交成绩，经审核后发布，学生可以在教务系统查询自己是否通过。
		解释 　　学生的分数能够体现学生对教学大纲内容的掌握程度，能够体现学生的语言能力和策略能力的整体状况。
		决策 　　决策以测试为基础，期末口试占最终成绩的50%，平时成绩包括出勤、作业、小测、视频展示、反思，共占最终成绩的50%。最终成绩60分以上，可以通过考试，拿到学分。
		现实世界条件的不确定性包括个别学生临时网络故障。解决方法为：跳过该学生，让后面的学生先考，最后再为该生提供考试机会。

5. 请结合自己的教学实践、科研实践或自我专业发展，谈谈"语言测试开发与使用的五个阶段"的普适性。

参考作答1

　　"语言测试开发与使用的五个阶段"也适用于我们的教学实践、科研实践和自我专业发展。下面以教学实践为例，谈谈这五个阶段的普适性。

　　我们在接手一个新的班级时，首先要考虑以哪种教学理念或教学方式方法来进行教学（初划）。在确定了教学理念或教学方式方法后，要进行课程的整体设计（设计），生成教学大纲、教学进度表等。随后要依据生成的教学大纲和教学进度表来实施教学（实施），在实施过程中，我们会有每次课的详细教案、PPT等；通常情况下，在每个学期的前几周，我们的每次教学就像是一次次试测，通过课堂观察、师生反思等会获得丰富的有关教学设计和实施的反馈信息，教师会根据这些反馈信息及现实条件调整课程设计和教案、PPT等。经过不断的调整、适应、完善，形成一套适合该班级的教学实践方案，并应用于教学实践。在教学实践过程中，教师同样会根据师生的表现来解读教学的成效，并据此做出相应的决策，使决策对教学有正面的影响（使用）。只有这样，我们才能确保教学质量。

　　科研实践和自我专业发展也是同样的道理，没有规划、没有对自己职业发展和科研的规划，最终只会忙忙碌碌，一事无成。即使有计划、有规划，还要不断地进行反思、总结，探索更适合自我实践和发展的道路。所以，测试开发和使用的五个阶段是具有普适性的。

参考作答 2

表 6.4　"英国历史"六年教学实践的五个阶段

	阶段	具体的活动结果（产品）
"英国历史"课六年教学实践的五个阶段	1. 初划	决定接受学院授课任务安排、收集教学材料、思考教学内容和语言各自在课程测评中的权重以及如何体现师范特色。
	2. 设计	**设计方案** 　　安排教学进度、制作课件、设计课堂教学活动、设计测试。 **AUA 理据** 　　虽然之前不知道 AUA 框架和具体的术语，但是确实考虑了相关方面的内容，如预期的有益影响；决策的价值敏感性和公正性；教学设计和测试是有意义的，具有充分性和关联性等。
	3. 实施	**蓝图**　具体的课件制作、课堂活动安排、作业的类型、试题结构。 **多套课件，多套教学活动和测试** **为教师和学生提供解释性信息** **阐述 AUA 中的理据**
	4. 试测	**反馈** 　　前一轮的教学在某种意义上都是下一轮的试测，会提供很多反馈。除了教师的个人反思，还会邀请学生给出反馈。每一年都会做出相应调整。课堂活动、作业类型、测试类型和结构都有调整。 **为 AUA 中的理据提供支撑证据** **教学任务和活动积累** 　　根据教师个人反思和学生反馈，保留效果好的教学活动、测试形式、作业类型等。 **为教师教学补充解释性信息**
	5. 测试使用	经过上一轮实践和反思之后，保留下来的教学进度表、课堂设计和教学活动、作业、测试，在新一轮的教学实践中使用，并根据现实世界条件做出适当的修订和完善。
		现实世界的条件会左右第五阶段测试使用所产生的影响；现实世界条件的不确定性和资源的局限性为教学提供"底线"检验。

从以上分析可以看出，"测试开发和使用的五个阶段"是具有普适性的。

7 Initial planning
第七章　初步规划

7.1　章节目录

1. 思维导图呈现本章目录

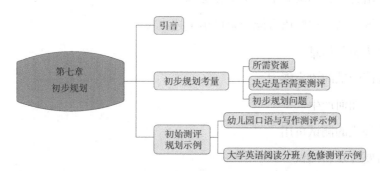

图 7.1　第七章目录思维导图

2. 表格呈现本章目录

表 7.1　第七章表格目录

7 Initial planning	第七章 初步规划
INTRODUCTION	7.1 引言
INITIAL PLANNING CONSIDERATIONS Amount of resources to expend Determining whether an assessment is needed Initial planning questions	7.2 初步规划考量 　　7.2.1 所需资源 　　7.2.2 决定是否需要测评 　　7.2.3 初步规划问题
EXAMPLES OF INITIAL ASSESSMENT PLANNING Example 1 Kindergarten ELL speaking and writing assessment in support of instruction and learning Example 2 University ESL reading test for making placement/ exemption decisions	7.3 初始测评规划示例 　　7.3.1 幼儿园口语与写作测评示例 　　7.3.2 大学英语阅读分班／免修测评示例

7.2 补充思考题及参考作答

1. 在 Table 7.1 Planning functions and potential problems（p.150）中，你认为应该考虑哪些"basic issues"？要评估哪些"resources"？

参考作答

需要考虑的基本问题：

- 期待产生哪些有益影响
- 有哪些利益相关者
- 需要做出哪些具体决策来产生上述影响
- 需要了解受试的哪些语言能力来做出上述决策
- 如何收集相关信息
- 如何解读受试的语言能力
- 测试记录如何产生
- 是否有现成的测试可用
- 是否需要开发新测试
- 需要创建什么样的测试任务

需要评估的资源：

- 人力（测试开发人员、测试实施人员、评分人员、受试等的时间、努力和相关经验）
- 物力（考场或网络平台、设备、考试材料、用品等）
- 时间（整个测试开发的时间、考试时长、考试日期和具体时间安排等）

2. 请将 Table 7.2 Stage 1: Initial Planning questions（p.151）翻译成中文。

参考作答1

表 7.2 专著表 7.2 翻译（1）

第一阶段：初步规划问题

1. 希望取得哪些有益的影响？利益相关者是谁？
   谁将直接受测试使用的影响？
   （a）预期受试是谁？他们将受何影响？
   （b）受影响的还有谁？他们将受何影响？
2. 为帮助达到预期影响，需要做出哪些具体决策？
3. 为做出预期决策，需要了解受试哪些方面的语言能力？
4. 可以利用何种渠道或有何渠道可以利用以获取信息？
5. 需要使用测试来获取信息吗？
6. 有现成的测试可用吗？
   （a）是否有现成的测试能为所需做出的决策提供信息？
   （b）现成的测试是否适合预期的受试？
   （c）现成的测试任务与目标语言使用域任务是否一致？
   （d）该测试的开发者是否提供了测试预期使用的论证证据？
   （e）是否能够承受使用此测试的费用？
7. 需要开发自己的测试吗？（如果答案是"是"，则测试开发者需要回答以下问题。）
   （a）测试开发者如何确保测试的预期使用（即决策和影响）能够用 AUA 和依据来论证？
   （b）测试开发和使用（包括论证测试的预期使用）需要什么资源？已有资源或可用资源有哪些？

参考作答2

表 7.3 专著表 7.1 翻译（2）

Table 7.2 Stage 1 Initial Planning questions	表 7.2 第一阶段 初步规划问题
1. What beneficial consequences do we want to happen? Who are the stakeholders? Who will be directly affected by the use of the assessment? (a) Who are the intended test takers? How will they be affected? (b) Who else will be affected? How will they be affected?	1. 我们希望取得哪些有益影响？涉及哪些利益相关者？测试使用将直接影响哪些人？（a）谁是预期考生？他们会受何影响？（b）还有谁会受到影响？受何影响？
2. What specific decisions do we need to make to help promote the intended consequences?	2. 我们需要做出哪些具体决策来促进预期影响的产生？
3. What do we need to know about the test takers' language ability in order to make the intended decisions?	3. 为了能够做出预期决策，我们需要了解考生语言能力的哪些方面？
4. What sources could we use or are available for obtaining this information?	4. 我们可以利用哪些渠道或者利用何种渠道来获取相应信息？

续表

Table 7.2 Stage 1 Initial Planning questions	表 7.2 第一阶段 初步规划问题
5. Do we need to use an assessment to obtain this information?	5. 我们需要使用测试来获取相应信息吗？
6. Is an existing assessment available? (a) Is an existing assessment available that provides the information that is needed for the decisions we need to make? (b) Is this assessment appropriate for our intended test takers? (c) Do the assessment tasks correspond to TLU tasks? (d) Does the test developer provide evidence justifying our intended uses of the assessment? (e) Can we afford it?	6. 有现成的测试可用吗？ （a）有现成的测试能够为我们提供做决策所需的信息吗？ （b）测试适合我们的预期考生吗？ （c）测试任务与目标语言使用任务相符吗？ （d）测试开发者提供了测试预期使用的论证证据吗？ （e）我们能承受使用此测试的费用吗？
7. Do we need to develop our own assessment? (If the answer is "yes", then the developer needs to answer the following questions.) (a) How will the test developer assure that the intended uses (i.e., decisions and consequences) of the assessment can be justified with an AUA and backing? (b) What resources will we need for the development and use of the assessment (including justifying the intended uses of the assessment)? (c) What resources do we have or can we obtain?	7. 我们需要开发新的测试吗？（如果需要，测试开发者需回答如下问题。） （a）测试开发者如何确保测试的预期使用（即决策和影响）能够通过 AUA 和证据来论证其合理性？ （b）我们需要什么资源来开发和使用测试（包括论证测试预期所用的合理性）？ （c）我们有何资源或者能获得何种资源？

3. 请重新阅读 Projects 1-2，并参照本章中的两个案例，拟定一份你本学期期末考试的"初步规划"。

参考作答 1

场景

　　本学期任教课程"跨文化商务沟通"期末考试采用开放式测评（要求学生撰写一个关于自己的文化故事，采访一个异文化群体成员并撰写采访报告）。这一形式比一般的闭卷考试难度更大，实践性更强。教师希望通过该测评考查学生学以致用、理论联系实践以及反思的能力。同时，教师也希望通过学生在完成该测评上的表现，反思自己的教学理念和教学实践，为完善将来的教学收集信息。在该测评的开发和使用中，教师本人既是测评的开发者，也是测评的使用者或决策者。其他测评使用者和决策者还包括学生、学校教务部门等。

表 7.4 "跨文化商务沟通"期末测试初步规划

初步规划

1. 希望取得哪些有益的影响？利益相关者是谁？谁将直接受测试使用的影响？

（a）预期受试是谁？他们将受何影响？

本测评的预期受试是所有选修《跨文化商务沟通》课程的学生。及格者将获得 2 个学分（预期的有益影响）；不及格者不能获得学分，在接下来的学期需要再选修一门大学外语拓展课程。

（b）受影响的还有谁？他们将受何影响？

受影响的还有任课教师。如果大部分学生测评成绩良好，选课的学生会更多，课程教学也会朝着更加良性的方向发展（预期的有益影响）；如果大部分学生测评表现不好，该课程可能会被取消。

2. 为帮助达到预期影响，需要做出哪些具体决策？

为帮助达到预期影响，先要根据平时的课堂观察、作业情况、课堂表现、单元测验等对学生的学情进行评估；接着要根据评估结果，依据教学大纲来确定期末测评的具体内容，确保既能考察测评构念，即大纲规定的能力培养目标，又能让大部分学生顺利通过测评；然后要结合学生平时表现和期末测评表现评估学生的学业成绩。

3. 为做出预期决策，需要了解受试哪些方面的语言能力？

为做出预期决策，教师需收集与课程教学内容相关的、反映学生口语和书面表达能力的信息。

4. 可以利用何种渠道或有何渠道可以利用以获取信息？

（a）随堂跨文化商务沟通任务（口头和书面的）

（b）课后采访及采访反思日志

（c）期末考试（只能获取书面表达能力信息）

5. 需要使用测试来获取信息吗？

需要，但不是传统的闭卷测试。传统的闭卷测试不能很好地达到测试目标，无法收集到口语能力信息，随堂考试又受时间限制。

6. 有现成的测试可用吗？

有，上学期已改革该课程的测评方式，采用新的测评方式。

（a）是否有现成的测试能为需要做出的决策提供信息？

有，现成的测试需要学生根据课程所学理论知识去采访一个异文化群体成员（用英语）并录音，根据录音整理采访笔记，并根据教师提供的 10 个提纲式问题撰写反思日志。

（b）现成的测试是否适合预期的受试？

适合。

（c）现成的测试与目标语言使用域任务一致吗？

不是很一致，但限于现实世界条件，此测试方式被认为是可以较好地反映学生跨文化沟通能力的测评方式。跨文化商务沟通能力主要通过学生平时所做跨文化商务沟通案例分析，跨文化商务沟通项目（模拟跨文化商务谈判，跨文化企业文化和市场营销策略设计）等来考察。

（d）该测试的开发者是否提供了测试预期使用的论证证据？ 没有。

（e）是否能够承受此测试的费用？

可以，该测试无需监考，学生只需提交电子版作业，不产生考务费用。

7. 需要开发自己的测试吗？

不需要，沿用课程组已有的测试即可。

参考作答 2

场景：经过一学期的网络教学，英语专业的"英国历史"任课教师需要了解本学期的教学效果和学生的学习情况，判断学生能否获得该课程的学分。

初步规划问题：

1. 教师期待产生哪些有益影响？涉及哪些利益相关者？测试使用直接影响谁？

教师期待该学业成就测试能准确体现出这一学期的教学效果和学生的学习情况，能够准确判断学生是否能通过测试拿到课程学分。利益相关者涉及教师、学生、学院行政人员。测试使用直接影响学生。

a. 预期受试是谁，会受到怎样的影响？

选课的学生：测试直接决定他们会获得学分还是需要补考或重修。

b. 还有谁会受影响，会受到怎样的影响？

授课教师：通过测试了解本学期授课效果，并进行反思和做出相应调整。

行政人员：安排监考、安排补考或重修。

2. 我们需要做出什么具体决策来促进产生预期影响？

终结性决策：教师会使用测试结果决定学生是否拿到学分。

3. 为了做出预期决策，我们需要了解受试的哪些语言能力？

学生关于历史话题的知识以及表达相关知识的语言能力，如语法知识和文本知识。

4. 有哪些可用渠道供我们获取相应信息？

平时作业、视频展示、单元测验成绩、课上回答问题表现等。

5. 我们需要使用测试来获取相应信息吗？

需要。因为学校规定平时成绩最高只能占总评成绩的 50%。

6. 有现成的测试可用吗？

a. 有现成的测试能够为我们提供做决策所需要的信息吗？

没有。因为线上测试的缘故，以前的笔试题库不再适用。

因为没有现成的测试可用，所以不需要回答以下问题：

b. 该测试适合我们的目标受试吗？

c. 测试任务与目标语言使用任务对应吗？

d. 测试开发者为我们的预期测试使用论证提供证据了吗？

e. 我们能负担测试费用吗？

7. 我们需要开发新测试吗？

需要。

（a）测试开发者如何确保测试预期使用（也就是决策和影响）能够通过 AUA 和相关证据进行论证？

任课教师了解 AUA 论证过程，构建 AUA 并在操作过程中收集相关证据。

（b）我们需要什么资源来开发和使用测试（包括论证测试的预期使用）？

教材、所有授课教师的时间、经验和对教学内容以及学生学习情况的了解，新形势下学校和学院的相关要求和文件、网络平台、学生的时间（试测）等。

（c）我们现有哪些资源？能够获得什么资源？

现有的资源：教材、所有授课教师的时间、经验和对教学内容以及学生学习情况的了解、网络平台、学生的时间（试测）。

能够获得的资源：新形势下学校和学院的相关要求和文件。

8 Constructing an Assessment Use Argument for developing and justifying a language assessment
第八章 为语言测试开发与论证构建 AUA 框架

8.1 章节目录

1. 思维导图呈现本章目录

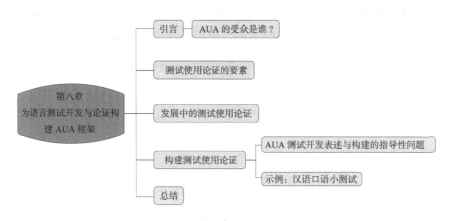

图 8.1 第八章目录思维导图

2. 表格呈现本章目录

表 8.1 第八章表格目录

8 Constructing an Assessment Use Argument for developing and justifying a language assessment	第八章 为语言测试开发与论证构建 AUA 框架
INTRODUCTION Who is the audience for the AUA	8.1 引言 AUA 的受众是谁?

8 Constructing an Assessment Use Argument for developing and justifying a language assessment	第八章 为语言测试开发与论证构建 AUA 框架
ELEMENTS OF AN ASSESSMENT USE ARGUENT	8.2 测试使用论证的要素
AN EVOLVING ASSESSMENT USE ARGUMENT	8.3 发展中的测试使用论证
CONSTRUCTING AN AUA Guide questions for articulating and developing an AUA assessment development Illustrative example: Chinese mini-speech test	8.4 构建测试使用论证 8.4.1 AUA 测试开发表述与构建的指导性问题 8.4.2 示例：汉语口语小测试
SUMMARY	总结

本章的写作逻辑非常严密。引言部分先介绍了本章的主要内容，主体部分依次阐述，最后总结。作者认为，在构建 AUA 之前，先要从理论上明确三个问题：（1）AUA 的受众是谁？对同一个测试，针对不同的受众，AUA 的表述在语言、解释性信息和细节各方面都要有所区别；（2）测评使用论证的要素有哪些？（3）测评使用论证的本质是什么？在理解了上述三个问题之后，才能真正进入 AUA 构建阶段。AUA 的构建有三种方式，专著采用的是问题引导式。在构建阶段，作者先呈现了 15 个 AUA 表述与构建的指导性问题，然后给出示例以帮助读者更好地理解如何使用指导性问题来引导 AUA 的构建。

8.2 补充思考题及参考作答

1. 请将 Table 8.1 Assessment Use Argument Claims, Warrants, and Rebuttals (p.161) 翻译成中文。作者对 Table 8.1 有几点说明？具体内容是什么？

参考作答

表 8.2 专著表 8.1 翻译

表 8.1 测试使用论证：主张、理据和反驳

主张 1：影响 测试使用和所作决策对利益相关者的影响是有益的。

A. 测评使用影响的有益性理据：

1. 测评使用对每个利益相关者的具体影响都是有益的；

2. 每位受试的测评报告对他人保密；

（参考第五章有关测评报告的内容）

3. 测评报告以清晰且能为所有利益相关群体理解的方式呈现；

4. 测评报告会及时发送给利益相关者；

5. 在语言教学环境下，测评有助于促进良好的教学实践和有效的学习，因此测评使用对学生、教师、督导以及项目等都是有益的。

B. 关于决策影响的有益性理据和反驳：

1. 理据：决策对每一个利益相关群体都是有益的；

2. 反驳：错误的肯定或错误的否定，两者都会对受影响的利益相关者产生不利的影响。

注：对某一特定测评，反驳 2 的其他版本包括：

（a）分类错误可能带来的一系列不利影响；

（b）如果发生分类错误，减轻不利影响的一系列可能的办法。

主张 2：决策 基于对语言能力的解读所作的决策：

i 要考虑现行教育和社会价值观，以及相关的法律、法规和各种规章制度；

ii 对受决策影响的利益相关者是公正的。

A. 所作决策的价值敏感性理据：

1. 在做各种决策时，审慎并批判性地对现行教育和社会价值观以及相关的法律法规进行考量；

2. 在确认错误的肯定和错误的否定分类错误的严重性时，审慎并批判性地对现行教育和社会价值观以及相关的法律法规进行考量；

3. 以最小化最严重的分类错误为原则来划分分数线。

B 所作决策的公平性理据：

1. 受试只会按照分数线和决策规则来分类，不会基于其他任何考虑；

2. 受试和其他受影响的利益相关者都充分了解决策规则，也充分了解实际的决策是否是以他们描述的方式做出的；

3. 对学业水平和证书的决策，受试有平等的机会学习或获得所要评价的能力。

主张 3：解读　对要测评的语言能力的解读：

i 从特定教学大纲、完成目标语言使用域任务所需能力分析、一般语言能力理论或以上各方的任一组合来说都是有意义的；

ii 对所有受试群体都是无偏颇的；

iii 能推及到要做决策的目标语言使用域；

iv 与要做决策相关；

v 能为要做的决策提供充分的信息。

某一特定测评的主张 3 包括测评构念的描述性标签：

A 解读的有意义性理据：

1. 构念是基于某个参考框架界定的，比如，课程大纲、需求分析或现有研究和 / 或理论；这一构念区别于其他相关的构念；

2. 测评任务清楚地规定了观察或引发测评表现的条件，基于测评表现推断要测评的构念；

3. 施测程序使受试有机会发挥最佳水平；

4. 测评报告关注与要测评的构念相关的表现；

5. 测评任务能引发构念界定中界定的语言能力；

6. 测评记录能解读为要测评的能力指标；

7. 测评开发者以清晰的、能被所有利益相关者理解的话语传达要测评的构念。

B 解读的无偏性理据：

1. 测评任务不包含对某些受试有利或不利的作答形式或内容；

2. 测评任务在话题、文化或语言方面不包含可能冒犯某些受试的内容；

3. 测评记录的产生程序以所有受试能理解的话语做出清晰的描述；

续表

4. 在测评的各个实施层面（报名、参加考试）公平对待每一个个体。

（a）每个个体有平等的机会获得测评内容和测评程序方面的有关信息；对学业水平和获取证书决策的测评有平等的准备机会；

（b）每个个体从费用、地点和对条件与设备的熟悉度上机会都是平等的；

（c）每个个体有平等的机会展示要测评的能力。

5. 对测评能力的解读在不同的受试群体之间具有同等的意义。

C 解读的可概推性理据：

1. 测评任务特征（比如环境、输入、预期作答反应、外部互动类型）与目标语言使用域任务特征高度一致；

2. 测评任务的作答标准和记录程序与语言使用者在目标语言使用域任务中所使用的典型标准和记录程序高度一致；

D 解读的相关性理据：

对测评记录的解读为决策提供相关信息，即解读提供的信息有助于决策者做决策；

E 解读的充分性理据：

对测评记录的解读为决策提供充分的信息，即在解读中有充分的信息可供决策者做出决策。

主张 4: 测评记录　测评记录（分数、描述）的一致性贯穿不同的测评任务、测评程序的不同层面以及不同的受试群体。

注：本主张的产出部分是一个"测评记录"，测评记录与上述主张 3 中的解读一同向利益相关者汇报。

测评记录的一致性理据：

1. 在不同的时间对所有受试群体都遵循一致的施考（评）程序；

2. 对测评记录的产生程序有详细的规定（说明）并严格执行；

3. 评分员接受培训并予以资格认定；

4. 评分员接受培训，避免对不同的受试群体有偏见或偏爱；

5. 不同测评任务的分数要做到内部一致性（内部一致性信度）；

6. 不同评分员的评分是一致的（评分者间信度）；

7. 同一评分员对不同表现的评分标准是一致的（评分者内部信度）；

8. 测试不同形式的分数是一致的（等值，或等效性信度）；

9. 测试在不同施考中的分数是一致的（稳定性，或重测信度）；

10. 测评记录在不同的受试群体之间有可比一致性。

数据来源：对测评任务表现的观察

作者对表 8.1 做了四点说明：

（1）关于理据与反驳的性质。理据是对主张属性的阐述；反驳是可能削弱或驳斥主张，支持反面主张的话语。AUA 中的每一个理据都有一个隐含的反驳；并且我们所搜集的用以支持某个特定理据的依据也可能成为反驳依据削弱相应的隐含反驳；

（2）表 8.1 所述主张、理由和反驳都是通用性的，每一个特定的测试都要根据具体情况进一步做具体的阐述；此外表中的主张、理据和反驳是解释性而不是规定性的；

（3）表 8.1 所列的理据和反驳并不是每一个测试都要全部用上；

（4）表 8.1 所列的理据和反驳并不是穷尽性的，未来可能会发现更多的主张和理据。

2. 请将 Table 8.2 Assessment development questions (p.169) 翻译成中文。

参考作答

表 8.3　专著表 8.2 翻译

表 8.2　测评开发问题

AUA 表述与测评开发指导性问题
影响（主张 1）
1. 我们希望通过使用测评并依据测评做出决策带来何种有益的影响？我们想让谁从中受益？

续表

答：详细阐述主张 1，描述将受测评使用和所作决策影响的利益相关者，并列举预期影响。

2. 如何确保测评使用的影响将对受影响的每一个利益相关群体都是有益的？

答：为每一个利益相关群体详细阐述有益性理据 A1-A5。

3. 如何确保所作决策的影响将对受影响的每一个利益相关群体都是有益的？

答：为每一个利益相关群体详细阐述有益性理据 B1。

4. 错误的肯定和错误的否定分类错误可能带来何种不利影响？我们可能如何减轻这些不利影响？

答：详细阐述反驳 B2 以及可能的一系列不利影响并列出：

（a）分类错误可能带来的不利影响；

（b）减轻不利影响可能的办法。

决策（主张 2）

5. 要达到预期的影响，需要做出哪些具体决策？谁来做决策？

答：详细阐述主张 2 及系列决策：

（a）要做的具体决策；

（b）哪些利益相关群体会受哪个决策的影响？

（c）谁来做决策？

6. 如何确保决策对现行教育和社会价值观以及相关的法律要求进行了考量？

答：详细阐述价值观敏感性理据 A1-A3。

理据 A2 将详细说明错误的肯定和错误的否定决策的相对严重性。

理据 A3 将详细说明：

（a）标准制定的政策层面程序；

（b）满足或超过标准所需的语言能力水平；

7. 如何确保所作决策是平等的。

答：详细阐述平等性理据 B1-B3.

解读（主张 3）

8. 为了做决策，我们需要了解受试哪些方面的语言能力？

答：详细阐述主张 3，为要测评的构念提供描述性标签。

9. 如何确保对语言能力的解读是有意义的？

答：

详细阐述有意义性理据 A1，包括：

（1）构念的描述性标签和界定；

（2）构念界定的具体来源。

详细阐述有意义性理据 A2，包括：

（a）施考环境

（b）考试说明、输入、预期作答反应以及每个测试任务输入与预期作答反应之间的关系特征。

详细阐述有意义性理据 A3，

详细阐述有意义性理据 A4，并详细说明以下各条：

（a）口头报告要包括的具体内容；

（b）测试的评分方法（正确的标准、评分程序）。

详细阐述有意义理据 A5-A7。

10. 如何确保对受试语言能力的解读对所有利益相关群体都是公平的？

答：详细阐述公平性理据 B1-B5。

11. 如何确保对受试语言能力的解读可以推及到所作决策的目标语言使用域？

答：详细阐述理据 C1，为所选用的目标语言使用域任务（测试任务的依据）提供任务特征描述。

详细阐述理据 C2，包括描述语言使用者在目标语言使用域任务（测试任务的依据）上的表现方式。

12. 如何确保对受试语言能力的解读与决策相关？

答：详细阐述相关性理据 D。

13. 如何确保对受试语言能力的解读能为决策提供充分的信息？

答：详细阐述充分性理据 E。

测评记录（主张 4）

14. 如何确保测评记录的一致性？

答：详细阐述一致性理据 1-9。

续表

| 15. 如何确保测评记录在不同受试群体之间的可比一致性？ |
| 答：详细阐述可比一致性理据 10。 |

3. 请问专著 Table 8.2 与 Table 8.1 有何区别与联系？

参考作答

区别：Table 8.2 是 AUA 框架构建与测评开发的指导性问题；

Table 8.1 是测评使用论证各要素（主张、理据和反驳）的通用性阐述。

联系：Table 8.1 为 Table 8.2 提供答案，但对 Table 8.2 中每个问题的回答不能完全照搬 Table 8.1 的表述，而应该根据具体测评及具体的测评情境，对主张、理据和反驳等用更为具体的语言来阐述（正好印证了作者关于 AUA 的本质阐述："An AUA should be seen as a flexible, dynamic and malleable form that is sensitive to changing real world conditions..." p.166）。Table 8.2 是构建 AUA 的途径之一（共有三种途径）——通过问题引导逐步完成 AUA 的构建，在回答这些问题的过程中我们需要不断地返回 Table 8.1 查找相关的理由、证据和反驳的具体内容（注：Table 8.1 是通用性的，切不可完全照搬）。

4. 请重新阅读 Project 3，并结合本章的实例，就你熟悉的一项考试尝试构建你的 AUA 框架。

参考作答

大学英语四级考试（CET-4）

AUA 受众

大学英语四级考试（CET-4）AUA 的受众主要是大学英语学生、教师和学校。（如果需要向其他利益相关者或测试使用者论证该测试的效度或解释该测试预期使用的合理性，还需要对本 AUA 进行适当的修订）。

背景

　　大学英语四级考试（CET-4）是由教育部高等教育司主持的全国性英语考试。考试的主要对象是根据教学大纲修完大学英语四级的在校专科生、本科生或研究生。目的是推动大学英语教学指南的贯彻执行，对大学生的英语能力进行客观、准确的测量，为提高我国大学英语课程的教学质量服务。教育部委托"全国大学英语四、六级考试委员会"（1993 年前名为"大学英语四、六级标准化考试设计组"）负责设计、组织、管理与实施。

　　考试不设置及格线，四级 425 分（含 425 分）以上可以报考六级，所以大家普遍认为四级的合格线为 425 分。

　　本 AUA 的构建遵从"影响"到"记录"的顺序来阐述，从测试开发的角度来论证测试的效度。

影响

> 主张 1：大学英语四级考试的使用和基于测试所做的决策对学生、教师和学校的影响是有益的。

本 AUA 中所涉及的利益相关者是：

　　（1）参加大学英语四级考试的学生

　　（2）大学英语任课教师

　　（3）学校

理据 A：使用大学英语四级考试的影响

　　A1 大学英语四级考试对每一个利益相关群体都是有益的：

　　（1）学生：通过准备考试、参加考试提高英语水平

　　（2）教师：通过学生的考试表现，反思、改进、提高教学质量

　　（3）学校：促进整个学校人才培养质量

　　A2 大学英语四级考试分数对他人保密；

　　A3 大学英语四级考试分数和所做决策会以清晰的、学生、教师和学校行政管理人员都能理解的方式呈现；

　　A4 大学英语四级考试分数和所作决策会及时发送给考生和考生所在学校；

　　A5 大学英语四级考试有助于促进教师的良好教学，提高学生的学习积极性，进行有效学习，因此大学英语四级考试的使用对学生和教师都是有益的。

理据 B：基于考试所作决策的影响

B1 基于大学英语四级考试分数做出学习策略和教学策略的调整，这一决策对学生和教师都有利；

（i）很多学校有政策规定，如果学生大学英语加权不够，可以用四级考试成绩来代替，这在一定程度上给了学生更多的选择，所以学生会认真对待考试，切实提高自己的英语语言能力；

（ii）因为学生的四级考试成绩会是外语教师教学能力评价的一个标准，教师也会及时调整自己的教学策略，使自己的教学更为有效。

（iii）因为学生的大学英语四级考试成绩是学校办学质量的一个评价指标，所以学校会对大学英语教学比较重视，以此提高学校的国际化办学水平。

反驳 B2：基于大学英语四级考试分数所作决策可能会对英语语言能力较差的学生产生不利影响。学生可能会因为考试达不到学校要求的标准分数而对学业造成一定的不良影响；也可能会为了达到要求而采取作弊的手段等。

决策

> 主张 2：所作决策反映了学校的规章制度和价值观，以及全国高校的普遍做法，也反映了学生、教师和行政管理人员的价值观；决策对所有学生都是公平的。

具体决策，受影响的利益相关者以及决策人详见下表：

决策	决策人	受决策影响的利益相关者
调整学习策略	学生、教师	学生、教师
调整教学策略	教师	教师、学生
能否达到毕业要求	学校行政部门	学生

理据 A：价值观敏感性

A1 在作决策前，仔细并批判性地考量了学校的规章制度和价值观，各高校的普遍做法以及学生的想法；

A2 在决定决策错误的相对严重性时，仔细并批判性地考量了学校的规章制度和价值观，各高校的普遍做法以及学生的想法；

A3 分数以标准相关—常模参照的方式报道，以最小化决策错误为原则。

理据 B：公平性

B1 在英语语言能力方面，学生是否需要调整学习策略，教师是否需要调整教学策略，学生是否能用四级考试成绩来取代大学英语学业水平测试成绩的划分标准，只考虑分数和决策规则，不考虑其他因素。

B2 教师和学生对决策程序都有充分的了解，也充分了解决策是否是依据决策规则做出的；

B3 学生有平等的机会提升大学英语四级要测评的能力。

解读

主张 3：对大学英语四级语言能力的解读从大学英语教学指南来看是有意义的，对学生是无偏颇的，其能力基本可以推及到现实生活中的英语语言使用域，与要做出的决策是相关的，也能为所要做出的决策提供充分的信息。

理据 A：有意义性

A1 大学英语四级考试的构念界定包括（1）较强的阅读能力；（2）一定的听的能力；（3）初步的写和译的能力。这些能力区别于其他可能的构念界定，比如英语语言文学知识。这一构念是基于《大学英语教学指南》界定的。

A2 测试任务说明清楚地规定了将引发受试表现的测试程序；这些测试表现可以用于推断学生的语言能力；

A3 施考程序在不同的时间，不同的受试群体之间是一致的；

A4 用于评定学生考试表现的评分量表反映了大学英语四级考试要测试的构念；

A5 大学英语四级考试对学生学习英语有推动作用；

A6 大学英语四级考试的分数在一定程度上可作为解读学生英语语言能力的指标；

A7 考试大纲以清晰的、能被学生、教师和学校行政管理人员理解的方式向学生解释要测试的构念；

理据 B：公平性（无偏性）

B1 大学英语四级考试没有对某些受试有利或不利的作答形式或内容；

B2 大学英语四级考试从主题、文化或语言方面没有可能冒犯某些受试的内容;

B3 测试记录的产生程序以清晰能被所有受试理解的话语进行的描述;

B4 在大学英语四级考试施考的各个层面受试都受到公平对待;

（a）受试都有平等的机会参加考试

（b）受试有平等的了解考试内容和考试程序的机会

（c）受试有平等的机会展示他们的英语语言能力

B5 基于大学英语四级考试表现所作的英语语言能力解读对不同的受试群体都是具有意义的。

理据 C：可概推性

C1 大学英语四级考试的任务特征与现实生活语言使用域任务特征高度一致;

C2 大学英语四级考试对考生作答的评判标准和程序与现实生活语言使用域任务的评判标准和程序高度一致。

理据 D：相关性

基于大学英语四级考试表现所作的学生英语语言能力解读为学生、教师及学校作决策提供了所需信息。

理据 E：充分性

基于大学英语四级考试分数所作的英语语言能力解读不能为本框架中所列出的所有决策提供充分的信息。即，这些解读需要与其他信息结合起来做决策。比如，大学英语四级考试成绩并不是学生是否能毕业这一决策的唯一标准。

测评记录

> 主张 4：大学英语考试记录（分数、描述）的一致性贯穿不同的测评任务、测评程序的不同层面以及不同的受试群体。

理据：一致性

1. 大学英语四级考试在不同的时间、对所有受试群体都遵循一致的施考（评）程序;

2. 大学英语四级考试的测评记录产生程序有详细的规范并严格执行;

3.大学英语四级考试评分员在正式阅卷前会接受培训；

4.大学英语四级考试评分员接受培训，避免对不同的受试群体有偏见或偏爱；

5.大学英语四级考试不同测评任务的分数要做到内部一致（内部一致性信度）；

6.不同评分员的评分是一致的（评分者间信度）；

7.同一评分员对不同作答的评分是一致的（评分者内部信度）；

8.测试不同形式的分数是一致的（等值，或等效性信度）；

9.测试在不同施考中的分数是一致的（稳定性，或重测信度）；

10.测评记录在不同的受试群体之间是一致的（有可比一致性）。

5. 请精读以下这篇文献：Wang, H. et al. (2012). Review of Pearson Test of English Academic: Building an assessment use argument. *Language Testing*, *29* (4), 603-619. 谈谈这篇文献是否帮助你更好地理解了 AUA 及其应用，思考你可以借鉴这篇文献做什么样的研究。

参考作答1

这篇文献对于理解 AUA，尤其是应用 AUA 有很大的帮助。文章通过回顾 PTEA 考试的文档和文献，构建了一个推定性的 AUA，目的是评价 PTEA 在以英语为交际语言的高等教育机构和组织录取决策中使用的合理性，以论证 PTEA 的效度。与专著提供的 16 个项目相比，PTEA 是典型的大规模、高风险考试，其所涉及的利益相关者更为复杂，所以 AUA 的构建也更为复杂。作者在文章的"summary and discussion"部分提出，在为 PTEA 构建 AUA 时，发现用来支撑理据的证据和反驳依据不足，尤其是在"决策"和"影响"部分。此外，研究发现，对自动评分系统的理据也缺乏依据支撑。最后，研究者呼吁该测评开发者应考察该研究中确认的一些负面证据，并采取措施去解决这些问题或减轻这些未解决的问题可能带来的不利影响。

通过阅读这篇文章，我们也可以尝试做以下几方面的研究：

（1）仿照该文献，尝试用基于论证的方法来评论国内的大规模、高风险语言测试，比如，高考英语，大学英语四、六级，英语专业四、八级考试等；

（2）可以就某个或某几个理据做实证研究，比如，文章中提到有关"决策"和"影响"的理据缺乏依据支撑，我们也许可以通过对测试使用者进行问卷调查、访谈等方法，分析测试的实际使用并搜集用以支撑"决策"和"影响"理据的依据，从而使测试的效度论证更有说服力；

（3）文章是从测试实际使用的角度来考察支撑 AUA 各主张理据的依据，所以是遵循了从"记录"到"影响"的顺序来构建和评价的。如果是开发一个新的测试，我们可以遵循从"影响"到"记录"的顺序来构建 AUA，从测试开发的角度来论证测试的效度。

参考作答 2

本文将 AUA 用于 PTEA 的效度验证，从测评记录到预期影响逐一进行验证并提供证据支持，同时还提供了潜在的反驳，可以用于未来的研究。（见下表）

表 8.4　PTEA 合理性论证

测试"结果"	质量属性	理据	证据	潜在反驳	证据的广泛性
测评记录	一致性	√	√	√	relatively extensive
解释	有意义性	√	√	√	relatively extensive
	无偏性	√	√	√	
	概括性	√	√	√	
	关联性	√	√	√	
	充分性	×	×	×	×
决策	价值敏感性	√	√	√	less extensive
	公平性	√	√	√	
影响	有益性	√	√	√	less extensive

从上表可见，运用 AUA 对实际测试使用进行验证，比较容易发现测试使用的效度或合理性存在的不足，文章的总结和讨论部分对此进行了解释。这正验证

了本章 Table 8.1 的几点说明的内容。

　　我们可以借鉴这篇文献做如下两方面的研究：完全按照本文的模式来对国内外的大规模、高风险考试，如国内高考，大学英语四、六级，英语专业四、八级，雅思，托福考试等做复制性研究。我们也可以根据本文研究证据不足的部分开展研究。依照该研究，在批判与传承中做创新性研究。

9 The intended consequences of using language assessments
第九章 使用语言测试的预期影响

9.1 章节目录

1. 思维导图呈现本章目录

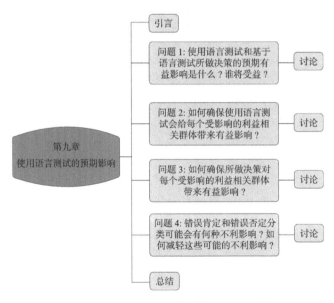

图 9.1 第九章目录思维导图

2. 表格呈现本章目录

表 9.1　第九章表格目录

9 The intended consequences of using language assessments	第九章 使用语言测试的预期影响
INTRODUCTION	9.1 引言
QUESTION 1 "What beneficial consequences do we intend to promote by using the assessment and making decisions based on it, and whom do we intend to benefit from these consequences?" Discussion	9.2 问题 1：使用语言测试和基于语言测试做决策的预期影响是什么？谁将受益？讨论
QUESTION 2 "How can we assure that the consequences of using the assessment will be beneficial to each stakeholder group that is affected?" Discussion	9.3 问题 2：如何确保使用语言测试会给每个受影响的利益相关群体带来有益影响？讨论
QUESTION 3 "How can we assure that the consequences of the decisions that are made will be beneficial to each group of stakeholders that is affected?" Discussion	9.4 问题 3：如何确保所做决策对每个受影响的利益相关群体带来有益影响？讨论
QUESTIONS 4 "What are the potential detrimental consequences of false positive and negative classification decisions and how might we mitigate these?" Discussion	9.5 问题 4：错误肯定和错误否定分类错误可能会有何种不利影响？如何减轻这些不利影响？讨论
EXERCISES	练习

　　本章围绕四个问题阐述了如何构建和表述 AUA 中"使用测试和基于测试所做决策能给利益相关者带来有益影响"这一主张及其理据。通过用幼儿园及大学分班 / 免修阅读测试两个示例，说明在测试设计和开发过程中如何为测试搜集证据，哪些素材可以成为支撑理据的证据，为读者构建自己的 AUA 提供了范例，并对主张及其理据进行了讨论，以帮助读者更好地理解如何才能使测试使用的合理性得到论证。

9.2 原著思考题及参考作答

1. 请回想你曾经使用过的一个测试。请问在该情境下测试使用的预期有益影响是什么？所做决策的预期有益影响又是什么？

参考作答1

某课程对有意选修该课程的学生设置了一定的准入标准，即学生的大学英语四级考试分数必须达到 500 分及以上。在该情境下，大学英语四级考试就是被使用的测试，基于大学英语四级考试分数判断学生能否选修这门课程就是要做的决策。下面列表说明测试使用和基于测试所做决策的预期有益影响。

表 9.2 测试使用和决策的预期有益影响

利益相关者	测试使用的有益影响	基于测试所做的决策	决策的预期有益影响
学生	有意选修该课程的学生会努力提高自己的英语语言能力，以期自己的语言能力达到准入标准	大学英语四级考试成绩达到 500 分及以上者允许选修该课程。	与英语水平相当且都较好的同学一起学习，更有动力，用英语交流、沟通也更顺畅；课程学习不会感觉到太大的压力
教师	学生英语语言能力相对比较一致，有利于组织和开展教学活动		课程教学的"两性一度"（高阶性、创新性和挑战度）得以落实

参考作答2

1. 所使用的测试：新学期第一次课的随堂书面测试。以针对大学一年级学生"英语听力 I"课程为例：书面测试的难度与题型以大学英语四级考试听力部分为参照，内容包括短篇新闻、长对话和篇章理解。测试结束，请课程助教课后完成批改，并提交测试分析报告。

2. 该测试使用的预期有益影响：

（1）教师：教师对全班同学进行英语听力能力摸底，粗略了解全班听力水平。根据对学生听力能力的了解，有针对性地调整教学内容，设置不同类别的作业，要求学生按照自己的水平选择合适的类别完成，以满足不同水平学生的个性化需求。基础不好的同学（只有老师和学生自己知道）可以先做基础类作业，同时鼓励他们在有进步的情况下再挑战中、高级，循序渐进。

（2）学生：学生明确测试的目的，根据测试成绩反思自己的强项和不足，在后续学习中开展更有针对性的学习。

（3）课程：有目标、有步骤、有系统地进行，促进教师与学生的融合，提高整个课程的效率。

3. 所做决策的有益影响：

（1）根据错误率找到今后教学内容的侧重点，方便后续教学的调整；

（2）按听力基础对学生进行分类（基础、中级、高级），针对不同的水平设计不同的练习和作业；

（3）关注基础较弱的学生，为他们组建学习共同体，让学生感受到来自老师的关爱，来自共同体互助互学的力量，从而提高学习积极性。

2. 请浏览专著所附项目，并特别关注测试使用和所做决策的影响之间的区别。回想你熟悉的一个测试情境，在该情境下，（a）测试使用的预期有益影响是什么？（b）所做决策的预期有益影响是什么？

参考作答1

为说明测评使用和基于测评所做决策的有益影响，我们首先要界定直接利益相关者以及基于测试所做的决策，在此基础上，才能清楚地展示预期的有益影响。下面以每年一度的全国大学生英语竞赛（National English Competition for College Students, 简称 NECCS）为例。

表 9.3　NECCS 测试使用和决策的预期有益影响

利益相关者	测试使用的有益影响	基于测试所做的决策	基于测试所做决策的有益影响
学生	● 学生的语言能力在备赛过程中得到了提高 ● 成绩优异的学生在比赛中脱颖而出，英语学习的动力更强，信心更足	获奖学生可以得到物质和精神奖励，在评优评先活动中可以获得加分	更多优秀学生愿意参加竞赛，愿意为竞赛而努力，最终语言能力得到提升

续表

利益相关者	测试使用的有益影响	基于测试所做的决策	基于测试所做决策的有益影响
指导老师	● 发现尖子生，实施有针对性的教学和指导 ● 提高竞赛辅导能力	如有学生获奖，指导老师也可获得相应的物质和精神奖励	为自己的职业生涯加分
外国语学院	● 发现优秀学生，发掘优秀教师 ● 提升教学质量	获奖学生多，学院在学校会更受重视，学校会给予学院更大力度的支持	学院得到学校足够的重视，在物质和精神上得到支持，学院的实力（教学，竞赛等）会得到提升
学校	● 检验对外语教学投入的成效 ● 提升学校声誉	每年的大英赛决赛会以学校为单位评出各种等级的奖项	学校因连续数年获得省团体一等奖，声誉得到提升，吸引更多优秀师生加盟
主办方	了解高校英语教学成果	给优秀学生、优秀院校物质和精神奖励。	竞赛的影响力会越来越大

参考作答 2

我阅读了第 2 个项目 "Project 2 University ESL reading test for making placement/exemption decision"，发现构建"影响"这一主张时，作者先提出主张 1（测试使用的影响和所作决策的影响是有益的），明确"利益相关者"的涵盖范围，然后详细阐述影响主张的有两类理据：一类与测试使用产生的影响有关；一类与决策所产生的影响有关。

拟分析的测试：大学英语四级考试（大规模、高风险考试）

利益相关者：a. 参加大学英语四级考试的全国考生

　　　　　　b. 全国从事大学英语教学的英语教师

　　　　　　c. 各高校双语授课或全英文授课的专业课教师

　　　　　　d. 大学英语四级考试全国各院校考点的组织和实施人员

　　　　　　e. 对英语有要求的各行业用人单位

　　　　　　f. 各配套辅导和模拟试卷出版商和培训机构

　　　　　　……（此处不一一列出间接的利益相关者如考生父母等）

理据：大学英语四级考试使用的影响

　　A1. 大学英语四级考试对非英语专业大学生、大学英语教师、大学专业课教师等人员和各考点等部门的影响都是有益的；

　　A2. 大学英语四级考试成绩查询要求考生登录教育部考试中心指定网站（中

国教育考试网和中国高等教育学生信息网），用个人姓名和身份证信息登录查询，分数仅考生可见，保护了考生隐私，这对考生的影响是有益的；

A3. 大学英语四级考试成绩单包括听力、阅读、写作和翻译四个单项成绩和总成绩。成绩单上分数报道采用标准相关参照方式，不设及格线，分数可解释性强（参见大学英语四、六级考试标准相关的官网的"分数解释"）。

A4. 大学英语成绩可在网页查询，考试成绩在考试结束后两个月左右会发布，纸质版证书及时制作并邮寄至各院校考点，学生可自行领取；

A5. 大学英语四、六级考试促使全国各高等院校及有关教育主管部门重视大学英语教学，调动了师生的积极性，有力地推动了大学英语教学指南的贯彻实施，促进了我国大学英语教学水平的提高（杨惠中，2003）。

理据：基于大学英语四级考试所做决策的影响？

B1. 大学英语四级考试结果对广大考生有益；高分考生可以得到英语水平的证明，低分考生可以借此了解自己的不足，继而明白自己努力的方向，提高英语水平；

B2. 大学英语四级考试结果对全国从事大学英语教学的教师有益；教师通过了解学校整体的考试结果，分析和总结教学效果，及时调整教学策略，以最佳的方式满足学生的学习需求；

B3. 大学英语考试结果对学校双语或全英文授课的专业课任课教师有益；教师可以根据整体情况对教学语言做出符合学生水平的调整；

B4. 大学英语四级考试结果对各院校的考务水平，各院校的英语教学能起到积极的影响。

3. 请回想你熟悉的一个测试开发情境。在该情境下，测试开发根本没有考虑测试的影响，即测试开发只考虑了各种任务，影响只在测试之后才想到。这种测试开发方法可能会导致什么问题？

参考作答 1

以某校"大学英语 I"课程期末考试改革为例。在"产出导向法"思想指导下，课程组认为在期末考试试卷中应该对加大产出能力的考核。于是决定削减阅读理解在试卷中的占比，加大写作的题量和分值。写作部分从原来的一个写作任务改为两个。以全国大学生英语竞赛的作文标准和形式命制、要求写一篇 80 字以上的应用文和一篇 150 字以上的议论文。当时测试开发只考虑测试理念是对的，没有考虑这样做的影响。后来的实际测试结果表明这种不考虑影响（更准确的表述应该是没有根据学生的实际情况，即没有考虑清楚对最为直接的利益相关者的可能影响）的测试开发对学生有不利的影响。很多学生都没能完成写作，导致如果按评分标准评阅试卷，很多学生都不能及格。对于学业成就考试而非选拔性考试而言，大部分学生不及格说明试卷难度过大。最后为了平衡，只能采取折中的办法，就是作文评分尽量宽松，平时分（形成性评价）尽量多给。但从专业测试的角度来说，该测试已经失去了意义，效度和公平性都大打折扣。

参考作答 2

测试名称：大学英语卓越班选拔考试（口语＋笔试）

预期影响：选拔出优秀的学生参加特色班（雅思、托福为主）的学习。但由于最初没有充分考虑相应的后果，如参加此类课程的学生成绩计算问题，由于此类课程难度更大，这些学生的期末考试成绩可能反而不如普通班的学生，影响到他们的综合测评、评优评先等。而学生就业的时候，很多用人单位可能对此并不了解，从而导致实际水平本来比较高的学生反而被淘汰。出现问题之后再去调整就比较被动，如果提前考虑充分，就不会出现这种情况。

4. 请回想您熟悉的一个测试使用情境，如果您要在该情境下论证测试使用，谁将是 AUA 和支撑证据的受众？在 AUA 建构过程中你会如何考虑该类受众？

参考作答 1

下面以全国大学生英语竞赛 (NECCS) 的合理性（效度）论证为例，说明在 AUA 构建过程中如何考虑 AUA 和支撑证据的受众。在此，假设所要构建的

AUA 的受众是学生，我认为需要从以下几点来考虑：

（1）使用 NECCS 竞赛对学生来说是有益的。根据我们的经验，参加竞赛的学生在备赛过程中英语语言能力都有不同程度的提升；

（2）大英赛初赛成绩（分数）是保密的，只会通知到学生本人，尊重学生的隐私。这样没有考好的学生也不会觉得自尊心受到打击，还可能会"知耻而后勇"；如果学生对成绩有异议，可以联系考试组织负责人要求复议；出于公平性要求，充分保护了考生的权益；

（3）考试分数会以清晰且可理解的方式呈现给学生。分数作为对考试的一种反馈，必须做到对考生来说尽可能相关、完整和有意义；

（4）考试分数一般会在考试过后 1-2 天就会通知到学生，让学生及时了解自己的考试结果，以便基于考试结果及时做出相关决策，有益影响不会被过分拖延，导致学生焦虑。如果进入决赛，学生要继续准备；

（5）竞赛能促进学生的有效学习。以赛促学，让学生在做中学，是促进有效学习的有效手段。

参考作答 2

大学英语四级考试的受众（受众是根据专著 p.160 对受众的解读来界定的）：

（1）测试开发者和决策者——大学英语四、六级考试委员会；

（2）测试使用者——参加大学英语四级考试的全国考生及其他相关人员，如大学英语教师、大学专业课教师等；

（3）其他间接受考试影响的人员如考生父母、招聘单位等。

针对不同的受众，大学英语四级考试论证框架中的主张、理据和反驳是相同的，但在表达形式上可根据受众的不同理解水平予以调整，如语言是否对于大多数受众易读易懂。同时，可根据受众的不同需求，提供恰当的解释和支撑材料。

5. 请回想你熟悉的一个测试使用情境，并列举该情境下的主要利益相关者。

参考作答 1

如练习 2 所述，全国大学生英语竞赛（NECCS）的主要利益相关者有：

（1）学生；

（2）指导老师；

（3）外国语学院；

（4）学校；

（5）主办方。

参考作答 2

测试使用情境：大学英语四级考试

主要利益相关者：

（1）参加大学英语四级考试的全国考生；

（2）全国从事大学英语教学的英语教师；

（3）各高校双语授课或全英文授课的专业课教师；

（4）大学英语四级考试全国各院校考点的组织和实施人员。

6. 请想想你熟悉的一个测试使用情境，在该情境下，采取了什么措施来确保对每个考生的测试记录保密？你能想到在什么情境下不需要考虑这个理据吗？（可能是低风险，测评与教学界限模糊的情境。）

参考作答 1

（1）以大学英语四、六级考试为例。学生成绩的报告是在考试结束之后两个月左右可以在网上查询。只有考生本人，或考生委托的查询人才能查询到考试成绩（因为查询需要准考证号、密码等信息）。如果某个机构或组织要获取考生成绩以做决策，必须在现有法律、法规和规章制度允许范围内获得。

（2）平时的课堂小测验是不需要这一理据的。小测验的目的是诊断学习情况，以对教学做出合理的调整。教师不会对单个学生的测验结果进行打分或口头评价。在这种情况下，测评也是一种学习，即 assessment as learning。

参考作答 2

　　雅思考试的成绩也是对他人保密的。考生在考试结束后 10 个工作日就可凭 NEEA 用户 ID 和密码登录查询。此外，官方还会寄送一份纸质成绩报告给考生。如果考生有要寄送成绩报告给其他利益相关者的需求，可以在官网提出申请。

　　个人认为低风险的形成性测试，如单元测试或阶段性考试都不需要考虑这个理据。

7. 请回想你熟悉的一个测试使用情境，在该情境下，测试报告是如何呈现给利益相关者的？你能使用理据 3 来论证这一方式的合理性吗？为什么可以或为什么不可以？

参考作答 1

　　理据 3 的通用表述为：Assessment report is presented in ways that are clear and understandable to all stakeholder groups (p.190)，即 "测试报告以清晰且能为利益相关群体理解的方式呈现"。

　　以雅思考试为例。测试报告既可以在网上直接查询，英国教育文化处也会以直接邮寄的方式将成绩报告寄送到考生指定的地点。

　　雅思测试报告包括分数，即听、读、写、说四个分项分和总分（最高为 9 分），也包括对各等级分的语言描述，后者清楚地解释了每个分数所代表的考生所具备的语言能力。因此，雅思测试报告呈现方式的合理性是可以用 Warrant 3 来论证的，即测试报告是以清晰且可理解的方式呈现给考生的。

参考作答 2

　　以某校期末考试为例。该考试的测试报告可以由受试本人通过个人专属账号和密码进行查询获取（此种学习报告一般包括详细的各课程得分情况，但是一般没有描述说明）。这种呈现方式可以用理据 3 来论证其合理性：首先，学生熟悉测试成绩查询方式；其次，测试成绩呈现非常清晰，平时成绩和期末成绩分值和比例一目了然，对学生这一最为直接的利益相关者而言是清晰且可理解的。

但有些情境下，测试报告的呈现方式也存在不足之处，比如，教师资格证面试成绩，测试报告只会呈现该考生的个人信息以及"合格"或者"不合格"，用理据 3 来论证该测评报告就存在不妥，因为该测评报告并未清晰地展示考生的最终成绩，只显示结果，对考生个人能力的解释性不足。

8. 请回想一个测试使用情境，在该情境下，测试的使用或所做决策没能促进更好的教学实践和有效的学习。为什么会出现这种情况？

参考作答 1

还是以练习 3 中所列的"大学英语读写 I"期末测试为例，使用该测试并不会促进良好的教学实践和有效的学习。

因为该测试本身在开发阶段就没有很好地考虑利益相关者的实际情况，没有考虑测试可能会产生的不利影响，而在试卷评阅阶段也没有严格按照评分标准去评阅，各个教师对作文评分标准的把握存在不一致的问题，所以测试的公平性、构念的相关性以及测评记录的一致性等都没有保证，不能完全反映教学的真实情况，基于分数所做的决策是否有益也受到质疑。所以很难说对教与学有促进作用。

参考作答 2

拟分析的测试：基于 iTEST 测试平台的大学英语听力无纸化考试。

不利影响：

（1）系统自带的题型并不能完全满足本校需求，需要教师自建考试题库，而导入试题部分不够灵活，需按照给的模板样式进行导入，难免造成考试与课程教学内容的脱节；

（2）有时会由于计算机教室设备不良导致考试不顺利，如部分学生在考试前更换座位而对其情绪和状态造成影响，情况严重的会导致考试不及格，从而影响学生对该课程学习的积极性。

9. 请回想一个你熟悉的测试使用情境，描述错误的肯定和错误的否定

分类错误，并列举这些错误可能导致的不利影响。发现错误后可能采取什么措施使不利影响最小化？

参考作答 1

某校大学英语分层教学并不会在新生入学之后进行分级测试，而只是按照学生的专业，分为涉外类（从大学英语教程 3 开始学），非涉外类（从大学英语 1 开始学）和艺术类（从大学英语预备级开始学）。虽然大部分学生的英语语言能力可以按专业来划分，因为我校对涉外类专业学生的高考英语成绩是有一个分数要求的，但不难发现这种粗糙的分级方法有时候会是一种分类错误。

（1）错误的肯定。英语语言能力并不像高考分数所表征的具有较高的语言能力的学生直接进入涉外类外语学习；

（2）错误的否定。英语语言能力很好的学生只因没有选择涉外专业或没能被涉外专业录取，需要从预备级或 1 级开始学习。

这些分类错误可能产生的不利影响见表 9.4。

表 9.4 分类错误的不利影响

分类错误	不利影响
错误的肯定	●学生觉得学习压力过大，较难跟上教学进度、挫败感增强，学业测试成绩分数不理想，严重的可能导致要重修，甚至因英语学科成绩达不到毕业要求而无法毕业。
	●英语课程教师因为学生跟不上课程进度，无法完成教学任务，教学工作、教学活动难以开展，向学院抱怨分班错误的严重后果。
错误的否定	●学生觉得课程教学内容过于简单，认为课程学习是在浪费时间；严重的可能慢慢养成懒散的英语学习态度，英语语言能力退化。
	●教师觉得很难设计课程教学内容，无法兼顾，有时还会遭到学生投诉，认为教师没有考虑这些学生的需求。

要使因分班（级）错误可能带来的不利影响最小化，我们可以采取以下措施：

（1）确认如果发生分班（级）错误，可能会产生哪些不利影响；

（2）确定要如何做才能使分班错误的不利影响最小化；比如可以在新生开学后前几周内，允许学生申请到更高一个层级或更低一个层次的大学英语课程去学习，学分不变；

（3）明确要使分班错误的不利影响最小化需要什么资源，比如谁负责这项工作、由谁负责处理学生的申请事宜、多长时间内可以申请、申请在多长时间内得到回复、学生要到哪里申请等。

参考作答 2

测试名称：大学英语卓越班选拔考试（口语＋笔试）

预期影响：选拔出语言能力突出的学生参加特色班（雅思、托福为主）的学习。但是由于一次性的笔试和口试存在一定偶然性，如试题的信度和效度，试题的内容和主题，学生考试的状态，施考的条件等可能导致某些事实上并不具备相应能力的学生被"选入"相应课程进行学习，即发生了"错误的肯定"（false positive）。但是学生在学习过程中非常痛苦，甚至出现"挂科"现象；也有一部分学生考试当天受各种因素影响，出现异常状况而被"卓越班"拒之门外，即发生了"错误的否定"（false negative）。为此，学校特制定相关政策，允许相应学生在一定时间一定范围内流动，纠正相应错误，最大限度降低其带来的不利影响。

9.3　补充思考题及参考作答

1. 请用自己的语言概括第 9 章，然后对照专著"导读"中的第 9 章，对比两者的异同。

参考作答 1

表 9.5 我对第九章的概括与"导读"的概括对比（1）

我的概括	"导读"中对第 9 章的概括
本章详细论述了 AUA 框架中的第一个主张（Claim1）的构建：测试使用和基于测试所做决策的影响对利益相关者是有益的。重点讨论了有关影响的"主张""理据"和"反驳"的构建 / 阐述方法。 作者用 Project 1 和 Project 2 两个例子说明如何把通用模式具体化。以 AUA 构建的前 4 个指导性问题为线索，逐步阐述。每个问题先展现"主张"和"理据"的通用版，然后呈现两个例子的具体改造版。在呈现主张和每个理据之后，都有一个"讨论"部分，对主张和理据进行详细的解释，同时提出反驳，以及削弱反驳的证据。	第 9-12 章分别讨论了 AUA 框架中有关"影响""决策""解释""测试记录"主张、理据及反驳的构建方法。这 4 章的内容结构高度一致。首先，每章呈现第 8 章提出的 AUA 构建指引问题；然后重申第 8 章提出的 AUA 通用版本；随后，作者以利害程度不同的两个语言测试项目作为经典案例（即配套的前两个测试项目）分别对 AUA 的通用版本进行改造。 本章重点讨论了 AUA 框架中有关"影响"的主张、理由和反驳的构建方法。强调有关"影响"的主张，应考虑两类因素：一、测试的使用和所做的决策应为测试"相关人员"（利益攸关者）带来哪些"有益"（beneficial）影响；二、明确"相关人员"的涵盖范围。支撑影响主张的理由有两类：一类与测试使用所产生的影响有关；一类与决策制定所产生的影响有关。作者以本书所附的前两个语言测试项目为例，对影响主张的两类理由分别进行了说明，并讨论了影响主张的潜在反驳。此外，作者还列举了测试设计和开发的过程中收集证据的方法，包括支持理由的证据，以及削弱反驳的证据。
相同点：都对基本内容和写作结构进行了总结和提炼。	
不同点：导读先对 9-12 章的共同论述模式进行了一个概括，然后再介绍了第 9 章的主要内容。相对于我的概括，作者的更详细一点；此外我在阅读过程中忽略了专著中在"讨论"部分还对证据收集的方法进行了举例，所以在我的概括中没有提到这一点。	

参考答案 2

表 9.6 我对第九章的概括与"导读"的概括对比（2）

"导读"中对第 9 章的概括	我对第 9 章的概括
第 9 章首先呈现第 8 章提出的 AUA 构建指引问题；然后重申第 8 章提出的 AUA 通用版本；随后，作者以利害程度不同的两个语言测试项目作为经典案例分别对 AUA 的通用版本进行改造。 本章重点讨论了 AUA 框架中有关"影响"的主张、理由和反驳的构建方法。强调有关"影响"的主张，应考虑两类因素：一、测试的使用和所做的决策应为测试"相关人员"带来哪些有益的影响；二、明确"相关人员"的涵盖范围。支撑影响主张的理由有两类：一类是与测试使用所产生的影响相关；一类与决策指定所产生的影响有关。作者以本书所附的前两个语言测	本章讨论了 AUA 框架中测试使用和所做决策的预期影响的具体主张和理据构建过程。通过项目 1 和项目 2 两个具体实例，展示了如何把一个通用的 AUA 框架根据具体项目进行改造。围绕构建论证框架（第 8 章表 8.2）的第 1-4 个问题，从两个层面进行讨论：一是从测试设计和开发程序上进行支撑；二是就 AUA 的"影响"部分和相关议题展开讨论，诠释了表述主张和理据的过程，回答了指导性问题。 本章的阅读方式：可回顾第 7 章

续表

"导读"中对第9章的概括	我对第9章的概括
试项目为例,对影响主张的两类理由分别进行了说明,并讨论了影响主张的潜在反驳。此外,作者还列举了测试设计和开发过程中手机证据的方法,包括支持理由的证据,以及削弱反驳的证据。	解项目1和2中两个测试的情境和初划;回顾第8章关于构建通用版AUA框架的要素(主张、理据、反驳)。第9章围绕构建论证框架的第1-4个问题进行阐释和讨论。
差距:导读部分逻辑清晰,阐述了全章的主要内容和重点内容,本章两个例子的作用,最后还提及了其他内容,真正发挥了"引导阅读"的作用。我自己的梳理在以下三个方面存在着很大差距:(1)对整章内容的全局把握;(2)导读行文的逻辑性;(3)学术语言的精炼和准确性。	

2. 请整合全章内容,用两个表将本章的两个例子分开呈现,涵盖问题、主张、理据和反驳,请凸显出你认为最重要的内容。

参考作答

表 9.7　大学项目"影响"的构建

问题		答案(主张、理由、反驳的构建)
1. 使用本语言测试和基于语言测试做决策的预期影响是什么?谁将受益?	主张 1	使用阅读测试以及依据测试所做的分级/免修决策对考生、ESL 阅读课程教师、ESL 项目主管以及可能在教学班里遇到 ESL 学生的学术课程教师都是有益的。
2. 如何确保测试使用对每一个受影响的利益相关群体都有益?	理据 A	A1:使用阅读测试对考生、ESL 阅读课程教师、ESL 项目主管以及可能在教学班里遇到 ESL 学生的学术课程教师都有益。
		A2:测试报告,包括(1)阅读测试分数;(2)依据测试分数做出的分级决策,都是保密的。
		A3:测试报告,包括(1)阅读测试分数;(2)依据测试分数做出的分级决策以清晰且可理解的方式呈现给学生。
		A4:ESL 项目主管及时向考生和经授权的大学院系分发成绩报告,以便其做出预期决策。
		A5:阅读测试通过把测试任务说明与学生要修读的 ESL 阅读课程的表现目标相关联,有助于促进良好的教学实践和有效的学习。

问题		答案（主张、理由、反驳的构建）
3. 如何确保基于测试所做的决策对每一个受影响的利益相关群体都有益？	理由 B	B1：分级／免修决策将对学生产生有益的影响。
		B2：分级和免修的决策将对 ESL 阅读课教师产生有益的影响。
		B3：分级和免修的决策将对大学学术课程教师产生有益的影响。
		B4：分级和免修的决策将对 ESL 项目管理人员产生有益的影响。
4. 错误的肯定和错误的否定分类错误可能会产生何种不利影响？如何减少这些可能的不利影响？	反驳	错误地肯定分类错误 应该修读ESL课程的学生被豁免对他们会产生不利影响。学生觉得学习压力过大，挫败感增强，很难跟上教学进度，学术课程考试分数不理想，严重的可能导致退学。学术课程教师也可能会因为学生跟不上课程阅读任务而倍感沮丧，并可能向 ESL 项目管理人员投诉。
		错误地否定分类错误 不需要修读 ESL 课程的学生因测试被分到 ESL 阅读课程也会对他们产生不利影响。学生觉得课程教学内容过于简单，认为课程学习是在浪费时间和金钱，对课程感到厌烦；还会因为修读 ESL 课程而耽误其修读学术课程，导致延迟拿到学位。
	减小不利影响的方法	让学术课程教师知悉 ESL 阅读课程的存在，留意有阅读困难的学生，如果发现存在有阅读困难的学生，及时建议学生考虑修读 ESL 阅读课程。 ESL 阅读课教师应在教学第一周就留意因分级错误而修读 ESL 课程的学生，并就学生阅读能力收集更多信息，向 ESL 项目主管建议免除该类学生修读课程的要求。

表 9.8　幼儿园项目"影响"的构建

问题		答案（主张、理由、反驳的构建）
使用本语言测试和基于语言测试做决策的预期影响是什么？谁将受益？	主张 1	使用记录清单和教师为提高教学质量所做的形成性决策对学生（受试），幼儿园教师以及其他将教这些学生的一年级教师都有益。
如何确保测试使用对每一个受影响的利益相关群体都有益？	理由 A	A1：使用记录清单对学生（受试）、幼儿园教师、和可能在一年级教这些学生的教师都有益。
		A2：教师的记录清单对学生保密。
		A3：可能有助于学生学习的记录清单中的信息以清晰且可理解的方式呈现给学生。
		A4：不需要向利益相关者及时报告测评记录，因为教师不会向任何人发布清单。
		A5：记录清单的使用将有助于提高教师的教学实践水平和帮助学生进行有效学习。

续表

问题	答案（主张、理由、反驳的构建）	
如何确保基于测试所做的决策对每一个受影响的利益相关群体都有益？	理由 B	B1：幼儿园教师教学实践的改变将对教师本人的影响是有益的。
		B2：幼儿园教师教学实践的改变将对他的学生产生有益的影响；
		B3：幼儿园教师教学实践的改变，以及学习前读写技能的学习将对可能在一年级教这些学生阅读的教师有有益的影响。
错误的肯定和错误的否定分类错误可能会产生何种不利影响？如何减少这些可能的不利影响？	没有反驳，因为不会依据学生的测试结果分类。使用测评所做的决策只是根据形成性测评的反馈调整教学。	

3. 请模拟本章的四个问题，回答你参加《语言测评实践：现实世界中的测试开发与使用论证》这部专著导读对你和相关人员的影响。

参考作答 1

在回答本章的四个问题之前，先明确一下我参加这次专著导读可能直接受影响的利益相关者以及我基于导读结果要做的决策：

（1）利益相关者：我本人；我的孩子；我的家人；我的工作单位；我的学生以及导读专家。

（2）决策：通过参加这次导读，我从中感受到了阅读文献、专著的乐趣；认识到了理论如果能跟实践紧密结合，并不像我们想的那么枯燥，知识的迁移能力有助于加深对问题的理解，而且对我们的生活、工作都有指导意义。因此，基于这次导读结果我会做出如下决策：专著导读结束之后，我会继续坚持阅读文献和学术专著，一直努力和进步！

表 9.9　"2020 我们一起学测试"专著导读对我和相关人员的影响（1）

问题 1： 参加这次导读以及基于导读结果所做的决策会有何有益影响？何人将从这些影响中受益？ 主张 1： 参加这次导读以及基于导读结果所做的决策将对我本人、我的孩子、我的家庭、工作单位、我的学生以及导读专家都会产生有益的影响。 问题 2：

如何确保参加这次导读活动对每一个受影响的利益相关者都是有益的？

理据 A1：

参加这次导读将对我本人，我的孩子，我的家庭、工作单位、我的学生和导读专家辜向东老师都是有益的。

理据 A2-A4：

不需要。因为导读活动完全是出于自我发展的需要自愿参加的，没有测试，没有成绩报告。

理据 A5：

参加这次导读活动有助于导读专家摸索更好的人才培养模式，也有助于我自己更有效地掌握学术规范，提升学术能力，培养学术毅力。

问题 3：

如何确保基于导读所做的决策将对受影响的每一个利益相关者都是有益的？

理据 B1：

我的坚持、努力和进步对我本人是有益的；

理据 B2：

我的坚持、努力和进步为我的孩子树立了一个好榜样，对她的自律性的培养有有益的影响；

理据 B3：

我的坚持、努力和进步对我的整个家庭（核心家庭及大家庭）都是有益的，起到一个积极进取、努力奋斗的示范作用；

理据 B4：

我的坚持、努力和进步对我的单位会有有益的影响，可能会带动身边的同事一起努力，还可能因我的努力从教学和科研两个方面为学院贡献一份自己的力量；

理据 B5：

"学高为师，身正为范"，我的坚持、努力和进步会对我的学生产生有益的影响；

理据 B6：

我的坚持、努力和进步对导读专家的影响也是有益的，她会认识到这种人才培养模式的有效性和意义，从而把这种模式进行推广。

问题 4：

参加这次导读以及基于导读所做的决策可能带来何种不利影响？如何减小这种不利影响？

反驳：

因为参加导读，没有时间做家务、陪家人，可能会引发家庭矛盾；小孩可能会放任自流；导读专家花了大量心血引导我，但因为自己资质有限，几年都出不了成果，导致导读专家对自己培养模式的否定；我自己也最终放弃。

减少可能的不利影响的方法：

1. 家务事请人做，每天抽出 1 个小时的时间辅导孩子，陪家人聊天、散步；
2. 坚持不懈，朝着一个方向努力，出成绩应该是早晚的事。

参考作答 2

改造的问题 1-4：

1. 通过参加专著导读和尽可能深度参与完成作答所做决策会有何有益的预期影响？谁是利益相关者？谁将直接受此影响？

2. 如何确保参加专著导读对于每个利益相关者的影响都是有益的？

3.如何确保深度参与完成作答的决策对于每个利益相关者的影响都是有益的?

4.参加专著导读可能有何不利影响? 如何尽可能避免和减少这些不利影响?

表 9.10 "2020 我们一起学测试"专著导读对我和相关人员的影响(2)

影响:主张1:参加专著导读和所做决策对利益相关者的影响是有益的。
利益相关者:我本人;我的家人:父母、爱人和孩子们;我的亲戚、朋友和同事;我的学生。
理据:参加专著导读的影响是有益的。
A1.参加专著导读对我个人、我的家人、亲戚、朋友、同事、学生等相关人员的影响都是有益的;
A2.导读过程中,导读专家的引领和鼓励、学友们的分享和交流对本人克服阅读语言测试专著中的困难是有益的;
A3.导读过程中,导读专家和学友们克服实际困难(带娃加班等),坚持完成任务的精神对本人走出假期舒适区有极大的驱动作用;
A4.参与导读,本人对教学、科研和生活的态度发生了积极的变化,对今后的生活和教研的影响是有益的;
理据:专著学习过程中,深度参与完成作答的决策的影响是有益的。
B1.深度参与完成作答的决策对本人阅读、理解、掌握专著内容是有益的;同时,参与作答有助于知识的内化,迁移或者联想,能有效检查对每章主要内容的掌握和运用程度;
B2.深度参与完成作答的决策更加有助于自己融入学习共同体,参与讨论和分享,对于提高学习效率是有益的;
B3.在作答过程中会发现自己在语言测试的基础概念、学术语言表达能力、逻辑和阐述问题等方面存在着严重的不足,明确了今后的自我学习和提升的方向;
B4.深度参与完成作答的决策促使自己有效解决生活中的困难,抽离家庭琐事,学会平衡家庭、工作和学习,从而影响家人和朋友,实现自我价值。
反驳:参加专著导读可能带来不利影响。
任务多,影响作答质量;熬夜,对身体不好;没有时间陪伴家人。
解决方案:
1.作答实际上也是语言使用和语言能力的具体体现。根据自身特质,运用认知策略,逐渐总结出作答的具体策略。对于不是很理解的知识点和题目要重点备注,不钻牛角尖,及时与学友交流等。
2.时间管理。充分利用好白天的碎片时间,提高学习效率;在身体允许的范围,可适当延长晚上的学习时间。
3.学会放手,提高亲子陪伴质量。受导读专家教两孙女儿背唐诗的启发,我在陪伴小宝时也开始增加唐诗,英语单词的互动,同时也用 Excel 表格记录下来作为"learning evidence",下次可以把小朋友背诵唐诗的视频播给小宝看,让她也有个"学习共同体",坚持下去;上小学的老大这段时间刚好有校外培训课,以前都是我陪着去和回,今年尝试着让他自己乘坐地铁或公交去上课,锻炼孩子的独立能力,也为自己赢得时间。
4.当然,安排往往没有变化快,孩子们时不时想妈妈多陪陪他们,特别是小宝,正处于非常黏人的阶段。正如导读专家所言,几乎每天都在挣扎怎么平衡。如果今天陪了孩子,那导读的欠账就更多了,不由自主焦虑,觉得其他学友怎么那么强大,为什么我克服不了困难,等等。

10 The decisions to be made on the basis of language assessments
第十章 基于语言测试所做的决策

10.1 章节目录

1. 思维导图呈现本章目录

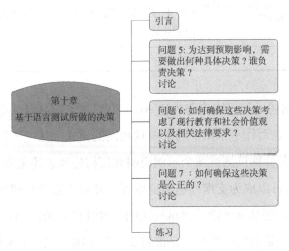

图 10.1 第十章目录思维导图

2. 表格呈现本章目录

表 10.1　第十章表格目录

10 The decisions to be made on the basis of language assessments	第十章 基于语言测试所做的决策
INTRODUCTION	10.1 引言
QUESTION 5 "What specific decisions need to be made to promote the intended consequences and who will be responsible for making these decisions?" Discussion: types of decisions	10.2 问题 5：为达到预期影响，需要做出何种具体决策？谁负责决策？ 讨论：决策类型
QUESTIONS 6 "How can we assure that these decisions take into consideration existing educational and societal values and relevant legal requirements?" Discussion	10.3 问题 6：如何确保这些决策考虑了现行教育和社会价值观以及相关法律要求？ 讨论
QUESTION 7 "How can we assure that these decisions will be equitable?" Discussion	10.4 问题 7：如何确保这些决策是公正的？ 讨论
EXERCISES	练习

　　本章围绕 3 个问题阐述了如何构建和表述 AUA 中"基于语言测试所做的决策"这一主张及其理据。在写作上采用了与上一章相同的模式，从主张到理据，并用幼儿园及大学分班/免修阅读测试两个示例说明如何构建和表述主张和理据，如何搜集证据，哪些素材可以成为支撑理据的证据等，并对主张及其理据进行了讨论，以帮助读者更好地理解如何才能使测试使用的合理性得到论证。在构建"决策"主张时要明确三点：一是做何决策？二是谁将受决策影响？三是谁来做决策。

10.2　原著思考题及参考作答

1. 请回想你熟悉的一个语言测试情境，请列举在基于测试所做决策方面考虑的教育价值观，有什么应该考虑而被忽略了的价值观吗？

参考作答 1

以某校"大学英语 I"课程某学期期末测试开发为例，在初步规划阶段，课程组决定开发新的测试；在设计阶段，决定以"产出导向法"为测试开发的指导理念，加大写作在测试中的比例；然后进入实施阶段：试题命制。在这个过程中，考虑了以下几个方面的教育价值观：

（1）教师的教育价值观；

（2）教学督导的教育价值观；

（3）学院领导的教育价值观；

（4）中国英语教学界的教育价值观。

然而，该测试却没有考虑到测试中最关键的利益相关群体——学生（受试）的价值观。导致最后测试结果非常不如人意。

参考作答 2

考试名称：大学英语入学分班考试

教育价值观：通过分班考试把学生按不同的英语语言水平划分到不同级别的英语学习班级。该测试涉及考生、教师和学校教学管理部门。测试充分考虑了学校教学管理部门的实际情况和相关规定，以及可能会出现的错误的肯定和错误的否定分类错误可能带来的不利影响以及相应的弥补措施。但是，本测试没有划定统一的分数线，也没有征求学生的意见和建议，只是在测试后按照学生人数比例来划定级别，最后导致分类错误。

2. 请想想在你的国家基于测试做决策时必须考虑的法律要求：你熟悉任何使这些要求为公众所意识到的法律事件吗？

参考作答

《中华人民共和国考试法》《中华人民共和国教育法》《中华人民共和国高等教育自学考试条例》《中华人民共和国考试违规处罚条例》以及 2015 年 11

月 1 日起施行的《刑法修正案（九）》增设刑法第二百八十四条之一，规定了组织考试作弊罪、非法出售、提供试题、答案罪和代替考试罪。这些都是我国基于测试做决策时要考虑的法律要求。根据最高人民法院的统计，自《刑法修正案（九）》施行以来，截至 2019 年 7 月，全国法院审理考试作弊刑事案件 1734 件，判决 3724 人；其中，组织考试作弊刑事案件 951 件，2251 人，非法出售、提供试题、答案刑事案件 117 件，205 人，代替考试刑事案件 666 件，1268 人。通过这些审判实例，公众越来越多地了解了相应法律法规的存在。

3. 你是否在一个需要对学生做出"过"与"不过"决策的机构工作？如果是，你在决策时想到了哪些教育价值观？

参考作答

　　是的。在大学里，很多时候就是要依据测评给学生做出"过"或"不过"的决策。在做决策时，主要是考虑课程标准，学生是否达到课程标准规定的最低要求，如果达不到，就过不了，达到了，还可分为"优秀""良好""中"以及"及格"四个等级。在大学里，是否达到课程标准通常由两类评价方式构成，一类是形成性评价，一类是终结性评价。不管是形成性评价还是终结性评价，测评手段都是多样化的。比如，终结性评价结果可以以测试的形式，也可以是课程论文的形式，还可以是课程实践作业。同时，还要考虑一般情况下终结性测试都是学业水平考试，考察的是学生对知识的掌握程度，而不是选拔性考试，所以命题会考虑大部分学生的学习情况，以让大部分学生能够顺利通过考试。此外，还会根据教学理念的变化来决定测评的方式。

4. 在你的国家使用测试做决策时，你是否意识到所考虑的社会价值观？具体是什么？这些价值观非常稳定，还是往往会随着时间的推移而改变？你希望在未来这些价值观如何改变？

参考作答 1

对于这个问题的回答，我们首先要清楚什么是社会价值观（societal values）。杨中芳（1994）指出，社会价值观是"隐含在一套社会结构及制度之内的一套价值，这套价值的持有使现有的社会架构得以保持。社会制度在这里包括社会化、社会控制、社会规范及社会奖惩等。它通过规范、价值、惩罚等，给个人带来外在压力，也通过社会价值的内化，给个人带来就范的压力"。根据这个定义，我认为自己还是意识到了使用测试做决策时考虑了社会价值观。比如高考录取决策中的加分项就体现了决策时对社会价值观的考虑。

- 边疆、山区、牧区、少数民族聚居地区少数民族考生可享受高考加分，这实际上是社会价值观中公平性的体现；
- 烈士子女可享受高考加分体现社会对英烈的追思和对英雄精神的崇尚；
- 作弊入刑体现了国家和社会对损害高考公平性和破坏社会诚信的严惩。

这些价值观在短期内是比较稳定的，不会发生太大的改变。但随着时间的推移，有些价值观会发生变化。如2020年新冠疫情中涌现出了很多舍己为人的医护工作者，个别省份为了颂扬他们的精神就出台相关政策，即日后可以为他们子女的求学提供照顾。但我们需要辩证地看待这些因考虑价值观的变化而做出的政策改变，一方面它确实体现了社会价值观，另一方面也可能会被个别别有用心的家长所利用。

参考作答2

以大学毕业证与大学英语四、六级考试成绩挂钩为例。最初没有大学英语四、六级考试的时候没有此项要求，后来有了此项考试，社会上一些公司和企业就要求学生用四级或六级考试成绩来证明自己的英语语言能力。所以，为了满足这种社会需求，有些学校就把获取相应英语等级证书或大学英语四、六级考试成绩达到某个分数与学生毕业证挂钩。但是，随着社会的发展变化，社会对人才的外语要求也发生了变化，比如现在有的单位要求雅思成绩或者国才考试证书，所以学校有些政策也随之调整。学校培养人才的最终目的是走向社会、服务社会、满足社会的需求，所以依据社会价值观的变化采取一定的相应政策，也是情理之中。随着社会的发展，未来的社会价值观应该会在更大程度上体现对测试公平性、测试与社会需求和期待之间的匹配上。

5. 你曾经在不同的两个国家的教育情境下使用过测试吗？如果使用过，在基于语言测试做决策时所考虑的文化和教育价值观有何不同？你是否从经验中了解过这些差异？

参考作答

如果把我 2016 年申请到国外大学访学时提交的雅思考试成绩看作是在不同的国家教育情境下使用测试的话，那就可以说我曾经在两个不同国家的教育情境下使用过测试。

在国内，我用这个测试做决策时主要考虑的文化和教育价值观是：学校对这一测试所体现的综合语言能力（体现在听、说、读、写语言使用活动中）的认可、我自己对自己综合语言能力的认识、我的学生对我的综合语言能力的认可。

但在申请国外大学访学时，更多考虑的是他们看到我的雅思考试成绩时可能主要会考虑我的口语和写作能力，所以主要是看口语和写作成绩，因为那将决定我能否在目标院校开展正常的学术交流活动。

事实证明，我对这种差异的认识是正确的。这种文化和教育价值观差异主要是由利益相关群体对考生的不同期待带来的。

6. 请浏览网页上的相关项目，列举一些基于语言测试所做的不同决策，并说明你曾经使用语言测试做过何种决策。

参考作答

基于测试所做的决策因测试目的不同而不同，即使是同一个测试，不同的测试使用者也可能会依据测试做出不同的决策。现列表把 16 个项目中使用测试要做的最主要的决策列举如下。

表 10.2　网页上的 16 个项目所做的不同决策

项目	决策
项目 1	为教学做形成性决策，以便及时调整教学实践，促进良好的教学和有效的学习。（教学）
项目 2	学生需要修读 ESL 阅读课程或免除学生修读 ESL 课程；（分级） 调整 ESL 阅读课程的教学。（项目）
项目 3	学生能否升入高一级的口语课程；（升级） 调整教学活动，聚焦口语；（教学） 调整教学风格、重点和活动；（教学） 修改教学大纲；（教学） 维持现有教师队伍或调整现有教师队伍。（教师的去留与升职）
项目 4	申请者能否被雇用；（选拔） 被雇佣者是否需要接受额外的 ESP 课程以胜任工作。（分类）
项目 5	选定的教学内容要给予额外的教学指导；（分类） 往前推进教学，进入下一个教学内容；（进展） 如果需要的话，修改课程结构（教学大纲、教案等）；（教学） 修改学习和实践模式，关注写作中的语法结构。（教学）
项目 6	教师改变教学方式；（教学） 学生调整学习策略。（教学）
项目 7	学生能否通过文法编辑考试。（进展）
项目 8	学生进入哪个层级的大学写作课程。（分级）
项目 9	撰写研究结果，并向专业期刊投稿；（教学） 接受或拒绝投稿；（教学） 继续设计更为复杂的研究项目和测试。（进展）
项目 10	ITA 是否有充分的语言能力胜任英语教学。（证书）
项目 11	学生是否需要修读 EFL 课程，是否能胜任英语专业的学习；（分类） 学生需要修读哪个级别的 EFL 课程；（分级） 学生是否通过 EFL 课程的学习。（进展）
项目 12	学生应该在哪个层次学习；（分级） 学生能否通过考试，能否拿到获得证书。（证书）
项目 13	是否录用；（选拔） 录用，但需要进行额外的 ESP 培训；（分类） 录用，不需要额外的 ESP 培训或带薪在岗进行 ESP 培训。（分类）
项目 14	非英语母语者向教师提出请求时是否会使用恰当的策略。（研究）
项目 15	为学生选择适合自己语言能力的口语课程。（分级）
项目 16	为需要额外辅导的 ELLs 分派教师；（教学） 哪些学生需要额外的辅导。（分类）

本人在教授雅思课程的时候，根据学生的雅思成绩做过不同的决策，比如：

（1）学生能否申请某个大学；

（2）学生是否需要接受额外的雅思单项辅导；

（3）学院的中外合作研究生预科课程该如何设置。

7. 请浏览网页上的 Project 11，该项目使用了多个测试以做出多种决策。你熟悉需要做出相似决策的语言教学项目吗？如果熟悉，这些项目基于测试做出了何种决策？这些决策是以何种方式做出的？

参考作答

我在国外访学的时候了解到访学院校的学术英语课程项目就是一个多测试、多决策的语言教学项目。被该大学录取的研究生，如果雅思成绩总分达到 6.5 以上，且写作也在 6.5 以上是可以免修学术英语课程的。但如果总分在 6.5 以下，就要求注册学术英语课程的学习。但学术英语课程也分很多级别和类别，听、说、读、写课程都有。学校要求学生根据自己的雅思考试总分和分项分选择合适的学术课程。学生修读这些课程后 8-12 周不等需要参加考试，如果考试通过，则可以修读更高级别的课程，如果通不过，还需要重修。

8. 请回想你熟悉的一个测试使用情境，在该情境下，需要根据分数线来给学生分类。请描述该情境下错误的肯定和错误的否定决策。哪种分类决策错误的后果最严重：是错误的肯定还是错误的否定？有没有采取任何措施减少严重的分类错误的可能性？如果有，是什么措施？

参考作答 1

以高考成绩的使用为例。某校对报考涉外类专业的考生的英语成绩有一个划定的分数线：110 分，以确保学生的语言能力能够胜任专业学习。但在教学中会发现，有些学生是"错误的肯定"分类错误的受害者，他们跟不上涉外专业大学英语课程的节奏，学习全英文授课的专业课程很艰难，导致多个科目不及格，影响毕业。而有些英语成绩很好的学生因为报的是非涉外类专业，要从大学英语 I 开始学习，觉得课程内容太简单，同伴的语言水平跟他们相差太远，上课实在浪费时间，这是错误的否定分类错误。相对来说，错误的肯定比错误的否定分类错误要更严重，最严重的结果是学生因英语成绩毕不了业。

学校对这些可能的分类错误也有一定的补救措施。比如：

（1）在大一下学期有转专业考试，英语成绩好的学生可以通过考试转到对外语能力要求比较高的专业；英语成绩不好的学生可以转到对外语要求一般的专业。本人曾经教过一个从国际学院转到普通本科专业的学生，他转专业的原因就是因为英语语言能力胜任不了国际学院的学业要求；

（2）学校提供了很多基础性的英语选修课程供学生选修，比如专门的语法课程，语音课程等，以提高其英语语言能力；

（3）对英语不及格的学生提供重修的机会。

个人认为，可以通过适当提高对报考涉外类专业学生的语言能力要求，即适当提高涉外类专业对高考英语分数的要求来减少分类错误。根据现实情况，110 分的考分并不能代表较高的英语语言能力，读原版的教科书是有困难的。

参考作答 2

大学英语四、六级考试目前虽然不划及格分数线，但大纲有明确表述：考生的四级笔试成绩达到 425 分及以上，表明其语言能力已达到《大学英语教学指南》中"基础目标"所设定的教学要求；考生的六级笔试成绩达到 425 分及以上，表明其语言能力已达到《大学英语教学指南》中"提高目标"所设定的教学要求。因此，学校及用人单位普遍认为 425 分是一个及格分数线，并据此来确定学生的英语水平。学生、教师、学校和用人单位等会根据不同的分数做出不同的决策。

但是不排除某些同学出现一次性考试失常或超常发挥的可能性。超常发挥的学生成绩属于错误的肯定，他们会无法适应与实际能力水平要求相关的工作；一次性考试失常的学生成绩属于错误的否定。至于哪种错误更严重，需要根据影响和后果来判断，不可一概而论。一般错误的肯定分类错误要比错误的否定分类错误后果严重。为了最小化这种可能的错误分类后果，现在的很多考试都可以一年多考。客观而言，"一年多考"有利有弊，前面的章节也有提及。受试可以选择他们的最高成绩作为评价其语言能力的依据。

9. 请回想一个用测试对考生做决策的情境，在该情境下，在多大程度上采取了措施来确保测试决策的公正性？请用公平性理据 B1-B3 来论证这些决策的公正性？

参考作答

我们用形成性评估和终结性评估相结合的方式来做出学生某门课程"过"与"不过"的决策。对于该决策的公正性，我们可以用"决策"部分的理据 B1-B3 来论证。

理据 B1：决定所有学生是"过"还是"不过"，教师只会使用统一的分数（60 分）来衡量，不会考虑其他因素；

理据 B2：所有学生都了解这一标准，并且教师也清楚地向学生展示决策确实是依据这一标准做出的；

理据 B3：对于学业水平考试，所有的学生都有同等的机会提高所要测评的能力。

10.3　补充思考题及参考作答

1. 请用自己的语言概括第 10 章，然后对照"导读"中的第 10 章，对比两者的异同。

参考作答1

表 10.3　我对第十章的概括与"导读"的概括对比

我的概括	导读中的概括
本章详细论述了如何构建AUA的第二个主张:决策,即基于对语言测试记录的解读所做的决策考虑了现有教育、社会价值观以及相关的法律法规,并且对受决策影响的所有利益相关者都是公正的。 　　为了更好地帮助读者理解这一主张和用以详细阐述这一主张的属性的理据(价值观敏感性和公平性)、依据等,作者仍然是通过AUA构建的引导性问题(3个),用幼儿园和大学分班/免修测试两个例子来说明如何构建,如何收集证据等。 　　对主张和理据的阐述遵循问题—主张或理据—讨论的顺序。对主张和每一条理据都是先呈现通用版,再呈现具体项目的改造版,一步一步引领读者理解如何构建这一主张及其理据。	本章讨论了AUA框架中与"决策"有关的主张、理由的构建方法。构建与"决策"有关的主张,应阐明以下三个方面:一、明确决策的具体内容;二、明确受决策影响的相关人员;三、明确决策制定者。支撑"决策"主张的理由包括两类:一类与"价值观"有关,也就是说,决策制定应考虑教育和社会大环境,要符合法律和测试使用机构的要求,与价值体系相吻合(values sensitivity);另一类与"公平性"(equitability)有关,这里所说的"公平性"尤其针对考生,如对考生的分类必须科学、公允。作者以网页上配套的前两个测试项目为例,详细讨论了如何依照现实情况,改造通用版AUA框架中有关"决策"的主张和理由。
相同点:都概括了主要内容是什么。	
不同点:我的概括更宏观,导读的概括更具体,特别是对两类理据有比较细致的总结。	

参考作答2

我的概括:

　　本章主要内容是有关AUA框架中与"决策"有关的主张和理据的构建,通过幼儿园和大学两个案例来具体呈现该过程。主张包括具体的决策内容、受决策影响的利益相关者以及负责做决策的人。与该主张相关的理由包括价值敏感性和公正性。价值敏感性要求做决策时审慎并批判性地考虑现有教育和社会价值观以及相关的法律要求;在决定错误的肯定和错误的否定分类错误的相对严重性时,仔细并批判性地考虑现行教育和社会价值观以及相关的法律要求;划定分数线以把最严重的分类错误影响最小化为原则。公平性要求受试只根据分数线和决策规则进行分类,不考虑其他;受试和所有其他受影响的利益相关者都充分了解决策的过程以及决策是否是按照向他们描述的方式做出的;对于学业水平和证书决策,受试有平等的机会学习或者获得要测试的能力。

导读概括：

参见上表。

两者的相同之处：两者包含的主要内容基本相同，都包括本章主要内容、主张和两大理据，以及案例。

两者的不同之处：我自己的总结主要以文中的主要内容翻译为主，导读内容更多的是一种总结概括，是对原文的重新概括整合。

我个人第十章的总结，借鉴了第九章的导读总结，现在又发现导读的概括与第九章的模式有所不同，所以个人的总结需要继续提升。

2. 请整合全章内容，用两个表将本章的两个例子分开呈现，涵盖问题、主张、理据和反驳，请凸显出你认为最重要的内容。

参考作答

表 10.4　幼儿园项目"决策"主张的构建

问题		答案（主张、理据的构建）
需要做出何种具体决策以达成预期影响？决策制定者是谁？	主张 2	基于解读所做决策考虑了现行教育和社会价值观，以及相关的法律法规，且对受决策影响的利益相关者都是公正的。
如何确保决策考虑了现有教育和社会价值观及相关法律要求？	理据 A	A1：在根据需要更改教学实践时审慎考虑了幼儿园教师及其同事的相关教育价值观。
		A2：不需要。因为不会根据测评将学生分类。
		A3：不需要。因为不会根据测评将学生分类，教师也不会以分数的形式来获得测评信息。
如何确保决策的公平性？	理据 B	B1：不需要。因为主要的决策是老师做出的教学决策，学生不会根据测评分类。
		B2：不需要。因为决策只是关乎教师使用的教学任务，不针对学生。
		B3：不需要。没有关于学业和证书的决策，只是做出用以支持教学的形成性决策。

表 10.5 大学项目"决策"主张的构建

问题		答案（主张、理据的构建）
需要做出何种具体决策以达成预期影响？决策制定者是谁？	主张 1	学生应该修读还是免修 ESL 阅读课程的决策反映了相关的现行教育和社会价值观，以及相关的大学规章制度；决策对需要修读或免修的学生都是公正的。以上决策是由 ESL 项目主管做出的。
如何确保决策考虑了现行教育和社会价值观及相关法律要求？	理据 A	A1：在做出学生是该修读还是免修决策时审慎考虑了大学群体的教育和社会价值观，以及大学本身作为一个机构的相关法律要求。
		A2：在确认错误地肯定和错误地否定分类错误的相对严重性时审慎考虑了教师、学术课程教师的现行教育价值观，以及相关的大学规章制度。
		A3： ●政策层面的标准设定程序：免修 ESL 阅读课程的标准是由 ESL 课程主管与 ESL 阅读课程教师和学术课程教师协商后设定的； ●ESL 阅读课程免修标准：学生必须展示他们对入门性学术文本有相应的修辞组构知识，这些知识足以使他们成功地参与入门级的学术课程。
如何确保决策的公平性？	理据 B	B1：ESL 阅读测试的分数是给全体考生分类的唯一标准，不考虑其他因素。
		B2：受试、ESL 阅读课教师及其他大学群体内的个人都充分了解决策程序并知悉决策是完全按照程序做出的。
		B3：不需要。因为不会根据该测试做出进度或证书方面的决策。唯一的决策是"修读"或"免修"。

3. 请模拟本章的三个问题，回答你参加《语言测评实践：现实世界中的测试开发与使用论证》这部专著导读决定的主张及理据。

参考作答1

表 10.6　参加"我们一起学测试"专著导读决定的主张和理据

问题5： 需要做出何种具体决策以达成预期影响？决策制定者是谁？ 主张2： 参加导读的决定考虑了现行教育和社会价值观，学校的相关规章制度以及家庭价值观。决定是由我本人做出的。 问题6： 如何确保决策考虑了现行教育和社会价值观及相关法律要求？ 理据A1： 在做出参加导读决定时审慎考虑了现行教育和社会价值观，学校的相关规章制度以及家庭价值观。 理据A2： 在确认参加导读可能的决策错误时仔细考虑了我本人、家人以及现行教育和社会价值观，以及学校的规章制度。 理据A3： 为最小化参加导读可能的决策错误，我给自己做了合理的工作安排。 ●强度以自己觉得压力不会过大为底线，不做过分超过自己能力的要求； ●尽量每次保质保量完成阅读任务和思考题作答，以使自己更有前进的动力； ●不急功近利，心态平和，以学生的身份定位自己在导读中的角色。 问题7： 如何确保决策的公正性？ 理据B1： 只以是否充实、是否有进步来衡量参加导读的决策是否正确，不以其他任何因素衡量。 理据B2： 家人等利益相关者都清楚我的决定是如何做出的。 理据B3： 不需要。参加导读并非出于学业或证书的考虑。

参考作答2

主张："2020我们一次学测试"专著导读决策由专家发起，考虑了现行教育和社会价值观以及现行的法律、法规，对所有受决策影响的利益相关者来说都是公正的。

理据A1：在做出导读决定时考虑了现行教育和社会价值观以及现行法律、法规和制度以及导读老师和学员的层次、时间、需求等。

由于本导读不涉及分类和分数线，理据A2和理据A3在这里不作考虑。

理据B1：由于本导读不涉及分类，此理据在此不作考虑。

理据B2：所有参与人员充分了解导读决策的过程，也了解决策是按照我们了解的决策程序做出的。

理据B3：本导读不涉及学业和证书决策，此理据在此不作考虑。

11 Interpretations
第十一章　解释

11.1　章节目录

1. 思维导图呈现本章目录

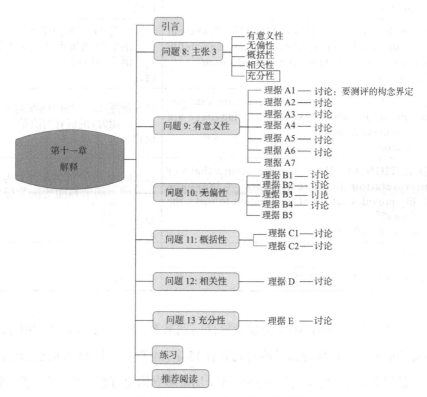

图 11.1　第十一章目录思维导图

（注：本章内容较多，层级标题比较复杂。为帮助读者快速了解本章的主要内容和写作框架，思维导图没有完全按照专著上问题的表述方式来制作，而是对问题进行了提炼，这样的呈现形式更简洁，也更符合思维导图的设计思想。）

2. 表格呈现本章目录

表 11.1　第十一章表格目录

11 Interpretation	第十一章 解释
Introduction	11.1 引言
QUESTION 8 "What do we need to know about the test takers' language ability in order to make the intended decisions?	11.2 问题 8：为做出预期决策，需要了解考生哪方面的语言能力？
QUESTION 9 "How can we assure that the interpretations of language ability are *meaningful*? Discussion: defining the construct to be assessed	11.3 问题 9：如何确保对语言能力的解释是有意义的？ 讨论：界定测评构念
QUESTION 10 "How can we assure that the interpretations of ability are *impartial* for all groups of stakeholders?" Discussion	11.4 问题 10 如何确保对语言能力的解释对所有利益相关群体都是无偏的？ 讨论
QUESTION 11 GENERALIZABILITY "How can we assure that the interpretation of language ability *generalizes* to the TLU domain of the decision?" Discussion	11.5 问题 11 "如何确保对语言能力的解释能概推到决策所涉目标语言使用域？" 讨论
QUESTION 12 "How can we assure that our interpretations about text takers' language are *relevant* to the decision?" Discussion	11.6 问题 12 "如何确保对考生语言（能力）的解释与决策相关？" 讨论
QUESTION 13 "How can we assure that our interpretation about test takers's language ability provides sufficient information to make the decisions?" Discussion: sufficiency	11.7 问题 13 "如何确保对考生语言能力的解释能为决策提供充分信息？" 讨论：充分性
EXERCISES	练习
SUGGESTED READINGS	推荐阅读

　　从本章所涉及的 AUA 构建指导性问题来看，解释在 AUA 框架中占据非常重要的地位。AUA 构建指导性问题共有 15 个，本章有 6 个 AUA 构建指导性问题，一个是用来指导"解释"这一主张，5 个用来指导构建有意义性、公平性、概括性、相关性和充分性理据。每个理据又分成若干个方面，其中有意义性有 7 个方面，无偏性有 5 个方面，内容非常庞杂。这也说明在测试效度论证中，对考生任务作答表现的正确解读至关重要。

从理据 A1 的篇幅（整整 12 页）很容易看出测评构念界定的多样性和复杂性，以及测评构念界定在测试开发和测试使用中的重要性。

值得注意的是本章提供了推荐阅读，可能说明本章的内容仅看书上较难吸收，如果能进行补充阅读会有助于理解。

11.2 原著思考题及参考作答

1. 请在网上找一些语言测试的测试指南。找出指南中的测试构念定义，并从参照体系、策略能力的角色、话题知识的角色、任务表现以及语言"技能"等方面来描述这些定义。

参考作答 1

表 11.2 三项不同测试的构念定义分类比较

测试 构念	大学英语四、六级	高考英语科考试	剑桥通用 5 级考试 B1 青少版（B1）Preliminary for Schools)
定义	英语综合运用能力	语言知识和语言运用	阅读简单的教材和文章；就日常生活主题写信和邮件；理解事实信息，意识到口语和书面语中的观点和情绪。
参照体系	大学英语教学指南	普通高等学校招生全国统一考试大纲（英语）	CEFR B1
策略能力的角色	没有作为单独的构念列出，但在"考核的技能"和"要求"部分提到了策略能力。	在"语言运用"部分详细地列出了听、说、读、写要能做到的目标，这些目标也是认知策略的体现。	没有单列
话题知识的角色	没有单独列为考试构念，但在"考试介绍"部分陈述了"……所设计的背景知识为考生所了解或已在语料中提供。"	在"语言知识"部分明确提出了要求掌握并能运用所学功能意念和话题。附录 4 详细列出了话题。	单列为测试构念（24 个日常话题）

续表

测试 构念	大学英语四、六级	高考英语科考试	剑桥通用5级考试B1青少版（B1）Preliminary for Schools)
任务表现	在"试卷构成"部分有介绍各种任务；在作文、翻译和口语评分标准部分有详细的任务表现说明。	"语言应用"部分有"考生应能"表述，但对TLU域没有说明。	每个部分都有详细的评分标准，但对TLU域没有说明。
语言 "技能"	听、说、读、写、译	听、说、读、写	听、说、读、写

参考作答2

表11.3　大学英语六级考试和雅思考试（学术类）的构念定义分类对比

测试 构念	大学英语六级考试	雅思考试（学术类）
参照体系	策略能力的角色	策略能力的角色
策略能力 的角色	在"考核的技能和要求"部分对听、说、读、写、译的策略使用做了要求： 运用合适的听力策略帮助理解；运用合适的阅读策略帮助理解；运用合适的写作策略帮助表达；运用合适的翻译策略帮助表达；运用合适的口头表达和交流策略帮助表达。	在题型介绍中有一些策略能力的描述，如： **阅读：**应仔细阅读题目的指示和说明，这些信息会告诉你在哪里寻找答案、需要如何回答问题以及答题字数的限定。进行跳读、扫读练习……将关键词和词组用下划线标记出来，并注意题目中的关键词与文中关键词的联系……
主题知识 的角色	**听力：**能听懂就熟悉话题展开的多话轮英语会话；能听懂语速中等、题材熟悉、篇幅较长的英语广播；能听懂语速中等、题材熟悉的讲话、报道和内容浅显的学术讲座。 **阅读：**读懂一般性题材的英语报刊文章和其他英语材料；能阅读题材较熟悉的学术文章。 **写作：**能用英语就一般性的主题发表个人观点；能描述图表和图画；能根据提纲、图表或图画等提示信息作较为深入的讨论、解释和说明。 **口语：**能用英语就一般性话题进行比较深入的多话轮交谈。 **翻译：**能将题材熟悉、语言难度中等的汉语段落译成英语段落的内容涉及中国的文化、历史及社会发展。	**听力：**社会生活：双向交流的谈话；具有交流目的的独白；教育和培训：2-4人在学术环境下的讨论以及在学术环境下的独白。 **阅读：**阅读考试中所出现的文章是由真实的文章改写而成的……与考生未来在大学课程中阅读到的文章极为相似。文章的内容包含即将学习本科、研究生课程或进行职业注册的考生所感兴趣的、与其认知程度相符的常见话题。 **写作：**作文内容是学术性的，因此考生应该运用正规的学术写作、议论性的文体。 **口语：**在"简介以及问答部分"考官会就考生熟悉的话题（如朋友、兴趣习惯或者食物）进行询问……

测试构念	大学英语六级考试	雅思考试（学术类）
任务表现	**写作**：提示形式包括提纲、情景、图画或图表等，每次考试采用其中的一种形式。要求考生根据所规定的题目及所给出的提示写出一篇短文，长度不少于 150 词，不超过 200 词。 **听力**：由长对话、听力篇章和讲话/报道/讲座构成。试题采用选择题（单选题）题型。录音材料用标准的英式或美式英语朗读，语速约为每分钟 140-160 词。 **阅读**：由词汇理解（1 篇）、长篇阅读（1 篇）和仔细阅读（2 篇）构成。词汇理解的篇章长度为 250-300 词；长篇阅读的篇章长度约 1200 词；仔细阅读篇章长度为 400-450 词。	**写作**：总共用时 60 分钟，考生需完成两篇作文的写作要求。作文一会给出一些视觉性的信息，如一个或多个互相关联的图表、图解或表格，考生需对这些信息或数据进行描述……文章字数不能少于 150 字，建议考生用 20 分钟完成。作文二会给出一个看法、问题或议题，考生需就此进行论述。根据不同的情况，考生可能需要针对问题提出解决方法、论述和证明一个看法、对比和对照论据或看法，或者评价和反驳一个论点或观点。文章字数不能少于 250 字，建议考生用 40 分钟完成。 **听力**：听力考试分为四个部分，每个部分有 10 道题，每题 1 分。问题的排列顺序和答案在听力材料中出现的顺序一致……考生应在播放听力材料的时候把答案写在问卷中。在听力材料播放完毕后考生有 10 分钟的时间把答案转抄到答题卡上。每段听力材料只播放一次，材料中会出现多种不同的英语口音，包括英式、澳洲式、新西兰式和美式。主要的题型有：完成填表/记笔记/流程图/总结；选择题；填空题；完成句子；为图表、计划或地图进行标记；分类；配对。
任务表现	**翻译**：一个或几个汉语段落，不含生僻的专业词汇或习语。试题内容的难度略高于四级。要求考生在规定的时间内将汉语段落译成英语； **口试**：采用计算机化考试形式。模拟考官将试题呈现在计算机屏幕上，试题材料采用文字或画面提示（图画、图表、照片等）。考生由计算机系统随机编排为两人一组。考生在计算机上进行考生与模拟考官、考生与考生之间的互动。	**阅读**：共有三篇文章，考生需要回答 40 道题目。每一篇文章需要回答的问题数量并不相同。每一道问题相对应一个分数。文章内容和题目均出现于试卷中。共 10 种题型：选择；填空；完成句子；完成笔记、总结、表格或流程图；对图表进行标记；为段落或文章的部分选择相对应的小标题；寻找信息；寻找作者观点、论点或文章中的具体信息；分类；配对。 **口试**：雅思考试口语部分通过考生与考官之间进行一对一交流的形式对考生的英语口语水平进行考查。考官将在口语考试全程对考生表现进行评分。口语考试分为三个部分，考生可以使用不同的口语表达技能。雅思考试口语部分将被录音。

续表

测试构念	大学英语六级考试	雅思考试（学术类）
"技能"构念	概括而言为听说读写译，每一项技能下又考查了相关的子技能，如： **听力**：考核学生获取口头信息的能力，包括理解主旨大意、重要事实和细节、隐含意义，判断话语的交际功能、说话人的观点、态度等； **阅读**：考核学生通过阅读获取书面信息的能力，包括理解主旨大意、重要事实和细节、隐含意义，判断作者的观点、态度等； **写作**：考核学生就熟悉的话题和情景用英语进行书面表达的能力，要求考生在规定的时间内根据所给提示用英语写出一篇短文； **翻译**：考核学生运用恰当的翻译策略和语言知识将主题熟悉、内容浅显、意思完整的汉语段落用英语表达出来的能力； **口语**：考核学生就熟悉的话题用英语进行口头表达与交流的能力。	**听力**：理解和记录特定的事实性信息；理解涉及语义猜测的对话，理解特定的信息、态度和发言者的看法。 **写作**：作文一考查的是考生在图表或表格中选择最重要和最相关的信息，并对这些信息进行清晰描述的能力，考官将对考生组织这些信息的能力以及语言使用的准确性进行评分。作文二考察的是考生对一个论点进行论述、并提供清晰的论据或举例支持论点的能力。 **口语**：考生就日常性的观点和信息、常见的生活经历或情形以回答问题的形式进行交流的能力；考生（在没有任何其它提示的情况下）就一个特定的话题进行较长时间的陈述能力，考查考生是否能恰当地运用语言、是否能连贯地组织自己的观点。考生表达和论述看法、分析、讨论以及深入思考问题的能力。

2. 请回想你开发过或使用过的一些测试，从参照体系、策略能力的角色、话题知识的角色、任务表现以及语言"技能"等方面来描述这些定义。

参考作答1

下面以本人所任教课程"跨文化商务沟通"期末测评为例来描述测试的构念定义。

表 11.4 "跨文化商务沟通"课程期末测试构念描述

整体测试构念	运用课程所学理论知识进行跨文化访谈，并对访谈进行反思。
参照体系	"跨文化商务沟通"教学大纲。
策略能力的角色	单列为测试构念，表述为"能根据所学跨文化理论规划访谈提纲，确定访谈话题，设定访谈目标；在访谈过程中能根据对方的反应做出评价并及时调整情绪和话题。"

整体测试构念	运用课程所学理论知识进行跨文化访谈，并对访谈进行反思。
话题知识的作用	单列为测试构念，表述为"选择至少三个与课程理论知识相关的话题进行采访。"
任务表现	在跨文化交际情境中恰当运用跨文化理论引导和指导跨文化实践。
语言"技能"	互动技能（听、说）、书面表达技能。

参考作答 2

表 11.5 "美国历史"与"英国历史"测试构念描述

测试考量	美国历史笔试	英国历史口试
参照体系	"美国历史"课程教学大纲。	"英国历史"课程教学大纲。
策略能力的角色	未界定为独立的构念。	未界定为独立的构念。
话题知识的角色	判断对错、选择、专有名词、写作均考察话题知识，有明确的独立分数。	专有名词翻译、话题论述均考察话题知识，有明确的独立分数。
任务表现	未界定为独立的构念。	未界定为独立的构念。
技能作为构念	阅读和写作（写作分项给分，内容即话题知识，有独立分数）。	口语表达。

3. 请浏览网页上示例项目中的构念定义，并按照练习 1 的形式界定这些构念定义。

参考作答 1

表 11.6 网页上 16 个项目的构念定义

项目	构念定义	参照体系	策略能力的角色	话题知识的角色	任务表现	语言技能
1	字母构造；印刷体概念；口语	教学大纲	没有单列	没有单列	没有单列	说、写
2	多层次书面文本的篇章组织结构知识	需求分析	没有单列	没有单列	没有单列	读

续表

项目	构念定义	参照体系	策略能力的角色	话题知识的角色	任务表现	语言技能
3	字母;话语;词汇和句型	课程大纲	单列:话语组织	没有单列	自然、流畅、有创造性;说满规定时间	说
4	语法和相关标点符号知识;词汇知识;篇章组织结构和衔接知识;语域知识;话题知识	需求分析	没有单列	单列:处理电话公司客户投诉的程序性知识。	处理电话或书面投诉,给同事写备忘录、写商务信函和通过通信(讯)解决问题	写
5	语法形式;关联标点符号	ESP 课程大纲	没有单列	没有单列	语言教学域:ESP 课程;现实生活目标语言使用域:本地电话公司客服部	写
6	词汇和语法形式知识	教学大纲和教材	没有单列	没有单列	语言教学域:德语 101;现实生活使用域:旅游时能顺利用德语交流	说
7	10 个语言编辑点知识	语法—编辑课程大纲	没有单列	没有单列	对语法和标点符号进行编辑	写
8	语法和标点符号知识;词汇知识;篇章组织结构知识	需求分析	没有单列	没有单列	ESL 学术写作任务和 UWP 写作课程,入门性大学课堂学术写作	写
9	维持会话的能力;处理交际障碍	语言教学理论	没有单列	没有单列	面对面会话(课堂外与说英语的人闲聊)	说
10	使用美式英语发音进行教学的能力	需求分析	没有单列	没有单列	没有作为测试构念	说

项目	构念定义	参照体系	策略能力的角色	话题知识的角色	任务表现	语言技能
11	多项测试做出多重决策	课程大纲；任务需求分析	没有单列	没有单列	没有作为测试构念	没有单列
12	英语语言能力	语言能力理论和语言学习理论；不同机构的EFL课程内容	没有单列	没有单列	没有作为测试构念	没有单列
13	解读具体的话题信息(包括在正式和非正式语域)；与订宾馆相关的姓名、拼写、数字等；问题解决策略知识(包括提出问题和解决模棱两可性的问题)	需求分析	没有单列	没有单列,与语言能力放在一起作为一个单一的构念	目标语言使用域：宾馆的话务中心,员工负责用英语处理电话预定信息	没有明确地用语言技能作为构念。
14	用电子文本向学术课程教师发出请求的策略	研究结果	作为构念明确单列	没有单列	现实生活中英语本科生向教师发送电子邮件请求	写
15	口语的流利性和发音的准确性	需求分析	没有	没有	没有	说
16	学术英语(语法结构和词汇)	需求分析	没有	没有	没有	写

参考作答 2

表 11.7　网页上 16 个项目的构念定义分类

构念定义的参照体系		策略能力	主题知识	任务表现	"技能"
课程大纲	项目 1、3、5、7、11、12（地方考）				
TLU 任务需求分析	项目 2、4、6、8、10、13、11			项目 14	
语言能力理论	9、12（国考）				

注：

项目 1：幼儿园英语学习者（非母语）口语、写作能力测评

项目 2：大学英语（第二语言）阅读分级 / 免修测试

项目 3：大学初级汉语口语能力测试

项目 4：电话公司招工写作能力测试

项目 5：电话公司员工培训写作能力形成性评测

项目 6：德语课程口语测试

项目 7：英语（第二语言）语法错误校对课程学业测试

项目 8：大学写作课程分级测试

项目 9：口语策略能力测试

项目 10：国际英语教学助理认证口语测试

项目 11：多测试多决策

项目 12：以英语为外语国家中高等教育机构高风险英语能力测试

项目 13：特殊用途英语测试

项目 14：改编现有代码框架，定性分析受试表现，产出报告

项目 15：EFL 会话课程分班考试（选择已有水平测试）

项目 16：选择非测试信息为高中学术英语教学内容做教学决策

4. 请浏览一些纸质测试或网络测试的测试指南，这些指南对观察或引发受试表现（从中可以推测出要测评的构念）的条件有何具体说明？

参考作答1

表 11.8　三种测试对观察或引发受试表现的条件说明

考试	观察或引发受试表现的条件	要测试的构念
大学英语四、六级考试	●在笔试试卷构成部分，考试包括写作、听力理解、阅读理解和翻译，对测试内容、测试题型、题目数量、分值比例和考试时间都有说明，并在试卷分解部分有详尽的阐述。 ●在口语考试部分也详细说明了考试的形式和考试过程，包括有几个部分、每个部分的内容、考试过程和答题时间。 ●对每个部分的评分标准也做了详细的说明。	英语综合运用能力
高考英语	●在语言知识部分，规定了要掌握的语音、词汇、语法以及功能意念和话题等语言知识。 ●在语言运用部分，详细列举了考生在听、说、读、写方面要能达到的能力。	语言知识和语言运用
剑桥通用5级考试B1青少版（B1）（Preliminary for Schools）	●考试说明详细地阐述了考试三个部分的内容：包括试卷结构、题目数量、题源、作答方式、考试时长和分数以及该部分在总分中的占比。 ●考试说明中详细地说明该如何备考以及写作和口语的评分标准等。	理解并完成与青少年年龄特征和知识结构相符的听、说、读、写内容

参考作答2

以雅思（IELTS 学术类）的阅读部分为例。在《雅思考试简介》中明确规定受试将在规定的时间内阅读3篇出自书籍、日志、杂志和报纸中颇受公众关心的学术类话题原文，并且完成40道题目，题目类型包括：多项选择、判断正误（正确/错误/没有提供答案）、判断作者的观点/声明（是/否/没有提供答案）、标题匹配、特征匹配、句子结束语匹配、完成句子、完成概述、完成注释、完成图表、完成流程图、完成图中标记、简短回答。这些说明都有助于观察和诱发受试表现。

5. 请回想一下你开发过或使用过的一项测试。整理每一条可用于详细阐述这一测试使用有意义性的理据，并评价每一条理据在何种程度上可用于论证该测试使用的合理性。你找到了可能让你对解读的有意义性产生质疑的问题吗？

参考作答1

以本人所教课程"跨文化商务沟通"期末测试为例,后面的6-9题也以该测试为例来解答。对理据在何种程度上可用于论证该测试使用的合理性这一问题的作答,我以李克特5级量表来衡量(4代表非常有力的论证,3代表较有力的论证,2代表一般,1代表不是很能论证,0代表不能论证)。

表11.9 "跨文化商务沟通"有意义理据对该测试使用合理性论证的支撑作用

7个理据	理据构建	对该测试使用合理性论证的支撑作用(4-0)
理据A1	要测试的构念:1)跨文化商务沟通理论知识的运用;2)英语语言综合运用能力;3)策略能力。这些构念的界定是基于课程教学大纲做出的,并清楚地区别于其他相关构念,比如定语从句的使用等。	4
理据A2	测试任务说明清楚且详细地规定了学生要从所学理论知识中至少选取三个知识点来规划访谈,并对语言知识的运用提出了一定的要求,包括语音、词汇、衔接、会话组织和篇章组构及语用等方面。此外,还要求灵活运用元认知策略来管理访谈。对提交的大作业的评分标准进行了详细的说明。教师依据标准进行评分。	2
理据A3	施考程序有助于考生在要测试的能力上发挥出最高水平。因为用作测试的学生期末大作业是在课后完成的,只需要学生根据要求在课后完成并于作业截止日期前完成大作业并提交。测试在真实的、自由放松的环境下进行。教师根据提交的作业来评分。	4
理据A4	教师的评分聚焦于跨文化商务沟通理论知识的运用、英语语言综合运用能力和策略能力,这些表现与课程大纲的教学目标完全一致。	4
理据A5	测评任务需要用到"跨文化商务沟通理论知识、英语语言综合运用能力和策略能力"。	4
理据A6	教师的评分可以解读为学生对跨文化商务沟通知识的理解和运用能力、英语语言综合语用能力和策略能力的指标。	3
理据A7	以学生能理解的方式清晰地向他们传达要测评的构念。	4

总体而言,这些理据可以用来有力地论证该测试使用的合理性。但对跨文化商务沟通理论知识的运用这一构念提出的测试要求可能会削弱测试表现解释的有意义性。考虑到时间和工作量问题,只要求考生选取三个理论知识点来规划并

实施采访。在此要求下，学生很可能只选取自己很熟悉或理解得比较透彻的三个知识点来做，而其他将近 10 个知识点就被忽略，无法全面反映学生对知识点的掌握情况。但如果是书面测试，学生事先并不知道要测试哪几个知识点，那他们在备考的过程中就会进行全面复习，从而使基于测试表现的解释更有意义。

参考作答 2

表 11.10　"英语听力 1" 有意义理据对该测试使用合理性论证的支撑作用

有意义性理据（A1-A7）	是否有材料能论证 "英语听力 1" 期末测试的有意义性？
A1 构念定义是基于某参考框架，如课程大纲、需求分析、现有研究和 / 或理论；这一构念区别于其他相关的构念。	是，该测试以课程教学大纲为参考框架。
A2 测试任务规范详细地规定了观察或引发考生作答表现的条件。	是，任课教师在课程最后一次课告知学生题型、时间和作答规范。试卷的每题都有答题说明和提示等。
A3 实施测试的流程有助于受测对所测能力发挥出最高水平。	否，测试在阶梯教室中用录音机外放音频，教室空旷有回音，听音效果差，不利于受试发挥最高水平。
A4 测试记录产生过程围绕测试构念相关的作答表现。	否，期末卷面测试只会出分数，且这个分数要乘以 60% 再加上形成性评估 40 分。学生最后看到的分数并不能完全体现书面测试所反映的作答表现。
A5 测试任务需要用到构念定义中界定的能力。	是。
A6 测试记录能作为解读要测试能力的指标。	是。
A7 测试开发者以能被所有利益相关者清晰理解的话语传达要测试的构念。	否，一般命题老师只给出题型、分值和考试时间。

6. 请回想一下你开发或使用过的一项测试。整理每一条可用于详细阐述这一测试使用无偏性的理据，并评价每一条理据在何种程度上可用于论证该测试使用的合理性。你找到了可能让你对解释的无偏性产生质疑的问题吗？

参考作答 1

以本人所教课程"跨文化商务沟通"期末测试为例。对理据在何种程度上可用于论证该测试使用的合理性这一问题的作答，以李克特 5 级量表来衡量（4 代表非常有力的论证，3 代表较有力的论证，2 代表一般，1 代表不是很能论证，0 代表不能论证）。

表 11.11　"跨文化商务沟通"无偏性理据对该测试使用合理性论证的支撑作用

无偏性的 5 个理据	理据构建	对该测试合理性论证的支撑力（4-0）
理据 B1	大作业不包含有对某些学生有利或不利的形式和内容。在学生着手这项测评任务之前，教师给学生提供了往届学生采访的视频范例，同时还提供了大作业的作答范例。作业内容都是基于所学课程设计。	4
理据 B2	大作业不包含有可能冒犯某些学生的内容。大作业是基于教学大纲和课程内容来设计的。跨文化商务沟通的教学目标之一就是要增进文化间的理解，培养包容心态。教学内容不包含有任何可能冒犯他者文化的内容。	4
理据 B3	以学生能理解的方式清晰地向他们描述测试分数的产生程序（评分标准）。	3
理据 B4	●学生有平等的机会了解期末大作业的测评内容及完成方式； ●学生从测评的成本、对测评环境的熟悉度来说有平等的机会完成大作业； ●学生有平等的机会在大作业中展现要测评的能力。	4
理据 B5	对要测评的"跨文化商务理论知识的运用、英语语言综合运用能力和策略能力"的解释对不同的学生群体来说都是同样有意义的。	4

这些理据可以强有力地论证该测试使用的合理性。但理据 B3 可能会削弱测评表现解释的无偏性。因为虽然是以学生能理解的方式清晰地向他们描述了测试的评分标准，但毕竟是主观题，在评分过程中很难确保百分之百的公平，因此实际上解释的公平性也就不能百分之百做到了。

参考作答2

表 11.12 "教学法"无偏性理据对该测试使用合理性论证的支撑作用

无偏性理据（B1-B5）	相关证据支撑
理据 B1 测评任务的作答形式或内容不会对某些考生有利或不利。	符合。所有考生准备的时间和内容相同，考卷的格式和时间也一致。
理据 B2 测评任务从主题、文化或语言上不含有冒犯某些考生的内容。	符合。考试内容不涉及敏感话题。
理据 B3 测评记录产生的程序应以可理解的方式清楚地向所有考生进行描述。	符合。考试时间 2 小时，考试题型固定，有专门的文档解释。
理据 B4 施考各方面均应公正对待每个个体： （a）个体能平等地获得有关测评内容和测评程序的信息，有平等机会准备该测试； （b）就费用，地点以及对条件和设备的熟悉程度而言，个人有平等地参加测评的机会； （c）个体能平等地展示所测评的能力。	符合。所有考生知晓考试题型、内容的时间相同，准备时间相同，有共同的复习资料。考试免费，参考的地点所有考生都熟悉，同时测试结果以考生作答为准，不涉及其他因素。
理据 B5 于不同的考生群体而言，对测评能力的解读同样有意义。	符合。

总体而言，测试是不偏不倚的，但由于分数由多项考核标准组成，同时并未出具测评记录和报告，在这一点上如何保持公平性值得注意。

7. 请回想一下你开发或使用过的一项测试。整理每一条可用于详细阐述这一测试使用的可概推性理据，并评价每一条理据在何种程度上可用于论证该测试使用的合理性。你是否找到可能让你对解释的可概推性产生质疑的问题？

参考作答1

以本人所教课程"跨文化商务沟通"期末测试为例。对理据在何种程度上可用于论证该测试使用的合理性这一问题的作答，以李克特 5 级量表来衡量（4 代表非常有力的论证，3 代表较有力的论证，2 代表一般，1 代表不是很能论证，0 代表不能论证）。

表 11.13 "跨文化商务沟通"可概推性理据对测试使用合理性论证的支撑作用

概推性的 2 个理据	理据构建	对该测试合理性论证的支撑（4-0）
理据 C1	大作业与现实跨文化商务沟通任务在任务环境、任务说明、输入、预期作答反应和输入与预期作答反应的关系上高度一致。	2
理据 C2	对大作业的评价标准与程序与现实生活中跨文化商务沟通场景下的评价高度一致。	2

个人认为这些理据不足以论证该测试使用的合理性。理据 C1 和理据 C2 都可能受到质疑。因为受现实条件的限制，在测评中商务方面的内容被忽略，"商务"特征不突出，测评任务特征与目标语言使用域任务特征以及二者的评价标准匹配度都不是太高。测试重点放在了跨文化知识、英语语言综合运用能力和策略能力上，会导致其可概推性被削弱。

参考作答 2

表 11.14 "教学法"可概推性理据对测试使用合理性论证的支撑作用

概推性理据 (C1-C2)	相关证据支撑
理据 C1 测评任务特征（例如：环境、测试说明、输入、预期作答反应、输入与输出的关系）与目标语言使用域任务特征高度一致。	符合。考试所用材料，例如教案写作的背景知识，以英文呈现，与平时所学的教学法内容紧密相关。
理据 C2 测评任务作答的记录标准和程序与目标语言使用域任务中检测语言表现所用的标准和程序高度一致。	不符合。没有测评记录。

因为是课程考试，考核的形式、内容，所要测试的能力都与"教学法"这一课程的课堂教学任务密切相关。比如教育知识、教案写作的要点等，但是由成绩解释出的学生语言能力并不能在很大程度上概推到实际教学能力上，因此可能受到质疑。

8. 请回想一下你开发或使用过的一项测试。整理每一条可用于详细阐述这一测试使用的相关性理据，并评价每一条理据在何种程度上可用于论证该测试使用的合理性。你是否找到可能让你对解读的相关性产生质疑的问题？

参考作答1

以本人所教课程"跨文化商务沟通"期末测试为例。对理据在何种程度上可用于论证该测试使用的合理性这一问题的作答，以李克特5级量表来衡量（4代表非常有力的论证，3代表较有力的论证，2代表一般，1代表不是很能论证，0代表不能论证）。

表 11.15 "跨文化商务沟通"相关性理据对该测试使用合理性论证的支撑作用

相关性理据	理据构建	对该测试使用合理性论证的支撑（4-0）
理据 D	对1）跨文化商务沟通理论知识的运用；2）英语语言综合运用能力；3）策略能力的解读与教师要做的决策相关。教师要做的决策是通过解读学生在以上3方面的表现，决定学生这门课程"过"或"不过"。	2

这一理据用于论证考试的合理性可能受到质疑，因为"商务"的概念没有完全覆盖，因此在最终科目成绩中要加上形成性测评成绩。

参考作答2

表 11.16 HSK 相关性理据对测试使用合理性论证的支撑作用

相关性理据	是否有材料能论证新汉语水平考试（HSK）与所做决策的相关性？
理据 D 基于测评的解读所提供的信息与决策相关，即解读提供的信息有助于决策者做决策。	是。新汉语水平考试1-2级包括听力和阅读两个部分；3-6级包括听力、阅读、写作三个部分。每个部分的总分100分，每个级别设定通过分数线。新汉语水平等级考试可1）作为到中国高等院校学习专业或报考研究生所要求的实际汉语水平的证明；2）作为汉语水平达到某种等级或免修相应级别汉语课程的证明；3）作为聘用机构判断录用人员汉语水平的依据。

9. 请回想一下你开发或使用过的一项测试。整理每一条可用于详细阐述这一测试使用的充分性理据，并评价每一条理据在何种程度上可用于论证该测试使用的合理性。你是否找到可能让你对解读的充分

性产生质疑的问题？

参考作答 1

以本人所教课程"跨文化商务沟通"期末测试为例。对理据在何种程度上可用于论证该测试使用的合理性这一问题的作答，以李克特 5 级量表来衡量每个理据能在多大程度上论证该测试使用的合理性（4 代表非常有力的论证，3 代表较有力的论证，2 代表一般，1 代表不是很能论证，0 代表不能论证）。

表 11.17 "跨文化商务沟通"充分性理据对该测试使用合理性论证的支撑作用

充分性理据	理据构建	对该测试使用合理性的论证（4-0）
理据 E	基于大作业对学生 1）跨文化商务沟通理论知识的运用；2）英语语言综合运用能力；3）策略能力的解释为做出"过"与"不过"的决策提供充分的信息。	2

这一理据在一般情况下可以用于论证测试使用的合理性。但有些学生可能平时表现很好，但因为在大作业完成期限内遇到其他不可预期的任务，导致其有可能在采访结束之后因为没有充足的时间把作业写好，这样基于其作业表现的解读并不能为决策提供充分信息。此外，对学生做出"过"或"不过"的决策并不完全是基于对期末大作业的表现做出的，平时测验也占总评成绩的 50%。所以，这一理据会在一定程度上受到挑战。

参考作答 2

表 11.18 "教学法"充分性理据对该测试使用合理性论证的支撑作用

充分性理据	相关证据支撑
理据 E 基于测评的解读为所需做出的决策提供了充分的信息，也就是说，解释中有足够的信息供决策者做出决策。	不符合。笔试结果并不是成绩的所有组成部分，需要综合平时表现以及微课和教案的分数才能做出决策。同时没有出具测评报告（只有把平时成绩也纳入进来，才能为最后的决策提供尽可能充分的信息。）

如相关证据支撑中所提到的，该测试只能为决策提供部分信息，其合理性在一定程度上会受到质疑。

11.3 补充思考题及参考作答

1. 请问你阅读本章遇到的主要困难是什么?

参考作答1

这一章在阅读过程中还顺利,没觉得有很大的困难,但做课后练习1-4题时觉得不容易。

首先,1-3题是围绕主张3中的理据A1来出的,目的是让读者理解测评构念,特别是明晰测试的构念定义、参照体系,以及策略能力和话题知识在构念中的角色、任务表现和语言"技能"作为测评构念等。因为很多测试手册并没有像专著所附的16个项目一样明确给出测试构念的定义,需要自己仔细阅读、推导,比较耗时。

其次,阅读专著过程中发现测评构念的界定方法多样且复杂,并且在提供的多种界定方法中,有的是适合用来界定测评构念的,有些在作者看来是不适合的,需要仔细阅读,批判性思考才能把握作者的思路。

参考作答2

我在阅读本章过程中遇到的困难主要有两点:

1)在整体内容和逻辑把握上出现困难。首先是文中有许多Questions和框框,如果不了解这一写作体例而盲目往下读,很容易迷失方向,需要不断地翻阅第八章的相关论述来指导阅读。比如单从理据的数量上看,本章有16个理据(7个A,5个B,2个C,1个D和1个E),要理解这些理据和支撑理据的证据的呈现方式,需要再回顾表8.1(pp.161-165)上有关"解释"这一主张的内容。此外在阅读Question 9中把语言能力作为测试构念时,也需要参照专著第三章的Language ability相关章节的论述,尤其是表3.1(pp.45-46)和表3.2(pp.50-51)的相关内容。经过不断的反复对照,逻辑上的困难才有所缓解。

2)"测评构念的界定"这一部分理解起来不容易。

2. 请用自己的语言,概括本章有关"解释"主张的理据和有关"构念界定"
部分的内容（pp.220-230）。请对比你的概括与专著"导读"中的
概括的异同。

参考作答

表 11.19　我对"解释"和"构念界定"的概括与"导读"的概括对比

我的概括	导读的概括
1）有关"解释"主张的理据 　　基于受试表现所做的能力解释要有意义、无偏、可概推、相关和充分。 　　**有意义性**是指对于测评构念的参照体系来说有意义，比如，如果一项测评的构念是参照教学大纲来界定的，那对能力解读的有意义性也是指参照教学大纲来说是有意义的。 　　**无偏性**是指从测评形式、测评内容、测评记录的产生程序、施考程序以及基于测评记录对能力的解释对所有测试群体来说都是不偏不倚的。 　　**可概推性**是指测评任务特征与目标语言使用域任务特征高度一致；测评记录的标准和程序也与目标语言使用域中语言使用者使用的典型评判标准和程序高度一致。 　　**相关性**是指基于测评所做的能力解释提供的信息与要做的决策相关，即有助于决策者决策。 　　**充分性**是指基于测评所做的能力解释能为决策提供充分的信息。 2）关于测评构念界定 　　**测评构念**界定的重要性表现在两个方面：一是指导测评开发；二是为预期的基于测评的解读提供合理性论证（解释）。在界定测评构念时，不能不加质疑地照搬其他测试开发者使用的构念标签，一定要根据特定的测评情境和测评目的来界定。	作者在本章着力较多，因为对语言能力的"解释"（如何定义语言测试构念）向来是本领域的核心议题。本章的结构亦如前两章，作者讨论了 AUA 框架中与"解释"有关的主张、理据的构建方法。有关"解释"主张的理据主要包括五类：第一类与语言测试构念 (construct) 定义的参照体系有关，搞清楚构念定义的依据，对构念（语言能力）的解释才有意义 (meaningfulness)；第二类与诱发考生作答的条件有关（如测试形式和内容），这些条件不能对某考生群体有偏向性（对其有利或不利），应力争做到不偏不倚 (impartiality)；第三类与任务特征有关，依照测试任务表现对语言能力所做的解释，对于目标语言使用域而言，也应有适用性、概括性 (generalizablility)；第四类指语言能力解释和所做决策之间的关联性 (relevance)；第五类指对语言能力解释的充分性 (sufficiency)。接下来，作者继续以本书配套的测试项目为例，解读如何依照现实情况改造通用版 AUA 框架中与"解释"有关的主张和理据。 　　在讨论 AUA"解释"的第一条理据时，作者详细阐释了语言测试构念定义的方式。构念是一项测试要测的内容。构念既是任务编制的基础，也是分数解释的依据。定义语言测试的构念，应注意以下原则：首先，要找准参照体系。例如，可以参照教学大纲、需求分析结果、语言能力理论抑或上述依

我的概括	导读的概括
通常情况下，我们可以用"语言能力"（包括语言知识和策略能力，二者有时是作为一个单一的构念，有时是作为两个独立的构念）来界定测评构念，除此之外，话题知识有时也会作为独立的测评构念，主要出现在 ESP 测试中。还有的测试把任务表现或"技能"当作一个测试构念。但这种界定方式会给测试表现评分带来问题，最终还是要落实到具体的语言能力，特别语言知识上来，所以不提倡把这二者作为测试构念。 　　本部分还详细阐述了构念界定的依据：教学大纲、需求分析、语言能力理论等。	据的综合体来定义构念。其次，要搞清"策略能力"和"话题知识"在构念定义中的角色。例如，可将语言知识和策略能力定义为不同的构念；也可将语言能力和话题知识定义为一个或不同的构念。此外，作者表达了对"任务表现"和"语言技能"作为构念的看法。认为"任务型语言测试"将"任务表现"作为构念，只能对考生完成目标语言使用域任务的表现作出适当推测，无法进一步解释考生的语言能力。将"技能"（语言活动）作为测试构念，作者则明确反对。在作者看来，语言测试的构念定义只能用语言能力中的要素来定义，与"技能"有关的内容可用任务特征框架来描述。以上述方式定义构念，才能对考生的表现作详实记录，由此才能对考生的（语言）能力作出合理解释。
相同点：都对 5 类理据和构念定义进行了比较全面的概括。	
不同点：导读对 5 类理据进行了抽象概括，并对关键词加了英文，相对于我的概括来说更加凝练，对读者更加友好。导读的概括真正做到了对信息的加工与提炼。	

3. 请评价本章存在的问题与不足。

参考作答 1

　　作者本章的写作逻辑有时候并不是特别清晰。比如本章在理据构建部分基本上是遵循了理据—证据—讨论的顺序，但在理据 A2 部分，证据却放在了理据 A2 的前面，有点不合逻辑，因为这样很容易把这个证据部分看作是"示例：航空公司乘客任务表现"的论证证据。

　　此外，在每个理据的讨论部分，有的用的是"讨论 + 理据"的模式，比如，Discussion：sufficiency，但有的又只是"讨论"，如果格式能统一会更加规范，且有助于读者顺畅阅读。

　　最后，不理解作者为什么把"话题知识"纳入到了语言能力成分中。在第三章中，"话题知识"与"语言能力"同属个体特质之下，而语言测试开发和使用最为关注的是语言能力，二者不存在从属关系。

参考作答 2

我觉得不足之处主要表现在体例上。

（1）章节目录不够分明。从章节展示的层级来看，Questions 8-13 是并列关系，但实际上 Question8 统领和概括了 Question 9-13。如果作者可以加上一个小节用于回顾主张 3，然后再展开 Questions 9-13，层次就显得更分明了。

（2）目录的风格也有差异。例如列举 Questions 8-13 时，只有 Question 11 是使用了大写的 GENERALIZABILITY 作为标题，其他问题则以"Question（序号）+ 疑问句"的形式出现。如果每个 question 都能象 Question 11 那样使用关键词提炼内容，是不是就更整齐且有利于读者理解？

（3）本章列举了很多理据（warrants），每个理据都以幼儿园和大学为例展示了如何提供支撑证据（backing）和讨论（discussion），这看起来是很整齐，但认真阅读后发现当中也有不统一的地方。有些是理据在先，支撑证据和讨论在后；而有的则先呈现证据，然后是理据，接着是讨论（例如 warrant A3）。这样的排列会让读者在行文切分上产生混乱。

二是内容也有前后不对应的地方。例如在 p.221 "Defining the construct of language ability" 的第一段作者提出关于界定语言能力构念的四个选择，包括 1）构念界定的参考体系；2）策略能力作为构念；3）主题知识作为构念和 4）技能或任务表现作为构念。这样的陈述看起来以上四个选择是并列关系，但从其后的小标题可以看出，上述 2）和 3）的策略和主题知识组成了一个新的叫"语言能力成分"的分项；而 4）则被分解成两项，分别叫"任务表现作为构念"和"技能作为构念"。

12 Assessment records
第十二章　测试记录

12.1　章节目录

1. 思维导图呈现本章目录

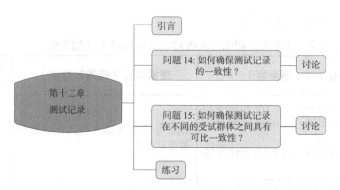

图 12.1　第十二章目录思维导图

2. 表格呈现本章目录

表 12.1　第十二章表格目录

12 Assessment Records	第十二章 测试记录
INTRODUCTION	12.1 引言
QUESTION 14 "How will we assure that the assessment records are consistent?" Discussion	12.2 问题 14：如何确保测试记录的一致性？讨论
QUESTION 15 "How will we assure that the assessment records are of comparable consistency across different groups of test takers?" Discussion	12.3 问题 15：如何确保测试记录在不同的受试群体之间具有可比一致性？讨论
EXERCISES	练习

12.2 原著思考题及参考作答

1. 请回想一下你参加过或使用过的一项测试，并浏览一致性理据 1-4。你认为测试开发者在测试开发过程中在何种程度上考虑了这 4 个理据？为了增强测试记录的一致性，可对测试作何调整？

参考作答 1

下面以本人参加过的雅思（IELTS）考试为例来作答此题。对测试开发者在测试开发过程中在何种程度上考虑了这 4 个理据这一问题的作答，以李克特 5 级量表来衡量（4 代表非常全面地考虑了，3 代表较全面地考虑了，2 代表一般，1 代表没怎么考虑，0 代表根本没考虑）。

表 12.2 雅思考试测试开发者对一致性理据 1-4 的考虑

一致性理据 1-4（通用版）	理据构建（雅思改造版）	对理据的考虑
1.Administrative procedures are followed consistently across different occasions, and for all test taker groups. 施考程序在不同的时间、不同的受试群体之间是一致的。	雅思考试每次都是按照标准的施考方式进行。	4
2.Procedures for producing the assessment records are well specified and are adhered to. 测评记录产生的程序有详细的规定并严格执行。	雅思考试对测评标准和评分程序有明确的规定，并且要求严格按照记录产生程序进行评分。	4
3.Raters undergo training and must be certified. 评分员要经过培训并获得证书。	雅思考试评分员都要经过培训并获得证书才能上岗。	4
4.Raters are trained to avoid bias for or against different groups of test takers. 评分员接受培训时就被告知不得对不同的受试群体有偏爱或偏见。	评分员接受培训时就被告知在评分过程中不能对不同的受试群体有偏爱或偏见。	4

由上表可见，整体而言，雅思考试开发者在测试开发时充分考虑了上述理据。作为大规模、高风险语言测试，其对施考、测评记录产生程序、评分员培训都有严格规定。但因为写作和口语是主观测试题，尽管评分员经过了严格培训，但不

排除评分员因为对考生书写、观点的高度认同而在评分时有所偏爱。在口语测试中，也有可能因为受试的口音等而影响其对不同受试群体评分的一致性。也许今后开发的计算机口语和写作评分系统能在一致性方面做得更好。

参考作答 2

表 12.3　全国高考英语测试开发者对一致性理据 1-4 的考虑

一致性理据	测试开发具体情况
1. 不同情境下、不同的受试群体遵从一致的施考程序。	能够完全做到。
2. 测评记录产生遵从具体详细的程序。	能够完全遵照程序。
3. 评分员接受培训，而且必须获得相应资质。	测试开发无法保证所有评分员接受相同的培训并获得相应资质。
4. 评分员接受培训，避免对不同的受试群体产生偏爱或偏见。	无法完全避免评分员对不同群体的偏爱或偏见。

　　首先，从目前的情况来看，很多测试的评分员都是由一些学校的老师或者研究生临时构成，他们的背景及所接受的培训不同，所以在资质获取以及避免偏见方面无法保证；其次，缺少相关的评分员培训机构和机制，所以在需要培训的时候也没有相关的机构能够开展相关工作。因此，若要从这几方面提升测试记录的一致性，就需要调整测试的形式或内容，尽量减少可能受评分员主观因素影响的可能性。

2. 请回想一下你参加过或使用过的一项测试。请详细阐述该测试的一致性主张和理据，并注意可能不适用于该测试的理据。

参考作答 1

　　下面以我所教"跨文化商务沟通"课程的期末测试为例来构建一致性主张和理据。

表 12.4 "跨文化商务沟通"期末测试一致性主张和理据构建

主张
主张：期末测试分数在不同的学生群体、不同的测评任务和评分程序的不同层面之间是一致的。
一致性理据：1. 施考程序在不同的受试群体之间是一致的（都是由学生课后自主完成一份大作业）。 2. 测试分数的产生程序有详细的说明（每部分都有评分标准）并在评分时严格按照评分标准评分。 3. 不适用。任课教师本人既是测试的开发者也是评分员（无需持证上岗）。 4. 教师在评分时要避免对某些学生的偏爱或偏见。 5. 测试任务之间的分数有内部一致性。 6. 不适用。只有任课教师一人评分，没有评分员间评分的一致性要求，即评分员间信度要求。 7. 教师对不同学生的评分是一致的（评分员内部信度）。 8. 不同形式测试的分数具有一致性（等值，或等效本信度）。 9. 不同的完成方式所得的分数具有一致性（稳定性，或重测信度）。

在该测评中，理据 3 和理据 6 不适用。因为学生的期末大作业评分是由任课教师一人完成的。

参考作答 2

表 12.5 全国高考一致性主张和理据构建

改编后的一致性主张：不同施考条件下，不同测试任务、不同考生群体获得的高考成绩具有一致性。
理据 1：不同情境下对所有考生群体的施考程序是一致的。
理由 2：高考成绩的产生遵循具体的程序。
理由 3：高考评分员接受培训，而且必须获得相应资质。 特别说明：有些高考评分员只是临时接受短暂培训，且无资质要求。
理由 4：评分员接受培训，避免对不同的考生群体产生偏爱或偏见； 特别说明：有些高考评分员对待不同考生群体存在偏爱或偏见，评分存在一定主观性。
理由 5：测试中不同任务的分数具有内部一致性（内部一致性信度）。 特别说明：由于高考成绩的特殊性，作为受试，对每一科目最后得到的只有单一的最终总成绩，没有分项成绩，此部分无法判断。
理由 6：不同评分员的评分具有一致性（评分员间信度）。
理由 7：同一评分员的不同评分具有一致性（评分员内部信度）。
理由 8：不同形式测试的分数具有一致性（等值或等效本信度）。
理由 9：不同施考条件下的分数具有一致性（稳定性，重测信度）。 特别说明：作为一项大规模、高风险考试，国家对高考的施考条件有严格规定并严格遵照规定实施，所以本条在此不适用。

12.3　补充思考题及参考作答

1. 请用一个表清晰呈现本章的主要内容。

参考作答

表 12.6　第十二章主要内容

章节部分	内容
引言	首先回顾第 9-11 章的主要内容，接着介绍本章内容是构建 AUA 中的第 4 个主张（测试记录）及其理据（一致性）。整章在问题 14 和 15 的指导下完成主张和理据的构建。同时指出主张 4 及其理据与主张 3 及其理据之间的联系。
问题 14：如何确保测试记录的一致性？	先呈现主张 4 的通用版：测试记录（分数、描述）在 1）不同的测试任务；2）测试程序的不同层面；以及 3）不同的受试群体之间都是一致的。再结合幼儿园项目和大学项目呈现改造版。在讨论部分提出开发者要陈述引发或观察受试表现的具体程序。接下来作者分别呈现了阐述该主张质量的 9 个理据的通用版和改造版以及证据的收集方法。讨论部分指出，理据 1-4 是为确保一致性，测试开发团队在开发测试时要关注的问题，理据 5-9 是关于分数报道一致性的理据，证据是在测试开发的试测和测试使用阶段搜集的。
问题 15：如何确保测试记录在不同的受试群体之间具有可比一致性？	同样先呈现理据的通用版，再呈现结合具体项目的改造版。在讨论部分通过举例说明了确保测试记录在不同受试群体之间具有可比一致性的重要性。
小结	在本章最后一段，作者对第二部分做了一个简短的总结，并预告了专著第三部分的内容。

2. 请问 Claim 4 与 Claim 3 有何关联？

参考作答 1

　　主张 3 是基于测试记录对考生语言能力的解释，主张 4 是关于测试记录一致性问题。只有在测试记录上保持了各个层面的一致性，才能保证基于测试表现的能力解释的有意义性、无偏性等。具体而言，主张 4 与主张 3 中的理据 A1、A2 和 A3 密切相关，主要涉及构念定义、测试任务说明和记录程序三个方面。本书

第五章指出，Bachman 运用 Toulmin（2003）的实用推理论证模型提出了 AUA 框架中事实—主张之间的关系为"building block"，测试解读的数据和信息都是来源于测试记录的，这说明测试记录是测试解读的基础，因此主张 4 的成立与否决定主张 3 能否成立；反过来，主张 3 是对主张 4 的信息进一步分析和解释的结果，并以此来实现解读的有意义性、公正性、可概推性、相关性和充分性，这体现了 AUA 框架强大的逻辑性和严谨性。

参考作答 2

主张 3：对要测试的能力的解释是有意义的；对所有受试群体具有无偏性；所做决策可以概推到目标语言使用域；与所做决策相关；为所做决策提供充分信息。

主张 4：测试记录（分数、描述）在不同测试任务、测试程序的不同方面、不同受试群体间都是一致的。

二者的关联：二者是 AUA 框架建构中两个重要的方面，主张 4 的测试记录为主张 3 对要测试的能力进行解释提供了数据来源；有了主张 3 的需求，才有了主张 4 存在的必要性。

13 Real world conditions and constraints on language assessment
第十三章 语言测试现实世界条件与局限

13.1 章节目录

1. 思维导图呈现本章目录

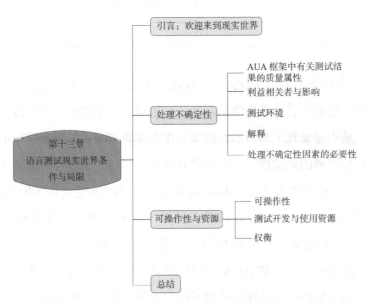

图 13.1 第十三章目录思维导图

2. 表格呈现本章目录

表 13.1　第十三章表格目录

13 Real world conditions and constraints on language assessment	第 13 章 语言测试现实世界条件与局限
INTRODUCTION: WELCOME TO THE REAL WORLD	13.1 引言：欢迎来到现实世界
DEALING WITH UNCERTAINTIES Qualities of the claimed assessment outcomes Stakeholders and consequences The assessment situation Interpretations The need to deal with uncertainties	13.2 处理不确定性 　　13.2.1 AUA 框架中有关测试结果的质量属性 　　13.2.2 利益相关者与影响 　　13.2.3 测试环境 　　13.2.4 解释 　　13.2.5 处理不确定性因素的必要性
PRACTICALITY AND RESOURCES Practicality Resources for assessment development and use Trade-offs	13.3 可操作性与资源 　　13.3.1 可操作性 　　13.3.2 测试开发与使用资源 　　13.3.3 权衡
EXERCISES	练习

　　本章的写作总体上来说比较简洁，层次非常清楚，文风变化较大。读本章的第一个标题就想起作者是学文学出身的，有很深的文学功底。真的像是在读一篇文学作品，从中感受到了英语语言的美。作者娓娓道来，不乏幽默地把我印象中原本比较枯燥难懂的测试理论讲得透彻且富有文学性，字里行间充满了隐喻与各种修辞，甚至引用了著名诗人 Robert Burns 诗句来说明理想与现实世界的差距。

　　此外，引言标题——欢迎来到现实世界，给人一种时空穿越的感觉，从理想境界回到了现实世界。之前我们一直在理想世界中，在一个 "value-free psychometric test tube" 中构建 AUA，论证 AUA。但从现在开始，测试的开发与使用要落地，就需要将现实世界的各种不确定性和局限性考虑在内。

13.2　原著思考题及参考作答

1. 请回想你自己的测试开发经历。如果你开发过测试或参与过测试开发，在测试设计和开发过程中，你在主张的结果质量属性之间做出过何种取舍？

参考作答 1

2014-2015 年，某校大学英语教学在"输出驱动，输入促成"理念的指导下，大力加强学生语言输出能力的培养，学校也给予了相应的经费支持。在这种语境下，大学英语口语期末考试在结课之后专辟一个周末由学院统一组织考试。考试之前对教师进行评分培训，考试时每组考生的口语表现由两位教师进行评分，并要求尽量确保考试评分的一致性。但考虑到成本问题，一年后这种测试方式就被取消了。

之后的口语测试由任课教师随堂进行。随堂测试因为每位教师的标准不一致（即使学院有统一的测试标准，每位教师对标准的把握也不一样），这样就较难确保测试记录在不同的受试群体之间的可比一致性，导致同一个行政班水平相当的学生因为选修的是不同教师的口语课，期末总评成绩相差不小而这些会影响学生的评优评先、保研、学术项目、出国留学申请，等等。这是迫于现实条件的限制（时间与经费的限制），经过权衡，一致性做出妥协的例子。

参考作答 2

本题首先要明确 "qualities of outcomes of claims" 和 "trade-off" 两个概念：

A. qualities of outcomes of claims：（AUA）主张结果的质量属性。AUA 的主张（影响、决策、解释、测试记录）的结果质量属性（有益性、公正性、价值敏感性、有意义性、无偏性、可概推性、关联性、充分性以及一致性）均被定义为"程度"。

B. A trade-off involves reducing the importance of one or more qualities of a claim in order to maintain or increase the qualities of another claim, either in response to competing values of different stakeholders, or in order to make the assessment practical (p.277)，即权衡是为应对不同利益相关者之间相互冲突的价值取向，或为使测试具有可操作性，而减轻某项或某些质量属性的重要性，以维持或增强另一个主张的质量属性。

表 13.2　某校研究生入学考试英语口语面试主张质量属性之间的取舍

AUA 主张	质量属性	研究生入学考试英语口试质量属性的程度（强/弱）	是否要做出"取舍"以突出更为重要的理据？（是/否）
影响	有益性	强	否
决策	公正性	强	否
	价值敏感性	强	否
解释	有意义性	弱	是
	无偏性	强	否
	可概推性	弱	是
	相关性	强	否
	充分性	弱	是
测试记录	一致性	强	否

　　分析：口语面试时，因部分考生没有达到本科阶段要求的基础目标口语水平（大学英语四级口语水平），考官不得不调整测试构念（运用英语进行简单学术表达和交流的能力），因此对测试的有意义性进行了妥协，使口语测试能顺利进行；口语测试任务和目标语言使用域任务（教学语言或是学术交流语言等）匹配度低，即对测试表现解读的可概推性有所妥协，进而导致基于测试做出的解释的充分性不足，不利于决策者基于解释做出决策。

2. 请浏览专著所附项目并找出一个出于某种原因你感兴趣的项目。仔细研究其测试任务或想象一下其实际上可能的测试任务（如果项目实际上没有提供测试任务的示例），想想可以如何通过改变某些任务特征来"完善"这些测试任务？你会改变哪些特征？哪些主张的结果质量属性可能会被加强？哪些会被削弱？资源该如何重置？可能会有何取舍？

参考作答 1

下面分析的是第四个项目：电话公司用于员工录用决策的写作测试。

表 13.3　电话公司写作测试项目任务特征修订

写作测试	正式（商务信函）写作和非正式写作（备忘录）
原测试任务特征	30 分钟内完成两个写作任务。两个写作任务是基于同一个写作提示（prompt），一个是答复客户的正式商务信函，一个是写给相关同事的备忘录，希望能尽快解决问题。对两个任务顺序不作规定。
修订后的测试任务特征	30 分钟写作正式信函，5 分钟写作备忘录。先写备忘录，5 分钟时间一到就收回作答，接着 30 分钟写正式信函。考虑到备忘录写作的简洁性且任务提示中给出了比较详细的客户投诉信息，备忘录的写作时间应该缩短，因为现实、工作环境中，备忘录的写作用时是非常短的，如果不限制时间，很难反映其在目标语言使用域中的语言能力，限制时间可以增强解释的可概推性。正式信函是针对客户的，要求注意措辞、行文等，时间上需要宽裕一些。赋分比重备忘录占 30%，正式信函占 70%。
被加强的质量属性	可概推性、相关性
被削弱的质量属性	充分性、有益性
资源重置	增加时间、增加评委来源
取舍	增加时间、增加评委来源

在该项目中，我想通过改变测试时间，即测评任务特征中的 time allotment 来"完善"测试任务。这一测试任务的目标语言使用域任务特征的时间分配是备忘录用时短，非正式，正式信函用时长，正式。原测评任务是两个任务一起 30 分钟，受试可自由安排时间，并且没有确定二者在决策中的权重。所以我希望通过明确二者的用时，并赋予不同的权重来区别任务的难度和重要性。

通过这种改变，主张 3 的第 3 和第 4 个理据——可概推性和相关性会得到加强。但主张 3 中的第 5 个理据——充分性和第 1 个主张中的有益性理据有可能会被削弱。因为考试场景下受试可能受非语言因素的影响，比如，紧张的心理状态，在规定时间内不能完成测试任务，不能发挥正常水平而影响测试表现。

资源的重置主要涉及施考时间和评分。增加施考时间，增加评委来源。原测试分数决策由客服部总监和语言测试顾问做出，但考虑到该测试最终的目标是要选拔合适的人才来处理投诉并处理好与同事的工作交接和沟通，个人觉得要把消费者这一重要利益相关者以及未来同事也纳入评委人选能更好地对其测试结果做出评价，以增强测试的有意义性。

参考作答 2

因本书配套的测试项目 2（大学 ESL 阅读测试）与我们从事的工作比较接近，分析时可能会有更深刻的理解，且项目 2 整个案例比较详实，所以选取项目 2，按以下思路进行分析：（1）项目 2 测试任务特征梳理；（2）改变项目 2 任务特征所引发的质量属性变化，资源的重组和取舍。

（1）项目 2 测试任务特征梳理。

表 13.4　项目 2 测试任务特征

A. 所测构念：多层次语篇组构知识
B. 情境特征
1. 环境特征：校内计算机房（安静、舒适）
2. 设备：人均一台电脑，配有耳机
3. 参与者特征
a. 受试：非英语母语学习者
b. 电脑熟悉度：所有学生对电脑的操作都比较熟悉
c. 考试实施人员：参加培训且对基于电脑的测试有经验，对受试友好
4. 时间分配：按照考试规定时间提前预约
C. 输入、预期作答反应特征及两者的关联
1. 输入
a. 格式
1）渠道：视觉渠道（电脑上的文本）
2）形式：语言，但某些段落不是用语言文字呈现
3）语言：英语（目标语言）
4）长度：
a）短文：1 篇长文章（约 450-500 字）
b）留空的提纲：1 页，（基于长篇文章）
5）媒介：重现
6）速度：几乎不考查速度，有充足的时间
b. 类型：输入
短文：根据文章的结构设计的不完整的提纲，含单词 / 词组 / 句子层面的信息
c. 语言输入
1）组构特征：课程大纲上出现在教材、读者、网站上的短文
●语法
a）短文：
（1）形态学和句法：大范围的语篇构架
（2）词汇：大量的普通词汇和专业词汇
（3）笔迹：键盘输入
b）不完整的提纲：与短文类似的语法和词汇，以提纲形式呈现

●文本（衔接和组构）
　　a）短文：大量的衔接手法和修辞组构形式，含记叙，描述，定义，分类，比较和对比
　　b）不完整的提纲：词汇／短语／句子，都与提纲有关
　2）语用特征：课程大纲出现的来自教材／读者／网站的真实短文
●功能
●社会语言学
　d.话题特征：学术话题，选自入门级课程的教材
2.预期作答反应特征
　a.格式
　b.语言特征
3.输入和预期反应的关联
　a.外部互动的类型：非往复性
　b.关联的范围：宽窄范围兼具
　c.关联的直接性：直接关联
D.记录受试表现的程序（评分方式）
　1.正确率的标准
　2.评分的流程
　3.标准和流程显性
　4.评分员
E.测试任务作答说明

（说明：以上内容是根据项目 2 pp22-25 内容翻译）

（2）改变项目 2 任务特征所引发的质量属性变化，资源的重组和取舍。

因项目 2 的测试任务是完成一篇学术文章提纲中的 10-15 个填空，基于测试做出修读／免修 ESL 课程的决策。我认为该测试仅基于对一篇学术论文提纲进行填空，不能保证其效度，测试的有意义性、概括性、充分性程度比较低，因此想改为自适应性计算机阅读测试，增加阅读篇目，计算机根据受试对前一个语篇的作答表现给出适合考生水平的下一个语篇。

表 13.5　项目 2 任务特征修订

	改变前	改变后
项目 2 任务特征	1 篇文章	3 篇文章
主张结果的质量属性（加强／弱化）	有意义性、可概推性、充分性程度比较低	有意义性、可概括性、充分性得以加强
资源配置的重组	人力、物力、时间	对计算机阅读自适应测试软件的要求增强
所做出的取舍	资源要求低	资源要求较高

3. 请回想你的测试使用经历。在阅读本书之前，你对测评开发和使用的不确定性有何认识？当时你是如何理解测试有用性的？在阅读了有关不确定性的内容之后，你对有用性的理解可能会有何不同？

参考作答 1

作者认为，测试的不确定性主要来自四个因素：1）所主张的测试结果质量属性的不确定性；2）利益相关者和影响的不确定性；3）测试情境的不确定性；4）解释的不确定性。

作为语言测试新人，坦率说，在阅读本书之前，从来没有考虑过测评开发和使用的不确定性。如果要说认识的话，也只是在形成性测评中会思考：要是随堂隐性测评学生没有反应，我该如何应对，我该如何准备不同的授课方案。

我以前对测试有用性的理解仅限于测试内容是否体现了教学内容和大纲的要求，测试成绩是否反映了受试的真实水平。

在阅读了有关不确定性的内容之后，我认为我以前对有用性的理解过于狭隘，认为测试的目的仅限于以下三类：一是了解学生学习情况；二是检测教学效果；三是期末考试就是考查学生一个学期以来的学习成果。实际上，测试的有用性在不同的测试情境下，对不同的利益相关者有不同的理解。有些测试情境可能会使测试的有用性变得比较复杂。比如，本章所举的有"内幕/隐情"的测试，在该情境下，测试的有用性对于老板的儿子来说，就是可以以表面上看来正常的程序得到录用，但对其他受试或利益相关者而言却是一种伤害。

参考作答 2

表 13.6 某校大学英语分级测试的不确定性和测试的有用性主张

	对不确定性的思考	拟提出的测试有用性主张
阅读前	• 测试决策者(教务处)和测试开发者(外国语学院)因立场、专业性等不同可能产生的不确定性。 • 因该考试涉及人数众多,采用基于计算机的测试系统进行测试,会产生若干不确定性,如大一新生对计算机的熟悉程度对考试的影响;主观题部分(口语和写作)如何评分? • 构念效度的不确定性,即计算机系统的自带题库内容是否符合测试构念,能否有效测出学生的水平?	• 改变了传统的按照行政班统一上英语课的做法,在新生入学时进行水平测试分级教学,能有效解决传统课堂上基础薄弱学生"跟不上",水平较好学生"喂不饱"的现象,有利于教学资源的优化,按照学生水平施教,从而提高学生的积极性和动力。 • 该测试的反拨作用 / 后效:对学生个人、教师、学院、教务处都会产生一定的积极后效。
阅读后	阅读本章关于"不确定性"的 4 个来源(p.262),我肯定了阅读前的思考分别源自利益相关者、测试环境和对测试构念的解释,并且有更深刻的体会: • 基于该测试做出的分类决策中错误的肯定和错误的否定引起的不确定性(与AUA 中的质量属性有关); • 测试开发人员无法穷尽目标语言使用域任务(与语言能力的解释有关)。	加强测试使用合理性论证的过程(包括构建 AUA 和收集证据的过程)才是最佳解决方案。

4.假设你投入了大量的精力开发一项测试,包括提供广泛的测试论证。假设他人对该测试提出许多反驳,你对这些反驳都给予了耐心的回应。但是提出反驳的人无休止地说:"是的,但是……",你可以如何回应他来结束这个过程?

参考作答

构建测试使用论证(AUA),并把 AUA 及其支撑性证据以公开的文件形式向利益相关者公布。这样既可为利益相关者表达反对意见或反驳提供框架,又有助于利益相关者理解测试理据。让 AUA 及其支撑性证据成为我(测评开发者)和提出反驳的他者之间的连接。

5. 请回想你参加过或使用过的一项测试。浏览一致性理据 1—4，你认为测试开发者在开发测试时在多大程度上考虑了这些理据？可以如何修订测试以增强测试记录的一致性？

参考作答 1

表 13.7　全国高考一致性理据

一致性理据	高考测试开发具体情况
不同情境下、不同受试群体遵从一致的施考程序。	是。在不同情境下、对不同的受试群体，高考能够做到遵从一致的施考程序。
对测评记录产生的程序有详细的规定，并遵守规定。	是。高考测试记录的产生有严格的程序，并能够完全遵照规定的程序进行。
评分员接受培训，而且必须获得相应资质。	不一定。据我所知，高考测试无法保证所有评分员接受相同的培训并获得相应资质。
评分员接受培训，避免对不同的受试群体产生偏爱或偏见。	不一定。高考评分员无法完全避免对不同群体的偏爱或者偏见。但现在都有严格的评分员间信度要求。如果两个评分员对同一作答的评分差异超过一定的值，需要引入第三人的评分机制。此外，如果某一评分员与其他评分员之间的一致性差异比较大，可能会被约谈。

就目前的情况而言，很多测试的评分员都是由一些学校的老师或者研究生临时构成，教师的背景及所接受的培训情况不同，所以在资质获取以及避免偏见方面无法保证。

因此，若要提升测试记录的一致性，就需要重点考虑理据 3 和 4。解决理据 3 的问题，出台相应政策并提供相应的培训，保证所有高考评分员接受培训，满足相应条件才能获取相应资质；解决理据 4 的问题也离不开理据 3 的策略，对高考评分员进行培训时，强化道德要求，或者评分时通过多人多轮评分最大限度避免此类情况发生。

参考作答 2

一致性理据 1—4 包括：

理据 1：不同时间、对不同的受试群体遵循一致的施考程序；

理据 2：对测试记录产生程序有详细的说明并在评分时严格遵守；

理据 3：评分员接受培训并必须获取资格证书；

理据 4：评分员接受培训，不能对任何受试群体有偏爱或偏见。

以大学英语四、六级考试为例。总体上，测评开发者很细致地考虑了一致性理据 1—4。客观题是确保一致性最好的一种题型。但有些构念（比如篇章组构知识等）用客观题并不能很好地诱发受试的表现。所以，要做到百分之百，或者说完美的一致性是不可能的。就大学英语四、六级考试而言，写作和翻译测试任务本身属于产出任务，不能用客观题来考核，因此，增强测试记录一致性的可能策略是从评分角度出发。四、六级主观题评分之前都对评分员有严格的培训，且建立了写作和翻译等主观题与客观题的相关模型，如果主观题与客观题得分相关性差，就会有警示，有效避免因评分员主观因素造成评分的不一致，直接损害利益相关者，尤其是考生的利益。

6. 请浏览专著所附项目，并找出一个你感兴趣的项目。想象一下你是该项目的负责人，要使项目圆满达到目标，需要哪些人力资源、物力资源和时间，请列表展示。

参考作答 1

以 Project 4—电话公司录用员工的写作测试为例。

表 13.8　电话公司写作测试所需资源列表

资源	具体内容
人力资源	客服部主管
	当地邮局经理
	工作人员
	语言测试顾问
物力资源	空间：办公室工作间
	设备：电脑
时间	测评开发时间：7 天
	具体测试任务：2 天

参考作答 2

表 13.9　初级汉语口语小测试所需资源列表

Project 3 初级汉语口语小测试	
人力	课程负责人；授课教师（评分员）；教学督导
物力	考试机房（含考试用的电脑及语音设备）；考试及评分软件
时间	考试 1 个小时；改卷 3 天

13.3　补充思考题及参考作答

1. 请用自己的语言概括第 13 章，然后对照"导读"中的第 13 章，对比两者的异同。

参考作答 1

表 13.10　我对第十三章的概括与"导读"的概括对比（1）

我的概括	导读的概括
本章阐述了语言测试的现实世界条件与限制。作者开篇就用一句电影台词来导入新的篇章，接着摆出一个不可更改的事实：测试不是在一个一成不变的世界中进行，现实世界充满着不确定性，因此不存在完美的测试。 　　随后作者阐述了不确定性的四个来源以及应对不确定性的必要性：主张的质量属性的不确定性；利益相关者和影响的不确定性；测试情境的不确定性和语言能力解读的不确定性。 　　最后作者就测试的可操作性进行了阐述。所谓	本章开篇，作者幽默地借用了电影《黑客帝国》中的一句经典台词"欢迎回到现实世界"，提醒读者在现实世界中开发与使用一项测试充满了不确定性（uncertainties）。这种不确定性主要源自四个方面。一、与 AUA 框架的质量属性有关。描述 AUA 结果（影响、决策、解释、测试记录）的质量属性（有益性、公平性、价值体系符合程度、意义性、无偏性、概括性、关联性、充分性以及一致性）均被定义为"程度"。这种对质量属性的定义方式与现实相吻合。在现实世界中所收集的证据往往不充分、总会有些缺憾，所以对理由（结果及其质量属性）的支持程度也有高低、强弱之分。由此看来，AUA 中的某些理由及其证据自身就存在不确定性。二、与测试相关的人员和影响有关。某些人群（如考生家长）经常被忽视，他们同样受到测试的影响。不同人员对测试本质的理解不同，对测试影响的感受也不尽相同。测试开发者应和决策制定者密切合作，才能制定出合理的决策，只有合理的决策才能产生正面的影响。三、与测评环境有关。测试开发与使用的（社会）环境十分复杂，法律法规、价值取向也存在差异，对测试结果的使用往往"顾此失彼"，实难让每一个人满意。此外，社会上某些"潜规则"的存在使测评环境变得更为复杂。测试设计者能做的是与其他人员一

我的概括	导读的概括
可操作性即测评开发和使用需要的资源和实际可用资源之间的差异。如果可用资源多于所需资源，则具有可操作性，反之则不然。资源主要分三类：人力、物力和时间，但无论是哪一类，都涉及到"钱"的问题，即预算的问题。在测评开发和使用中，由于现实世界资源的局限，测试开发者、使用者往往要做出取舍、权衡，有意识地做出选择。作者指出，构建一个完善的 AUA 是应对不确定性的有效方法。	道，认真践行测试使用论证，努力使其符合法律和社会价值体系的要求。四、与语言能力的解释（构念定义）有关。对语言能力的合理解读是决策制定的重要依据，测试研发人员时常无法穷尽目标语言使用域任务所涉及的语言能力要素。如何应对这些在测试开发和使用过程中的"不确定性"因素？作者认为测试使用论证的过程（包括构建 AUA 和收集证据的过程）才是最佳解决方案。 诚然 AUA 框架能够指导测试开发与使用，但 AUA 构建与证据收集都需要成本。换言之，无论测试的生产过程还是使用论证过程，总要消耗"资源"（如人力、物力、时间）。有多少资源可供测试开发和使用者调配、使用，是一个十分现实且棘手的问题。此时，需要衡量测试开发与使用的"可操作性"（practicality）。可操作性就是可用资源与所需资源的差异。现实环境复杂多变，理想与现实终有差距。开发与使用者也需要有所"取舍"、甚至"妥协"，以便突显更为重要的议题，语言测试毕竟是一门"可能性的艺术"。
相同点	都从引言、不确定性的四个来源以及可操作性几个角度概括了本章内容。
不同点	相对而言，我的概括更简单，是提纲式的。导读的概括更详细，对不确定性的四个来源进行了分类概括，令人印象非常深刻。此外导读概括还有导读作者自己的理解，不光停留在"述"上，还有"评"。

参考作答 2

表 13.11　我对第十三章的概括与"导读"的概括对比（2）

我的概括	本章首先讨论了语言测试开发者在现实世界中遇到的不确定性以及如何应对这些不确定性。不确定性主要源自：1）AUA 主张（测试记录、解释、决策和影响）的质量属性；2）利益相关者和影响；3）测试环境；4）解释。应对不确定性最有效的方法是建构测试使用论证。现实世界的另一条件和约束是资源。可操作性是所需资源和可用资源之间的差异。测试开发和使用需要人力、物力和时间等资源。本章最后提出测试开发者在开发和使用测试时需要做出的选择和因此产生的权衡（trade-off）。 　　全书第三大部分主要讨论现实世界中的测试开发与使用。而第 13 章作为这部分的开篇之章，把现实世界的局限和条件都一一铺开讨论，为后面几章内容做好铺垫，引导读者明白测试开发与使用的理论和实践存在差距，在现实世界不存在也无法追求完美的测试。测试开发者和使用者要密切合作，同时要有所取舍以突出更重要的议题。
导读的概括（参考上表）	

续表

二者的不同	（1）内容的丰厚程度不同。我的概括是按照本章"写了什么"和"为什么写"的思路进行。我首先概括本章的主要内容，然后分析这章在整个第三大部分的作用，最后总结"理论和实践存在差距，测试开发和使用者要有所妥协"。对比后发现不足之处在于内容过于单薄；导读的概括对不确定性的四个来源进行了提炼，读后有不用去翻看原文也能了解大意的感觉。 （2）学术语言的使用和整个行文的流畅度不同。导读的行文精炼，信息丰富。段落之间、句子之间紧凑，衔接自然。导读作者一定读过很多遍，非常熟悉整章内容，才能在思想的提炼和信息的表达上拿捏到位，对重点内容有针对性地描述。反观我自己的概括，有很多不足：学术语言不地道、语气生硬、衔接不自然，内容不全面等等。 感想：反复阅读、读懂读透是写概要的前提；细观察，勤动笔，多对照是练习概要写作的必经之路。

2. 请谈谈你职业发展（如：读博、职称晋升、自我提升等）的现实世界以及面对现实世界中的条件与局限实现职业发展的有效途径。

参考作答 1

这段时间我一直在思考一个问题：人生短短几十年，从婴儿到成人，再到老年，学习、工作、结婚、生子、陪伴孩子成长……那么，整个人生的意义是什么？

对于我来说，除了培养三个孩子长大成人之外，唯有在自我提升中，才能找回自我，在精神层面我才是"完整的"我，"自由的"我。在现实世界中，追寻职业发展十分不易，需要天时、地利、人和。"天时"是指时机，不管是读博、职称晋升还是自我提升，每一个目标的实现都需要充足的时间准备，待万事俱备之际，即是水到渠成之时。"地利"是指平台，借助的平台不一样，所接触的人员和资源都不一样。正如，因为产假、疫情等各方面因素，我参与了外研社第 66 期"我来读文献"导读活动，加入了导读专家指导下的基于网络平台的学习共同体，进入了这个聚集了来自全国各地优秀教师、学者的圈子，我才得到了提升测评和学术素养的机会。"人和"是指人和人之间的和谐关系。假如我想要专心于自己的发展和提升，不仅需要的是自己内在动力的激发和坚持，更需要家人的支持。比如，在我看书写作的时候，家人帮助我带孩子。因此，维系好家庭成员之间的关系是很有必要的，单靠自己，既想带好孩子，又想看书，那是很困难的。在能陪孩子的时候，尽情地陪伴孩子，当然也需要适当地从中抽身，看看书，适当地让自己静一静，有利于平复焦躁的情绪。

在现实世界中，因为存在许多不确定性因素，因此导致职业发展非常受限。比如，家庭因素，孩子比较多，导致平常生活中属于自己的时间比较少；工作因素，由于从事行政业务工作，工作比较繁杂，导致工作中属于自己的时间很少。

尽管有这些不可抗因素的存在，但是要实现职业发展还是存在可能性的。自今年3月以来，我已经坚持五个多月阅读和写读书笔记。虽然很多时候无法跟上大家的节奏，但是努力的方向明确，加上自律的阅读习惯，相信心中的目标早晚会实现。正因在导读专家和大家的鼓励帮助下，我才能一次次克服困难，迎难而上。

总之，实现职业发展的有效路径，我总结为"明确目标、夯实基础、积极主动、努力自律、合作共赢"。

参考作答2

表13.12　我的现实世界条件与局限及职业发展路径

局限	1）家庭因素：家里上有二老下有二小，对家庭关照和孩子教育要投入较多时间和精力。 2）个人因素：学术根基浅，研究生阶段没有学术意识，未经过正规的学术训练；目前学术毅力还不够，表现在作答某些思考题时不够耐心和细心。 3）社会因素：学校职称评定要求高，比较难达到；同时每周至少要完成12节课的课时，需要投入时间和精力去备课和上课。 ……
条件	1）自身主观愿望强烈，渴望学习、提升自己。 2）"2020我们一起学测试"学习共同体中导读专家的引领和学友的榜样。 3）有志同道合的好友，相互鼓励，共同进步。 4）家人的支持和鼓励。 ……
发展路径	面对以上局限和条件，我还没有找到实现职业发展的有效途径（读博士和评职称都是美好的理想，与现实有差距）。但要化解过去"经年累月心不甘的累"，就要赶紧补做功课，所以我要求自己做到： （1）好好珍惜学术共同体的学习机会，坚持跟读，坚持作答，坚持听讲和消化每周日导读专家的语音课； （2）向好朋友学习，享受跟读、作答、看文献的过程，把学习作为一种乐趣，和她一起培养学术韧性和耐性； （3）争取机会，抓住机会。今后应积极参与学校各种教学比赛，或课题申请；在个人能力和学识水平不足的情况下，和同事合作是很好的方式。 ……

3. 请将语言测试开发与使用中存在的四点不确定性因素与你的职业发展进行关联，思考在职业发展过程中应该如何应对这些不确定性因素。

参考作答 1

表 13.13　职业发展过程中的不确定性因素及应对策略（1）

职业发展过程中的不确定性因素	应对策略
1.职业发展的主观意愿弱化（源自各种打击:如文章发不了，课题中不了等）。	客观分析每次失败的原因，并积极求教；把暂时的失败看作宝贵的经历。
2.对职业发展的渴望未能大于职业发展过程中的付出，最终导致不确定性。	要逐渐发现自我提升的乐趣，享受该过程，职业发展是自然发生的附属品。
3.家庭需要我暂停或放弃职业发展。	加强与家人的沟通，获得他们的支持，建立一个比较好的家庭生态环境。
4.职称评定要求不断变化。	密切关注学校政策的变化。
……	……

参考作答 2

表 13.14　职业发展过程中的不确定性因素及应对策略（2）

测试开发与使用的不确定因素	职业发展的不确定因素	应对策略
1. 主张质量属性的不确定性	刚刚建立的学习动力有可能会随着环境的改变而减弱。	近朱者赤，近墨者黑。经常向努力的人靠拢，与勤奋的人为伴，更容易养成坚持学习的习惯。
2. 利益相关者和影响的不确定性	丈夫的工作可能会变（如离家更远，收入更低等）；老人的健康，孩子的学习都不确定。	与丈夫沟通好，权衡利弊，争取自己、家人以及整个家庭的收益最大化；想多了也没用，具体问题具体解决。
3. 测试环境的不确定	自己的工作环境也可能会变（如教学要求更高，科研要求更高等）。	无论如何变，努力学习，提升自己的能力，更加合理的分配自己的时间和精力。
4. 对语言能力解读的不确定	未来的政策可能会变（如职称评定，考博要求）。	持之以恒的学习，以不变应万变。

4. 请参照表 13.1，谈谈你职业发展拥有哪些自己可以掌控的资源？还可以开发哪些潜在的资源？

参考作答 1

表 13.15 职业发展中自己可以掌控的资源及可开发的潜在资源（1）

资源类型	可掌控的资源	可开发的潜在资源
人力	我自己	家人、同事、老师、学友
物力	我自己的学习空间，图书馆，图书，电脑，我自己的收入	单位对参加会议、进修的支持
时间	除了备课、上课、例会、公共服务等时间外，其他的时间都是我自己可以掌控的	精简社交、娱乐，减少不必要的低效时间

参考作答 2

表 13.16 职业发展中自己可以掌控的资源及可开发的潜在资源（2）

资源分类	目前拥有的资源	可开发的资源
人力	我自己	专家的引导；学友的帮助；学院领导的鼓励；家人的支持；同学的交流。
物力	电脑，文献库，书籍，独立学习空间，家附近的图书馆，自己可支配的工资	学友之间共享的信息和资源；获得更多学习的机会；配偶承担更多的家庭经济开支。
时间	周日一整天早晨和晚上9点以后的时间	下学期两个孩子都上学去了，我就可以好好利用这些时间了。

14 Developing a Design Statement
第十四章　开发设计方案

14.1　章节目录

1. 思维导图呈现本章目录

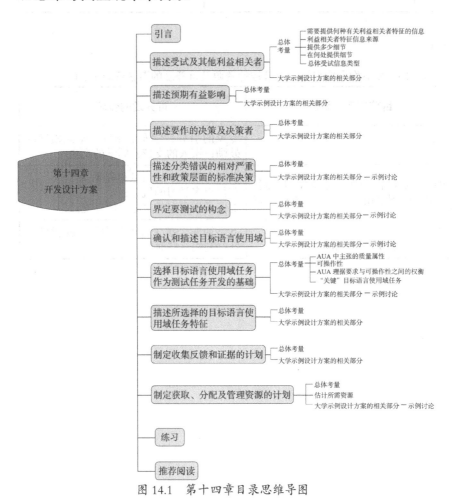

图 14.1　第十四章目录思维导图

2. 表格呈现本章目录

表 14.1 第十四章表格目录

14 Developing a Design Statement	第十四章 开发设计方案
INTRODUCTION	14.1 引言
DESCRIBING THE TEST TAKERS AND OTHER STAKEHOLERS General considerations Relevant part of the Design Statement for the University example	14.2 描述受试及其他利益相关者 14.2.1 总体考量 14.2.2 大学示例设计方案的相关部分
DESCRIBING THE INTENDED BENEFICIAL CONSEQUENCES General considerations 14.3.2 Relevant part of the Design Statement for the University example	14.3 描述预期有益影响 14.3.1 总体考量 14.3.2 大学示例设计方案的相关部分
DESCRIBING THE DECISIONS TO BE MADE AND INDIVIDUALS RESPONSIBLE FOR MAKING THESE General consideration Relevant part of the Design Statement for the University example	14.4 描述要做的决策及决策者 14.4.1 总体考量 14.4.2 大学示例设计方案的相关部分
DETERMININGN THE RELATIVE SERIOUSNESS OF CLASSIFICATION ERRORS AND POLICY-LEVEL DECISIONS ABOUT STANDARDS General considerations Relevant part of the Design Statement for the University example	14.5 描述分类错误的相对严重性和政策层面的标准决策 14.5.1 总体考量 14.5.2 大学示例设计方案的相关部分
DEFINING THE CONSTRUCT TO BE ASSESSED General considerations Relevant part of the Design Statement for the University example	14.6 界定要测评的构念 14.6.1 总体考量 14.6.2 大学示例设计方案的相关部分
IDENTIFYING AND DESCRIBING THE TLU DOMAIN 14.7.1 General considerations 14.7.2 Relevant part of the Design Statement for the University example	14.7 确认和描述目标语言使用域 14.7.1 总体考量 14.7.2 大学示例设计方案的相关部分
SELECTING TLU TASKS AS A BASIS FOR DEVELOPING ASSESSMENT TASKS General considerations Relevant part of the Design Statement for the University example	14.8 选择目标语言使用域任务作为测试任务开发的基础 14.8.1 总体考量 14.8.2 大学示例设计方案的相关部分

续表

14 Developing a Design Statement	第十四章　开发设计方案
DESCRIBING THE CHARACTERISTICS OF SELECTED TLU TASKS General considerations Relevant part of the Design Statement for the University example	14.9 描述所选择的目标语言使用域任务特征 14.9.1 总体考量 14.9.2 大学示例设计方案的相关部分
DEVELOPING A PLAN FOR COLLECTING FEEDBACK AND BACKING 14.10.1 General considerations 14.10.2 Relevant part of the Design Statement for the University example	14.10 制定收集反馈和证据的计划 14.10.1 总体考量 14.10.2 大学示例设计方案的相关部分
14.11 DEVELOPING A PLAN FOR OBTAINING, ALLOCATING, AND MANAGING RESOURCES 14.11.1 General considerations 14.11.2 Estimating required resources 14.11.3 Relevant part of the Design Statement for the University example	14.11 制定获取、分配和管理资源的计划 14.11.1 总体考量 14.11.2 估计所需资源 14.11.3 大学示例设计方案的相关部分
EXERCISES	练习
SUGGESTED READINGS	推荐阅读

　　为了更好地展示本章的写作结构，表格大纲只做到三级标题；为了展示本章更丰富的内容，思维导图做到了四级标题。

　　本章总体的写作结构是总—分式。在引言部分作者用表格列出了设计方案的 10 个部分，接下来分别对这 10 个部分进行详细阐述。10 个部分的结构基本相同，都是先呈现该部分要考量的问题，然后用大学 ESL 分班 / 免修测试设计方案的相关部分来说明每个部分该如何开发。对较为复杂的部分，还对示例进行了讨论。

　　本章写作模式为我们提供了文章写作的一种参照：阐释一个问题，从描述总体情况（一般现象）开始，再联系具体实例，这样概念或问题经历一个从抽象到具体的呈现过程，然后，在此基础上再进行阐释和讨论。以该模式写作，问题的阐述和论证较为充分，较有说服力，也有利于读者理解问题。

14.2 原著思考题及参考作答

1. 请思考一个你需要开发的测试，并为该测试开发设计方案。有何问题是你在阅读本章之前从未考虑过，但在该设计方案的开发过程中需要你去解决的？

参考作答1

设计方案总共包括10个方面的内容：1）对考生及其他利益相关者进行描述；2）描述预期有益影响；3）对决策、受决策影响的利益相关者及决策人的描述；4）对考生错误分类的后果和决策标准的描述；5）构念界定；6）对目标语言使用域进行确定并描述；7）选择作为测试任务的目标语言使用域任务；8）对选作测试任务的目标语言使用域任务进行描述；9）制定收集反馈和证据的计划；10）制定获取、分配以及管理资源的计划。

下面以"跨文化商务沟通"课程的期末测试开发为例，为该测试创建设计方案。

（1）

表 14.2 "跨文化商务沟通"期末测试受试和其他利益相关者描述

利益相关者	特质
a. 选课学生	大学英语4级考试500分以上者；在校大学生（以大二、大三学生为主）。
b. 任课教师	英语语言文学硕士；多年"跨文化商务沟通"课程教学经验。

（2）

表 14.3 "跨文化商务沟通"期末测试预期有益影响

利益相关者	预期有益影响	
	测试使用	决策
a. 选课学生	学生可以把理论应用于实践，检验自己一个学期的学习成果。	通过测试的学生可以获得2个学分；没通过的学生不能获得学分。
b. 任课教师	了解自己的教学成效，为下一轮教学方案调整提供依据。	依据测试结果做出合理的教学策略调整（比如，线上线下教学内容的调整，对学习者作业反馈方式的调整等）将有助于学生的学习和教师的教学，促进教学的良性循环。

（3）

表 14.4 "跨文化商务沟通"期末测试决策、受决策影响的利益相关者以及决策者描述

决策	受决策影响的利益相关者	决策者
"过"或"不过"	学生、任课教师	任课教师
调整课程教学策略	未来的学生、任课教师	任课教师

（4）分类错误的相对严重性、政策层面的标准决策及标准本身

- 分类错误的相对严重性：错误的否定比错误的肯定更严重，因为被错误否定的学生需要重修或选修其他外语类课程，而被错误肯定的学生对他们来说几乎不存在不利影响；

- "过"或"不过"由任课教师根据学生测试表现，对其能力进行解释，判断其是否达到教学大纲要求达到的学习目标来决定；"过"的标准：学生需完整地展示期末大作业（采访一个异文化群体成员、从课程所学知识点中至少选取 3 个作为话题进行采访、采访前撰写采访计划，采访后撰写采访日志，最后根据老师布置的 10 个问题写一份采访反思）；学生需展示跨文化知识应用能力；英语语言综合运用能力以及适当的策略能力。

（5）测试构念的界定

"跨文化商务沟通"课程的测试构念是：1）跨文化理论知识的实际应用能力；2）英语语言综合运用能力；3）跨文化交际中对元认知策略（目标设定、评价、计划等）以及认知策略（提问、语言组织、信息提取等策略）的运用能力。

（6）目标语言使用域确认与描述

需要用英语与外国人进行沟通的场景。

（7）选为测试任务开发基础的目标语言使用域任务

采访外国人。

（8）

表 14.5 "跨文化商务沟通"期末测试目标语言使用域任务特征描述

"用英语与外国人进行交流"的目标语言使用域任务特征	
环境	物理特征：任何可以进行采访的地方（学校、街上、咖啡馆等）或途径（面对面、电话、视频等）； 参与者：来自不同文化群体的个体。

"用英语与外国人进行交流"的目标语言使用域任务特征		
说明	指令	用英语进行口头采访，并对采访进行书面记录，之后要对采访进行总结和反思。
	结构	撰写采访计划—选定受访人—选定话题—采访并记录—整理—总结与反思。
	任务的相对重要性	采访并记录和总结与反思在各个分任务中是最重要的。
	时间分配	不限。
	记录方法	记录标准：是否至少选用了三个知识点作为话题来采访；是否能灵活运用跨文化知识灵活处理采访中的突发事件；语言表达是否流畅、准确、恰当？交流过程能否灵活运用策略；能否总结和反思自己的采访。
输入方式	英语、无时间限制、口头、正式、自然、半结构化。	
	主题特征：对不同文化的认知。	
预期作答	口头交流、自然、正式。 主题特征：谈论对不同文化的理解。	
输入与预期作答之间的关系	既有采访人与被采访人之间的往复性语言互动，又有各自与自我个体特征以及所接受到的信息之间的非往复性互动。 范围：大范围 直接性：直接	

（注：本课程的测评包括两部分，一部分是形成性测评，一部分是以大作业为依托的终结性测评。在形成性测评中，突出"商务"特色，有跨文化商务案例分析，模拟跨文化商务谈判以及跨文化企业设计等项目，主要是体现课程的"商务"性质。而期末大作业以跨文化知识的应用为主。）

（9）

表 14.6 "跨文化商务沟通"期末测试收集反馈和证据的计划

阶段	活动	依据	主张、理据	负责人
1. 制定计划前	1. 咨询学生 2. 记录要遵循的程序	文件：初划 文件：要遵循的程序描述	主张 1 和主张 2	教师
2. 设计	1. 确认利益相关者 2. 记录要遵循的程序	文件：利益相关者列表 文件：要遵循的程序描述	主张 1	教师
	3. 与利益相关者商议：学生 4. 记录要遵循的程序	文件：预期影响和可能的不利影响列表 文件：决策、决策人、受决策影响人列表 文件：分类错误相对严重性描述 文件：要遵循的程序描述	主张 1 中的理据 1 主张 2 主张 2 中的理据 A2，A3a，A3b 主张 1 和主张 2	教师

续表

阶段	活动	依据	主张、理据	负责人
	5. 分析教学大纲	文件：构念定义 文件：目标语言使用域描述 文件：选择的目标语言使用域任务	主张 3 中的理据A1 主张 3 中的理据C1、C2 主张 3 中的理据C1、C2	
	6. 描述目标语言使用域任务特征	文件：目标语言使用域任务描述（样本）	主张 3 中的理据C1、C2	教师
	7. 记录要遵循的程序 ● 咨询文件 ● 咨询的利益相关者 ● 观察的目标语言使用域	文件：描述要遵循的程序	主张 3	

（10）

表 14.7　"跨文化商务沟通"期末测试获取、分配和管理资源的计划

资源	1 初划	2 设计	3 实施	4 试测	5 使用
人力：教师	8 个小时	8 个小时	8 个小时	/	8 个小时
物力：空间	家里书房	家里书房	学生自由选择	/	学生自由选择
设备	电脑	电脑	手机、电脑或面对面	/	手机、电脑或面对面

在阅读本章之前，我从未考虑过要制定收集反馈和证据的计划。尽管在阅读本章之前，第 9-12 章也讲到了收集证据的渠道，但从没想过还要制定这么详细的计划。读完本章，特别是作答完本题之后，更加理解了 AUA 是一个非常严谨的测试使用论证框架。

参考作答 2

以"2019-2020（2）大学英语期末考试"开发为例

表 14.8　大学英语期末考试设计方案

原版设计方案	改编设计方案	是否是阅读后考虑的
1. 对考生和其他利益相关者进行描述（主张 1）	是。本测试的利益相关者包括考生、任课教师和学校相关管理部门。	否

原版设计方案	改编设计方案	是否是阅读后考虑的
2. 预期的有益影响（主张1）	是。学生积极备考，提升学习效果和能力，进入下一阶段学习。教师能够了解学生学习状况，制订下一步教学计划。	否
3. 对所做决策，受决策影响的利益相关者和决策制定者进行描述（主张2）	是。考试决策影响考生、教师和学校相关部分，教师是决策制定者。	否
4. 分类错误的相对严重性，有关标准的政策决策，标准本身（主张2，理据A2，A3）	是。按照统一的60分分数线对学生进行分类，相关规定是由学校制定的，标准本身是按惯例制定的。	否
5. 构念的定义（主张3，理由A1）	是。测试的构念依据大纲和课程标准。	否
6. 对目标语言使用域进行描述（主张3，理由C1）	是。如口语和写作话题基于目标语言使用域。	否
7. 选择任务作为开发测试任务的基础	是。测试任务的开发基于目标语言使用域任务。	否
8. 对选作测试任务基础的目标语言使用域任务特征进行描述	是。测试任务与选作测试任务的目标语言使用域任务从情境、说明、输入与预期作答的关系等方面密切相关。	否
9. 制定搜集反馈和证据的计划	否。开发期末测试很少计划考虑搜集反馈和证据。	是。制订计划。
10. 制定获取、分配和管理资源的计划	是。开发期末测试考虑人力资源、物力资源和时间，但是不充分，没有计划性。	是。要制订计划。

感悟：在没阅读本章之前，我们在测试开发中也基本是按照设计方案在做，但是不全面，思路不那么清晰，也不知道这样做的理据。通过回答此题，现在对这10项内容已经非常清楚了，以后的测试开发的设计方案编制要以此为参照，作答清晰不遗漏。

2. 请浏览本书所附项目并找出一个你感兴趣却没有提供设计方案的项目。请你为该项目创建一个设计方案。在创建过程中，你有何收获？

参考作答

下面将为第3个项目（Project 3）—大学初级现代汉语口语小测试创建设计方案。

（1）

表 14.9　Project 3—受试和其他利益相关者描述

利益相关者	特质
a. 学生（受试）	修读初级现代汉语的学生；母语为英语。
b. 任课教师	教授初级现代汉语的教师；母语为汉语；研究生。
c. 课程督导	母语为汉语；经验丰富的语言教师、督导；汉语语言学博士。

（2）

表 14.10　Project 3—预期有益影响

利益相关者	预期有益影响	
	测评使用	决策
a. 学生	将认真对待口语学习并相应地安排好自己的学习，使学习汉语口语的时间和努力效益最大化。	根据测评结果对自己的学习做出相应调整，使自己能以最佳的状态进行口语学习。
b. 任课教师	调整教学，以使教学更为有效。	根据测评结果进行教学策略调整，提高自己的教学效果。
c. 课程督导	搜集有关教师教学效果和教学项目的反馈信息，以为决定教师的去留以及对教学大纲做出调整提供信息。	为学生的学习提供最优的师资；为教师的教学提供更好的指导。

（3）

表 14.11　决策、受决策影响的利益相关者以及决策人描述

决策	受决策影响的利益相关者	决策制定者
基于口语测评成绩，决定学生能否升入下一级别的课程	学生	教师 课程督导
调整个人学习活动，聚焦口语	学生、教师	学生、教师
调整教学风格、教学重点和教学活动	教师、学生	任课教师
课程修订	教师、学生	课程督导；教师
保留或改变教学团队成员	课程督导、教师、学生	课程督导

（4）分类错误的相对严重性、政策层面的标准决策及标准本身

- 分类错误的相对严重性：错误的肯定比错误的否定更严重，因为被错误肯定的学生可能会在下一级课程的学习中感到困难，甚至受挫；教师的教学

因为学生的同质性被破坏，教学活动不好开展；

- 政策层面的标准决策：能否升入下一级课程由课程督导和任课教师根据测试标准和学生的表现商议决定。

- 升入下一级别的标准应该是事先确定的，应该达到什么程度／水平？根据学生的平时课堂表现，非正式测试表现和正式测试表现，重点关注学生在口语表现中的具体语篇组构能力。

（5）测试构念界定

依据课程教学大纲，初级现代汉语口语小测试的测试构念包括：1）语法准确、读音正确；2）篇章组构能力；3）词汇和句型使用的恰当性。

（6）目标语用使用域确认与描述

课堂口语教学。

（7）选作测评任务开发基础的目标语言使用域任务

课堂口语教学任务。

（8）

表 14.12 Project 3—描述所选目标语言使用域任务特征

"课堂口语教学"的目标语言使用域任务特征		
环境	物理特征：课堂 参与者：学生、教师	
说明	指令	用汉语进行口头交流
	结构	随课堂教学任务而定
	时间分配	不限
	记录方法	记录标准：语法是否准确；语音是否标准；是否能运用恰当的语篇 组构知识；词汇和句型的使用是否恰当 记录标准与程序由教师对学生进行了详细的说明 记录者：教师
输入方式	汉语、口头、听觉	
	主题特征：与课程所学主题一致	
预期作答反应特征	汉语、口头 主题特征：与课程所学主题一致	
输入与预期作答反应之间的关系	既有往复性语言互动，又有非往复性互动 范围：大范围 直接性：直接	

（9）

表 14.13　Project 3—收集反馈和证据的计划

阶段	活动	依据	主张、理据	负责人
I. 制定计划前	咨询文件 咨询利益相关者 记录要遵循的程序	文件：初划 文件：要遵循的程序描述	主张 1 和主张 2	课程督导教师
II. 设计	确认利益相关者； 记录要遵循的程序	文件：利益相关者列表 文件：要遵循的程序描述	主张 1	课程督导教师
	与利益相关者商议：学生，教师 记录要遵循的程序	文件：预期影响和可能的不利影响列表 文件：决策、决策人、受决策影响的人的列表 文件：分类错误相对严重性描述 文件：要遵循的程序描述	主张 1 中的理据 1 主张 2 主张 2 中的理据 A2、A3a、A3b， 主张 1 和主张 2	课程督导教师
	分析教学大纲 描述目标语言使用域任务特征 记录要遵循的程序 查找的文件 咨询的利益相关者 观察的目标语言使用域	文件：构念定义 文件：目标语言使用域描述 文件：选择的目标语言使用域任务 文件：目标语言使用域任务描述（样本） 文件：描述要遵循的程序	主张 3 中的理据 A1 主张 3 中的理据 C1、C2 主张 3 中的理据 C1、C2 主张 3 中的理据 C1、C2 主张 3	课程督导教师学生

（10）

表 14.14　获取、分配和管理资源的计划

资源	1 初划	2 设计	3 实施	4 试测	5 使用
人力 教师 课程督导	6 个小时 6 个小时	8 个小时 6 个小时	8 个小时 6 个小时	8 个小时 6 个小时	8 个小时 6 个小时
物力：空间	办公室	办公室	教室	教室	教室
设备	电脑	电脑	/	/	/
其他用品	/	/	评分清单	评分清单	评分清单

收获：在设计方案的开发过程中，理解了设计方案中的很多内容实际上在构建的 AUA 主张和理据中都有涉及，但设计方案中有更详细的说明。

3. 设想你被邀请评价一个没有设计方案的测试，你会如何制订评价框架？鉴于该测试没有设计方案，你在评价该测试的时候可能会遇到什么问题？

参考作答

在阅读了本章之后，如果我被邀请评价一个没有设计方案的测试，我可能还是会从测评使用论证（AUA）框架入手来评价该测试。重点放在测试构念是否与教学大纲要求、或需求分析、或语言能力理论相符上，即效度论证上。在此基础上，从影响、决策、语言能力解释和测试记录等要素来评价该测试。

鉴于该测试没有设计方案，测试就缺少了解释性信息，在评价时可能会缺乏相应的证据，从而导致评价不够客观。比如，对利益相关者认识不足，从而对测试使用和决策的预期影响估计不足，导致评价可能出现偏颇。

4. 请思考一个你可能需要开发的测试，进行需求分析以界定测试构念。

参考作答

下面我以大学英语分级教学测试为例来说明如何通过需求分析来确定测试构念。

- 确认与大学英语教学这一目标语言使用域任务语言需求熟悉的利益相关者：大学英语任课教师，大二、大三，大四的非英语专业学生，分管大学外语教学的院长和教学督导；
- 制定与利益相关者合作界定测试构念的程序；
- 执行程序以界定测试构念。

为此，本需求分析按照以下程序进行：

1）组织焦点小组座谈，了解大家对大学英语教学的认识、意见和建议；

2）对在校学生发放调查问卷，了解其对大学英语听、说、读、写教学的需求，并对问卷数据进行分析，以确认学生的主要需求；

3）对部分教师和学生进行半结构化访谈，了解教、学双方的需求；

4）根据教师和学生提供的可能的构念定义，比如语法知识、语音知识、词汇知识、语用知识、一般人文知识、跨文化知识、特定用途英语等做出构念决策。学生和教师普遍认为大学英语一方面要继续加强语言的工具性教学，同时也要以语言为中介，广泛涉猎各种文化知识。大部分师生、领导和督导都认可大学英语学习是让世界了解中国，让中国走向世界的窗口和有效途径，很难界定一个具体的目标语言使用域。因此，分级测试的测评构念为：英语语言综合运用能力。

5. 请思考一个你可能需要开发的测试，进行需求分析以确认和描述目标语言使用域。然后在该目标语言使用域中选择目标语言使用域任务，将其作为测试任务开发的基础。请解释在此过程中你是如何使用 AUA 中的理据的，并解释你在选择这个目标语言使用域任务时是如何考虑可操作性要求的。

参考作答

第 4 题已经对大学英语分级教学进行了需求分析。从大学英语分级测试的角度来说，并没有具体的目标语言使用域任务，这与专门用途英语测试非常不一样。为此，我决定选用一个专门用途英语来分析和描述。

某单位招聘金融涉外工作人员，需要考查求职者在金融工作中的英语语言能力。为开发一项能满足这一目的的测试，先要进行需求分析并确认目标语言使用域和目标语言使用域任务：

- 确认利益相关者：可能应聘这一工作的求职者，用人单位、涉外金融从业人员；
- 通过焦点小组座谈、访谈和人才市场调查等方式了解需求；
- 通过以上程序了解到专业词汇和专业文本阅读能力是最重要的两个构念。

因此，该测试的构念定义为：金融英语词汇知识和金融英语文本阅读能力；

- 目标语言使用域：金融行业英语文本阅读；
- 目标语言使用域任务：阅读金融英语文本，对文本的重要内容进行提取并总结。

在选择该目标语言使用域任务时，考虑了 AUA 中的如下理据：

- 有意义性；
- 可概推性；
- 相关性；
- 充分性。

现实生活金融领域英语文本很容易获得，因为材料完全真实，能够满足 AUA 中的以上四条理据，并且具有可操作性，目标语言使用域任务可直接用作测评任务。

6. 请描述你在第 5 个问题中选择的关键目标语言使用域任务的特征。

参考作答

关键目标语言使用域任务是指对语言使用者成功地履行自己的义务或责任来说必不可少的任务（p.304）。对于将来的涉外金融从业人员来说，在经济全球化背景下，读懂英语金融文本是其成功履行职责必不可少的任务。下面列表描述这一关键目标语言使用域任务的特征。

表 14.15 关键目标语言使用域任务特征描述

\"金融领域英语文本阅读\"目标语言使用域任务特征		
环境	物理特征：办公室、家里等 参与者：从业人员	
说明	指令	英语、书面、视觉型
	结构	随文本而变
	时间分配	不限
	记录方法	记录标准：用时长短；对文本主旨的总结、概括 记录标准与程序：阅读者自我反馈与反思

续表

"金融领域英语文本阅读"目标语言使用域任务特征		
输入方式	英语、书面	
	语言特征	语法：复杂
		语篇：高度结构化
		功能：告知、表达、信息交换等意念功能；建议、警告等操纵功能
		体裁：说明文、议论文、报告等
		语域：正式
		自然度：自然
		文化参照：多变
		修辞：多变
	主题特征：与所从事工作主题一致	
预期作答反应特征	英语、书面 主题特征：与所从事工作主题一致	
输入与预期作答反应之间的关系	非往复性语言互动 范围：大范围 直接性：直接	

14.3　补充思考题及参考作答

1. 为什么本章的标题首字母均为大写？

参考作答

　　因为 Design Statement 是一个专有名词，每个单词的首字母必须大写，所以整个标题除了不定冠词 a 外每个单词的首字母都为大写。

2. 请翻译 Table 14.1 Design Statement（p.281）。

参考作答

表 14.16 专著表 14.1 翻译

表 14.1 设计方案

设计方案

1.* 受试和其他利益相关者描述（主张 1）

2.* 预期有益影响（主张 1）

3.* 决策、受决策影响的利益相关者和决策者描述（主张 2）

4.* 分类错误的相对严重性，政策层面的标准决策，标准本身（主张 2，理据 A2 和 A3）

5.* 构念定义（主张 3，理据 A1）

6.* 目标语言使用域描述（主张 3，理据 C1）

7. 选择作为测试任务基础的目标语言使用域任务

8. 描述选作测试任务的目标语言使用域任务特征

9. 制定搜集反馈和证据的计划

10. 获取、分配和管理资源的计划

---

3. 请参照 Project 2 的 DESIGN STATEMENT（pp.13-21）部分，编制一份你为评聘更高一级职称、为报考 / 攻读博士学位或未来 5 年自我提升计划的设计方案。

参考作答 1

未来 5 年自我提升计划

（1）

表 14.17 "未来 5 年自我提升计划"利益相关者描述（1）

利益相关者	特征
我本人	中年、女性、硕士、大学从教 15 年、讲师
孩子	9 岁、女、小学生
家庭	爱人比较忙、没有老人帮忙

续表

利益相关者	特征
单位	在学校整体不大受重视，属于弱势学科
学科领域	在国内目前很受重视，2020 年 10 月 13 日，中共中央、国务院印发了《深化新时代教育评价改革总体方案》。

（2）

表 14.18 "未来 5 年自我提升计划"预期有益影响（1）

利益相关者	预期有益影响
我本人	学术毅力增强，学术能力提升
孩子	以妈妈为榜样，踏实勤奋，求实上进
家庭	形成良好的学习氛围，互相鼓励，互相支持
单位	在教学、科研等方面对单位有更多的贡献
学科、领域	为学科领域贡献一己之力
学生	受到教师潜移默化的影响，学习动力增强

（3）

表 14.19 "未来 5 年自我提升计划"决策、受决策影响的利益相关者以及决策者描述（1）

决策	受决策影响的利益相关者	决策制定者
每天学习至少 3 个小时	我本人、孩子、家庭、学生	我本人
5 年内至少发表 3 篇 C 刊论文	我本人、孩子、家庭、单位	我本人
每年至少参加两次学术会议	我本人、单位、学生	我本人、单位
参加网络学术共同体	我本人、孩子、家庭、单位	我本人
至少主持完成 2 个省部级教改或教育科学规划课题	我本人、单位、学生	我本人

（4）分类错误的相对严重性、政策层面的标准决策及标准本身

不适用。

（5）测试构念界定

自我提升主要是学习能力、学习毅力、专业素养和教研素养的提升，自我提升不等于评职称。自我提升是我的内在需求，有着强烈的自我驱动力。因为少了一份利益的驱使，心更能静下来，踏踏实实做好每一件事。

（6）目标语言使用域确认与描述

不适用。

（7）选作测评任务开发基础的目标语言使用域任务

不适用。

（8）描述所选目标语言使用域任务特征

不适用。

（9）制定收集反馈和依据的计划

与利益相关者商议自己的自我提升计划，阐明自我提升能给各方带来的有益影响，论证自我提升计划的合理性，即可操作性。

（10）制定获取、分配和管理资源的计划

表 14.20 "未来 5 年自我提升计划"需要的资源（1）

资源	具体内容
人力	我自己、家人、老师、领导、学友
物力	书房、图书馆、书籍、文献、电脑等
时间	每天至少 2 小时的整块时间；每周至少 1 个整天、寒暑假的时间

表 14.21 "未来 5 年自我提升计划"可用的资源（1）

资源	具体内容
人力	我自己、家人、老师、领导、学友
物力	书房、图书馆、书籍、文献、电脑等
时间	每天晚上 9：30 之后的时间属于我自己；周末 1 个整天问题不大；寒暑假时间基本可控

参考作答 2

未来五年自我提升计划设计方案

（1）

表 14.22 "未来 5 年自我提升计划"利益相关者描述（2）

利益相关者	特征
我自己	中年、女性、硕士、高校从教 17 年、职称晋升滞后、科研能力未被激发
孩子及爱人	两个孩子：老大高三，比较省心，只需要提供一日三餐；老二不到三岁，未入学，需要照看 爱人：工作时间比较灵活，可以帮忙带孩子，非常支持我的工作

续表

利益相关者	特征
老人	两位母亲，一位身边离不开人需要照顾；另一位是带孩子的主力，全力支持我学习、工作
单位	在学校地位还可以，招生人数多；但科研整体较弱，承受压力较大，正在努力提升

（2）

表 14.23 "未来 5 年自我提升计划"预期有益影响（2）

利益相关者	预期有益影响
我自己	通过学习，个人学术能力提升，有学术论文产出，自我价值感增强；年终奖会增加
孩子及爱人	对孩子而言：以身作则，让孩子明白人生是需要去奋斗的，要不断进取；学无止境；做事需要坚持 爱人：在我的带动下也开始读一些（商业以外的）专业书籍 对整个家庭而言，个人进步的幸福感会感染整个家庭
老人	收入的增长为老人提供更好的养老条件
单位	教师科研能力获得提升，科研产出增加；教师教学能力提高、学生满意，学校满意

（3）

表 14.24 "未来 5 年自我提升计划"拟做决策、受决策影响的利益相关者及决策负责人描述（2）

决策	受决策影响的利益相关者	决策制定者
每天坚持读书不少于 2 个小时	我本人、孩子、爱人、老人、单位	我本人
参加学术共同体学习	我本人、孩子、爱人、老人、单位	我本人
每年写 1-2 篇论文，先从省级期刊发表开始	我本人、单位	我本人
争取成功申请一个项目（系级、校级或省级）	我本人、单位	我本人
和团队完成一门课程项目建设	我本人、团队成员、单位	单位、课程团队

（4）错误分类相对严重性、政策层面的标准决策及标准本身

不适用。

（5）构念界定

这里的个人自我提升主要是偏重个人学术能力的培养，同时当然也会有个人意志的磨练、习惯的养成，甚至为人处世能力和业务能力的影响。

（6）目标语言使用域描述

不适用。

（7）选作开发测试任务依据的目标语言使用域任务

不适用。

（8）选作开发测试任务依据的目标语言使用域任务特征描述

不适用。

（9）制定收集反馈和证据的计划

与主要利益相关者协商，主要是爱人和带孩子的母亲，两人都全力支持。但是更关键的是我本人。需要说服自己不仅要输入，更要输出，多训练才可能有高质量产出。（最好能访学半年或者一年，有时间、精力和环境，集中高强度输入，突破一篇高质量的文章或一项高水平的课题申请。）

表 14.25 资源获取、分配及管理方案

我需要的资源	可获得的资源
人员：我自己、家人、学术共同体、科研团队	我自己、家人、学习共同体、课程团队
空间：自己独立的学习空间 设备：电脑、打印机、图书馆文献 材料：电脑耗材（打印纸、各种学习用品）	家里、单位都有自己独立的学习空间 设备：电脑、打印机，学校图书馆提供免费文献下载支持 其他材料：电脑耗材
时间：每日 2-4 小时的学习、阅读时间	时间：可以保证

个人感觉这个五年计划其实不难实现，但是长时间没有做研究，之前的知识和理念已经很陈旧，虽然也有不断地吸收和学习，总感觉不成体系，所以无论从哪个方向走都举步维艰。不过，还是要努力！不单纯为了职称晋升，个人的提升也非常有意义！

15 Developing assessment tasks
第十五章　编制测试任务

15.1　章节目录

1. 思维导图呈现本章目录

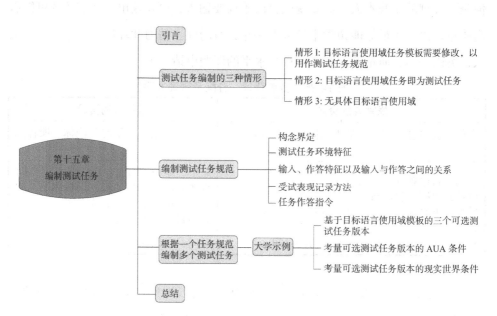

图 15.1　第十五章目录思维导图

2. 表格呈现本章目录

表 15.2　第十五章表格目录

15 Developing assessment tasks	第 15 章 编制测试任务
INTRODUCTION	15.1 引言
THREE SITUATIONS FOR DEVELOPING ASSESSMENT TASKS Situation 1: TLU task template needs to be modified for use as assessment task specifications Situation 2: TLU task is the assessment task Situation 3: no specific TLU domain	15.2 编制测试任务的三种情形 　　15.2.1 情形 1：目标语言使用域任务模板需要修改，以用作测试任务规范 　　15.2.1 情形 2：目标语言使用域任务即为测试任务 　　15.2.1 情形 3：无具体目标语言使用域
DEVELOPING ASSESSMENT TASK SPECIFICATIONS The definition of the construct to be assessed The characteristics of the setting of the assessment task Characteristics of input, response, and relationship between input and response Method for recording test taker's performance Instructions for responding to task	15.3 编制测试任务规范 　　15.3.1 构念界定 　　15.3.2 测试任务的情境特征 　　15.3.4 输入、作答特征及输入与作答之间的关系 　　15.3.5 受试表现记录方法 　　15.3.6 任务作答指令
DEVELOPING MULTIPLE ASSESSMENT TASKS FROM ONE TASK SPECIFICATION University example Three alternative versions of assessment tasks based upon TLU task template Considerations of competing AUAs in selecting among alternative assessment tasks Real world considerations in choosing among alternatives	15.4 根据一个任务规范编制多个测试任务 　　15.4.1 大学示例 　　15.4.1.1 基于目标语言使用域模板的三个可选测试任务版本 　　15.4.1.2 考量可选测试任务版本的 AUA 条件 　　15.4.1.3 考量可选测试任务版本的现实世界条件
EXERCISES	练习

　　本章内容非常清晰，从目录就能够了解本章的主要内容。引言部分说明测试任务作为测试基本单位的重要性，但是测试任务编制可能面临多种问题。如何解决这些问题是本章的主体部分。首先要了解测试任务编制的情形，确定是修改目标语言使用域任务以用作测试任务模板，直接将目标语言使用域任务作为测试任务，还是没有具体的目标语言使用域。然后要编制测试任务规范，最后通过大学的案例展示如何根据任务规范编制测试。

15.2 原著思考题及参考作答

1. 请列出你曾开发或使用过的测试，每项测试对应三种测试任务规范编写情形中的哪一种？

参考作答1

作答依据：第一遍读题，以为三种情形是编制测试任务的三种情形，因为在原文中是非常清晰的二级标题。翻译成汉语之后再细看，发现是编写测试任务规范的三种情况，再看专著，发现编制测试任务的三种情形里第一种是关于对目标语言使用域任务做出修改以用作测试任务规范的情形，其下确实又分成三种情况。但是，又觉得作者的意图也许是询问主标题的三种情况，于是决定作答时把这两种理解放在一起来作答。先把各种情形列举如下，再列表回答问题：

编制测试任务有三种情形：

情形1　修改目标语言使用域任务模板以将其用作测试任务规范

　　1.1 改动幅度很小，只需改变任务情境特征；

　　1.2 改动幅度大，比如，从实况到录像，从口语到书面语；

　　1.3 目标语言使用域任务直接用作测试任务具有可操作性，但是需要稍作修改以满足 AUA 中的相关理据。

情形2　目标语言使用域任务就是测试任务。

情形3　没有特定的目标语言使用域。

表 15.2　测试与测试任务编制情形对应表（1）

考试名称	编制测试任务（规范）的三种情形	说明
大学英语四、六级（CET4, CET6）	3	大学英语四、六级考试考察学生的综合英语应用能力，没有明确的目标语言使用域。
专业英语四、八级（TEM4, TEM8）	3	同上

考试名称	编制测试任务（规范）的三种情形	说明
剑桥商务英语高级考试（BEC Higher）	1.2	此类考试有明确的目标语言使用域，但很难将目标语言使用域任务直接用作测试任务。BEC Higher 的考试，尽管试题尽量贴近商务环境（例如听力和写作），但测试任务并不是完全照搬目标语言使用域任务，需要做出修改，有些甚至是比较大的修改才能作为测试任务。
"商务英语口语"随堂测试	2	教学任务即测试任务，只是对学生的任务表现有确切的观察和记录程序。

参考作答 2

表 15.3 测试与测试任务编制情形对应表（2）

情形	开发过的测试	使用过的测试
目标语言使用域任务模板需要修改，以用作测试任务规范	学生的期末口语考试	IELTS
目标语言使用域任务即测试任务	课堂的形成性测试	随堂测试
无具体目标语言使用域	"大学英语"期末考试	大学英语四、六级考试

2. 请浏览网站所附项目，找一个你感兴趣的、只简要描述了测试任务类型，但是没有提供测试规范的项目。请按照表 15.3 的格式为该任务类型编写测试规范。

参考作答 1

表 15.4 Project 7—ESL 语法编辑测试任务规范

测试任务类型特征（基于项目和第 3 章 / 第 4 章的内容）

情境	教室（作为考场）	
考试说明		
指令	目标语言，视、听，【口头（一般指令）、书面（测试任务卷面指令）】	

续表

结构	1. 部分：1 个 2. 任务界限的突出显示：非常突出和明显，对需要修改的地方标上阿拉伯数字序号并加黑 3. 任务顺序：由语法结构在文章中的自然顺序决定 4. 任务的相对重要性：每个任务同等重要 5. 任务数量：50 个
时间分配	50 分钟
记录方法	1. 测试记录类别：分数 2. 正确的标准：测试开发者对语法准确度和标点符号使用的正确性都有规定 3. 记录程序：测试开发者提供书面评分答案，由评分员评分 4. 记录员：评分员评分结束后，记录学生的总分
输入	
格式	1. 媒介：视觉 2. 形式：语言 3. 语言：目标语言（英语） 4. 长度／时间：含有 50 个任务，每个任务提供 3 个选项，每个选项以数字标记；分为几段；50 分钟 5. 时间紧张程度：比较紧张，每个任务只有 1 分钟作答时间 6. 类型：需要解读的文本输入
语言特征	1. 语法：复杂，有 50 个不正确的语法结构和标点符号 2. 文本：非常有条理 3. 功能：概念功能知识 4. 体裁：记叙文 5. 语域：相对正式 6. 地道程度：地道 7. 文化参考：有限 8. 修辞：有限
话题特征	个人经历
预期作答反应	
格式	书面、选择、时间相对紧张
语言特征	不适用
话题特征	不适用
输入和作答反应之间的关系	
外在互动类型	学生和书面文本之间的非往复性互动

范围	窄
直接性	直接

测试任务规范（pp.327-328）

测试构念
关于语法—编辑的知识，具体如下： 1. 时态和语态 2. 主谓一致 3. 词序 4. 冠词 5. 可数名词和不可数名词 6. 并列结构 7. 主从结构 8. 流水句和逗号粘连错误 9. 句子碎片化 10. 过渡

测试任务情境特征

A. 物理特征：考生很熟悉的教室，安静、明亮、温度适宜、座位间隔大
B. 参与人员：
  1. 受试：学习完语法—编辑课程，即将学习大学预科英语写作的学生
  2. 监考教师：经验丰富、训练有素
C. 考试时间：上午 9 点—10 点，提前 10 分钟进考场，作答时间 50 分钟

输入和预期作答反应特征以及输入和作答反应之间的关系（在上述测试任务特征中已有详细说明）

受试作答表现的记录方法（根据第 16 章内容作答）

分数作为测试记录 根据正确完成的测试任务数量计算得分 正确的标准：选择唯一正确的答案 评分程序：按照对 / 错评分 记录人员：评分员

作答指令
文章含有 50 个可能有错之处，均涉及语法—编辑课讲授过的语法—编辑问题。每个可能有错之处都标有加粗的数字序号。请从每个可能有错之处提供的选项中选择唯一的正确答案，把答案填涂到答题卡上。

参考作答 2

表 15.5 Project 4—电话公司员工招聘写作测试任务规范

电话公司员工招聘写作测试任务规范

Ⅰ 测试能力定义（测试构念界定）

  A 语法和相关的标点符号知识

  B 词汇知识

  C 篇章组织和衔接知识

  D 主题知识

Ⅱ 施考环境特征

  A 物理特征

    1 测试室（由会议室充当），安静、舒适

    2 设备

      每位应聘者一台电脑

      网络连接

      所有应聘者均熟悉电脑操作和网络连接

  B 参与者

    1 受试：应聘者（母语为英语或非英语）

    2 施考者：部门主管

  C 时间：上午 10：00

Ⅲ 输入的特征、预期作答反应特征以及输入与作答之间的关系

  A 输入

    1 格式

    （a）渠道：视觉（电脑上的书面提示）

    （b）形式：语言

    （c）语言：英语

    （d）长度：简单的投诉电话信息留言

    （e）信息载体：复制

    （f）速度：时间充裕

    （g）类型：解释性输入

    2 输入的语言

    （a）语言特征

    组构特征：客户投诉的关键信息（时间、地点、投诉人、电话、投诉信息）

      ● 语法

      词汇：通用词汇、专业词汇

      句法：单词、短语、句子

      笔迹：打印字体

      ● 语篇（衔接与组构）

      衔接：没有显示衔接特征，提示信息逐条呈现

      组构：单词、短语

    （b）语用特征

      功能特征：意念功能、操纵功能和启发功能

      社会语言学特征：留言、标准英语、非正式语域、自然

    3 主题特征：电话公司客户投诉

  B 预期作答反应特征

    1 格式

    （a）渠道：视觉

（b）形式：语言
（c）语言：英语
（d）长度：一篇正式商务信函、一篇非正式备忘录
（e）类型：拓展性产出
（f）速度：30 分钟内完成一篇正式商务信函和一篇非正式备忘录
2 作答的语言
（a）语言特征
组构特征
- 语法
词汇：准确使用丰富的通用词汇和专业词汇
句法：单词、短语、句子使用准确
笔迹：打印字体
- 篇章
衔接：衔接手段清晰、意思表达连贯
组构：正式商务信函和非正式备忘录的组构特征
（b）语用特征
功能特征：意念、操纵和启发功能
社会语言学特征：信函、标准英语、正式和非正式、自然
3 主题特征：处理电话公司客户的投诉
C 输入与作答之间的关系
1 外部互动特征：非往复性
2 联系范围：窄（备忘录）；宽（回复客户投诉信）
3 联系的直接性：直接和间接（直接指写作要基于所给的提示信息；间接指写作要
利用自己对于处理投诉的业务流程知识）
Ⅳ 受试表现记录方法
A 标准与呈现方式要用通俗易懂的语言告知利益相关者
B 评分员从语法、词汇、篇章组织和衔接、语域以及主题知识五个方面按照评分量
表给每位受试（应聘者）进行分析性评分
C 由评分员综合五项得分生成学生的整体得分
Ⅴ 任务作答指令
请根据所给提示信息在 30 分钟之内完成两篇写作，一篇为正式商务信函——写给
投诉客户的回信，处理投诉信息；一篇为非正式备忘录——写给公司相关部门的同事，
解释投诉的相关问题并请求对方处理这些问题。
答案顺序：请先在 5 分钟内完成备忘录，然后点"提交"，在接下来的 25 分钟内
写商务信函，完成后点"提交"，测试完成。

3. 请浏览网站所附项目的测试任务类型并思考你自己的测试需要。选
定一个适合你的测试情境使用的任务类型。需要对该任务类型做出
哪些修改才能达到你的测试目的？

参考作答 1

表 15.6　测试任务修改前后对照表（1）

测试情境	考查学生对课文中出现的语法知识的掌握情况	
项目中的测试任务类型	项目 7：语法 — 编辑测试	
需要做出的修改	改前	改后
任务数量	50 个	15 个（只需选取典型语法问题进行测试）
时间分配	50 分钟	20 分钟（测试任务数量减少，测试用时也应相应地减少）
任务界限的突出显示	非常突出	不突出（由学生自己确认哪里有错误）
作答反应形式	选择	有限产出
正确标准	唯一正确答案	多个可能正确的答案
记录人员	评分员	同伴评价和老师评价

参考作答 2

　　为测试学生是否掌握了英语动词的时态和非谓语动词的用法，我决定选用学生的习作来做改错练习（这既是语言教学任务也是测试任务）。根据我的测试需要，我认为所附项目 7 的任务类型很适合我的测试情境。但为了更好地达到测试目的，需要对该测试任务类型做适当的修改。修改主要表现在以下三个方面（见下表）：

表 15.7　测试任务修改前后对照表（2）

项目 7 任务类型	我的测试任务	修改之处
要修改的错误包括动词形式、冠词、关系代词、名词的可数性以及词序。	只关注动词的时态和非谓语动词的用法。	缩小任务范围，使测试更加有针对性。
每个错误均以数字标识并用粗体凸显。	不会在习作中标记和突显错误。	让学生自己找错误，加大了测试难度。
为每个错误提供 4 个可能的正确选项。	在认为错误的地方进行修改。	不提供正确答案选项，加大了测试难度，但较之项目 7，意义性和概括性理据得以加强。

4. 思考你开发或使用过的测试，该测试中的某项任务看起来似乎明显是基于某一目标语言使用域任务开发的。请描述目标语言使用域任务（模板）特征和测试任务特征。这两组特征有哪些相似和不同？

参考作答 1

表 15.8　英语专业八级考试听力理解测试任务特征与目标语言使用域任务特征对比

特征	相同		不同	
			目标语言使用域任务	测试任务
情境	教室、同学、老师		1. 在自己的班级，环境更熟悉；氛围更轻松； 2. 本班同学之间可以讨论； 3. 学生如果不会，可以问授课老师，老师会予以解答。	1. 考场不一定是自己的上课教室；气氛紧张； 2. 不一定是本班同学在一起；互相之间不可以讨论； 3. 监考老师不会提供与测试内容相关问题的解答。
考试说明				
指令			目标语言、也可能用母语重复；口头	目标语言；书面
结构	部分	1		
	任务界限的突出显示		老师也许会提供讲座提纲；大多数情况下学生自行记笔记，任务界限不突出显示	非常突出和明显
	任务顺序		从某种意义上讲，自行记笔记只有一个任务	由信息在文章中的自然顺序决定
	任务的相对重要性		只有一个任务	每个任务同等重要
	任务数量		不限	15 个
时间分配			45 分钟（一节课）	15 分钟

续表

特征		相同	不同	
			目标语言使用域任务	测试任务
记录方法	测试记录类别		不适用	分数
	正确性标准		不适用	测试开发者对语义和拼写准确度的规定，如：需要加 –ing 的动词填了原形也算对。
	记录程序		不适用	测试开发者提供书面评分参考答案；评分员评分。
	记录员		不适用	评分员
输入				
格式	媒介		现场上课；视（授课教师、PPT）、听	录制的音频；视（题目）、听
	形式	语言		
	语言	目标语言（英语）	有可能夹杂母语	
	长度/时间		文本长度不确定；45分钟	900字；15分钟
	时间紧张程度		不紧张	紧张
	类型	需要解读的听力文本		
语言特征	语法	复杂		
	文本	有条理	老师可能会自由发挥	非常有条理
	功能	概念功能	启发和操控功能	
	体裁	说明、议论、记叙		
	变体	学术		
	语域	相对正式		
	地道程度		取决于教师个体	地道
	文化参考		取决于课程和教师风格	有限
	修辞		取决于课程和教师风格	有限
话题特征			本课程内容	与英语专业课程知识相关

特征		相同	不同	
			目标语言使用域任务	测试任务
预期作答反应				
格式	媒介	书面	可使用电脑	手写
	形式	语言		
	语言	目标语言（英语）	有可能夹杂母语	
	长度/时间		文本长度不确定	每个空填3词以内的短语
	时间紧张程度		紧张/不紧张（取决于老师语速和课堂容量）	紧张
	类型		语篇、句子、短语	短语
语言特征	语法		复杂程度取决于授课内容；可能更多记录非完整句子	不涉及句子层面的语法
	文本		好的笔记会比较有条理	不涉及衔接和篇章组织
	功能	概念功能		
	体裁		可能体现不出体裁	不适用
	语域	相对正式		
	地道程度		取决于个体	地道
	文化参考		取决于课程	有限
	修辞		取决于课程	有限
话题特征			本课程内容	与英语专业课程知识相关
输入和作答反应之间的关系				
外在互动类型			学生与教师的往复性互动（如果提问的话）	学生与音频和题目之间的非往复性互动
范围			宽	窄
直接性		直接		

参考作答 2

表 15.9　求职信写作任务与目标语言使用域任务特征对比

目标语言使用域任务特征		测试任务特征	
Ⅰ 任务 情境 特征	A. 物理特征：在家、单位或者图书馆等可能的地方 B. 参与者：求职者、招聘人员 C. 任务时间：无时间限制	Ⅰ 任务 情境 特征	A. 物理特征：教室 B. 参与者：考生和监考教师 C. 任务时间：在规定时间内完成
Ⅱ 指令 特征	A. 说明：公司招聘条件和要求 1. 语言：目的语 2. 渠道：视觉 3. 结构规范，遵循人才招聘的正常程序 B. 结构 1. 部分/任务数量：1 2. 突出部分/任务数量：无 3. 部分/任务顺序：只有一部分一个任务 4. 部分/任务的相对重要性：一样 5. 每部分任务数：只有一个部分一个任务 C. 时间分配：无时间限制 D. 记录方法 1. 测试记录的类型：分数、描述 2. 正确的标准：招聘要求 3. 产生测试记录的程序：按照求职单位安排 4. 记录人员：招聘人员	Ⅱ 指令 特征	A. 说明：考试要求 1. 语言：目的语 2. 渠道：视觉 3. 结构规范，考生遵循的程序，测试记录产生程序 B. 结构 1. 部分/任务数量：1 2. 突出部分/任务数量：无 3. 部分/任务顺序：只有一部分一个任务 4. 部分/任务的相对重要性：一样 5. 每部分任务数：只有一个部分一个任务 C. 时间分配：规定时间内 D. 记录方法 1. 测试记录的类型：分数、描述 2. 正确的标准：考试要求 3. 产生测试记录的程序：按照考试要求 4. 记录人员：评分员
Ⅲ 输入 特征	A. 形式 1. 渠道：视觉、听觉、两者兼而有之 2. 形式：语言 3. 语言：目标语 4. 长度/时间：不严格限制 5. 媒介：再现 6. 速度要求：时间不紧张 7. 类型：解释性输入 B. 输入语言 1. 语言特征 a）组织结构： （1）语法：词汇句法合理 （2）语篇：连贯衔接，组织合理 b）语用特征 求职、正式语体 2. 主题特征：求职	Ⅲ 输入 特征	A. 形式 1. 渠道：视觉 2. 形式：语言 3. 语言：目标语 4. 长度/时间：严格限制 5. 媒介：现场 6. 速度要求：有时间限制 7. 类型：解释性输入 B. 输入语言 1. 语言特征 a）组织结构： （1）语法：词汇句法合理 （2）语篇：连贯衔接，组织合理 b）语用特征 求职信、正式语体 2. 主题特征：求职信

续表

目标语言使用域任务特征		测试任务特征	
Ⅳ 预期作答特征	A. 形式 1. 渠道：视觉、听觉、两者兼而有之 2. 形式：语言 3. 语言：目标语 4. 长度 / 时间：不严格限制 5. 媒介：再现 6. 速度要求：时间不紧张 7. 类型：解释性输入 B. 预期作答语言 1. 语言特征 a）组织结构： （1）语法：词汇句法合理 （2）语篇：连贯衔接，组织合理 b）语用特征 求职、正式语体 2. 主题特征：求职	Ⅳ 预期作答特征	A. 形式 1. 渠道：视觉 2. 形式：语言 3. 语言：目标语 4. 长度 / 时间：严格限制 5. 媒介：现场 6. 程度要求：考试时间内 7. 类型：解释性输入 B. 输入语言 1. 语言特征 a）组织结构： （1）语法：词汇句法合理 （2）语篇：连贯衔接，组织合理 b）语用特征 求职信、正式语体 2. 主题特征：求职信
Ⅴ 输入与预期作答的关系	A. 外部互动的类型：非往复性的互动 B. 关系范畴：广泛的 C. 关系的直接性：直接	Ⅴ 输入与预期作答的关系	A. 外部互动的类型：非往复性互动 B. 关系范畴：广泛的 C. 关系的直接性：直接
共同点：无论是目标语言使用域任务还是测试任务都具有某些相同的任务特征要素。二者都包括任务特征的所有要素，有些要素也完全相同。			
不同点：在基本框架相同的基础上，二者在任务情境特征、输入以及预期作答反应几个方面都会有些差异，因为测试任务要满足 AUA 的理据并考虑现实世界条件的限制，及可论证性和可操作性，在很多情况下都需要对目标语言使用域任务做出或大或小的改动。			

15.3 补充思考题及参考作答

1. 请用自己的语言概括第 15 章，然后对照“导读”中的第 15 章，对比两者的异同。

参考作答 1

表 15.10　第十五章我的概括与"导读"的概括对比（1）

我的概括	导读的概括
编制测试任务需要遵循一个系统的程序，要建立在目标语言使用域任务特征的认识之上。 　　作者首先了列举编制测试任务的三种情形，即目标语言使用域任务需要进行修改才能作为测试任务规范，修改的幅度不等；目标语言使用域任务直接作为测试任务；没有明确的目标语言使用域，即便如此，也要根据受试特征和测试构念创建假设的目标语言使用域和任务，确保测试的有效性。作者接着阐述测试任务规范应包含的内容，并给出根据一个测试任务规范创建多个测试任务的框架，最后以大学项目为例，呈现权衡不同测试任务版本，最后确定测试任务的过程。	测试任务是一项测试的基本单位。测试实施阶段的主要活动就是测试任务的编制。测试任务的编制与测试设计阶段也有密切关联。只有在设计阶段就认真对待设计方案撰写和 AUA 框架构建，对任务使用的合理性论证才能成为可能。此外，只有认真衡量现实世界的不确定性，测试任务的编制才会更加务实。 　　编制测试任务应重点考虑两大方面。其一、测试任务和目标语言使用域任务的关系；其二、测试任务规范。测试任务和目标语言使用域任务存在三种关系：目标语言使用域任务适当修改即可当作测试任务，目标语言使用域任务直接充当测试任务，不存在明确的目标语言使用域。即便没有明确的目标语言使用域，也需要测试开发者根据考生特征和构念定义假想一个目标语言使用域，依此进行测试任务的编制。编写测试任务规范时，要讲清楚构念定义和测试任务的各类特征。 　　上述工作完成后，任务（试题）命制人员才能着手编写试题。此处，作者仍以本书配套的第二个测试项目为例，为读者呈现了任务编制的典型范例。
相同之处	都涵盖了本章的要点：测试任务与目标语言使用域任务的关系以及测试任务规范。
不同之处	我的概括拘泥于本章的内容要点本身，分别阐述任务编制的三种情形和编写测试规范的要点；而导读则先宏观阐述测试任务的重要性及其编制在整个测试开发过程中的地位，更有高度。总结两个要点时更有条理。

参考作答 2

表 15.11　第十五章我的概括与"导读"的概括对比（2）

我的概括
本章开始进入了测试开发和使用的第三阶段——实施阶段。本章的主题"编制测试任务"是实施阶段的中心活动，因为测试任务是任何语言测试的基本单位。但测试任务的编制不能天马行空，失去其可概推性、有意义性，或因为没有考虑现实世界资源的局限性，失去可操作性。因此，作者建议依据设计方案和 AUA 进行测试任务开发，确保测试任务使用的合理性能被有效论证。 　　在测试任务编制过程中，测试开发者首先要确定测试任务编制情形，其次要用与特定情形相符的方式编制测试任务规范。为此，作者对测试任务开发的三种情形进行了详细说明。第一种是需要对目标语言使用域任务进行修改的，这往往是因为该任务在测试环境下不具有操作性或不满足 AUA 中的某些理据；第二种是目标语言使用域任务可直接用作测试任务，如随堂测试；第三种是没有具体的目标语言使用域，这种情形下测试任务的编制要考虑测试构念和受试特质。

测试任务的编制要根据测试任务规范来进行，因此，作者阐述了测试任务规范的五个组成部分。通过项目——大学分级测试的示例说明了在目标语言使用域（TLU）任务的基础上，测试任务的生成过程还要考虑 AUA 中的理据和现实世界的条件限制，展示了完整的测试任务编制过程和详细的测试任务规范。
导读的概括（参见上表）
相同点：都概括了测试任务编制的重要性和测试任务编制要考虑的两个方面，且对三种情形都进行了较为详细的解读。
不同点：我的概括更多的是在"述"，且对测试任务规范没有进行详细的解读；导读更多的是对专著内容的"抽象"概括，比如对测试任务编制要考虑的两个方面，我是翻译了原文，而导读是进行了抽象概括。相对来说，自己在对内容的凝练和概括方面还有待加强。

2. 如果把我们的导读作为形成性评价的一项测试任务，请参照表 15.3（p.333）编制一份导读测试任务规范。

参考作答 1

表 15.12　导读测试任务规范（1）

Ⅰ测试构念
A. 语言知识 读懂语言复杂、相对不熟悉的测试领域的学术专著，能通过分析文本，对语言和思想内容进行深度的思辨性理解。 B. 策略能力 1. 设立目标 在无法完成全部任务的情况下选择尽力尝试完成尽可能多的任务。 2. 评估 评估成功完成任务的可行性，降低"成功"的标准，努力尝试，不怕出错；评估自己具备的相关知识，开发新资源、扩充知识来更好地完成任务。 3. 制定计划 使用自己所具备的知识和资源，先阅读专著，再完成思考题作答。
Ⅱ测试任务情境特征
A. 物理特征 （1）家中：无独立空间、吵闹 （2）设备：计算机、书桌 B. 参与人员 （1）自己：大学英语教师，有强烈的学习动机，但是能力不足 （2）导读专家 （3）学友：榜样的力量、互相帮助 C. 时间 相对自由，但是总不够用。

续表

Ⅲ输入和作答反应特征以及输入和作答反应之间的关系

A 输入
1. 格式
（a）媒介：视（纸质书籍）、听（微信语音课）
（b）形式：语言
（c）语言：英语 / 中文
（d）长度：整本书 494 页，各章长度从 7–56 页不等，每次阅读两章左右。
（e）信息载体：复制
（f）时间限制：相对宽松，阅读时间比较宽裕
（g）类型：需要理解的输入
2. 输入的语言
（a）语言特征
　　组构特征
　　● 语法
　　　形态和句法：复杂、丰富的句法结构
　　　词汇：丰富，包括通用词汇和测试专业术语
　　　书写形式：印刷
　　● 文本特征
　　　结构严谨、条理清晰、使用了丰富的衔接手段
（b）语用特征
　　● 功能
　　　概念功能、启发功能
　　● 社会语言学
　　　标准的官方语言、正式、地道、有限的文化参考、丰富的修辞
3. 话题知识
　　语言测试、学术
B 预期作答反应特征
1. 格式
（a）媒介：视（手写或计算机输入）
（b）形式：语言
（c）语言：英语 / 汉语（更佳）
（d）长度：每章作业视完成情况几百字到几千字不等，如本章作答 4830 字
（e）时间紧张程度：很紧张，很难全部完成
（f）类型：延伸产出
2. 作答的语言
（a）语言特征
　　● 组构特征
　　　语法
　　　形态和句法：复杂、丰富的句法结构
　　　词汇：丰富，包括通用词汇和测试专业术语
　　　书写形式：手写 / 电脑打字
　　● 文本特征
　　　结构比较严谨、条理比较清晰
（b）语用特征
　　● 功能
　　　与专著和题干相同：概念功能、启发功能
　　● 社会语言学
　　　标准的官方语言、正式、地道、有限的文化参考和修辞

3.话题知识 与专著和题干相同：语言测试、学术 C 输入和预期作答反应之间的关系 1.外在互动类型：非往复性／往复性互动 2.关系范围：宽，需要理解整章内容才能作答与互动 3.关系的直接性：直接
Ⅳ受试作答表现记录方法
在群里提交电子版；给导读专家和汇总同学发送电子邮件 导读专家对作答进行反馈、在群里语音讲解和点评
Ⅴ作答指令
课后思考题：没有指令 导读专家补充的思考题 书面：请先完成第 X 章专著后面的思考题，然后作答下列思考题 口头：哪怕只完成一道也欢迎提交，不要剥夺大家向你学习的机会

参考作答 2

表 15.13　导读测试任务规范（2）

导读任务规范
Ⅰ测试能力定义 　A 学术毅力 　B 科研素养 　C 测评素养 Ⅱ施考环境特征 　A 物理特征 　　1 微信学习群 　　2 设备 　　　a）手机或电脑 　　　b）网络连接 　B 参与者 　　1 受试：所有学员 　　2 施考者：导读专家 　C 时间：每周日晚 7：00-9：40 Ⅲ输入特征、作答特征以及输入与作答之间的关系 　A 输入 　　1.格式 　　　a）渠道：听觉（微信语音）、视觉（专著阅读、作业、文献等） 　　　b）形式：语言 　　　c）语言：英语、汉语 　　　d）长度：1 本 500 多页的专著 　　　e）信息载体：再加工文本／实时语音互动 　　　f）速度：时间充裕 　　　g）类型：需理解的输入

续表

2. 输入语言 　（a）语言特征 　　组构特征：高度结构化 　　　● 语法 　　　词汇：通用词汇、专业词汇 　　　句法：长难句 　　　● 语篇（衔接与组构） 　　　衔接：大量读、写任务的衔接。 　　　组构：任务非常严谨。 　（b）语用特征 　　功能特征：意念功能、操纵功能和启发功能 　　社会语言学特征：标准英语 / 汉语、正式和非正式语域、自然 　3. 主题特征：测试使用论证 B 预期作答反应特征 　1 格式 　　a）渠道：听觉（微信语音）、视觉（专著阅读、作业、文献等）形式：语言 　　b）语言：英语 / 汉语 　　c）长度：一本 500 多页的专著阅读和补充思考题作答 　　d）类型：拓展性产出 　　e）速度：三个半月左右 　2. 输入的语言 　　a）语言特征 　　　组构特征 　　　● 语法 　　　词汇：准确使用丰富的通用词汇和专业词汇 　　　句法：标准英语 / 汉语 　　　笔迹：打印字体 　　　● 篇章 　　　衔接：每阅读完一章就要完成一章的思考题作答并提交 　　　组构：作答仔细、严谨。 　　b）语用特征 　　　功能特征：意念、操纵和启发功能 　　　社会语言学特征：标准英语 / 汉语、正式和非正式语域、自然 　3. 主题特征：测试使用论证 C 输入与作答之间的关系 　1. 外部互动特征：相互关联；往复性和非往复性皆有 　2. 联系范围：宽，要加工的输入很多 　3. 联系的直接性：直接和间接（直接指思考题作答可直接通过专著阅读完成；间接 　　指思考题作答需要借助学员的话题知识才能完成） Ⅳ 受试表现记录方法 A 专著阅读完成情况 B 思考题作答情况 Ⅴ 任务作答指南 指导语：请根据每周安排完成专著相关章节的阅读，并作答章节思考题及导读专家补 充的思考题

16 Recording and interpreting assessment performance

第十六章 记录、解释考生作答表现

16.1 章节目录

1. 思维导图呈现本章目录

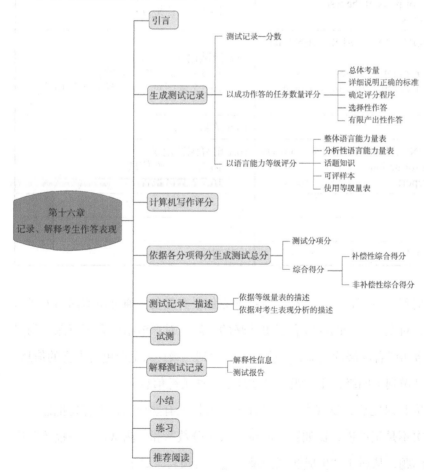

图 16.1 第十六章目录思维导图

2. 表格呈现本章目录

表 16.1　第十六章表格思维导图目录

16 Recording and interpreting assessment performance	第 16 章 记录、解释考生作答表现
INTRODUCTION	16.1 引言
PRODUCING ASSESSMENT RECORDS Scores as assessment records Scoring as the number of tasks successfully completed Scoring as levels of language ability	16.2 生成测试记录 　　16.2.1 测试记录—分数 　　16.2.2 以成功作答的任务数量评分 　　16.2.3 以语言能力等级评分
COMPUTER SCORING OF WRITING	16.3 计算机写作评分
PRODUCING TOTAL TEST SCORES FROM THE SCORES OF PARTS Profile scores for parts of the test Composite scores	16.4 依据各分项得分生成测试总分 　　16.4.1 测试分项分 　　16.4.2 综合得分
DESCRIPTIONS AS ASSESSMENT RECORDS Descriptions from rating scales Descriptions from analyses of test takers' performance	16.5 测试记录—描述 　　16.5.1 依据等级量表的描述 　　16.5.2 依据对考生表现分析的描述
TRIALING	16.6 试测
INTERPRETING ASSESSMENT RECORDS Interpretive information Assessment reports	16.7 解释测试记录 　　16.7.1 解释性信息 　　16.7.2 测试报告
SUMMARY	小结
EXERCISES	练习
SUGGESTED READINGS	推荐阅读

　　阅读的时候只觉得内容多、杂，有些地方似乎有重复。通过用不同的方式呈现本章目录，对全章覆盖的内容有了更清晰的了解，对章节结构有了更深入的思考。为了不增加读者的阅读负荷，表格目录只做到三级；为呈现更为丰富的信息，思维导图目录做到了四级，比三级目录增加了一些关键信息。

　　但制作完目录之后，发现本章在整体内容安排上有些松散，不容易把握。整体的逻辑层次不是很严谨，比如："测试记录—分数"和"测试记录—描述"应该作为同级标题，从属于"生成测试记录"这一二级目录之下。

按照我的理解，本章层次应该按以下方式安排：二级目录包括"生成测试记录"和"解释性信息"两个；在"生成测试记录"下分两个三级目录，分别是"分数"和"描述"，这样可能逻辑上更加清晰。

16.2 原著思考题及参考作答

1. 请思考你面临的一个需要使用等级评分量表的测试使用情境。浏览本章以及所附项目中的等级评分量表，看看是否有与你的需求相关的量表？如果有，需要对该量表作何修改？

参考作答1

新一届的大学生马上要到校了，开课之后的第一件事就是要了解学情，因此在读写课上我将通过让学生写一篇命题作文来了解学生语法和标点符号的使用、词汇、篇章组构和衔接以及语域等方面的知识。根据我的需求，我认为专著所附项目4的评分量表前四项与我的需求相关，但因测试目的、测试情境、测试任务所基于的目标语言使用域不同，需要对量表做一定的修改。

表 16.2 Project 4 评分量表修改

Project 4 评分量表	修改后的量表
Ⅰ 语法和相关标点符号知识 注：此量表从语法的多样性和准确性来界定语法和相关标点符号知识，共3级。 理论构念界定：语法和相关标点符号知识，包括复杂的语法结构，比如从属、并列、补足语；没有句子不完整、粘连句、主语缺失等错误；主谓一致、指代、动词形式、动词功能、介词和冠词等使用正确。 等级描述 1.语法和相关标点符号知识有限； 多样性：没能使用大量的语法结构和相关标点，不能满足完成所要推及的目标语言使用域任务的需求。 准确性：不够准确。 2.语法和相关标点符号知识丰富；	Ⅰ 语法和相关标点符号知识 注：此量表从语法的多样性和准确性来界定语法和相关标点符号知识，共3级。 理论构念界定：语法和相关标点符号知识，包括复杂的语法结构，比如从属、并列、补足语；没有句子不完整、粘连句、主语缺失等错误；主谓一致、指代、动词形式、动词功能、介词、冠词和名词单、复数等使用正确。 等级描述 1.语法和相关标点符号知识有限； 多样性：没能使用大量的语法结构和相关标点，不能满足大学英语学习的需求。 准确性：不够准确。 2.语法和相关标点符号知识丰富；

续表

Project 4 评分量表	修改后的量表
多样性：使用大量的语法结构和相关标点符号，能满足完成所要推及的目标语言使用域任务的需求，但有少量不足之处。 准确性：比较准确。 3. 语法和相关标点符号知识非常丰富； 多样性：语法结构全面，能满足完成所要推及的目标语言使用域任务的需求。 准确性：非常准确、极少错误。	多样性：使用大量的语法结构和相关标点符号，能满足大学英语学习的需求，但有少量不足之处。 准确性：比较准确。 3. 语法和相关标点符号知识非常丰富； 多样性：语法结构全面，能满足大学英语学习的需求。 准确性：非常准确、极少错误。
II 词汇知识 注：此量表从词汇的多样性和准确性来界定词汇知识，共 3 级。 理论构念界定：普通词汇的指称意义和使用知识；与电话公司业务相关的专业词汇知识。 等级描述 1. 词汇知识有限 多样性：词汇知识有限，不能满足完成所要推及的目标语言使用域任务的需求。 准确性：准确性欠缺。 2. 词汇知识丰富 多样性：词汇丰富，能满足完成所要推及的目标语言使用域任务的需求，但有少量不足之处。 准确性：词汇使用比较准确。 3. 词汇知识相当丰富 多样性：词汇使用广、丰富多样，能满足完成所要推及的目标语言使用域任务的需求。 准确性：非常准确，极少词汇使用不准确的情况。	II 词汇知识 注：此量表从词汇的多样性和准确性来界定词汇知识，共 3 级。 理论构念界定：义务教育阶段、高中必修和选择性必修阶段应学习和掌握的词汇知识。 等级描述 1. 词汇知识有限 多样性：词汇知识有限，不能满足大学英语学习的需求。 准确性：准确性欠缺。 2. 词汇知识丰富 多样性：词汇丰富，能满足大学英语学习的需求，但有少量不足之处。 准确性：词汇使用比较准确。 3. 词汇知识相当丰富 多样性：词汇使用广、丰富多样，且使用恰当，能满足大学英语学习需求。 准确性：非常准确，极少词汇使用不准确的情况。
III 篇章组构和衔接知识 注：此量表从多样性和准确性来界定篇章组构和衔接知识，共 3 级。 理论构念定义：非正式备忘录和正式投诉回函的篇章组构知识；外显性衔接手段特征知识。 等级描述 1. 篇章组构和衔接知识有限 多样性：篇章组构和衔接知识使用有限，不能满足完成所要推及的目标语言使用域两种体裁的写作需求； 准确性：准确性欠缺。 2. 篇章组构和衔接知识丰富 多样性：使用丰富的篇章组构知识和衔接手段，能满足完成所要推及的目标语言使用域两个写作体裁的要求，但有少量不足之处。	III 篇章组构和衔接知识 注：此量表从多样性和准确性来界定篇章组构和衔接知识，共 3 级 理论构念定义：一般议论文的篇章组构知识；外显性衔接手段特征知识。 等级描述 1. 篇章组构和衔接知识有限 多样性：篇章组构和衔接知识有限，不能满足大学英语写作需求； 准确性：准确性欠缺。 2. 篇章组构和衔接知识丰富 多样性：使用丰富的篇章组构知识和衔接手段，能满足大学英语写作需求，但有少量不足之处。 准确性：比较准确。

Project 4 评分量表	修改后的量表
准确性：比较准确。 3. 篇章组构和衔接知识全面 多样性：篇章组构知识和衔接手段全面，能满足完成所要推及的目标语言使用域两个写作体裁的要求。 准确性：非常准确。	3. 篇章组构和衔接知识全面 多样性：篇章组构知识和衔接手段全面，能满足大学英语写作需求。 准确性：非常准确。
Ⅳ 语域知识 注：此量表从多样性和准确性来界定语域知识，共 3 级。 理论构念定义：丰富的正式和非正式语域语言表述和实质性话语标记知识。 等级描述 1. 语域知识有限 多样性：语域知识有限，不能表征两个体裁的正式和非正式语言表述和实质性话语语域特征，不能满足完成所要推及的目标语言使用域任务的需求。 准确性：准确性欠缺。 2. 语域知识丰富 多样性：语域知识丰富，能表征两个体裁的正式和非正式语言表述和实质性话语语域特征，能满足完成所要推及的目标语言使用域任务的需求，但有少量不足之处。 准确性：比较准确。 3. 语域知识非常丰富 多样性：语域知识非常丰富，能表征两个体裁的正式和非正式语言表述和实质性话语语域特征，能满足完成所要推及的目标语言使用域任务的需求，但有少量不足之处。 准确性：准确性非常好，错误极少。	Ⅳ 语域知识 注：此量表从准确性来界定语域知识，共 3 级。 理论构念定义：正式语域语言表述和实质性话语标记知识。 等级描述 1. 语域知识有限 多样性：语域知识有限，正式语域和非正式语域语言表述和话语混杂，不能满足大学英语议论文写作需求。 准确性：准确性欠缺。 2. 语域知识丰富 多样性：语域知识丰富，能表征正式语域的语言表述和话语特征，能满足大学英语议论文写作的需求，但有少量不足之处。 准确性：比较准确。 3. 语域知识非常丰富 多样性：语域知识相当丰富，能表征正式语域的语言表述和话语特征，能满足大学英语议论文写作的需求，但有少量不足之处。 准确性：准确性非常好，错误极少。

参考作答 2

因为下学期需要组织学生参加全国大学生英语竞赛，我为此做了一些准备，对真题进行了一些分析。下面我借鉴本章图 16.6 语域知识评分示范量表对相关的内容进行评分。量表翻译如下：

表 16.3　专著图 16.6 翻译

构念定义：针对特定目的和受众使用恰当的语域知识	
知识 / 掌握水平	描述
0：零	没有证据表明具有相关的语域知识 范围：零 适恰性：不相关
1：有限	有证据表明仅对某个语域有有限的了解 范围：只有一个语域的公式化表达和实质性话语的证据 适恰性：差
2：适中	有证据表明对两个语域都有适量的了解 范围：有两个语域的公式化表达和实质性话语的证据 适恰性：一个语域好，另一个语域差
3：广泛	有证据表明对两个语域都有广泛的了解 范围：有两个语域的公式化表达和实质性话语的证据 适恰性：两个语域使用都很好，很少出错
4：完全	有证据表明对两个语域有全面的了解 范围：有两个语域的公式化表达和实质性话语的证据 适恰性：完全恰当地使用两个语域，没有错误

分析：该量表可以较好地应用到语域使用评分中，比如全国大学生英语竞赛的写作题，写给好友的一封信和一篇议论文写作，两个写作任务是需要区分语域的。但是对于其他项目，还需要根据具体的测试构念，目标语言使用域任务特征和测试项目做进一步的扩展和细化。

2. 请回想你曾经必须使用评分量表的情形。你认为当时的量表对你有用吗？你在使用该量表时有什么问题？如果有，你能使用 AUA 中的理据来表述这些问题的本质吗？

参考作答 1

本人曾经参加过全国大学英语六级考试写作的阅卷工作。评阅是参照六级写作评分标准（量表）进行的，整体上来说，量表对评分还是比较有用的，因为六级写作是采取整体评分法（global/holistic scoring）。但根据量表评分，有时会举棋不定，不知道该把正在评阅的作文归入哪个等级，特别是 8 分档（7-9 分）

和 11 分档（10-12 分）中的 9 分和 10 分比较难区分。

大学英语六级写作要考查学生的思想表达、篇章组织、语言运用和写作策略运用技能。但量表不是分析性评分量表，从分数看不出考生这些分项技能的掌握情况，所以我认为，如果用 AUA 中的理据来表述这些问题的本质的话，第一条就是有意义性理据，第二条是一致性理据。因为是整体印象分，评分员的内部一致性有时可能会比较难确保。不过四、六级主观题评分还要参照客观题得分进行关联调整，以剔除阅卷随机误差、提高阅卷信度，使作文阅卷的阅卷信度达到 0.87 以上，有利于确保一致性。

参考作答 2

表 16.4 期末考试口语评分量表的有用性及存在的问题

评分量表对口语考试的有用性	量表使用过程中存在的问题分析（AUA 视角）
1. 使教师进一步明确考试构念；考生了解考察的对象和方式，帮助他们有针对性地备考；此外，基于评分量表计分并把测试结果反馈给考生，帮助他们了解自己的强项和弱项，便于今后调整学习策略和内容。	1. 可操作性：根据专著作者的观点，在确定语言能力的多个组成部分（multiple components）和设计分析性评分量表（analytical scales）时，要求评分员对构念中语言能力的不同部分要分别评分，即评定量表的分项数量和构念组成部分的数量要一致，这对资源有很高的要求，在现实世界的口语考试（一位教师考察多个班的学生）不具有可操作性。
2. 提高了口语考试的信度，通过评分量表的量化，提高了口试的内部和外部一致性。	2. 一致性问题：评分量表本身存在主观性和不一致性，如评分员对同一量表中同一层级的理解有偏差。

3. 请找一个篇幅短小、篇章结构好、容易列出提纲的学术写作范例。列出该文的三级提纲，并删掉每个层级上的部分提纲，再为每个删掉的部分创建四个作答选项，提供的干扰项虽然不正确，但尽量使其具有干扰性。进行试测并获得受试对作答的反馈。基于受试的反馈，你会对选项做出变化吗？

参考作答

以专著第 15 章为例，该章篇幅不长、篇章结构好、目录层次清晰。

提纲如下：（要删掉的提纲用斜体表示）

表 16.5　学术写作范例提纲

Chapter 15 Developing assessment tasks		
INTRODUCTION		
THREE SITUATIONS FOR DEVELOPING ASSESSMENT TASKS	Situation 1: TLU task template needs to be modified for use as assessment task specifications	
	Situation 2: TLU task is the assessment task (Q1)	
	Situation 3: no specific TLU domain	
DEVELOPING ASSESSMENT TASK SPECIFICATIONS (Q2)	The definition of the construct to be assessed	
	The characteristics of the setting of the assessment	
	Characteristics of input, response, and relationship between input and response	
	Method for recording test taker's performance	
	Instructions for responding to task	
DEVELOPING MULTIPLE ASSESSMENT FROM ONE TASK SPECIFICATION	University example	Three alternative versions of assessment tasks based upon TLU task templates
		Considering alternative AUAs in choosing among alternatives
		Real world considerations in choosing among alternatives (Q3)

Q1

A.Changing the topical information of TLU tasks as the assessment task

B.Changing the setting of TLU task for use as assessment task specification

C.TLU task is the assessment task

D.TLU task is the basis of assessment task

Q2

A.EXAMPLES OF ASSESSMENT TASKS

B.DISCUSSION OF THE THREE SITUAITONS

C. DEVELOPING ASSESSMENT TASK SPECIFICATIONS

D. EVALUATING ASSESSING TASK SPECIFICATION

Q3

A.Assessment task specifications for the university example

B.Deciding on the three alternatives

C.*Real world considerations in choosing among alternatives*

D.Discussion of the university example

如果是在实际测试开发中，我会根据受试的作答反馈做出变化，因为这是编制测试任务的基本要求。测试任务的编制从来不是线性的、一蹴而就的，而是一个迭代的、循环往复的过程。

4. 请获取一份有选择性或有限产出性作答的试卷，确认评分标准对部分得分评分法是否已有规定。如果没有，你能从考试规范中理解为什么没有吗？如果可以，你能解释部分得分评分法是如何增强分数与测试构念之间关系的吗？

参考作答

大学英语四、六级考试有选择性作答，但没有采用部分得分法对选择性（客观题）作答进行评分，原因是考试大纲对测试构念的定义是：英语综合运用能力，因此评分标准没有把语法和意义区分开来。从语篇意义的表达、语言综合能力的运用来说，词汇、语法和语境是不可分割的。实际上，我们的名词、动词根据具体的语境，用其各种语法形态的情况远远多于用其原形。所以词汇的教学不能脱离语境，词汇教学与语法教学应该与语境融为一体。

但是部分得分评分法对于增强分数与测试构念之间的关系、了解考生的强项和劣势是很有意义的。如果测试构念是语法和语言的意义，那部分得分评分法就对每一个题项从这两个方面来给分，通过把该题型所有题项的语法得分相加就得出语法总分，通过把语言意义的得分相加就得出语言意义的总分，通过这两方面各自最后的得分，可以清楚地理解分数与构念的关系，了解受试在要考查的具体语言能力方面的水平，而两项的总分又可以看出综合水平。

5. **请获取一份含有选择性或有限产出性作答且对该类作答采用的是单一对 / 错得分评分法的试卷。仔细查看测试规范，确认是否可用部分得分评分法来增强测试构念和测试分数之间的联系，然后编制一个部分得分法评分程序来建立这种联系。**

参考作答

雅思（IELTS）考试的听力和阅读部分都有有限产出性问题，该类作答评分都是采用单一的对 / 错得分评分法。比如要求用一个单词、两个单词或三个单词来完成作答。我曾经认为这样的评分有点残酷，比如要求用一个单词填空，学生单词写对了，但忘了加 "s"，或 "ed" 之类的不得分；再比如要求用三个单词填空，多写或少写单词都不得分，如果三个单词都对，但有一个有语法错误也不得分。我当时认为适当给分才是恰当的。我想我以前所理解的适当给分实际上是蕴含着部分得分评分法这个理念的。但通过对专著的阅读以及仔细考虑雅思（学术）考试的目的——全面评估考生的英语水平是否满足进行大学或研究生学习的要求，其性质是水平考试，其题型都是综合性的。所以现在我认为是不适合使用部分得分评分法来评分的。

但如果是 2007 年改革之前的大学英语四、六级考试的 Vocabulary and Structure 部分是可以尝试通过使用部分得分评分法来增强分数与测试构念之间的关系的。比如一个选择题，受试的作答词汇正确的给 1 分，语法正确也给 1 分，语法和词汇都正确该题得 2 分；其中 1 项正确得 1 分，两者都不对得 0 分。列表示意如下：

表 16.6　部分得分法示例

作答标准	语法成绩	词汇成绩	该题项总分
语法和词汇都正确	1	1	2
语法正确，词汇错误	1	0	1
语法不正确、词汇正确	0	1	1
语法和词汇都不正确	0	0	0

6. 请获取一项有选择性作答反应任务的测试。请确认该测试是否告知了受试选择"最佳"答案或"正确"答案。测试指令是否与受试用来作答客观题的实际标准一致？为什么一致？为什么不一致？

参考作答1

正确的标准可以是多层面，比如，语法正确、用词正确、语用正确等，测试的构念也是各不相同，有的是测试单一的词汇知识，有的是测试单一的语法知识，有的是测试语言综合运用能力。如果是采用单一对/错评分法，一定要说明是选择"最佳"作答，这样的指令才是明晰的。所以测试指令中用"正确"还是"最佳"一定要跟测试构念和评分标准联系起来。

高考英语全国卷在客观选择题的作答指令中有特别说明："……选出最佳选项"。测试指令是否与受试用来作答的实际标准一致不大清楚，但可以通过试测来确认。可以在试测过程中观察受试的作答模式，在试测结束后，分析受试的作答，收集受试对选择作答过程的自评报告等来分析是否一致。

参考作答2

大学英语六级笔试（听力和阅读选择题部分指令）如下：

Section C
Directions：*In this section，you will hear three recordings of lectures or talks followed by three or four questions. The recordings will be played only once. After you hear a question，you must choose the best answer from the four choices marked A），B），C）and D）. Then mark the corresponding letter on* **Answer Sheet 1** *with a single line through the centre.*

Section C
Directions：*There are 2 passages in this section. Each passage is followed by some questions or unfinished statements. For each of them there are four choices marked A），B），C）and D）. You should decide on the best choice and mark the corresponding letter on* **Answer Sheet 2** *with a single line through the centre.*

由以上例子可以看出，指令都是选择"最佳答案"（the best choice），符合专著所说"所测试的构念涉及语言能力的多个成分时，最适合使用最佳答案类型"。

学生作答的时候，如果能够完全理解阅读文本和选项，是能够按照"最佳答案"的标准进行选择的，但是不排除根据已有知识进行合理猜测和随意猜测的情况。我们可以通过实验的方法，让学生用大学英语六级真题进行测试，在测试过程中用口头报告的方式记录考生的答题过程，以了解测试指令是否与受试用来作答客观题的实际标准一致。

7. 请获取一本外语教科书，编制一套有限产出作答测试任务，来检测课文中的几个语法点，然后请几位受试完成这些测试任务。请按照受试的作答编制一个用部分得分评分法来评分的参考答案。

参考作答 1

下面选取的课文的语法点为非限制性定语从句，把课文中的非限制性定语从句截取下来，编制成有限产出作答任务。

作答指南：请在横线处填上一个合适的关系词，使前后句子语义顺畅、连贯。

1）I walk through the doors into the waiting area, _____ there's a familiar atmosphere of boredom and tension.

2）People sit uncomfortably on plastic chairs, looking through old magazines, all of _____ have been read hundreds of times previously.

3）I speak with the on-duty nurse, _____ tells me that Lara's parents rushed her to the hospital after she fell off her bicycle.

4）Scientific studies show that laughter produces chemicals to make people feel better, _____ means clown doctors can be helpful

以后在实践中可以把编制的任务让几位学生试测，然后根据他们的作答反馈用部分得分评分法来编制评分答案。

虽然这个问题因为并没有做试测，所以没能作答完全，但这个题目给了我启示。我的"跨文化商务沟通"课程（基于内容的语言教学）的测试可以根据部分得分评分法来编制评分答案，一部分权重给语言，一部分权重给内容，这样我对学生能力的解读，以及向学生说明其得分的合理性会更加有力。

参考作答 2

以"大学英语新视野"第四册 Unit 3 的 Section A: Fred Smith and FedEx: The vision that changed the world 为例。

表 16.7　部分得分法试题编制与评分标准示例

课文中的句子	This is the culmination of a dream of Frederick W. Smith, the founder, president, chief executive officer, and chairman of the board of the FedEx Corp. – known originally as Federal Express – the largest and most successful overnight delivery service in the world.
语法点	同位语（apposition）： ...Frederick W. Smith, the founder, president, chief executive officer, and chairman ... ...FedEx Corp. – known originally as Federal Express – the largest and most successful overnight delivery service in the world.
构念的界定	语法知识：同位语 语域知识：正式 话题知识：国内外知名企业家及其企业精神
编制的试题	假设你被邀请介绍中国两位知名的企业家及其企业精神，请仿照课文中介绍 Fred Smith 的这句话的结构和语法知识，用一句话概括该企业家的姓名、职位、其创办的公司及公司的地位等。 参考答案： e.g.1 This is the culmination of a dream of Ma Yun, the co-founder and former executive, chairman of Alibaba Group, a multinational technology conglomerate. e.g. 2 This is the... of Ren Zhengfei, the founder and CEO of Shenzhen-based Huawei, the world's largest manufacturer of telecommunications equipment and second largest manufacturer of smartphones.
部分得分法计分要素	语法知识：同位语的使用（权重 50%） 语体知识：正式（30%） 话题知识：国内外知名企业家及其企业精神（20%）

8. 请获取一个使用"整体"评分量表的语言测试。该量表是如何处理推断、等级评定难题以及区分成分比重问题的？可以对量表做何修改以解决你所预见的困难？

参考作答 1

大学英语四、六级考试的写作评分参照的标准是一个"整体"评分量表（见表 16.8）

表 16.8　大学英语四、六级写作评分标准

档次	档次描述
14 分档	切题。表达思想清楚，文字通顺、连贯，基本上无语言错误，仅有个别小错。
11 分档	切题。表达思想清楚，文字连贯，但有少量语言错误。
8 分档	基本切题。有些地方表达思想不够清楚，文字勉强连贯，语言错误相当多，其中有一些是严重错误。
5 分档	基本切题。表达思想不清楚，连贯性差，有较多的严重语言错误。
2 分档	条理不清、思路紊乱，语言支离破碎或大部分句子均有错误，且多数为严重错误。

从量表可见，大学英语四、六级作文评分主要是从内容、语篇组构和语言三个方面入手。量表对等级的描述用的是比较模糊的语言，比如"基本""少量""相当多"等。这些语言有时会造成推断和等级评定困难。从量表可以清楚地看出三个成分之间的比重，最重要的是内容要切题（用完整的句子单列了），其次是语篇组构，最后是语言问题（语法和词汇），但并没有具体规定每个成分的权重，这也对赋分造成一定的困难。

如果不能把整体评分量表改为分析性评分量表，我大胆地假设我们可以在量表中用具体的数字来规定怎么评分。比如 14 分档，可以表述为："切题。表达思想清楚，文字通顺、连贯，基本上无语言错误，只有 1-2 个不影响理解的小错。"

"少量"表述为"5-6 处"，"相当多"表述为："10 处以上"。三个成分之间可以大概按 5-3-2 的比例进行赋分。当然我假设的修改可能与四、六级作文的评分指导思想（四、六级评分是奖励性评分，即看优点）相违背，且会大大拖慢阅卷速度，增加资源需求。

参考作答 2

下面以 IWRITE 平台作文批改系统的整体评价量表为例来作答此题。

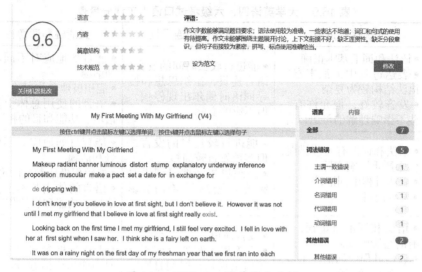

图 16.2 IWRITE 写作评分示例

分析：IWRITE 系统对作文的评分最后只给一个总分，并没有解决评定等级、区分语言能力不同组成部分的权重等问题，在实际的使用中对教师和学生的帮助不大；建议系统应给教师设置评定作文不同部分权重的选项，并且先给出每个评分内容的小分，再给出总分。目前是按星星给各部分评价，与最后得分9.6不一致。

9. 请获取一个使用分析性等级评分量表的语言测试。请问该量表是否建立在清晰的语言能力定义之上？该量表测量了哪些语言能力？该量表是标准参照型还是参照了某类特定语言使用者的语言能力？该量表界定了几个等级？你能理解该量表中等级数量的理据吗？

参考作答1

以大学英语四、六级考试口语人工评分量表为例。

表 16.9　大学英语四、六级考试口语人工评分量表

	准确性和范围	话语长短和连贯性	灵活性和适切性
5分	•语法和词汇基本正确 •表达过程中词汇丰富、语法结构较为复杂 •发音较好，但允许有一些不影响理解的母语口音	•能进行较长时间的发言，语言连贯，组织思想和搜寻词语时偶尔出现停顿，但不影响交际	•能自如地应对不同场景和话题 •能积极地参与讨论 •语言的使用总体上能与语境、功能和目的相适应
4分	•语法和词汇有一些错误，但未严重影响交际 •表达过程中词汇较丰富 •发音尚可	•能进行较连贯的发言，但多数发言较简短 •组织思想和搜寻词语时频繁出现停顿，有时会影响交际	•能较自如地应对不同场景和话题 •能较积极地参与讨论 •语言的使用基本上能与语境、功能和目的相适应
3分	•语法和词汇有错误，且有时会影响交际 •表达过程中词汇不丰富，语法结构较简单 •发音有缺陷，有时会影响交际	•发言简短 •组织思想和搜寻词语时须繁出现较长时间且影响交际的停顿，但能基本完成交际任务	•不能积极参与讨论，有时不能适应话题或内容的转换
2分	•语法和词汇有相当多的错误，以致交际时常中断 •表达过程中因缺乏词汇和语法结构严重影响交际 •发音较差	•发言简短且毫无连贯性，基本不能进行交际	•不能参与讨论
1分	不描述	不描述	不描述

　　从量表可见，大学英语四、六级口语考试评分基于3个标准，即准确性和范围、话语长短和连贯性以及灵活性和适切性。从三个标准的具体内容可以看出该量表是建立在清晰的语言能力定义之上。这个量表测试的语言能力既包括语言知识，又包括策略能力。语言知识测试了词汇、句法、语音、篇章组织和衔接以及语用知识。策略能力测试了评价和计划能力。该量表是标准参照型，先是以《大学英语教学指南》中规定的学生应达到语言能力为基础制定的。量表总共有5个等级。

　　关于为什么量表是设置5个等级，而不是4个或3个，我想可能是出于可操作性考虑。5个等级不会因等级数量太多给评分员区分等级带来太多的困难，也不会因等级数量太少导致等级区分失去意义（即AUA中的有意义性理据得不到充分的支持）。此外，等级数量适中也有利于确保评分的一致性。

参考作答 2

以雅思考试口语评分标准（官方完整版）为例，对本题进行分析。

表 16.10　雅思考试口语评分标准（公众版）

IELTS

IELTS Speaking band descriptors (Public version)
雅思考试口语评分标准　（公众版）

Band	Fluency and coherence	Lexical resource	Grammatical range and accuracy	Pronunciation
9	• speaks fluently with only rare repetition or self-correction; any hesitation is content-related rather than to find words or grammar • speaks coherently with fully appropriate cohesive features • develops topics fully and appropriately	• uses vocabulary with full flexibility and precision in all topics • uses idiomatic language naturally and accurately	• uses a full range of structures naturally and appropriately • produces consistently accurate structures apart from 'slips' characteristic of native speaker speech	• uses a full range of pronunciation features with precision and subtlety • sustains flexible use of features throughout • is effortless to understand
8	• speaks fluently with only occasional repetition or self-correction; hesitation is usually content-related and only rarely to search for language • develops topics coherently and appropriately	• uses a wide vocabulary resource readily and flexibly to convey precise meaning • uses less common and idiomatic vocabulary skilfully, with occasional inaccuracies • uses paraphrase effectively as required	• uses a wide range of structures flexibly • produces a majority of error-free sentences with only very occasional inappropriacies or basic/non-systematic errors	• uses a wide range of pronunciation features • sustains flexible use of features, with only occasional lapses • is easy to understand throughout; L1 accent has minimal effect on intelligibility
7	• speaks at length without noticeable effort or loss of coherence • may demonstrate language-related hesitation at times, or some repetition and/or self-correction • uses a range of connectives and discourse markers with some flexibility	• uses vocabulary resource flexibly to discuss a variety of topics • uses some less common and idiomatic vocabulary and shows some awareness of style and collocation, with some inappropriate choices • uses paraphrase effectively	• uses a range of complex structures with some flexibility • frequently produces error-free sentences, though some grammatical mistakes persist	• shows all the positive features of band 6 and some, but not all, the positive features of band 8
6	• is willing to speak at length, though may lose coherence at times due to occasional repetition, self-correction or hesitation • uses a range of connectives and discourse markers but not always appropriately	• has a wide enough vocabulary to discuss topics at length and make meaning clear in spite of inappropriacies • generally paraphrases successfully	• uses a mix of simple and complex structures, but with limited flexibility • may make frequent mistakes with complex structures, though these rarely cause comprehension problems	• uses a range of pronunciation features with mixed control • shows some effective use of features but this is not sustained • can generally be understood throughout, though mispronunciation of individual words or sounds reduces clarity at times
5	• usually maintains flow of speech but uses repetition, self-correction and/or slow speech to keep going • may over-use certain connectives and discourse markers • produces simple speech fluently, but more complex communication causes fluency problems	• manages to talk about familiar and unfamiliar topics but uses vocabulary with limited flexibility • attempts to use paraphrase but with mixed success	• produces basic sentence forms with reasonable accuracy • uses a limited range of more complex structures, but these usually contain errors and may cause some comprehension problems	• shows all the positive features of band 4 and some, but not all, the positive features of band 6

分析：雅思口语考试按照流利度和连贯性、词汇多样性、语法多样性及准确性、发音四项进行评分。该量表对测试的语言能力有比较清晰的定义，量表的设计是基于语言使用者的某种能力，量表分了 10 个层级。之所以设置 10 个等级，应该是因为雅思评分本身分 9 个等级，加上一个未参加考试为 0 的等级，总共 10 个等级。

10. 你是否面临适合使用分析性、标准参照量表来对测试任务进行评分的测试情境？如果是，请编制一套测试规范、一个初步的一个或多个测试任务描述和作答评分量表。

参考作答

大学新生写作能力测试需要使用分析性、标准参照量表来评分。因为时间

关系，在此就不再编制测试规范和做任务描述（测试任务规范的编制和测试任务
描述请参考第15章的作答，作答评分量表请参照本章第一题），重点是以基于
语言能力标准参照型分析量表的形式再次呈现该评分量表。

表 16.11　大学新生写作测试评分量表

等级	语法和相关标点符号的使用	词汇	篇章组构和衔接	语域
3	语法结构全面，能满足大学英语学习的需求；使用非常准确、错误极少。	词汇使用丰富多样，能满足大学英语学习需求；非常准确，使用不准确的情况极少。	篇章组构知识和衔接手段全面，能满足大学英语写作需求；使用非常准确。	语域知识相当丰富，能表征正式语域的语言表述和话语特征，能满足大学英语议论文写作的需求；准确性非常好，错误极少。
2	语法结构和相关标点符号使用丰富，能满足大学英语学习的需求，使用比较准确，但有少量不足之处。	词汇使用丰富，能满足大学英语学习需求，词汇使用比较准确，但有少量不足之处。	篇章组构知识和衔接手段丰富，能满足大学英语写作需求，使用比较准确，但有少量不足之处。	语域知识丰富，能表征正式语域的语言表述和话语特征，使用比较准确，能满足大学英语议论文写作的需求，但有少量不足之处。
1	语法结构和相关标点符号不丰富，准确性欠缺，不能满足大学英语学习的需求。	词汇知识有限，准确性欠缺，不能满足大学英语学习需求。	篇章组构和衔接知识有限，准确性欠缺，不能满足大学英语写作需求。	语域知识有限，使用大量的非正式语域语言表述和话语，准确性欠缺，不能满足大学英语议论文写作需求。

11. 请获取一个用评分量表给写作任务赋分的语言测试，对该测试施考
或获取几份对测试任务的作答，邀请几个人用该评分量表对作答进
行评分，并对比各自的评分。如果评分员之间的评分不一致，请他
们解释各自评分的依据以确认导致不一致的原因。是否有可能设计
一个评分员培训项目以减小评分员之间的评分差异？这样的培训项
目是什么？

参考作答

大学英语期末考试就需要依据评分量表给写作任务赋分，并且会出现不同的教师（评分员）对同一个作答赋分差异较大的情况。从以往的经验和从理论上来看，主要有三个原因导致评分员之间的评分缺乏一致性，分别是：

1）不同评分员对评分量表的解读存在差异；

2）不同评分员的严厉程度存在差异；

3）不同评分员对与量表无关的因素有不同的反应，比如书写是否清晰整洁。

组织评分员培训是减小评分员之间评分差异的一个有效途径。评分员培训通常遵循以下程序：

1）培训人员一起阅读并讨论量表；

2）仔细审读由专家评分员事先评定的各等级评分样例，就所给等级进行讨论；

3）试评几份不同的样例，并与专家评分员事先评定的等级样例进行比较。就评定的等级以及评分标准的应用进行讨论；

4）再试评，再讨论；

5）然后组织所有参训评分员评阅几份不同的样例，核实评阅用时与一致性；

6）选用评分可靠、有效的评分员。

12. 请获取一个用评分量表给写作或口语赋分的语言测试，仔细查阅评分量表和预期作答反应特征。预期作答是否提供了一个展现要评分的所有组成成分的可评分样本？如果不是，测试任务可做何修改以提供一个可评分的范例？

参考作答

我查阅了雅思（学术）考试的写作评分量表和预期作答反应特征。在雅思真题中，为每个写作任务提供了一个样例。每套真题的样例中有一篇是考官范文、一个是真实的考生样本。

雅思写作的等级评分有四个标准：写作任务完成情况、连贯与衔接、词汇丰富程度、语法多样性及准确性。从考官对考生答案样本（由考生所写）评语来看，样本展现了要评分的所有组成成分，因此测评任务无需再做修改。

13. 请获取一项语言测试，该测试通过各个分项的得分生成一个综合得分。该综合得分是否通过补偿或非补偿程序得来？您能确定该特定程序的理据吗？该程序是增强了还是限制了该测试的有用性？

参考作答 1

雅思考试的总成绩是通过听、读、写、说各分项得分生成一个综合得分。该综合得分是通过补偿性程序得来的，计算方法是把各分项分数相加后得出的平均分。因为雅思是一项英语语言水平考试，考查的是学生的整体语言能力，所以补偿性综合得分增强了该测试的有用性。

参考作答 2

"四、六级笔试的原始总分经过等值处理后参照总分常模转换为常模正态分，均值为 500、标准差为 70，报道总分在 220 分至 710 分之间。各部分报道分的相加之和等于报道总分。四、六级笔试成绩由三个单项分和总分构成。单项分依次为：听力、阅读、写作和翻译。考生的四级笔试成绩达到 425 分及以上，表明其语言能力已达到《大学英语教学指南》中的'基础目标'所设定的教学要求；考生的六级笔试成绩达到 425 分及以上，表明其语言能力已达到《大学英语教学指南》中'提高目标'所设定的教学要求（《四六级考试大纲》，2016 年修订版，p.13）。

综合得分是通过补偿性程序得出，因为"各部分报道分的相加之和等于报道总分"，各个单项分没有设置最低分数线，总分达到 425 就可以视为达到相应要求。补偿性呈现的理据是该测试的测试构念是"英语语言综合应用能力"。

但如果单看最后一个报道总分，即综合得分，该程序会局限该测试的使用。如，某项工作需要受试兼备听力、阅读、写作和翻译能力，而某个受试听力分数很低，但是由另外两项的高分补偿，达到整体要求的总分，如果被录用，该受试则可能无法胜任工作。但四、六考试成绩由三个单项分和总分构成，可以看到单项得分，所以不存在这个假设的问题。

16.3 补充思考题及参考作答

1. 请用自己的语言概括第 16 章，然后对照"导读"中的第 16 章，对比两者的异同。

参考作答 1

表 16.12 第十六章我的概括与"导读"的概括对比（1）

我的概括	导读的概括
本章重点是阐述测试表现的记录方法。记录主要有分数、描述或是分数和描述两者兼具。而采用哪种类型，需要基于两个考虑：一是测试构念；二是测评任务规范。 　　无论是以成功作答数量计分还是以语言能力等级计分，正确作答的标准都要详细、具体、明确。要根据具体的测试目的和测试使用情境，考虑语言能力、主题内容和主题知识。 　　评分方法有单一对/错评分法、部分得分评分法等；主观题评分量表有"整体"评分量表和分析性评分量表；分析性评分量表有的是基于能力等级的量表，有的是语言能力标准参照量表；总分计分方法有补偿性综合得分法和非补偿性综合得分法等。 　　测试记录的解读需要借助解释性信息。解释性信息最主要的来源是一些考试"手册"，包括测试的预期使用、测试构念描述、对测试本身的描述等。 　　测试报告往往包括测试记录和依照测试构念对测试记录所做的解读。 　　最后作者指出，测试记录方法和解释性信息的编制都不是一个线性的过程，而是一个迭代、循环往复的过程，会随着设计方案、测试任务规范、试测、试测结果分析的修订而变动。在试测和测试使用过程中搜集有关受试表现的信息能为 AUA 中的主张 3——能力解释中的有意义性和概括性提供支撑证据。	本章重点讨论如何忠实记录和解释考生作答表现。对考生的作答表现进行记录，首先要确定记录的类型(分数、文字描述或二者兼有)。不论哪种类型的记录，都应该规范、具体、明确。测试记录中，还要确定评分方法、制定评分标准以及评分员的培训与选拔细则等。依照记录对考生语言能力进行解读时，需要"解释性信息"(interpretive information) 的支持。解释性信息包括对构念和任务的描述等内容，其主要读者对象是考生。较为常见的呈现形式是由测试开发人员以设计方案和测试蓝图为依据所编写的"测试说明"(manual)。测试说明的主要内容虽然与设计方案和测试蓝图趋同，但措辞应尽量直白、易懂。 　　评分记录的编制以及对语言能力的解读是一个循环往复的过程，与设计方案撰写、测试蓝图编写、任务试测后的结果分析等活动相互依存。其中一处修订、变动，其他环节均须调整。在试测和使用阶段，忠实、科学地记录考生作答表现，尤其要为 AUA 有关解释的理由提供有力证据。
相同点：二者都概括了记录类型都明确了评分标准、正确答案要做到具体、明确、详细；都指出了记录方法的编制和语言能力的解读是一个循环往复的过程。	

续表

不同点：我概括了主要的计分方法、评分方法，量表类型，但导读没有涉及；导读提到了评分员的选拔和培训，这是保证主观试题表现记录一致性非常重要的一步，我的概括没有提及；我的概括更分散，一部分一部分写的，缺乏连贯性，导读的概括更有整体性，从记录类型到记录以及记录的解释一气呵成。

参考作答 2

表 16.13　第十六章我的概括与"导读"的概括对比（2）

我的概括
作者也是从回顾第 6 章开始展开对本章的论述。生成测试记录和解释性信息构成了解释测试表现的两大来源。 　　在论述生成测试记录时，作者围绕分数的性质和生成的过程展开。分数作为测试记录，其产生的形式可以是通过计算正确答案的个数或使用分级量表判断作答的质量。制定评分细则的时候，我们需要明确正确作答的标准和决定生成分数的程序。接着作者遵循这两个要素，结合三种常见的题型（选择类、有限作答类、扩展作答类）向读者展示了测试分数的生成过程。在这过程中也讨论了具体的方法或过程可能产生的问题和应对的方法。 　　在生成分项分数之后，作者说明了两种生成综合得分的方法：补偿性综合得分和非补偿性综合得分。 　　除了具体的得分外，对测试的记录还包含更广泛的描述性的信息。例如对评分量表的详述、基于应试者测试表现的语言特征分析的描述等。 　　测试记录的生成不是一个线性的过程。精心制定的分数记录细则也还需要在现实世界中根据试测结果进行修改。 　　测试记录生成之后，还需要对这些记录进行解释。解释性的信息包括对测试构念的解释、呈现给应试者的测试任务和测试记录的生成途径。此外，测试报告可以给各利益相关者提供测试信息的解读。
导读的概括（参见上表）
对比： 相同：两者都强调了本章的两个主要内容：测试记录和解释。 不同： 1）导读的重点更为突出：开门见山、直接陈述。 2）两者注意到的细节不相同。导读更注重本章内容在 AUA 框架内的联系，而我的概括有时过于注重文本中的细节。 3）两者呈现的方式不同。导读的概括可以说是对本章主题的重组，而我的概括是基本按照文本内容的顺序展开。 　　另外，我觉得本章内容经过导读的重组后，在逻辑上比专著更严谨。

2. 请翻译 Figure 16.11 Scoring rubric for pre-university writing course（p.378）。请问本评分细则对你自己的写作或学生的写作有何指导意义？

参考作答

内容 / 篇章组构	语言使用
9-10 ● 文章的处理完全符合任务要求，话题讨论透彻； ● 引言有效地把读者导向话题和作者的论题（目的、计划和重点）； ● 结论部分有效地加强和评论了论题，为文章提供了结尾； ● 概括和支持观点 / 论点的证据相关、充分、有说服力； ● 每个段落都是一个独立的、符合逻辑的整体，得到了充分论述且与论题清晰相关；段落之间通过恰当的、精选的、不同的过渡手段得以有效关联； ● 通过恰当的过渡词和其他衔接手段的使用，段落中的句子之间环环相扣。	**9-10** ● 写作清晰，错误极少且错误不影响理解； ● 学术词汇运用准确且多样； ● 词语形式和动词时态运用准确； ● 准确运用多种句型； ● 吸收指定阅读和 / 或外部来源篇章的思想，但不剽窃；正确引用文献来源，并用不同的技巧对文献进行释义。
7-8 ● 文章的处理符合任务要求，话题讨论清晰； ● 引言充分地把读者导向话题和作者的论题； ● 结论恰当地加强和评论了论点； ● 概括和支持观点 / 论点的证据相关、有力、有说服力； ● 每个段落都是一个独立、符合逻辑的整体，得到了很好的论述且与论题清晰相关；段落之间通过恰当的、不同的过渡手段得以很好地关联； ● 通过恰当的过渡词和其他衔接手段的使用，段落中的句子之间环环相扣。	**7-8** ● 写作清晰，错误极少且错误不影响理解； ● 学术词汇运用偶尔不准确或重复； ● 动词形式和时态运用可能不准确； ● 句型运用多样化； ● 吸收指定阅读和 / 或外部来源篇章的思想，但不剽窃；大部分文献来源能正确引用，并用不同的技巧对文献进行释义。
5-6 ● 文章的处理充分符合任务要求，话题讨论清晰； ● 引言虽然可能简略和 / 或没能充分展开，但充分地把读者导向话题和作者的论题； ● 结论部分加强和评论了论题。	**5-6** ● 整体上写作清晰、错误少；最多有几个影响理解的错误； ● 偶尔有词汇选择问题； ● 词汇形式和动词时态有些使用不准确。

图 16.3　专著图 16.11 大学预科写作课程评分细则（Weigle 2002: 193）翻译

　　本评分细则是一个分析性评分量表，分两个部分评价学生表现：一是内容 / 篇章结构，二是语言使用。

　　该量表对我自己的论文写作具有很强的指导意义，尤其是内容 / 篇章结构的评分细则，可以用作自己论文写作的指导性标准或自评标准。

　　对学生的写作指导同样意义非凡。整体而言，可用该量表从切题性、逻辑性、内容相关性、论证充分性等方面对学生的谋篇布局进行指导；在细节上，可以从词汇、句型、时态、文献引用等各个方面引导学生在写作的时候提高语言的准确性。

3. 请翻译 Figure 16.12 Example feedback form for pre-university writing course（p.380）。请问本反馈形式对你自己的写作或学生的写作有何指导意义？

参考作答

写作反馈表　　　　　　姓名
写作任务：_____ 总分：_____ 修订 / 编辑：_____ 等级：_____
□第一稿　　□终稿

内容 / 篇章结构___/10 参看评分说明的得分点描述	语言使用 ___/10 参考评分说明的得分点描述	修订 / 编辑（只有终稿需要） E　VG　G　F　P
—— 您的文章与任务各部分内容一致，只有极少或没有与主题无关的内容； —— 您的引言有效地把读者导向您的话题和论题； —— 精心选择支撑主旨的证据（例子、图解、细节）；证据清晰地解释、足够充分地支撑了主旨； —— 您的结论为论文提供了有效的结尾； —— 每段有一个主旨，通过例子和细节对主旨进行了符合逻辑的、全面的论述； —— 使用各种过渡手段（词、短语或完整的句子）有效地连接句子和段落； —— 您的写作任务达到了以下特殊目标： _____ _____	—— 您的文章写作清晰、错误极少； —— 您的文章学术词汇运用准确、多样； —— 正确引用指定阅读和外部来源文献，运用多种技巧对文献进行释义。 您的文章有以下错误模式： —— 句子不完整 —— 动词使用错误 —— 主谓一致错误 —— 粘连句 / 逗号粘连 —— 词序错误 —— 词汇选择错误 —— 词汇形式错误 —— 任务具体目标：	—— 您听取了教师和 / 或同学的反馈来提升文章内容； —— 您听取了教师和 / 或同学的反馈来改善文章结构； —— 根据课堂上讨论的语言特征对您的文字进行了仔细的编辑； —— 您的文章版式恰当（页边距、双倍行距、首行缩进、标题、参考文献、标题页） —— 您的文章对拼写、标点、大写等做了仔细编辑。 —— 无需做过多修订，因为一稿做得很出色。 _____ E=Excellent　　优秀 VG=Very good　很好 G=good　　　　好 F=Fair　　　　一般 P=Poor　　　　差

图 16.4　专著图 16.11 大学预科写作课程反馈表示例 (Weigle 2002: 195) 翻译

　　这份反馈表对我本人的写作和学生的写作都很有指导意义。这是一个自我反思的过程，对照反馈表，评价自己的写作，逐条对照修改，直到满意为止。具体而言，我本人可以模仿这个反馈表制定自己的论文写作自评表，依据其中的标准进行修改和编辑。对于写作教学，可以模仿此表制定写作作业反馈表，引导学生对照反馈表对自己的习作完成情况进行自评及同伴互评。教师可根据这些内容做出反馈，促进学生改进习作，逐渐提升写作水平。

4. 如果把导读思考题的作答作为受试产出性测评表现，请参考 Figure16.11 或 Figure16.12，编制一份通用的评分细则或反馈表。

参考作答 1

表 16.14　导读思考题作答反馈表（1）

姓名：_____　　得分：_____/15

学术毅力	得分		科研素养	得分		测评素养	得分	
	是	否		是	否		是	否
您是否每周坚持了专著阅读？			您对学术规范是否有了更全面的了解？			您是否更加理解测评的意义？		
您是否每周作答了思考题？			您是否愿意为了找到问题的答案去查阅更多的资料？			您是否对测评领域的专业理论知识和实践有了更多的了解？		
您是否每周日晚参加了微信群听课？			您是否愿意独立思考、创新性解决问题？			您是否对测评领域的专家有了更多的了解？		
您是否每天坚持了文献阅读？			您在专著和文献阅读过程中是否更有批判性意识了？			您是否对测评领域的世界顶级期刊、协会和国际会议有了更多的了解？		
您是否每次阅读都做了读书笔记？			您是否对科研更感兴趣、更愿意为了科研而不断努力？			您是否能更好地运用测评理论指导测评实践并进行测评研究？		

（注：是记 1 分，否记 0 分。）

参考作答 2

总是感到评分细则的等级很难准确把握，那我就试试反馈表吧！

表 16.15　导读思考题作答反馈表（2）

内容 / 组织 ＿＿＿＿ /10 （分值参看评分细则）	语言使用 ＿＿＿＿ /10 （分值参看评分细则）	修改 / 编辑（仅供终稿用） 优秀　很好　好　一般　差
—能完成所有的作答并且所有的作答都能紧扣问题的要义； —能有效地把读者引导到你作答的主题和主题思想上来； —每个作答都有一个主旨，并用细节和例子来支撑，使论述有逻辑性地展开； —支撑每题作答主旨的证据（例子、图例、细节）是精心挑选的，解释清晰，足够充分地支撑主旨； —本任务你达成了一个特别的目标： ＿＿＿＿＿＿＿＿＿＿	—你的作答表述清楚，几乎没有语言错误； —你的作答准确使用了语言测试术语和词汇； —能正确引用来自阅读任务或其他资源的观点，并能使用多种方法转述； —作业的具体目标： ＿＿＿＿＿＿＿＿＿＿ ＿＿＿＿＿＿＿＿＿＿	—你能根据老师或学友的反馈修改内容； —你能根据老师或学友的反馈组织作答； —你能认真地使用微信语音课上讨论过的章节去修改你的作答； —你作答的格式正确（页边距、双倍行距、段落缩进、标题、参考文献、标题页） —你认真检查了拼写、标点符号和大小写） ＿＿＿＿＿＿＿＿＿＿ —你的第一次作答很出色，无需修改
思考： 我的理解是产出性评价注重产出，所以反馈围绕"产品"展开； 我构思的评分细则的评分维度包括：理解导读问题的题意并提供合理的回答（切题）、作答有自己的观点（主题意义）、作答逻辑严谨、作答语言质量尚且规范。据此，在反馈表里也主要围绕这几个层面展开。		

17 Blueprint
第十七章　测试蓝图

17.1　章节目录

1. 思维导图呈现本章目录

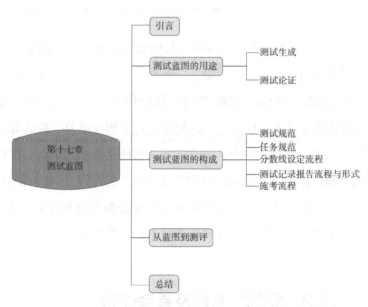

图 17.1　第十七章目录思维导图

2. 表格呈现本章目录

表 17.1 第十七章表格目录

17 Blueprints	第十七章 测试蓝图
INTRODUCTION	17.1 引言
PURPOSES OF BLUEPRINTS Assessment production Assessment justification	17.2 测试蓝图的用途 17.2.1 测试生成 17.2.2 测试论证
COMPONENTS OF A BLUEPRINTS 1 Assessment specification 2 Task specification 3 Procedures for setting cut scores 4 Procedures and formats for reporting assessment records 5 Procedures for administering the assessment	17.3 测试蓝图的构成 17.3.1 测试规范 17.3.2 任务规范 17.3.3 分数线设定流程 17.3.4 测试记录报告流程与形式 17.3.5 施考程序
FROM BLUEPRINTS TO ASSESSMENTS	17.4 从测试蓝图到测评
EXERCISES	练习

通过制作目录，对编制测试蓝图的目的及其构成成分有了清晰的了解，也对测试蓝图与测试任务规范的关系一清二楚了。此外，从本章目录可以学习：

（1）学术写作的思维：What（要阐述 / 论证的对象），Why（为什么要阐述 / 论证，即其重要性或意义），How（如何阐述，每个构成部分，构成部分与 AUA 理据的关系）；（2）本章的重点：测试蓝图的构成是本章的重点，作者在详细地向读者说明一份蓝图的基本组成部分和各部分包含的内容。虽然内容很多，但作者使用的总—分—总的写作模式，每个主要组成部分都先用表格或不同的字体列举后文将要涉及的内容及其顺序，这样读者就不容易在阅读中迷失。

17.2 原著思考题及参考作答

1. 请回想你开发过或熟悉的一项测试，该测试的测试任务是在没有测试蓝图的情况下编写的。你自己、测试开发者或使用者在当时或随后的测试使用中有没有遇到什么难题？如果测试任务是根据测试蓝图开发的话，这些难题是可以避免的。如果有测试蓝图，如何避免这些难题？

参考作答

本人所教授的"跨文化商务沟通"课程在每个单元面授结束之后都会有一个在线单元测试。但测试并没有编写任何测试蓝图，即没有规范性的文件指导任务的设计、试题的编写等。

在该情况下，经常遇到的难题就是每个题型该出多少道题，每个题项的分值该多少总是被随意更改。比如，在第一单元填空题（有限产出型作答）一共10个，每空2分，但在第二单元只有8个，如果要保持该题型总分是20分，每空分值就出问题了。如果要保持每空分值都是2分，那随后题型的题项分值要改变。这些都会影响测试的有意义性、一致性等理据，也会直接影响测试的效果。

阅读了本章之后，我认为应该为整个课程的单元测试编制一份测试蓝图，使单元测试任务的编制有据可循。我所遇到的难题其实通过测试蓝图的第一部分就可以解决，具体而言是确定1（a）—1（d），即测试包含几个部分、每部分包括几个任务、各测试部分和任务的呈现顺序以及相对重要性等。把这几个部分以文档的形式固定下来，在每个单元的测试任务编制中就不会随意而为了。

2. 你是否曾经采用过多种形式开发一项测试？你是怎么做的？测试蓝图在该过程中扮演什么角色？鉴于你目前对测试蓝图的了解，你会以何种不同的方式来处理这个过程？

参考作答

我通常会采取课堂小测验的形式来检查学生的课前学习情况。有时是以选择题的形式，有时是以是非判断题的形式，有时是以有限产出型问题呈现。实际上，我没有依据任何具体的测试蓝图来编制试题。在决定测试形式时，一是凭经验和直觉看哪种题型比较合适，二是凭经验认为各种题型要换着来，要不然学生会厌倦。

在阅读本章之后，我决定在下学期正式上课前编制一个测试蓝图，指导课堂小测验的创建，同时也为测试论证和能力解释提供依据。

3. 请浏览网页所附项目，找一个你感兴趣但未提供测试蓝图的例子，按表 17.1 的内容为该项目创建测试蓝图。

参考作答

以下是我为 Project 3—大学初级现代汉语口语小测试创建的测试蓝图。

测试蓝图

Ⅰ 测试规范
（a）测试部分：1 个
（b）测试任务：2 个。1 个是自我介绍（事先准备好），1 个是现场抽题（题目由图片和提示词组成），准备 2 分钟，然后对图片进行描述，2 分钟
（c）任务顺序：先做自我介绍，再描述图片
（d）任务的相对重要性：图片描述在测试中的赋分比重更大，占 70%
（e）时间 5 分钟（包括准备时间，2 分钟准备 +1 分钟介绍 +2 分钟图片描述）
（f）作答指令
 （1）整体：本测试包括两个部分。第一部分为自我介绍，第二部分为图片描述
  介绍时间 1 分钟，图片描述准备时间 2 分钟，作答时间 2 分钟
 （2）各部分作答指令：见任务规范
Ⅱ 任务规范
（a）测试构念：（1）无语法和语音错误；（2）表达自然、流畅、有创造性；（3）能
  说满规定时间；（4）词汇和句型使用准确、恰当；（5）篇章组构能力
  强
（b）环境
 （1）物理特征：语言实验室，安静、舒适
 （2）设备：录音笔
 （3）考生特征：修读大学初级现代汉语口语的学生
 （4）监考老师：任课教师，对录音笔操作熟练，对学生的态度积极友好
 （5）任务测试时间：按照考试安排表上的时间
（c）输入特征、预期作答反应特征、输入与作答之间的关系
 （1）输入
 格式
  渠道：视觉（图片）、听觉（教师的指令）
  形式：语言、图片

　　　　　语言：汉语
　　　　　长度：一张图片
　　　　　载体：现场
　　　　　速度：正常
　　　类型：理解性输入、提示词
　　　输入语言
　　　　　组构特征：句法简单、词汇简单、监考教师的现场表达（可能会有口音）；
　　　　　　　　　篇章结构简单，完整的指令和单个的单词
　　　　　　　语用特征：操作、启发和信息功能；正式语域、自然
　　　　　　　主题特征：考生熟悉的日常生活主题。
　　（2）输出
　　格式
　　　　　渠道：口头
　　　　　形式：语言
　　　　　语言：汉语
　　　　　长度：3分钟
　　　　　类型：拓展性产出
　　　　　速度：正常
　　　语言特征：
　　　　　组构特征：语法正确、语音正确；篇章组构合理、词汇和句子结构使用恰当
　　　　　语用特征：自然、流畅、有创意
　　　　　主题特征：考生熟悉的日常生活主题
　　（3）输入与输出之间的关系
　　　　　　外部互动类型：既有考生与监考教师之间的往复性互动，又有考生与任务之
　　　　　　　　　　　　间的非往复性互动
　　　　　联系范围：大范围
　　　　　联系的直接性：直接
　　（4）记录方法：分数（考试结束后，教师根据录音，参照考试构念和评分程序对
　　　　　　　　　　学生的表现打分）
　　（5）作答指令：请在1分钟内介绍自己；请根据图片和图片上的提示词描述图片，
　　　　　　　　　　用时2分钟
Ⅲ分数线设定和决策流程
　　考生的分类按语言能力标准划分，并严格按此标准进行决策
Ⅳ测试记录报告流程与形式、解释和决策
　　考生的测试表现以分数及语言描述的形式进行报告
　　解释基于测试构念做出，决策按照对测试标准所做的口语能力解释做出
Ⅴ施考流程
（a）提前布置教室、检查设备
（b）考试正式开始前核对考生身份
（c）宣读作答指令
（d）监考／考试
（e）处理异常情况

图 17.2　Project 3 测试蓝图

4. 请回想你曾经施考或参加过的一项考试的流程，该流程是如何为AUA 的理据提供证据的？该流程可以如何改进？

参考作答

以大学英语四、六级考试为例。

表 17.2　大学英语四、六级考试流程对 AUA 理据的支撑

理据	流程
一致性（consistency）、无偏性（impartiality）	布置考场、确认考生身份、宣读考场指令、创建和维持支持性的测试环境、监考、处理异常情况、试卷和答题卡回收。
有意义性（meaningfulness）（使考生发挥出最佳水平）	创建和维持支持性的测试环境（监考老师不能穿高跟鞋、不能交谈、听力考试期间不能走动、天气太热或太冷开空调，并把温度调至舒适状态，控制光线的强度等等）。

我觉得四、六级考试流程中还可以改进的地方有：

（1）在监考手册上规定教师在指导学生存放物品、宣读考场指令的时候不用命令的语气，应该用温和的语气告知学生，让学生在自然、放松的状态下应考，以确保考生发挥出最佳水平，确保测试的有意义性；

（2）如果发生异常情况，监考老师不得与考生在考场内发生争执，影响其他考生的发挥，以确保测试的一致性、无偏性和有意义性。

5. 请回想你曾经参加过的一项考试，该考试的施考方式似乎特别能促使你发挥出最佳水平。该考试的施考流程有何特征，使其对你发挥出最佳水平特别有帮助？

参考作答

就我个人的考试经验而言，我觉得雅思口语考试的施考流程有助于考生发挥最佳水平。该考试的施考有如下几个特征：

（1）从考官跟你打招呼的第一句话开始就是在测试你的口语水平了。考官先是核对姓名、准考证号（用问答的形式）等基本信息，然后聊些日常话题。考官很和善，与平时聊天无异。

（2）全程语音用录音笔录制，但考官并不会把录音笔放在特别显眼的地方，我想应该是为了避免考生看到录音笔而感到焦虑才这样做的。

（3）话题的衔接非常自然，从第一部分到第二部分，再到第三部分，逐步深入，这样考生对话题有个适应过程。

（4）在整个考试过程中，考官对考生的态度始终如一，表情一以贯之的平静，语气始终如一的平和；不会因考生表现不好而皱眉，不耐烦等。

17.3　补充思考题及参考作答

1. 请翻译 Figure 17.1 Components of a Blueprint（p.389）。请问该测试蓝图构成图对你有何现实指导意义？

参考作答 1

测试蓝图

1. 测试规范
   （a）测试的构成部分
   （b）每部分任务数量
   （c）每部分及每个任务的呈现顺序
   （d）每部分及每个任务的相对重要性
   （e）时间分配：每部分的用时和整体用时
   （f）作答指令
2. 测试任务规范（每个任务类型都需要）
   （a）测试构念
   （b）环境特征
   （c）输入、预期作答反应，输入和作答的关系特征
   （d）记录方法
   （e）测试任务作答指令
3. 分数线设定与决策流程
4. 测试记录、考生能力解释与决策的步骤与形式
5. 施考程序

图 17.3　专著图 17.1 的翻译（1）

从教学测评的角度来说，提示教师在任何测试开发过程中都需要有这样一个文件来引导、规范任务编制，不能随意而为。有了这样一个蓝图，测评论证就有了依据，能为测试使用者和其他利益相关者提供解释性信息。

对现实生活而言，蓝图是对未来的规划。人生没有规划犹如航海没有罗盘，

会迷失方向,最终的结果是"脚踩西瓜皮,滑到哪算哪"。按照蓝图一步一个脚印地实现自己的计划,目标的达成就会水到渠成。所以,蓝图的重要性是不言而喻的。

参考作答2

测 试 蓝 图	
1 Assessment specifications Number of parts Number of tasks per part Sequence of parts and tasks Relative importance of parts and tasks Time allotment: for each part and overall Instructions	1. 测试规范 （1）组成部分 （2）各部分任务数量 （3）各部分与各任务顺序 （4）各部分与各任务的相对重要性 （5）整体以及各部分的时间分配 （6）指令
2 Task specifications (for each task type) Construct to be assessed Characteristics of the setting Characteristics of input, expected response, and relationship between input and response. Recording method Instructions for responding to the assessment task.	2. 任务规范（每类任务） （1）测试构念 （2）情境特征 （3）输入、预期作答反应特征及输入与作答的关系特征 （4）记录的方法 （5）任务作答指令
3 Procedures for setting cut scores and making decisions	3. 合格分数线设定和决策的流程
4 Procedures and formats for reporting assessment records, interpretations and decision	4. 报告测试记录、解释和决策的流程和形式
5 Procedures for administering the assessment	5. 实施测试的流程

图 17.4　专著图 17.1 的翻译（2）

关于蓝图对现实的指导意义的思考:

（1）整体与部分之间的关系:图中的第1点(测试规范)是总体的规划,第2点(任务规范)是在第1点(测试规范)之下的细节。而在同一测试规范之下,可以产生一个或多个任务规范,也就是说,同一测试规范可以由多个任务去体现,并且需要按照一定的规范去描述每种类型的任务。这种情况也是现实世界中经常发生的。例如,对教师的工作绩效,可以从教学、教研、科研、继续教育、社会服务等多重任务中体现出来。与之相对应的是职能部门需对以上几个方面的任务特征进行描述。

（2）任务顺序与权重：测试规范里提到，各部分和各任务的顺序和相对重要性，这显示在测评中需要考虑各部分的权重。同样，在日常生活中，面对多重任务时，我们也需要学习区分不同组成部分和任务的性质，合理安排和利用时间，争取完成更多、更重要的任务。

（3）明确流程的重要性：上图第3-5项都出现了procedures，我理解为流程，这相当于一个实操的指引，显示的是每个步骤之间的关联方式和导向。严格按照流程去执行任务，可以确保程序和结果与预期目标的一致性。不同的人在不同的场景面对同样的任务情景会做出类似的反应。

2. 请参照本章详细的提纲，编制一份你的新学期蓝图，将你自己的多重身份、每种身份下的多重任务考虑在内。

参考作答1

新学期蓝图
引言
　　本学期教学任务重,课程多(3个),教研任务不轻(10月份教改课题需提交中期报告,1月份规划课题需提交中期报告)。此外,作为家里的"内务大臣",孩子的"家庭教师"和"陪伴者",大家庭的"咨询师",任务很琐碎。为平衡多重身份,完成好多重任务,特制定本新学期蓝图。

蓝图的用途
蓝图主要的用途是：
（1）规划本学期的各项工作（家里、家外），指导各项工作有序进行；
（2）为年终工作总结提供质量评价依据；
（3）遇到困难的时候，不知何去何从的时候，提醒自己该干什么，怎么干，如何取舍。

蓝图的构成成分
1.新学期规范
（a）多重身份：教师、妈妈、主妇、女儿等
（b）每部分任务数量

教师：3门课程、2个课题、每周17个课时、学习、会议、公共服务；

妈妈：陪伴（吃喝玩乐）、学习辅导、亲子共读；

主妇：家务、偶尔陪同社交（非常不喜欢，但有时候不得不）；

女儿：心理咨询、健康服务。

（c）各部分和各任务的相对重要性：

首先是教师身份，任务排序：教学、学习、科研、公共服务；

其次是妈妈身份，任务排序：陪伴、亲子共读、学习辅导；

接着是主妇身份，任务排序：家务、社交；

最后是女儿身份：任务排序：健康服务与心理咨询同等重要。

2. 任务规范（略）

3. 任务完成质量设定流程

为让自己能在多重身份、多重身份的多重任务下保质保量完成各项任务，特设定任务完成质量流程：

（a）衡量目前的身体状况和能力；

（b）衡量各项任务的完成质量标准；

（c）把身体状况和能力与完成质量标准进行匹配并做出适当的任务调整。

4. 工作任务完成记录报告的流程与形式

用表格的形式制定每周任务，在周末（每周日晚）逐项核查是否完成，完成质量如何。根据核查表，写周记，总结完成情况，分析做得好或不足的原因。警醒不足之处，并为完成得好的任务给自己鼓励。

5. 任务完成流程：

（a）每周制定工作计划表；

（b）保持饱满的情绪；

（c）创造良好的工作、家庭氛围；

（d）全身心投入各项工作；

（e）处理突发情况。

从蓝图到实践

遵照蓝图，努力实践，保质保量完成各项工作。学会调节、劳逸结合，最后把蓝图变成现实。

图 17.5　新学期蓝图（1）

参考作答 2

新学期蓝图

1. 规范

（a）多重身份：学生、助教、助管、跑步者、阅读者等。

（b）每部分任务数：

学生：1门课程、文献阅读、1篇论文、开题报告；

助教：一位老师4门课的助教；

助管：每周值班4个半天；

跑步者：每周至少4次；

阅读者：每月3本课外书籍。

（c）每部分和每个任务的顺序：随机分配，齐头并进。

（d）每部分和每个任务的相对重要性。

首先是学生，任务排序：上课、看文献、写论文、思考开题报告；

其次是助教，任务排序：根据老师安排需要改作业，提醒交作业等；

接着是助管，值班时间可以有时间处理自己的事情；

最后是跑步和阅读，根据具体情况而定。
（e）时间分配：对每部分和整体而言：

整体来说，在学习上，没课没事情的时候每天有效学习 6 个小时；

其次是助管和助教，这两者有时可以在同一时段进行；

最后是阅读和跑步，每次运动至少 1 个小时，阅读每天至少 1 个小时。

2. 任务规范（略）

3. 任务完成质量流程设定

首先是让自己情绪稳定，身体比较健康的情况下完成任务；

对于每周设定的任务不一定要保证质，但一定先保证量；

通过最后的任务完成情况衡量自己完成的质量。

4. 任务完成记录报告的步骤和形式

每周末晚上制定下周任务并于当晚检查上周任务，写周记总结，提交给老师。做得好适当给自己鼓励，做得不好要反思，争取下一周表现更好。

5. 任务完成流程

（a）每周日晚制订下周计划表；

（b）保持稳定的情绪，积极的心态；

（c）每天尽力完成各项任务。

图 17.6　新学期蓝图（2）

18 Preparing effective instructions
第十八章　起草有效的任务指令

18.1　章节目录

1. 思维导图呈现本章目录

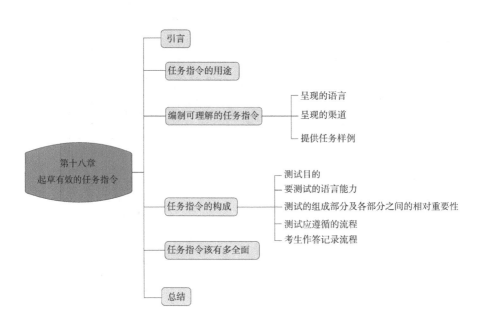

图 18.1　第十八章目录思维导图

2. 表格呈现本章目录

表 18.1　第十八章表格目录

18 Preparing effective instructions	第十八章 起草有效的任务指令
INTRODUCTION	18.1 引言
PURPOSE OF INSTRUCTIONS	18.2 任务指令的用途
MAKING INSTRUCTIONS UNDERSTANDABLE Language of presentation Channel of presentation Providing example tasks	18.3 编制可理解的任务指令 　18.3.1 呈现的语言 　18.3.2 呈现的渠道 　18.3.3 提供任务样例
COMPONENTS OF INSTRUCTIONS Assessment purpose Language abilities to be assessed Parts of the assessment and their relative importance Procedures to be followed Procedures for recording test takers' responses	18.4 任务指令的构成 　18.4.1 测试目的 　18.4.2 要测试的语言能力 　18.4.3 测试的组成部分及各部分之间的相对重要性 　18.4.4 测试应遵循的流程 　18.4.5 考生作答记录流程
HOW EXTENSIVE SHOULD INSTRUCTIONS BE	18.5 任务指令该有多全面
EXERCISES	练习

　　通过目录的梳理，发现本章的逻辑衔接非常自然，先让读者明白为什么要编写指令；接着说明什么样的指令才是简洁明了、通俗易懂的，为编写者着手编写指令前设定了一个标准；然后阐述了指令的 5 个构成部分；最后告诉大家什么样的指令才是有效、有用的指令。这一写作模式层层递进，非常值得学习。

　　过去总觉得编写测试任务指令不会很复杂，自己参加考试时也经常忽略指令，常常凭借答题经验就开始做题。但整理之后发现原来我在平时经常忽略的任务指令还包含了这么多组成部分和需要注意的事项，越发感觉到测试开发是一项异常严谨的工作。

18.2　原著思考题及参考作答

1. 请浏览专著所附项目，找出一个或多个提供了任务指令的项目并依照本章的标准对指令进行评价。

参考作答

Project 2 首先呈现了一个整体的测试任务指令：This test is intended to measure your academic English ability. It will test both your reading and listening ability. When you see text with a green background, as on this page, it contains directions. Most of the questions on this test will require you to type your answers into a text box. Some boxes will be only one line long, like this...; others will be several lines long, like this...; you will also see text boxes for one-word answers, which appear...in the middle of a line of a text. Finally, there may be some multiple choice items on the test which require you to click on one of several radio buttons.

然后对具体的测试任务又有一个指令：Directions：Complete the outline based on your reading of the passage. When you have completed the outline, click the "submit" button to send your answers to the testing center and continue the test.

下面从指令的构成成分是否完整和指令是否有效且高效两个方面来对该测试指令进行评价。

（1）从整体的测试指令来看，指令对测试目的、要测评的能力、测试流程和任务规范、作答方式都做了详细的说明。具体的测试任务指令包括了作答要求、提交要求等。总体而言，该测试指令比较完整。

（2）按照专著作者观点，一个有效且高效的测试指令应满足三个质量标准：

- 言简意赅，考生一看就能理解；
- 不冗长、不累赘，不会占用考生太多的考试时间；
- 信息足够详细，考生能确切地明白自己需要做什么以及怎么做。

按照以上三条标准，该测试的指令不含有比较难懂的专业术语，不含有多余的话语，考生能在短时间内理解测试任务和作答要求等，因此，应该说是有效且高效的。

但该项目的指令也有可改进之处，比如对于作答时间没有要求，这可能会降低测试的有意义性和可概推性理据；指令中没有说明成绩记录方法，这可能会影响测试的无偏性理据（impartiality）。

2. 请浏览专著所附项目，找出一个或多个未提供任务指令的项目，并为该项目创建一套完整的任务指令。

参考作答

专著所附项目 Project 3 没有提供任务指令，下面我将为该测试——大学初级现代汉语口语小测试创建任务指令。

（1）整体指令：本测试旨在考查学习者的初级汉语口语能力。考试分为 2 个部分：第一部分为自我介绍（事先准备），考试时间为 1 分钟；第二部分为图片口头描述（在前一位考生测试期间抽取图片），准备时间 2 分钟，考试时间为 2 分钟。考试将依据口语表达的准确性、流畅性和复杂性三个标准对考试表现进行评分。

（2）不同任务类型测试指令：

- 自我介绍：请在 1 分钟之内把自己介绍给新任汉语口语教师。内容包括姓名、兴趣爱好、对汉语口语课的期望。本部分总分 30 分。

- 口头图片描述：请根据图片上的提示词描述图片，可以根据图片讲述一个故事，也可以对图片内容进行详细描述。在正式考试之前有 2 分钟的准备时间，考试时间为 2 分钟。本部分总分 70 分。

3. 请获取一项语言测试，该测试的任务指令是否包括了测试的预期目的、要测量的语言能力、测试流程和任务规范以及正确标准的规范？如有遗漏，对该指令可作何修改？

参考作答

不同的任务指令组成成分可在测试的不同阶段和不同层次呈现出来。下面以大学英语四、六级考试为例，说明该测试任务指令是否完整，如有遗漏，该如何修订。

表 18.2　大学英语四、六级考试测试任务指令

指令	表述	来源	阶段
测试的预期目的	"考试目的是参照《大学英语教学指南》（教育部高等学校大学外语教学指导委员会 2015 年制定）设定的教学目标对我国大学生英语综合运用能力进行科学的测量，同时也为用人单位了解我国大学生英语水平提供参照依据。"	考试大纲	考前
要测量的语言能力	"四、六级考试考核学生的英语综合运用能力，包括听力理解、阅读理解、写作、翻译和口头表达能力。"同时，试卷上各部分的任务指令也对语言能力有具体的说明。	考试大纲试卷	考前考中
测试流程和任务规范	"大学英语四级试卷由四个部分构成，依次为……各部分测试内容、题型和所占分值比例等如下表所示。"此外，测试流程在学生准考证、监考员的监考手册上都有详细说明。考试当天监考员还会对考试流程有口头提示。	考试大纲准考证监考手册	考前考中
正确标准的规范	《大纲》对主观题的评分方法和评分标准都有详细说明。对客观题的正确标准在试卷的任务指令中有清晰的说明。比如，在听力部分的指令中有 "...choose the best answer from...Then mark the corresponding letter on Answer Sheet 1 with a single line through the centre" 之类的表述。	考试大纲试卷	考前考中

总体而言，大学英语四、六级考试的任务指令是非常完整且清晰易懂的。但如果能在试卷的作答指令中说明各部分的分值（虽然大纲中有说明，但很多学生可能不会去仔细阅读大纲），可能会更有利于学生在测试过程中运用元认知策略对作答策略进行调整，以发挥出最佳水平，为 AUA 主张 3 中的理据 A3 提供支撑依据。

4. 请回想你曾经参加过的一项语言测试，该测试提供了哪种任务指令？你对该指令是如何回应的？你希望该指令做出何种变化？

参考作答

　　下面以雅思（IELTS）考试试卷上的任务指令为例来作答。该测试阅读部分对每一篇阅读文章都提供了整体的任务指令；对每篇文章的具体任务类型又都有具体的指令。比如，在阅读部分第一篇文章的整体指令："You spend about 20 minutes on Questions 1-13, which are based on Reading Passage 1 below"。

　　后面具体的任务指令可能如下：

- Questions 1-7

  Reading passage 1 has six paragraphs, A-F.

  Which paragraph contains the following information?

  Write the correct letter, A-F, in boxes 1-7 on your answer sheet.

- Questions 8-11

  Classify the following techniques according to whether the writer states they...

  Write the correct letter, A, B or C, in boxes 8-11 on your answer sheet.

- Answer the Questions below.

  Choose NO MORE THAN THREE WORDS AND/OR A NUMBER from the passage for each answer.

  Write your answers in boxes 12 and 13 on your answer sheet.

　　这些指令非常详细，对作答时间、任务类型、作答要求都有详细的说明，指令本身非常清晰，我认为无需更改具体的指令。但因题型多，指令也多，考生的阅读负荷可能会有点重。建议把指令中的全大写的单词改为小写加粗，因为很多学生读全大写的单词比小写要困难（如"NO MORE THAN THREE WORDS AND/OR A NUMBER"），以使指令有利于考生发挥出最佳水平。

5. 请获取一项已经公布的测试，比较整体指令和每部分的指令信息。你认为该测试的信息划分合适吗？为什么合适？为什么不合适？

参考作答

　　大学英语四、六级考试的整体指令在《全国大学英语四、六级考试大纲》中有明确规定，每个测试部分还有具体的指令。总体而言，信息的划分是合适的。整体指令包括测试预期目的、要测量的能力、流程和任务规范、正确标准的规范等。具体指令包括每部分题项数量、作答方式、用时等，两者之间相互补充。但因为很多考生都不会去阅读四、六级考试的考试大纲，对每部分分值等可能并不了解。因此，如果能在具体指令中简单明了地说明一下每部分的分值，指令会更加全面、有效。

6. 请获取一项包括多个部分的语言测试，其测试指令是否指明了该测试有多少个部分，每部分的相对重要性，每部分的大致内容，每部分指定的测试时间？如果没有，该测试指令可能做出何种修改以提供以上信息？

参考作答

　　仍以大学英语四、六级考试为例。作为一项大规模、高风险语言测试，该测试的测试指令包括了问题中提到的所有内容。在《考试大纲》的"试卷构成"和"试卷分解"部分明确了测试有多少个部分；从该部分所列的各部分分值构成可看出每部分的相对重要性；从"试卷分解"和试卷的具体指令还可以看出每部分的大致内容。此外，在试卷封面有一个考场指令，也说明了试卷的构成。试卷具体指令中指明了每部分的测试时间。所以就以上内容而言，该测试的测试指令无需修改。以下是大纲中对相关内容的说明。

2.1.1 试卷构成

大学英语四级试卷由四个部分构成,依次为:1)写作;2)听力理解;3)阅读理解;4)翻译。各部分测试内容、题型和所占分值比例等如下表所示:

试卷结构	测试内容	测试题型	题目数量	分值比例	考试时间
写作	写作	短文写作	1	15%	30 分钟
听力理解	短篇新闻	选择题(单选题)	7	7%	25 分钟
	长对话	选择题(单选题)	8	8%	
	听力篇章	选择题(单选题)	10	20%	
阅读理解	词汇理解	选词填空	10	5%	40 分钟
	长篇阅读	匹配	10	10%	
	仔细阅读	选择题(单选题)	10	20%	
翻译	汉译英	段落翻译	1	15%	30 分钟
总计			57	100%	125 分钟

图 18.2　大学英语四级试卷构成

3.1.1 试卷构成

大学英语六级试卷由四个部分构成,依次为:1)写作;2)听力理解;3)阅读理解;4)翻译。各部分测试内容、题型和所占分值比例等如下表所示:

试卷结构	测试内容	测试题型	题目数量	分值比例	考试时间
写作	写作	短文写作	1	15%	30 分钟
听力理解	长对话	选择题(单选题)	8	8%	30 分钟
	听力篇章	选择题(单选题)	7	7%	
	讲话/报道/讲座	选择题(单选题)	10	20%	

试卷结构	测试内容	测试题型	题目数量	分值比例	考试时间
阅读理解	词汇理解	选词填空	10	5%	40 分钟
	长篇阅读	匹配	10	10%	
	仔细阅读	选择题(单选题)	10	20%	
翻译	汉译英	段落翻译	1	15%	30 分钟
总计			57	100%	130 分钟

图 18.3　大学英语六级试卷构成

但目前的大学英语四、六级考试在写作和听力结束之后,对快速阅读、十五选十、仔细阅读和翻译只有一个整体的时间安排,而没有对具体的任务设置具体的时间限制,这样有可能会削弱有意义性、可概推性、相关性与充分性理据。从理论上来说,至少应该对快速阅读做出时间限制,但可能是考虑到可操作性(中途数次时间提醒和收取答题卡可能会影响学生作答等问题),现行测试并未对此做出时间限制。

7. 请为你正在开发的一项测试起草一套任务指令，解释你的任务指令决策是如何使测试的有用性最大化的。

参考作答

下面我将为大学英语期末测试起草一套测试指令。

（1）整体测试指令

● 测试描述

本测试是依据课程教学大纲的要求检测学生对本学期教学内容的掌握情况。本测试所含阅读篇章、段落翻译和写作题项的难度与所学课文相当；语言知识主要考查对新学词汇和句型的运用能力。测试由 4 个部分构成。

● 试卷构成

表 18.3　某校大学英语期末测试试卷构成

试卷结构	测试内容	测试题型	题目数量	分值比例
阅读理解	（A）词汇理解	选词填空	10	10%
	（B）长篇阅读	匹配	10	10%
	（C）仔细阅读	多选题	10	20%
翻译	汉译英	段落翻译	1	20%
语言知识	词汇、句法等	多选题	20	10%
写作	（A）写作1	应用文写作	1	10%
	（B）写作2	短文写作	1	20%

（2）每部分测试指令

略（主要是说明每部分的题项数量、作答方式、每个题项的指定分值等）。

我主要是通过两条途径使测试的有用性最大化的，一是紧紧围绕课程教学大纲和教学内容，明确规定任务内容和控制任务难度来确保测试的有意义性、相关性和概推性；二是明确各部分题项数量、作答方式及每个题项的分值来确保公平性和一致性。

8. 请获取一项测试，把书面任务指令删除，然后确定两个人选：一个无语言教学经验，一个有语言教学经验。请口头解释该测试对考生的作答要求。请他们为该测试编写测试指令。请从各自对考生语言能力的敏感性来比较二者的指令语言（即指令在何种程度上是用有效的教师话语来写的；两位指令编写者在语法和词汇简化方面差异有多大？）。

参考作答

　　有语言教学经验的教师在编写指令语言时更多地依据了以往的教学和测试经验考虑考生的语言能力，指令的表述使用了与目标考生语言能力接近的语言，指令言简意赅、浅显易懂；没有教学经验的人是凭自己的直觉，更多的是根据自身知识水平来编制任务指令，指令太过简单，没能覆盖具体测试任务指令该有的内容。这种指令可能会导致考生作答时有不少疑问，比如，其指令没有说明答案该写在什么地方。

　　在实践中，很多时候没有语言教学经验的教师写出来的任务指令不够全面、具体，很多有多年教学经验的教师也会存在同样的问题，不一定能够编制出较为有效且高效的任务指令。这可能是因为他们本身很少自己去编制测试指令，也可能是因为他们没有认识到测试指令的重要性。所以，语言教师的测评素养亟待提高。

18.3　补充思考题及参考作答

1. 请用自己的语言概括第 18 章，然后对照"导读"中的第 18 章，对比两者的异同。

参考作答1

表 18.4 第十八章我的概括与"导读"的概括对比（1）

我的概括	导读的概括
任务指令的编写是测试开发不可缺少的一环。指令为 AUA 中的理据提供解释性信息，比如有意义性、无偏性、一致性、相关性、充分性以及可概推性，是测试开发不可缺少的一项工作。 　　本章内容主要包括指令的用途，最主要是助力考生发挥出最佳水平；制作简单易懂的指令的三个"法宝"：呈现语言、呈现渠道和样例提供；指令的构成：测试目的、要测试的能力、测试的组成部分及各部分的相对重要性、测试流程以及考生表现记录流程；高效有用指令的三条标准：言简意赅，足够使考生明白测试意图并发挥出最佳水平。 　　指令的重要性不容忽视，测试开发者、考生和其他测试使用者都应该明了指令所提供的丰富信息。	作者把如何起草测试任务的指令（instructions）单列一章，其重要性可见一斑。任务指令是测试开发者传递意图的重要渠道，其主要用途是确保考生准确理解测试（任务）内容、流程、作答和评分方式。一项指令通常会涵盖如下内容：测试目的、所测能力、任务说明、计分标准等。作者在本章就这些内容分别作了详细阐述。即便如此，并不意味着指令一定冗长累赘、面面俱到。高质量的指令往往言简意赅，甚至能激发考生努力作答的动力。读者可以参阅本书配套第二个测试项目中的任务指令。
相同点：都概括了章节的主要内容，包括指令的用途、指令的构成、好的测试指令的标准等。	
不同点：专著导读概括的语言更学术，连贯性更好。	

参考作答2

表 18.5 第十八章我的概括与"导读"的概括对比（2）

我的概括
测试任务指令常常是应试者考试时首先会遇到的内容。有效的任务指令既能给考生设立测试的预期目的，也能驱动他们在测试中做到最好。有效的任务指令能为 AUA 模型中的多个主张提供理据，尤其是关于测试的有意义性和无偏性两个方面。 　　有效的测试任务指令由五个部分组成：（1）测试目的；（2）要测试的语言能力；（3）测试的组成部分及其相对重要性；（4）应遵守的流程和（5）考生作答记录程序。明确测试目的，既能为测试任务开发提供理据也是测试公平性的基本问题。被测试的语言能力应该使用非专业的语言去表达。测试各部分的相对重要性可以通过分值或时间的设定来体现。告知作答程序和记录作答的程序，让考生做到心中有数，也能促进他们尽力做到最好。 　　作者提出有效的任务指令应该是简单易懂的。这要求我们重视用什么样的语言，通过哪种渠道来呈现指令。同时，也需要根据实际情况在任务指令的详略程度上做出选择。
导读的概括（参见上表）

对比: 1. 两者都强调了本章的三个内容: 任务指令的重要性、任务指令的基本内容和起草高质量的任务指令需要注意的事项。 2. 导读部分的概括更加简洁。有关任务指令的基本组成部分专著原文列举了五点, 我是直接翻译出来, 而导读整合成四点, 并用更简洁的方式向读者呈现。有关任务指令的语言使用, 导读部分也同样整合用更简洁的语言呈现。 3. 导读部分还特别指出要结合 Project 2 来理解本章的内容。这是我没有注意到的一个细节。经过导读的提示, 阅读时会通过联系 Project 2 来加深对本章内容的理解。	

2. 请对比 2020 年高考英语全国卷 I、大学英语四、六级考试卷和全国硕士研究生入学英语考试卷的全卷任务指令和具体阅读理解与写作部分的任务指令的异同, 并用本章提供的标准评价这些试卷的测试任务指令的质量。

参考作答 1

（1）我把试卷上的考场指令或注意事项理解为是这几项考试的全卷任务指令。现列表展示并对比如下。

表 18.6 三项测试全卷任务指令对比

试卷	全卷任务指令	质量评价
2020 年高考英语全国卷 I	1. 答卷前, 考生务必将自己的姓名、准考证号填写在答题卡和试卷指定位置上。 2. 回答选择题时, 选出每小题答案后, 用铅笔把答题卡上对应题目的答案标号涂黑。如需改动, 用橡皮擦干净后, 再选涂其他答案标号。回答非选择题时, 将答案写在答题卡上, 写在本试卷上无效。 3. 考试结束后, 将本试卷和答题卡一并交回。	指令分答卷前, 答卷中和答卷后三个部分, 言简意赅, 不会过多占用考生考试时间。配合具体指令, 应该能有助于学生发挥出最佳水平。
大学英语六级考试卷	一、在答题前, 请认真完成以下内容: 1. 请检查试题册背面条形码粘贴条、答题卡的印刷质量, 如有问题及时向监考员反映, 确认无误后完成以下两点要求。 2. 请将试题册背面条形码粘贴条揭下后粘贴在答题卡 1 的条形码粘贴框内, 并将姓名和准考证号填写在试题册背面相应位置。 3. 请在答题卡 1 和答题卡 2 指定位置用黑色签字笔填写准考证号、姓名和学校名称, 并用 HB-2B 铅笔将对应准考证号的信息点涂黑。	答题前和答题中的指令足够清晰、具体, 有助于学生了解作答要求和测试内容。

续表

试卷	全卷任务指令	质量评价
	二、在考试过程中，请注意以下内容： 1. 所有题目必须在答题卡上作答，在试题册上的作答一律无效。 2. 请在规定时间内依次完成作文、听力、阅读、翻译各部分考试，作答作文期间不得翻阅该试题册。听力录音播放完毕后，请立即停止作答，监考员将立即回收答题卡1，得到监考员指令后方可继续作答。 3. 作文题内容印在试题册背面，作文题及其他主观题必须用黑色签字笔在答题卡指定区域内作答。 4. 选择题均为单选题，错选、不选或多选将不得分，作答时必须使用 HB-2B 铅笔在答题卡上相应位置填涂，修改时须用橡皮擦干净。 三、以下情况按违规处理： 1. 不正确填写（涂）个人信息，错贴、不贴、毁损条形码粘贴条。 2. 未按规定翻阅试题册、提前阅读试题、提前或在收答题卡期间作答。 3. 未用所规定的笔作答、折叠或毁损答题卡导致无法评卷。 4. 考试期间在非听力考试时间佩戴耳机。	但个人觉得第三部分不应该放在这个指令中，因为把违规行为放在指令中可能会使考生在整个考试过程中担心自己无意识违反了这些规定，产生焦虑情绪，不利于考生发挥出最佳水平。
全国硕士研究生入学英语考试卷	（试题一） 1. 考生必须严格遵守各项考场规则，得到监考人员指令后方可开始答题。 2. 答题前，考生应将答题卡上的"考生姓名""报考单位""考试语种""考生编号"等信息填写清楚，并与准考证上的一致。 3. 全国硕士研究生入学考试英语分为试题（一）、试题（二）。 4. 本试题为试题（一），共4页（1～4页）。考生必须在规定的时间内作答。 5. 试题（一）为听力部分。该部分共有A、B、C三节，所有答案都应填写或填涂在答题卡1上。A、B两节必须用蓝（黑）圆珠笔答题，注意字迹清楚。C节必须用2B铅笔按照答题卡上的要求填涂，如要改动，必须用橡皮擦干净。 6. 听力考试进行时，考生应先将答案写或标记在试题上，然后在听力部分结束前专门留出的5分钟内，将答案整洁地誊写或转涂到答题卡1上。仅写或标记在试题上不给分。 试题（二） 1. 考生必须严格遵守各项考场规则，得到监考人员指令后方可开始答题。 2. 全国硕士研究生入学考试英语分为试题（一）、试题（二）。 3. 本试题为试题（二），共11页（5～15页），含有英语知识运用、阅读理解、写作三个部分。英语知识运用、阅读理解A节的答案必须用2B铅笔按要求直接填涂在答题卡1上，如要改动，必须用橡皮擦干净。阅读	指令非常详细，对试卷构成、测试内容、作答方式等都有详细说明，同时每条指令都言简意赅，通俗易懂。

试卷	全卷任务指令	质量评价
	理解 B 节和写作部分必须用蓝 (黑) 圆珠笔在答题卡 2 上答题, 注意字迹清楚。 4. 考试结束后, 考生应将答题卡 1、答题卡 2 一并装入原试卷袋中, 将试题 (一)、试题 (二) 交给监考人员。	
相同点：三项考试在全卷任务指令部分都规定了信息填写要求和作答要求。		
不同点：高考英语全国卷 I 的指令比较简单, 只有三条, 分别说明了信息填写、作答和试卷上交要求; 六级和研究生考试, 除此之外, 还说明了试卷构成; 六级考试还强调了违规行为。对试卷构成说明最详细的是研究生考试英语卷, 说明了总共分两个大的部分, 每部分要测试的技能, 总共有多少页等。		

（2）下面, 我将列表展示并对比以上三项测试阅读理解与写作任务部分的具体指令。

表 18.7　三项测试阅读理解与写作任务部分具体指令对比

考试		指令
2020 年高考英语全国卷 I	阅读理解	第二部分 阅读理解 (共两节, 满分 40 分) 第一节 (共 15 小题; 每小题 2 分, 满分 30 分) 阅读下列短文, 从每题所给的 A、B、C 和 D 四个选项中, 选出最佳选项。 第二节 (共 5 小题; 每小题 2 分, 满分 10 分) 根据短文内容, 从短文后的选项中选出能填入空白处的最佳选项。选项中有两项为多余选项。
	写作	第四部分 写作 (共两节, 满分 35 分) 第一节 短文改错 (共 10 小题; 每小题 1 分, 满分 10 分) 71. 假定英语课上老师要求同桌之间交换修改作义, 请你修改你同桌写的以下作文。文中共有 10 处语言错误, 每句中最多有两处。每处错误仅涉及一个单词的增加、删除或修改。 增加：在缺词处加一个漏字符号 (∧), 并在其下面写出该加的词。 删除：把多余的词用斜线 (\) 划掉。 修改：在错的词下划一横线, 并在该词下面写出修改后的词。 注意 :1. 每处错误及其修改均仅限一词; 2. 只允许修改 10 处, 多者 (从第 11 处起) 不计分。 第二节 书面表达 (满分 25 分) 72. 你校正在组织英语作文比赛。请以身边值得尊敬和爱戴的人为题, 写一篇短文参赛, 内容包括： 1. 人物简介; 2. 尊敬和爱戴的原因。 注意： 1. 词数 100 左右; 2. 短文题目和首句已为你写好。

续表

考试		指令
大学英语六级考试卷	阅读理解	Section A Directions: In this section, there is a passage with ten blanks. You are required to select one word for each blank from a list of choices given in a word bank following the passage. Read the passage through carefully before making your choices. Each choice in the bank is identified by a letter. Please mark the corresponding letter for each item on Answer Sheet 2 with a single line through the centre. You may not use any of the words in the bank more than once. Section B Directions: In this section, you are going to read a passage with ten statements attached to it. Each statement contains information given in one of the paragraphs. Identify the paragraph from which the information is derived. You may choose a paragraph more than once. Each paragraph is marked with a letter. Answer the questions by marking the corresponding letter on Answer Sheet 2. Section C Directions: There are 2 passages in this section. Each passage is followed by some questions or unfinished statements. For each of them there are four choices marked A）, B）, C）and D）. You should decide on the best choice and mark the corresponding letter on Answer Sheet 2 with a single line through the centre.
	写作	Directions: For this part, you are allowed 30 minutes to write an essay on... You should write at least 150 words but no more than 200 words.
全国硕士研究生入学英语考试卷	阅读理解	Part A Directions: Read the following four texts. Answer the questions below each text by choosing[A], [B], [C],or [D]. Mark your answers on the ANSWER SHEET. (40 points) Part B Directions: Read the following text and answer the questions by choosing the most suitable subheading from the A-G for each of the numbered paragraph (41-45).There are two extra subheadings. Mark your answers on the ANSWER SHEET. (10 points) Part C Directions: Read the following text carefully and then translate the underlined segments into Chinese. Your translation should be written neatly on the ANSWER SHEET. (10 points)

考试		指令
写作		Part A The student union of your university has assigned you to inform the international students about an upcoming singing contest. Write a notice in about 100 words. Write your answer on the ANSWER SHEET. Do not use your own name in the notice.(10 points) Part B Directions: Write an essay of 160-200 words based on the pictures below. In your essay, you should 1) describe the picture briefly, 2) interpret the implied meaning. And 3) give your comments. Write your answer on the ANSWER SHEET. (20 points)

相同点：都对任务数量和任务作答要求有详细的说明。
不同点：高考卷的指令语言是母语，其他两项考试的指令语言是目的语。 高考和考研英语试题给每道题标明了分值，但六级考试没有。
质量评价：三项测试的具体指令明确、具体，再加上全卷指令，整个测试的任务指令 完整、清晰，符合测试指令有效且高效的质量标准。

参考作答 2

　　首先，根据本章对于测试任务指令的描述，我打算以"结构是否完整"为评价标准来评价测试任务指令的质量。五个基本组成部分是：测试目的、要测试的语言能力、任务构成部分及各部分之间的相对重要性、要遵循的程序和计分标准。

　　据此，我整理了题目所要求的三项考试试卷的相关部分（指令内容与参考作答 1 相同，故略去），然后对照上述标准对阅读任务指令和写作任务指令进行评价。我把上述的五个组成部分每个部分得分设定为 1 分，然后给每个任务指令评分，每满足一个条件给 1 分，依此类推。也就是说，如果某一指令得分为 5 分，则说明该指令满足"结构完整"的所有条件。评价情况见表 18.8。

表 18.8　三项测试任务指令质量评价表

指令	试卷	测试目的	测试能力	任务构成	作答程序	计分方式	评分
阅读任务指令	2020 高考英语全国卷 I	√	√	√	√	√	5
	2020.7 CET4/6	√	√	√	√	×	4
	2020 研究生入学考试英语卷	√	√	√	√	√	5
写作任务指令	2020 高考英语全国卷 I	√	√	√	√	√	4
	2020.7 CET4/6	√	√	√	√	×	5
	2020 研究生入学考试英语卷	√	√	√	√	√	5

分析：

阅读任务指令：

（1）共同点：①三类考试的阅读任务指令都详细说明了作答的程序；②测试的目的则以大类的方式出现，比如 Part Ⅱ Reading Comprehension；③都说明了正确的标准。

（2）差异：CET 的阅读类任务指令最详细，但没有表明计分方式；高考英语 I 卷，阅读部分的构成相对来说比较笼统，没有说明每节有几篇阅读篇章，这不利于考生对任务的总体把握和时间分配；研究生入学考试卷除 section B 说明了选择 "the most suitable" 之外，其他部分则没有说明计分方式是选出 best answer 还是 correct answer。这样可能会引起分数解释上的麻烦，尤其是有考生要求分数申述时。

写作任务指令：

（1）共同点：①三类考试的任务指令都详细说明了任务构成和作答的程序；②测试的目则以大类的方式出现，比如 Part Ⅲ Writing。

（2）差异：全国高考英语 I 卷的指令最为详细，这可能跟高考卷的多重写作任务有关。该考试写作的第一项是段落改错题，有清晰的计分方式说明。大学英语四、六级在试卷上没有计分方式说明。

注：因全卷任务指令主要是说明作答流程和注意事项，不便单独进行等级评定，故没有单列。实际上，指令的质量应该把全卷指令和具体各个部分的任务指令结合起来，才能有一个全面的评价。

3. 请对比雅思、托福、大学英语六级、汉语水平考试 5 级的全卷任务指令和具体阅读理解与写作部分任务指令的异同，并用本章提供的标准评价这些考试的测试任务指令的质量。

参考作答

（1）全卷任务指令。以李克特 5 级量表来评价其质量（5 表示很好，1 表示很差）（见表 18.9）。

表 18.9　四项测试全卷任务指令质量评价表

考试	全卷任务指令	质量评价
雅思	INSTRUCTIONS TO CANDIDATES Do not open this booklet until you are told to do so. Write your name and candidate number in the space at the top of this page. You should answer all questions. Write all your answers on the Question Paper. At the end of the test, you will be given three minutes to transfer your answers to an Answer Sheet. Do not remove this booklet from the examination room. This test includes THREE parts: Listening (45 minutes), Reading (60 minutes) and Writing (60 minutes).	5
托福	The TOEFL iBT® test has 4 sections: Reading, Listening, Speaking, and Writing. During the test, you'll perform tasks that combine these 4 English communication skills, such as: read, listen and then speak in response to a question listen and then speak in response to a question read, listen and then write in response to a question The total test takes about 3 hours to complete, but you should plan for 3½ hours, allowing 30 minutes for check in.	4
大学英语六级	参见表 18.6 大学英语六级全卷任务指令	4
汉语水平考试五级	一、HSK（五级）分三部分： 1. 听力（45 题，约 30 分钟） 2. 阅读（45 题，40 分钟） 3. 书写（10 题，40 分钟） 二、答案先写在试卷上，最后 10 分钟再写在答题卡上。 三、全部考试约 125 分钟（含考生填写个人信息时间 5 分钟）。	4
相同点：指令构成都比较完整。		
不同点：六级和雅思都说明了考试流程和注意事项。雅思、托福和汉语水平考试 5 级都说明了考试时长。汉语水平考试 5 级还说明了每部分的题量和分值。所以，整体而言，每项测试的全卷指令侧重点有所不同。		

（2）阅读与写作任务指令。以李克特 5 级量表来做质量评价（5 表示很好，1 表示很差）。（见表 18.10）

表 18.10 四项测试阅读与写作任务指令质量评价表

考试		指令	质量评价
雅思	阅读理解	There are 40 questions on this question paper. One question carries one mark. Reading Passage 1 You should spend about 20 minutes on Questions 1-13, which are based on Reading Passage 1 below: ... Questions 1-7...	5
	写作	Wring Task 1 You should spend about 20 minutes on this task. The Chart below gives information about... Summarise the information by selecting and reporting the main features, and make comparisons where relevant. Write at least 150 words. Writing Task 2 You should spend about 40 minutes on this task. Write about the following topic: ... How far do you agree or disagree with the above views? Give reasons for your answer and include any relevant examples from your own knowledge or experience. Write at least 250 words.	4
托福	阅读理解	This section measures your ability to understand an academic passage in English. Most questions are worth 1 point, but the last question is worth more than 1 point. The directions for the last question indicate how many points you may receive. You will now begin the Reading Section. You will read 1 passage. You will have 20 minutes to read the passage and answer the questions.	5
	写作	This section measures your ability to use writing to communicate in an academic environment. For this writing task, you will read a passage and listen to a lecture and then answer a question based on what you have read and heard. Integrated Writing Directions For this task, you will read a passage about an academic topic. You will have 3 minutes to read the passage. You may take notes on the passage	

考试		指令	质量评价
托福	写作	while you read. The passage will then be removed and you will listen to a lecture about the same topic. While you listen, you may also take notes. Then you will write a response to a question that asks you about the relationship between the lecture you heard and the reading passage. Try to answer the question as completely as possible using information from the reading passage and the lecture. The question does not ask you to express your personal opinion. You will be able to see the reading passage again when it is time for you to write. You may use you notes to help you answer the question. You will have 20 minutes to write your response. Typically, an effective response will be 150 to 225 words. You need to demonstrate your ability to write well and to provide complete and accurate content. Now you will see the reading passage. Remember you can look at the passage again when you write your response immediately after the reading time ends, the lecture begins.	4
大学英语六级	阅读理解	参考表18.7 阅读理解指令	5
	写作	参考表18.7 写作指令	4
汉语水平考试五级	阅读理解	第一部分 第46-60题：请选出正确答案。 第二部分 第61-70题：请选出与试题内容一致的一项。 第71-90题：请选出正确答案。	4
	写作	第一部分 第91-98题：完成句子。 第二部分 第99-100题：写短文。	3

相同点: 1)都说明了作答要求; 2)都用目标语言呈现任务指令; 3)都没有说明计分方式。

不同点: 托福和雅思的写作指令非常详细。汉语水平考试5级的具体指令似乎不够细致（not sufficiently detailed）。托福的写作指令似乎有点过长，但托福考试是唯一明确指出了测试构念的一项考试。汉语水平考试的指令相对简单，可能是考虑到考生的汉语水平因素，避免太详细的指令反而给考生造成阅读负担。

4.请参照本章的提纲,给学生编写一份你本学期所授课程的任务指令。

参考作答

"跨文化商务沟通"课程任务指令

引言

为保证各项课程任务的顺利实施,最终实现课程教学目标,特制定本课程任务指令。

指令用途

● 使学生理解课程实施方案和课程任务的性质;清楚如何完成各项课程任务;了解课程评估方式;

● 通过理解课程任务指令,促使学生的学习成效最大化。

如何使课程任务指令易于理解

● 任务指令要言简意赅,通俗易懂;

● 不用太过专业或高于学生语言水平的语言来传达指令;

● 指令会通过口头和书面两种形式传达;

● 如果任务比较难,会提供往届学生的样例给学生做示范;

● 如果学生对任务不理解,要根据学生的反馈修改任务指令。

指令构成

● 课程教学目标,在第一次课上呈现给学生,并进行解读。

● 课程要培养的能力,跨文化商务沟通能力;英语语言综合运用能力;学习策略能力。

● 课程的构成部分和各部分的相对重要性,第1-5章是跨文化沟通的基础知识、概念和理论;第6-8章是跨文化商务沟通知识,重点在商务礼仪、商务谈判和商务管理。

● 课程教学流程第1-5章以教授、展示和讨论为主;第6-8章以项目式学习模式展开教学。

● 课程计分方法在教学大纲中有详细说明。

指令该有多全面

课程因为实施线上线下混合式教学,任务指令既要全面又要高效,但不能啰嗦烦琐。为此,课程每个章节的学习都有一个学习任务书(任务书清楚地说明章节学习目标,分为知识目标、能力目标和素养目标;每次课的课前、课中、课后学习任务;课程任务的完成方式等)。

图 18.4 "跨文化商务沟通"课程任务指令

19 Collecting feedback and backing
第十九章 收集反馈信息和证据

19.1 章节目录

1. 思维导图呈现本章目录

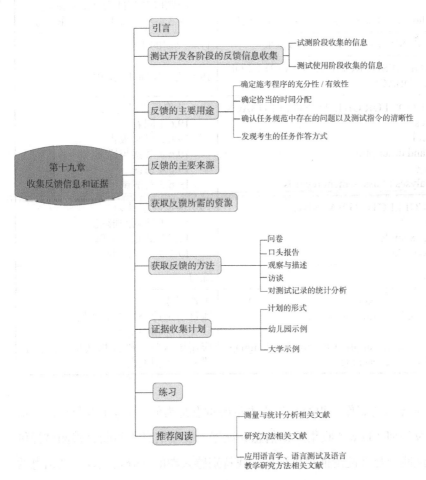

引言

测试开发各阶段的反馈信息收集
— 试测阶段收集的信息
— 测试使用阶段收集的信息

反馈的主要用途
— 确定施考程序的充分性/有效性
— 确定恰当的时间分配
— 确认任务规范中存在的问题以及测试指令的清晰性
— 发现考生的任务作答方式

反馈的主要来源

获取反馈所需的资源

获取反馈的方法
— 问卷
— 口头报告
— 观察与描述
— 访谈
— 对测试记录的统计分析

证据收集计划
— 计划的形式
— 幼儿园示例
— 大学示例

练习

推荐阅读
— 测量与统计分析相关文献
— 研究方法相关文献
— 应用语言学、语言测试及语言
教学研究方法相关文献

第十九章
收集反馈信息和证据

图 19.1 第十九章目录思维导图

2. 表格呈现本章目录

表 19.1　第十九章表格目录

19 Collecting feedback and backing	第十九章 收集反馈信息和证据
INTRODUCTION	19.1 引言
STAGES OF ASSESSMENT DEVELOPMENT DURING WHICH FEEDBACK IS OBTAIN Feedback collected during the Trialing stage Feedback collected during the Assessment Use stage.	19.2 测试开发各阶段的反馈信息收集 　19.2.1 试测阶段收集的信息 　19.2.2 测试使用阶段收集的信息
SOME MAJOR USES OF FEEDBACK Determining the adequacy /efficiency of administrative procedures. Determining appropriate time allocations Identify problems in task specification and clarity of instructions Discovering how test takers respond to the test tasks;	19.3 反馈的主要用途 　19.3.1 确定施考程序的充分性 / 有效性； 　19.3.2 确定恰当的时间分配 　19.3.3 确认任务规范中存在的问题以及测试指令的清晰性 　19.3.4 发现考生的任务作答方式
SOME MAJOR SOURCES OF FEEDBACK	19.4 反馈的主要来源
AMOUNTS OF RESOURCES INVOLVED IN OBTAINING FEEDBACK	19.5 获取反馈所需的资源
SOME METHODS FOR OBTAINING FEEDBACK Questionnaires Verbal protocol Observation and description interviews Statistical analyses of assessment records	19.6 获取反馈的方法 　19.6.1 问卷 　19.6.2 口头报告 　19.6.3 观察与描述 　19.6.4 访谈 　19.6.5 对测试记录的统计分析
PLAN FOR COLLECTING BACKNG From of plan Kindergarten example University example	19.7 证据收集计划 　19.7.1 计划的形式 　19.7.2 幼儿园示例 　19.7.3 大学示例
EXERCISES	练习
SUGGESTED READINGS Measurement and statistical analysis Research methods Research methods for applied linguistics, language testing, and language teaching	推荐阅读 测量与统计分析相关文献 研究方法相关文献 应用语言学、语言测试及语言教学研究方法相关文献

　　通过思维导图的制作，很容易发现本章的重点是为何（why）要收集反馈信息和证据以及如何（how）收集反馈信息和证据。反馈信息为不断完善测试提供依据，为测试使用合理性论证提供证据。我特别感兴趣的部分是获取反馈信息的方法，这些方法同时也是语言测试、语言教学和二语习得研究的常用研究方法。

作者在本章集中讲述了这些方法的基本操作程序并简单阐述了各种方法的优劣，对做学术研究很有指导意义。

19.2　原著思考题及参考作答

1. 请思考第 417 页讨论的测试环境问题。请问不同类型的测试环境问题可能如何影响 AUA 中用来支撑理据的证据？不同类型的问题是以同样的方式影响不同的理据？

参考作答

本题中所指的测试环境（environment）是指测试的物理情境（setting）、参与者以及测试的时间或者以上几者的结合。

表 19.2　测试环境对 AUA 理据的影响

测试环境问题	受影响的理据	影响理据的方式
考场附近的活动噪声（物理环境）	有意义性	噪声会影响考生最佳水平的发挥。
考场内暖气或空调系统产生的噪声（物理环境）	有意义性	噪声会影响考生最佳水平的发挥。
考生提前离场（参与者）	价值敏感性 有意义性	允许提前离场一方面会产生噪声，另一方面会对其他考生造成无形的压力，导致该类考生无法发挥出最佳水平。
听力测试时翻阅试题册的声音（物理环境）	无偏性（impartiality）	翻页的声音导致某些考生听不清录音，这种测试形式对某些考生不利。
测试时间	一致性	不同时间参加同一测试的考生表现可能会不一致。

从上表可见，总体而言，不同类型的问题是以不同的方式影响不同的理据的。

2. 请思考第 417 页讨论的施考流程问题。不同类型的施考流程问题可能如何影响 AUA 中用来支撑理据的证据？不同类型的问题是以同样的方式影响不同的理据吗？

参考作答 1

表 19.3　施考流程对 AUA 理据的影响（1）

施考流程问题	受影响的理据	影响理据的方式
考生活动	有意义性 价值敏感性	如果施考流程中允许考生随意向邻座借考试用品或随时上洗手间等会影响其他考生水平的发挥。
围绕考生的环境或活动	有意义性 无偏性 一致性	施考流程中对环境和活动的规定会影响考生水平的发挥，对某些考生有利，而对某些考生不利。
监考人员	有意义性	监考人员如果对考生支持不足，比如无法解释考试程序问题等，不会说考生的母语都会影响考生水平的发挥。

从上表可见，不同类型的施考程序问题是以不同的方式影响不同的理据的。

参考作答 2

因书上第 417 页只描述了监考人员因不熟悉监考流程、不会说考生的母语等原因产生的问题，因此我采用了第 17 章蓝图中施测的流程内容来进行分析。

表 19.4　施考流程对 AUA 理据的影响（2）

施测流程	可能产生的问题	如何影响 AUA？
测试时间	考试时间不一致，如基于 itest 系统的听力考试，因语音教室有限，分为上午、中午和下午场，考生的表现可能会不一样。	影响主张 4 中的一致性理据。
确认考生身份和实施监考	监考员言语过于尖锐、眼神过于犀利等不利于考生发挥最佳水平。	影响主张 3 中的有意义性理据。
营造支持性环境	监考人员在考场内频繁走动或交谈、监考员无法解答考生有关测试程序上的疑问或听不懂考生所说的话等不利于考生水平的发挥。	影响主张 3 中的有意义性理据。
传达测试任务规范	口语测试中考官对个别考生重复测试任务规范。	影响主张 3 中的无偏性理据。
准备考生测试所需的材料和设备	如果损坏或丢失测试材料会严重影响考生的表现。	影响主张 3 中的有意义性理据。
收回考生测试所用的材料和设备	如果监考员不是考试结束铃响立即要求所有考生停止作答，而是"大发慈悲"，允许部分考生（主要是已做完但忘记把答案填涂到答题卡上的考生）继续填涂，会对其他考生不公。	影响主张 3 中的无偏性和有意义性理据。
处理突发事件	监考员如何应对考试过程中的突发事件也会影响考生水平的发挥。	影响主张 3 中的有意义性理据。

3. 请回想你以前开发过的一项测试，请描述你的试测和施考过程。你遵循的是本章描述的哪种流程？为什么遵循这种流程？如果你再次开发此项测试，你可能会如何更改流程？

参考作答 1

本人开发过的测试基本只限于课堂测试或课程期末测试，并且从没有进行过试测，每次都是试卷编写完成后直接进入施测流程。

在今后的测试开发中，特别是课程期末测试，要重视试测，因为试测可以发现测试以及测试流程中的不足，为测试开发提供反馈信息，依据反馈的信息对测试任务进行修订，对测试流程进行改进，并对设计方案和测试蓝图进行修改等，以最小化测试对考生的不利影响，即最大化测试的有用性。

因为只是校级期末考试，所以试测的范围不会过大，形式不会太过正式（如果是大规模、高风险考试，则试测规模会相应更大，形式也会更加正式，甚至是要经过跟正式考试同样的流程）。我可能会先找几个同事来做试测，为改进测试和测试任务提供有用信息。

参考作答 2

以前基本没有试测的过程，这次由于疫情的原因，2019—2020（2）的大学英语期末考试进行了试测。

因为特殊原因，我们模拟期末考试的题型，提前准备了一套题让学生熟悉网上考试的流程，以及成绩设定标准。首先我们像本章所提到的那样，制定了试测的计划，如测试时间、地点、方式，具体考试流程，预测可能出现的问题，如果出现程序和技术问题，如何处理，由谁负责等。

采用试测的目的是提前了解可能出现的问题，以保证正式考试顺利进行。

如果再次开发测试，一定要进行试测，除了了解以上提到的内容之外，还要考虑学生对试题质量的反馈。

4. 请思考你可能开发的一项测试，列表计划该测试的试测和施考流程。

参考作答1

本学期可能要出听力课程的测试卷，现就听力课程测试的试测和施考流程计划如下。

表 19.5   听力课程测试的试测和施考流程

阶段		流程
试测	本人做题	发现具体的测试任务及指令方面可能存在的问题。
	同事做题	感受录音播放的速度、题项的难度等。
	选取部分往届已修完该课程的学生做题	收集有关测试流程、时间分配等方面可能存在的问题
施考	录音播放前	监考人员检查周围环境，降低可能的噪声；考生调好收听频率；监考人员核查考生身份、宣读考场指令；监考人员提前5分钟发放答题册和试卷，并回答考生的问题。考生在录音播放前填涂好基本信息，有问题举手示意，不允许大声喊叫。
	录音播放中	监考教师不得随意走动，以避免影响考生作答。
	录音播放后	录音结束后，预留10分钟时间让学生把作答誊抄到答题册上。10分钟时间到，全体停止作答，监考老师收取学生答题册和试卷。

参考作答2

以 itest 期末听力考试为例。

表 19.6   itest 期末听力考试试测与施考流程

试测——人员：出题人、监考人员、评阅人、技术支持
材料：试题、考试设备、评阅设备
时间：测试开发时间、具体考试时间、试题评阅时间、考试分析时间
问题：具体问题、处理与解决办法
实施前测：注意考试流程以及问题反馈
施考过程——人力：考生、监考人员和技术支持
材料：试题和考试设备
时间：具体考试时间
问题：问题负责人以及处理预案
实施考试：注意考试过程中的特殊事件处理和考生活动

5. 请回想你曾经参加过的一项测试，该测试的流程在何种程度上有助于你发挥出最佳水平？在何种程度上妨碍了你水平的发挥？你对该测试流程的更改有何建议？

参考作答 1

　　以本人参加过的雅思（IELTS）考试笔试部分的流程为例，说明该流程是如何在最大程度上帮助本人在考试中发挥出最佳水平，又是在何种程度上妨碍了本人正常水平的发挥的（这里的流程是指本人 2012 年参加考试时的流程：听力—阅读—写作。2019 年 4 月 13 开始，雅思考试笔试部分的顺序改为了写作—阅读—听力。）

　　当年的雅思考试笔试流程对水平发挥的影响（有助于发挥最佳水平打√，妨碍水平发挥打 × ）及原因列表阐释如下。

表 19.7　2012 年雅思考试施考流程及堆成对考生水平发挥的影响

流程	影响	原因
早上 8：00 前到达考试中心	√	有充分的时间熟悉考场环境
8：30 之后考生停止进场	√	创造安静的考试环境，减少干扰
正式开考前，监考人员宣读考试注意事项，发放试题册以及听力与阅读答题纸，指导信息填写并提示测试耳机等。	√	事前明白注意事项，减少考生在考试过程中不必要的焦虑。
听力和阅读考试结束后进入写作测试。写作测试期间，允许上洗手间，但只能一个一个去。	×	在教室坐了两个多小时后，内急得很。但上洗手间要举手示意，并且只能等前一位考生回来后才能去。写作过程总是在留意能不能轮到自己去了，严重影响写作思路，妨碍了本人正常水平的发挥。

　　建议：在听力和阅读考试结束、监考人员收取这两项考试的答题册和试卷之后，可以设置一个 10-15 分钟的休息时间，允许考生上洗手间，休息结束之后再接着考写作。这样可能会更有助于考生专注于考试，发挥出更好的水平。

参考作答 2

　　在施考流程上保证考场环境和所有考试程序的一致性，考生和监考人员都非常熟悉所有考试流程，从客观条件上保证考生水平最大程度地发挥。但是，在面对突发状况时，如外界环境干扰，或者作弊处理等，有的监考教师不知如何处理，在一定程度上会影响考试效果。

2003年我参加研究生招生考试时，考场有学生要求提前交卷，监考教师不允许，考生强烈不满，与监考教师发生冲突，影响我以及考场很多考生考试水平的发挥。

很多意外情况的发生，如果监考人员接受过相关培训其实都是可以避免的，因此建议加强监考人员培训。此外，也要加强考生考前对考试流程和相关纪律的了解。

6. 请回想你曾经使用过的一项测试，你从利益相关者那里获得了何种对测试有用性的反馈？如果你现在再次使用该测试，你可能会想获得何种反馈？你可能会使用何种程序来获得这种反馈？

参考作答1

以本人开发的"跨文化商务沟通"课程期末测试为例来作答此题。测试要求学生采访一个异文化群体成员，撰写采访日志并完成采访报告。其中采访报告中的问题都是反思性问题。学生认为这种方式不是死记硬背，而是要理论联系实际，把所学的知识应用到实践当中，可以很好地检验学习成效。报告的最后一个问题要求学生对自己的访谈表现做自评并提出改进建议，学生都认为很好，并且也认真地进行了自我剖析，还给出了非常有用的建议。

如果我现在再次使用该测试，我希望学生能在保留之前反馈的基础上，再加上对如下信息的反馈：

- 该测试方式会不会太难？有没有需要改进的地方？
- 测试指令是否足够清晰明了？
- 任务规范表述是否充分？
- 时间安排是否合理？
- 任务是否能真正促使他们把理论运用于实践？

本人可能会通过问卷调查的方式来获取这些反馈信息，比如，在采访报告模板上增加一页，要求学生完成采访报告后填写。

参考作答 2

本人曾使用的一次分班测试主要涉及考生、任课教师和决策人员。考生反馈试题既不涉及听力也不涉及写作，主要以阅读理解为主，可以相对轻松地完成。单位决策人员建议按照考生人数百分比来设置分数线（比如，分数前 20% 的学生进入 A 班，而不是按照专业来划分，以保证每个级别的人数满足每个级别的计划人数）。任课教师反馈经过分班测试的学生总体水平高于以前按照专业划分模块的情况。

如果再次使用该测试，我还想听取学生关于试题质量的反馈。可能会增加问卷调查、访谈或者有声报告的方式来获取相关信息。

7. 请回想你开发且只使用过一次的课堂测试，开发该测试使用了何种资源？有什么其他的机会可能会再次使用该测试？你可能会如何分配可利用的资源来开发一项可在多种情况下施考的更有用的测试？

参考作答 1

我开发的课堂测试往往都是只使用一次或是在不同的班级重复使用（未经反馈信息的收集、测试任务的改进、测试流程的优化）。通常情况下，所用的资源是教师本人的时间和经验、设备（电脑）、教材等。

在今后同一门课的测试中可能还会使用以前设计的测试，但学习了测试的理论知识之后，认识到不能沿用以前极不严谨的做法，而应该在一个班级测试之后，通过简短问卷或填写反馈条的形式来收集反馈信息，改进测试，同时为测试的效度论证提供证据。

为避免每次课堂测试重新开发的问题，我可能会把一部分时间用于编写设计方案和测试蓝图、收集反馈以及修订测试任务和优化测试流程上。

参考作答 2

我开发的只在课堂上使用了一次的测试是一套根据课文内容改编的语法测试题。具有出题人和评阅人、时间（出题时间、考试时间、评阅时间和分析反馈时间）、设备及资料（电脑、打印机、原材料）等，所以可以重新开发这项测试，在涉及语法问题或者考核学生语法掌握情况时使用该测试。

充分利用现有的人力资源，如争取有经验的教师加入出题小组，也可以了解学生的需求，参考学生的建议。根据考试要求安排好时间，利用现有的资料、设备等，适当改变题型设置和要求，从而使该测试成为一项可以在多种条件下施测的更有用的测试。

8. 如果你是一名需要经常性地开发课堂测试的教师，想想你可能会以何种方式来重新组织现有的测试项目以利用现有资源改进测试，而非浪费时间重新开发一项测试？

参考作答

实际上，作为一名教师，课堂测试是常规的教学工作。这项工作比较繁琐，有测有评，自己有时也会觉得力不从心。虽然现在有在线平台可以帮助记录学生表现，但在课堂上其实还是很费时费力的，因为资源就是教师本人的时间。

在阅读了本章之后，我觉得在评的方面可以把学生纳入到可利用资源的范畴，让学生自己做自评、同学之间互评，每个学生做好自己的表现记录，每周提交一次给班长进行统计，教师只需每周浏览统计结果，结合自己的课堂观察再做适当的点评。在测的方面，主要是要制定测试规范（包括任务规范），使测试任务的编制有据可循。

9. 你通常是如何施考的？你觉得自己的施考流程给考生留下了何种印象？你认为这些印象对测试的有用性有积极的贡献吗？如果没有，你可能会对该测试的施考流程做何更改？

参考作答 1

　　通常情况下，如果是自己开发的课堂测试，首先会在正式开考前向考生说明测试的目的，测试的注意事项等。然后在考试过程中，如果考生有问题可以举手示意，我会轻声解答。如果考试过程中有学生违反考试纪律，我通常会先用眼神提醒并走近他 / 她，以作警示。如果学生有考试用品方面的需求，举手示意，我会尽力帮助解决。考试结束前10-15分钟会提醒考生考试时间。考试结束时间到，立即收回试卷和答题卡。

　　考生总体印象应该还不错，因为本人的监考行为对他们来说提供了足够的支持，对个别考生问题的处理也不会对其他考生造成干扰。所以本人作为监考人员给考生留下的印象对测试的有用性是有积极贡献的，有助于考生发挥出最佳水平。

　　如果是大规模、高风险考试，本人会严格按照监考手册上规定的施考流程来操作。

参考作答 2

　　传统测试分为课堂小测试和期末测试。小测试一般比较随意，通常提前一次课通知学生，下一次课就直接测试。测试形式比较多样，包括口语测试、写作测试、角色扮演、背诵、辩论、听音辨词、连线、正误判断等。每次的题型数量和积分方法也不一致，比较灵活。期末考试一般会在固定的时间进行统一的测试，测试题型也比较固定，学生一般会有一定的时间准备。

　　因为小测试的灵活多样，每次不固定题型和分数等，学生可能会感觉有些忙乱，找不到规律，不知如何准备；期末考试没有前测，首次参加时，学生可能对考试的内容和形式不熟悉，影响考试效果。这些会给测试的有用性带来负面影响。

　　若要改变这种状况，对于小测试，可以固定某些题型，如定期加入期末考试可能涉及的题型，并提前向学生说明，让学生熟悉和掌握。在期末考试之前增加试测或者前测，在教师了解学生学习情况的同时，使学生提前了解和熟悉期末考试任务类型。在此基础上了解学生的反馈，对期末试题进行调整和改进。

10. 请就最近教育测量（不一定是语言测试）方面的争议进行研究，找出因为施考问题而出现"考试新（丑）闻"的例子，比如作弊丑闻，后经改变施考流程解决了，或考生发现某些可疑的考试实践问题而提起法律诉讼的例子，这些都是非常关键的反馈。如果测试开发人员或测试使用者开发或使用的测试卷入了新闻事件，这对他们意味着什么？这种反馈是什么性质的反馈？这种反馈会如何影响今后的测试实践？

参考作答 1

2012 年 12 月之前的全国大学英语四、六级考试采用的是 A/B 卷形式，考生比较容易作弊。作弊形式包括考场偷看、抄袭以及通过高科技手段由考场外传送答案等。这样一些行为为四、六级考试提供了非常关键的反馈。于是，从 2012 年 12 月开始，四、六级考试开始采用"多卷多题"的形式，促使考试更加公平、合理。

如果测试开发人员开发的测试卷入了新闻事件，意味着其在测试开发阶段的测试设计，包括测试方案、测试蓝图（测试规范、任务规范、施考流程、分数线设定及决策程序、成绩报告方式以及施考流程等）可能考虑不全面，或在试测阶段没有充分收集反馈。

如果是测试使用人员使用的测试卷入了新闻事件，意味着使用人员没有正确地使用测试。对测试的构念、目的不了解而导致误用。

这些反馈都是负面反馈，但这种负面反馈对测试的开发和使用起着积极的推动作用，是推动测试往更加公平的方向进步的反面例子。测试开发人员能够基于这些负面反馈来改进测试，测试使用者可以根据这些反馈慎重地使用测试结果。

参考作答 2

这道题使本人想到我校某些课程的开卷考试。以前，如果考试的时候带书、笔记或者使用手机，都会被认为是作弊行为，但是随着教学改革的开展，某些科目成为开卷考试科目，学生可以准备相关的参考资料和内容。甚至现在一些正规的考试，有些科目也采取开卷考试的形式。

对于测试开发者或测试使用者来说，如果他们的测试成为新闻，意味着测试要进行某种调整或者改进，从初步规划、设计、实施、试测以及测试使用等方面来提升和改进测试和测试的使用。这些新闻或丑闻都是对测试的反馈，有助于测试的调整和改进，从而提升测试质量。

实际上，任何改革都可能有一定的触发事件，语言测试也不例外。对任何一项测试不好的评价都是对测试开发者和使用者的一种警醒，"丑闻"也是推动测试改革的动力之一。

19.3 补充思考题及参考作答

1. 请用自己的语言概括第 19 章，然后对照"导读"中的第 19 章对比两者的异同。

参考作答 1

表 19.8 第十九章我的概括与"导读"的概括对比（1）

我的概括	导读的概括
反馈收集是测试开发和使用过程中的重要一环。尤其是在大规模、高风险考试的开发和使用中，需要不断收集反馈信息，为提高测试质量，确保测试的有用性，论证测试使用的合理性提供证据。 本章讨论的是在试测和测试使用阶段搜集反馈和证据。测试开发者和使用者要在测试的重复使用中不断地搜集证据，而不能只在第一次使用时搜集。试测的主要目的就是搜集反馈，测试规模越大、风险越高,试测的范围应该越广、要求应该越严格。 搜集反馈主要是确认施考流程是否充分 / 有效，施考流程是否存在问题，考试时间分配是否合适，任务规范是否有问题，测试指令是否清晰，以及观察考生的作答方式是否是预期的。 反馈可以通过一系列的方法获取，如问卷、口	本章重点讨论在试测和使用阶段，如何收集反馈信息和 AUA 证据。收集反馈信息的目的在于提高测试质量，收集证据意在证明 AUA 理由。这里的反馈信息(feedback) 是指在施考(试测) 之后，所收集的对设计方案、测试蓝图以及测试任务有改进价值的信息。作者对反馈信息的主要用途、来源以及收集信息的主要方法分别做了介绍，这些信息收集方法同样适用证据收集，部分反馈信息本身就可以充当证据。本书在第 9-12 章简要介绍的证据收集主要源自测试开发过程。然而，单纯来自开发过程的证据还不足以证明测试使用的合理性，源自施考和使用阶段的证据也同样重要。为此，

续表

我的概括	导读的概括
头报告、观察与描述、访谈以及对测试成绩进行统计分析等。获得反馈的来源可以是各类利益相关者，如考生、施考人员和测试使用者。 　　最后需要指出的一点是，在收集反馈和证据之前，一定要制定收集计划，确保搜集的反馈能为 AUA 中的理据提供依据，并为评估测试的可操作性提供证据。	作者以本书配套的第二个测试项目为例，对测试开发与使用各阶段的证据收集活动、所支持的 AUA 主张及理由，以及相关负责人都做了详尽介绍（详见本书 425-428 页表格）。
相同点：都概括了本章的主要内容，收集反馈和证据的用途和方法。	
不同点：我的概括列举了各种用途和方法，强调了反馈收集的重要性。导读是对章节内容的高度概括，提纲挈领，并把反馈和证据的收集分开陈述，更有利于读者区分二者的联系与区别。其中，特别强调了反馈收集是要收集对改进测试有价值的信息。	

参考作答 2

表 19.9　第十九章我的概括与"导读"的概括对比（2）

我的概括
试测阶段是收集反馈和支撑 AUA 理据的证据的重要阶段，而本章同时还考虑了实际使用阶段中的反馈与证据的收集。 　　反馈可以来自各利益相关者，它能帮助测试开发者更好地判断和了解测试任务质量、测试程序和考生作答方式等情况，并适当地修改和完善测试。 　　收集反馈和证据的方法是多种多样的，有定性的，也有定量的。 　　收集 AUA 论据则贯穿测试开发的全过程。作者使用大学测试的例子制作出在测试开发各个阶段收集论据的计划表，为读者提供了一个详细的示范。

导读的概括（参见上表）
对比： 　　我写得比导读更概括。我主要是根据本章目录的顺序去概括本章的主要内容，也强调了一些重要的关键点，例如反馈信息的重要性，收集反馈信息和证据的方法等。而导读除了上述看得见的要点外，还注重本章跟专著前面章节的联系，使读者更清楚地了解在测试实施阶段收集证据的重要性。同样，在关于第二个配套项目的使用中，导读更详细地列举了作者在计划表上所包含的细节，让读者通过导读的概括就可以了解计划所包含的层面。总体而言，"导读"的概况部分更能体现重点与细节的有机结合，详略得当。

2. 请 参 照 表 19.1 Plan for collecting backing and feedback for the university example (pp.425-428)，制定一份计划表，用于收集你所教课程的教学效果的反馈和证据，或者用于收集本专著导读效果的反馈和证据。

参考作答 1

下面是为本人所教授的课程"跨文化商务沟通"制定的教学效果反馈和证据搜集计划表。

表 19.10 "跨文化商务沟通"教学效果反馈和证据搜集计划表

阶段	活动	证据（文件）	支持的主张	负责人
开课前	课程组商讨课程目标 制定教学计划	教学大纲 教学进度表	主张 1 和主张 2	课程组长 课程组长
课程进行中	课前在线学习 知识点视频观看 课前思考题作答 讨论区讨论 小组合作任务 课堂面授 课前学习反馈 重难点解答 案例分析展示 文化故事讲述 项目展示 课后巩固与反馈 在线单元测试 学习日志撰写 教学日志撰写	 网络平台记录 作业记录 网络平台记录 文本或视频 面授 PPT 面授 PPT 录像 录像 录像 网络平台记录 文本 文本 文本	 主张 3 主张 3 主张 3 主张 1、2、3 主张 3 主张 1 主张 3 主张 3 主张 3 主张 3 主张 1 主张 1 主张 1	 任课教师 任课教师 任课教师 任课教师 任课教师 任课教师 学生 学生 学生 任课教师 学生 学生 任课教师
结课后	期末采访 学生评教	期末采访大作业 评教结果	主张 1、3、4 主张 1	任课教师 教务处

参考作答 2

表 19.11 "2020 我们一起学测试"专著导读效果反馈和证据收集计划表

阶段	活动	证据	支持的主张和理由	负责人员
导读开始阶段（5 月底）	组群；了解参与者的基本信息和需求	设计线上问卷	参加专著导读对利益相关者是有益的	导读专家及其研究生团队
导读进行阶段（5 月底 –11 月中旬）	导读专家按照每周两章的进度设计思考题；学友作答；原则上每周日晚开展线上语音课，初期由专家分享思考题拟定思路和点评作答；到比较成熟的后期，由明星学友代表分享作答思路和体会。	全书 21 章各学友的作答记录和学习笔记；语音课音频；微信群互动和反馈等	参加专著导读大大提高了参与者的测评素养、学术能力、学术毅力以及其它可迁移能力，特别是职业女性平衡生活、家庭的前提下自我提升和继续职业发展的能力	导读专家及其研究生团队其他共同体成员

续表

阶段	活动	证据	支持的主张和理据	负责人员
导读总结阶段（11月底）	跟进各学员收获和体会 各学员撰写本次专著跟读总结和今后学习计划	再次设计线上问卷；各学友的跟读总结和体会	各位学友参加专著导读学习共同体，在测评知识、学术素养、韧性毅力等方面都取得了不同程度的提高。学友在测试学习共同体中互相解惑释疑，形成了一个互帮互助的共同体	导读专家团队及共同体成员
导读效果分析阶段	质性分析；选择比较典型学员的作答进行横向和纵向分析 访谈	分析和对比数据	参加线上专著导读（学习共同体）的成效与各学员自身所处的不同教师发展阶段和决定教师发展的五个个体因素有极大关系（文秋芳，2020：50）	导读专家团队及共同体成员

感想：

在作答本题时，我想到了文秋芳老师2020年在《中国外语》发表的"熟手型外语教师运用新教学理论的发展阶段与决定因素"这篇文章。文中她提到教师不同的发展阶段、教师发展的五个个体因素（自我意识、自我决心、自我目标、自我行动和自我反思）和一个环境因素（教师专业学习共同体）。文中指出教师在30多年的职业生涯中，要想从熟手型教师发展为专家型教师，再到"教育家型教师"，需要依靠教师本身的持续努力，并与良好环境不断互动。而"2020我们一起学测试"正是导读专家为我们搭建的教师专业学习共同体，在这个良好环境中，处于不同发展阶段的各学友在过去五个多月中都有不同程度的进步、提高甚至突破，专著导读效果显著。但因各学友的自我意识、自我决心、自我目标、自我行动和自我反思个体因素的不同，各学友专著导读效果也可能存在较大的差异。

3. 请查阅最近5年在语言测试领域有哪些SSCI文献使用了本章中介

绍的收集反馈的研究方法，并按照 APA 格式做一份文献目录。请分享你完成此任务后的收获与感想。

参考作答

答题过程：我先用主题进行搜索，但搜索到的文章太多，看了几篇之后，发现选择文章太耗时了，因为很多文章光读摘要还看不出用了哪种收集反馈的方法，必须下载文章查看研究方法部分才能知道答案。于是在时间非常有限的情况下，我调转方向，决定从期刊入手，于是选择了 *Language Testing*，并且只查看了最近两年的少量文献，做出下面这份目录。

在文献查找过程中有两个发现：一是少儿英语考试研究是当前的一个热点，这与我上周制作 *Language Assessment Quarterly* 2020 的文献目录时的发现一致；二是很多研究都是采用多种研究方法，以获得更全面的数据，进行更全面的分析，做出更全面的推断和结论，得出更全面的结果。

文献目录

Toprak, T. E., & Cakir, A. (2021). Examining the L2 reading comprehension ability of adult ELLs: Developing a diagnostic test within the cognitive diagnostic assessment framework. *Language Testing, 38*(1), 106-131.

Yan, X., & Fan, J. (2021). "Am I qualified to be a language tester?": Understanding the development of language assessment literacy across three stakeholder groups. *Language Testing, 38*(2). （访谈法）

Knoch, U., Huisman, A., Elder, C., Kong, X., & McKenna, A. (2020). Drawing on repeat test takers to study test preparation practices and their links to score gains. *Language Testing, 37*(4), 550-572. （口头报告）

Vogt, K., Tsagari, D., & Csépes, I. (2020). Linking learners' perspectives on language assessment practices to teachers' assessment literacy enhancement (TALE): Insights from four European countries. *Language Assessment Quarterly*, *17*(4), 410-433. （问卷法）

Cho, Y., & Blood, I. A. (2020). An analysis of TOEFL® Primary™ repeaters: How much score change occurs? *Language Testing, 37*(4), 503-522. （成绩统计分析法）

Holzknecht, F., McCray, G., Eberharter, K., Kremmel, B., Zehentner, M., Spiby, R., & Dunlea, J. (2021). The effect of response order on candidate viewing behaviour and item difficulty in a multiple-choice listening test. *Language Testing, 38*(1), 41-61. （眼动追踪技术）

Shi, B., Huang, L., & Lu, X. (2020). Effect of prompt type on test-takers' writing performance and writing strategy use in the continuation task. *Language Testing, 37*(3), 361-388. （问卷法，成绩统计分析法）

Şahan, Ö., & Razı, S. (2020). Do experience and text quality matter for raters' decision-making behaviors? *Language Testing, 37*(3), 311-332. （有声思维报告）

May, L., Nakatsuhara, F., Lam, D., & Galaczi, E. (2020). Developing tools for learning oriented assessment of interactional competence: Bridging theory and practice. *Language Testing, 37*(2), 165-188. （口头报告，观察和描述）

Kim, A. A., Chapman, M., Kondo, A., & Wilmes, C. (2019). Examining the assessment literacy required for interpreting score reports: A focus on educators of K-12 English learners. *Language Testing, 37*(1), 107-132. （访谈和在线调查）

4. 请查阅 Suggested Readings 中每一位学者最近 10 年与研究方法相关的文献（专著或论文），并按照 APA 格式做一份文献目录。请分享你完成此任务后的收获与感想。

参考作答

Harrison, R.L., Reilly, T. M., & Creswell, J. W. (2020). Methodological rigor in mixed methods: an application in management studies. *Journal of Mixed Methods Research, 14*(4), 473-495.

Patton, M. Q. (2017). Empowerment evaluation: exemplary is its openness to dialogue, reflective practice, and process use. *Evaluation and Program Planning, 63*, 137-140.

Le-Thi, D., Dõrnyei, z. & Penllicer-Sanchez, A. (2020). Increasing the effectiveness of teaching L2 formulaic sequence through motivational strategies and mental imagery: A classroom experiment. *Language Teaching Research*, 26 (6), 1202-1230.

Brown, J. D. (2014). *Mixed methods research for TESOL*. Edinburgh University Press.

感想：一篇好文章除了理论框架外，研究方法的使用和阐述也非常重要。高质量文献对研究方法、步骤和数据分析都有详细的介绍，对为什么要采用这些方法都有充分的理据，而不是为方法而方法。但同时，方法部分，特别是数据分析部分也是目前看文献的困难之处，即有时会看不懂各种数据分析，直接略过。尝试做了关于研究方法的第 3 和第 4 题，难度很大，花了不少时间搜索，虽然效率不高，作答也有很大提升空间，但在做中学，错中学，也是对自己的极大鼓舞。

此外，跟踪学者的文献是学术研究的一大方法，虽然很烦琐，却是在学术起步阶段必须坚持去做的。

20 Identifying, allocating, and managing resources
第二十章　认定、分配与管理资源

20.1　章节目录

1. 思维导图呈现本章目录

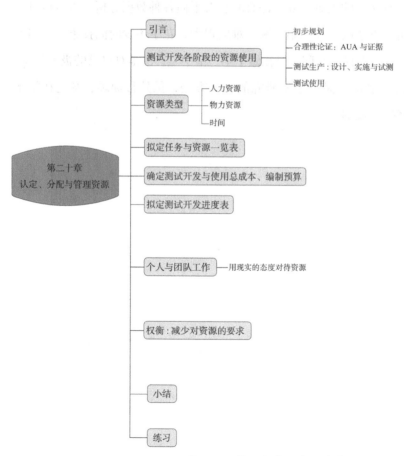

图 20.1　第二十章目录思维导图

2. 表格呈现本章目录

表 20.1　第二十章表格目录

20 Identifying，allocating and managing resources	第二十章 认定、分配与管理资源
INTRODUCTION	20.1 引言
STAGE OF ASSESSMENT DEVELOPMENT DURING WHICH RESOURCES ARE USED Initial planning Justification: AUA and backing Assessment production: design operationalization, and trialing Assessment use	20.2 测试开发各阶段的资源使用 20.2.1 初步规划 20.2.2 合理性论证：AUA 与证据 20.2.3 测试生产：设计、实施与试测 20.2.4 测试使用
TYPES OF RESOURCES Human resources Material resources Time	20.3 资源类型 20.3.1 人力资源 20.3.2 物力资源 20.3.3 时间
PREPARING A TABLE OF TASKS AND RESOURCES	20.4 拟订任务与资源一览表
DETERMINING TOTAL COST OF ASSESSMENT DEVELOPMENT AND USE PREPARING A BUDGET	20.5 确定测试开发与使用总成本、编制预算
PREPARING A TIME LINE	20.6 拟订测试开发进度表
INDIVIDUAL AND TEAM EFFORTS Being realistic about resources	20.7 个人与团队工作 20.7.1 用现实的态度对待资源
TRADE-OFFS TO REDUCE DEMANDS ON RESOURCES	20.8 权衡：减少对资源的需求
SUMMARY	小结
EXERCISES	练习

　　本章标题多，层次丰富，如果不制作提纲的话，很难对本章内容有全面的把握。通过目录制作，发现整个测试开发与使用过程都涉及资源问题。因此，了解现有资源并争取所需资源能为成功的测试开发与使用提供保障。

　　测试开发和使用是需要人力、物力和时间，而这些都需要有资金的投入，这就提醒测试开发者需要在成本—效益方面作考量。这也使我更理解了为什么在日常测试中，我们都倾向于首先寻找已有的、可用的测试，实在找不到可用的测试才会考虑自己开发。

　　此外，在学习本章之前，一直不明白为何像雅思之类的考试都要交昂贵的考试费。现在才理解，原来开发一项测试并不简单，需要投入很多成本，涉及大量的人力、物力以及时间，这些都应该要纳入成本范围。

20.2　原著思考题及参考作答

1. 请回想你开发过或帮助开发过的一项测试，并为该测试编制一个任务与资源表。

参考作答

　　表 20.2 展示的是"大学英语"课程期末纸笔考试开发与使用的各项任务及所需资源。

表 20.2　"大学英语"期末纸笔测试开发与使用各阶段任务及所需资源

阶段	任务（活动）	人力	时间	物力
初划	决定是否要开发新的测试	系部主任 课程组成员	2 小时	办公室
设计	设计方案	课程组长	6 小时	电脑
实施	考试蓝图编写 测试任务编写 测试任务审核 试卷收集	课程组长 选定的任课教师 课程组长 系部主任 教学秘书	2 小时 20 小时 10 小时 6 小时 0.5 小时	电脑 电脑 电脑 电脑 电脑
使用	考试安排 施考 评分 成绩上传 试卷分析	教务处工作人员 教务处工作人员 监考教师 巡考人员 任课教师（以小组为单位） 任课教师 任课教师	8 小时 1 小时 1.5 小时 1.5 小时 8 个小时/班 1 小时/班 1 小时/班	电脑 试卷分发室 教室 教室 读卡机 电脑 电脑

注：以前从没认识到试测的重要性，所以没有试测这一环节。今后要先试测，收集反馈，调整改进测试。

2. 请思考你计划开发的一项测试，就该测试项目制定任务和资源一览

表。请讨论预期要用的资源可能超过可用资源的地方。

参考作答

我准备开发的是听力课程的期末机考，表20.3是任务和资源一览表。

表20.3 听力期末机考测试开发与使用各阶段任务及所需资源

阶段	任务（活动）	人力	时间	物力
初划	讨论决定是否要开发新的测试	系部主任 课程组教师	2 小时	办公室
设计	设计方案	课程组长	6 小时	电脑 300 元
实施	考试蓝图编制	课程组长	2 小时	电脑 100 元
	测试任务编写	选定的任课教师	20 小时	电脑 视频、音频剪辑软件 500 元
	测试任务审查	课程组长	5 小时	电脑 250 元
		系部主任	5 小时	电脑 250 元
	试卷收集	教学秘书	0.5 小时	电脑 25 元
试测	试测	选定的教师和学生（往届已修完该课程的学生）	1 小时	50 元/人 电脑 语言实验室
		技术支持	2 小时	100 元/人
	收集反馈	课程组长	2 小时	100 元
	改进测试质量	出卷人员 课程组长	4 小时 4 小时	50 元/人 100 元/人
使用	考试安排 施考	语音实验室主任 监考教师 巡考人员 技术支持	10 小时 1 小时 1 小时 2 小时	500 元 50 元/人 50 元/人 100 元/人 电脑 语音实验室
	评分	任课教师（以小组为单位）	1 小时/班	电脑 50 元/人
	成绩上传 成绩分析	任课教师 任课教师	1 小时/班 1 小时/班	50 元/班 50 元/班

资源主要涉及人力、物力和时间，但三者都与成本（钱）相关联，所以，

在这项考试中，预期要用的资源可能（一定）超出可用资源，主要是在时间和金钱成本两个方面。实际上，在期末考试开发和使用过程中，除了出卷人员、监考人员和巡考人员有象征性的报酬之外，其他的任何工作（任务）都是没有报酬的。在这种情况下，不存在权衡的问题，不能因为没有报酬而在测试任务方面进行简化。此外，因为一项测试的开发和使用涉及很多具体环节，也有可能会出现突发情况，尤其是在机考环境下，测试开发人员、技术支持等需要不断地对测试进行实测，对电脑进行调试等。所以，一项好的测试开发所耗费的时间成本和金钱成本往往会比可用的高。

3. 请为练习 2 中的测试开发任务制定一个详细的时间进度表。

参考作答

以下是我为听力期末测试开发拟定的时间进度表。

表 20.4　听力期末测试开发时间进度表

目标：为"英语听力Ⅱ"开发三套期末测试卷。完成时间 2020 年 12 月 5 日。
1. 课程组讨论是否要开发新的测评
2020 年 10 月 15 日
完成初划和 AUA 构建
2. 编制设计方案和测试蓝图
2020 年 10 月 20 日
完成设计方案和测试蓝图的制定
选定试卷编制人员
3. 测试任务编制
2020 年 11 月 5 日
完成测试任务编制
4. 试卷审查
2020 年 11 月 10 日
5. 试测
2020 年 11 月 20 日
完成试测并收集反馈
6. 测试任务修订、流程优化
2020 年 11 月 30 日
7. 试卷的再次审核
2020 年 12 月 4 日
8. 试卷收集
2020 年 12 月 5 日

4. 请思考你可能创建的一项测试，想象你在该测试中会使用两种不同的测试任务。请从权衡主张的质量属性和对资源的需求两个方面比较这两类任务。

参考作答

　　我以"英语口语"期末考试为例，比较同一测试可能用到的两种不同任务的优劣。一种是让学生就某些话题在测试前准备好对话（dialogue），然后在测试时直接呈现；另一种是采用面试型口试（oral interview test）的方式。下面我就仿照专著表 20.4（pp447-448）从主张的质量属性和对资源的需求两个方面来比较这一测试的两类不同任务。

表 20.5　"英语口语"期末考试 AUA 主张的质量属性与对资源需求之间的权衡

权衡主张的质量属性				
可选择使用的资源	主张 1 影响	主张 2 决策	主张 3 解读	主张 4 记录
有准备的对话 前期话题选择、规划等投入的人力资源和时间资源相对更多	测评使用的影响和决策的有益性可能会被削弱：教师的课堂教学可能会只针对要测试的话题进行训练，不利于教与学的全面提升。	无需权衡对价值敏感性和公正性理据的支持。	对有意义性、无偏性、可概推性、相关性和充分性理据的支撑不足。	对一致性理据的支撑更充分。
面试型口语 施考过程需要投入的人力资源更多	测试使用的影响和决策的有益性可能会被削弱：教师会随意安排课堂内容，天马行空，缺乏焦点。	无需权衡对价值敏感性和公正性理据的支持。	对有意义性、可概推性及相关性理据的支撑力度更大，但无偏性理据可能会被削弱。	对一致性理据的支撑可能会被削弱，因为考官的提问技巧会对考生的表现产生很大的影响。

5. 请回想你与他人合作开发测试的经历，谈谈你当时的团队工作经历。有什么收获？有什么问题？在今后的团队中可能如何避免此类问题？

参考作答

我们每个学期的期末课程测试开发就是一个团队合作开发的过程。总体而言，合作还是比较愉快的，但在一些小问题上也会有不尽如人意之处。下面我试用表格的形式来展示团队工作的好与有待改进之处。

表 20.6 期末课程测试团队合作开发的收获与可能存在的问题

期末课程测试团队合作开发的收获与可能存在的问题	
收获（rewarding aspects）	有待改进之处（aspects to be improved）
从整体设计到具体测试任务的编写、审校有组织、有层次。	找到愿意出卷的老师不容易，特别是课程组比较大的情况下，因为这是一项责任大、任务重、酬劳低的工作，有些出卷员会有怨言。
开发团队成员之间碰到问题有讨论、有建议、有支持。	有些成员可能会敷衍了事，随意找点材料，增加其他成员，特别是审校人员的负担。
开发团队成员之间有资料、有实用的编制工具会共享。	有些成员不愿意花时间去编辑试卷，一份草稿交给课程组长，增加课程组长的负担。
对编制的任务有反馈，有利于提高测试的质量。	当团队成员之间的题项重复时（规定三套试卷的重复率不超过 5%），有些团队成员不愿意修改，导致成员之间产生矛盾。
	个人有些比较好的、有创意的建议不被采纳。

综上，不好的地方主要是团队成员的责任心不一样，会导致责任心强的成员工作量更大，合作成员之间可能会产生矛盾。这个问题的解决办法就是明确分工、责任到人、培养团队精神。

6. 请邀请一个曾经开发过"高风险"测试的人向同学们讲述他参与该测试开发的过程以及在每个过程中的资源分配方式。请问问他，如果再给他一次开发相同测试的机会，他会以何种不同的方式来分配资源？

参考作答

以我自己的测试开发经历为例吧。"大学英语"期末测试的开发就是一项大规模、高风险测试开发。这项测试涉及将近 3000 考生（普本），考生如果通过考试则可获得学分，如果没有通过不仅拿不到学分，还需要重修（因为这是一门必修课），对时间和精力都是一个挑战。

在此，我就不再赘述该测试的开发过程及资源分配方式了（详情见本章练习 1 和练习 2）。我想重点谈谈如果再次开发该测试，我会以何种不同的方式来分配资源。

首先，我会加大对阅读理解文本易读度的分析，把自己搜集的用来出题的阅读文本的易读度与教材课文易读度进行对比，选择难度相当的文本。以前不懂，都是大概比着四级的难度来找，很难保证测试质量和构念效度。增加易读度的分析，就需要增加时间投入。

其次在开发阶段加入试测，这在以前的开发过程中是被忽略的一环。这样做的话需要增加人力资源和时间。

所以，如果再开发一次，总体上人力和时间资源都需要增加，因为以前在测试开发过程中忽略了一些重要的步骤。在期末测试开发这个问题上，只要不谈"钱"这一成本，人力、物力和时间资源都是可以保证的，但前提是要培养开发团队成员高度的责任感和奉献精神。

7. 请回想你曾经参与过的测试开发过程，在该测试的开发过程中发现所需资源远远超过你的想象。请解释你当时的想法是哪里出错了？导致了什么问题？将来会怎么做以确保同样的问题不会再次出现？

参考作答

作为课程负责人，最初的时候总是不好意思拒绝团队成员的"不合理"要求，每次不管她们交过来的试卷质量如何，我都不好意思发回去请她们重新编制或编辑，每次都是自己默默地把试卷完善。有时候会非常麻烦，但麻烦的是自己，不是别人。因为成员早就跟自己打好了招呼（她们会说"我不会编辑"等），懊恼自己为什么不坚定地告诉出卷人必须负责试卷的质量（不能出现 3 处以上的打印错误，更不能出现知识性错误），导致自己每次都花费比计划用时多得多的时间去审校。

今后一定要在出卷前向各位团队成员明确工作责任、要求以及如何确保试卷质量。要清楚团队成员对工作的支持力量、团队成员的可靠性，要预先根据对现实的估计和判断来确定自己的工作量。

20.3　补充思考题及参考作答

1. 请用自己的语言概括第 20 章，然后对照"导读"中的第 20 章，对比两者的异同。

参考作答 1

表 20.7　第二十章我的概括与"导读"的概括对比（1）

我的概括	导读的概括
本章系统地阐述了在测试开发与使用过程中对资源的确认、分配与管理。作者首先论述了在不同的测试开发阶段需要的各种资源以及如何利用资源；接着描述了整个测试开发与使用过程需要使用的各种资源类型；之后，作者示范了如何制定测试开发任务与所需资源一览表，如何制定测试开发与使用过程中实施各项活动的时间进度表；然后通过实例分析了测试开发过程中个人与团队合作各自的优势和不足；最后作者指出现实世界中的测试开发与使用总是存在各种不确定性，现实资源总是存在局限性，因此在测试开发过程中总是要在可用资源和所需资源中做出权衡，以使测试具有可操作性。	测试开发与使用过程中对可用资源的认定、分配与管理也是非常重要的活动，有时甚至决定测试项目的成败。作者对测试开发与使用各阶段所涉及的人力、物力、时间资源做了详细的分析，并用本书配套的第二个测试项目来说明对资源的认定与使用以及成本的估算。此外，作者还草拟了一份测试项目开发进度表，便于测试研发团队了解任务完成的时间节点，这样有利于团队合作和促进目标实现。
相同点：都概括了本章的主要内容—资源认定、分配与管理的重要性；各阶段的资源使用；团队合作等。	
不同点：我的概括语言不够凝炼，逻辑性不如导读的概括性那么强。	

参考作答 2

表 20.8　第二十章我的概括与"导读"的概括对比（2）

我的概括
资源是贯穿测试开发和使用全过程的一个因素，识别可利用资源并合理进行分配和管理是确保测试开发顺利进行不可或缺的一环。 　　资源涉及人力、物力和时间。我们从一开始就要拟定各阶段的任务、所需资源，并核算成本。尤其是在 AUA 论证阶段，需要特别留意成本—收益。时间也是成本之一，编制时间轴帮助我们明确任务的顺序以及需要完成的期限。 　　个人工作和团队工作各有特点，在测试开发中需要我们更现实地对待资源并为减少对资源的要求而做出权衡。
导读的概括（参见上表）
对比： 　　两者都概括了资源在整个测试开发与使用中的重要作用。导读更注重分析章节中图表的用意。在一些翻译用词上，导读部分更适合一些。例如，我用的时间轴，自己是觉得应该用计划表之类的词语，但还是觉得那样可能会脱离原文太远。

2. 如果你要实现下一级职称晋升，或获得下一级学位，或完成一篇课程论文 / 发表论文 / 学位论文或类似的情况，

　　1）请参照 Table 20.1 (p.441) 制定一份需要的人力、物力、时间等资源表。

　　2）请参照 Table 20.2 (pp.442-443) 制定一份对资源的认定、使用以及成本的估算表。

　　3）请参照 Table 20.3 (p.444) 制定一份为实现既定目标的时间进度表。

参考作答

　　如果我要实现下一级职称晋升，在以上三个方面需制定如下计划：

表 20.9　晋升下一级职称所需人力、物力、时间等资源计划表

资源	具体内容
人力	我自己、家人、导师、领导、学友
物力	书房、图书馆、书籍、文献、电脑等
时间	每天至少 2 小时的整块时间，每周至少 1 个整天，还有寒暑假的时间用于学习，要准备 5 年的时间

表 20.10　晋升下一级职称所需资源认定、使用及成本估算表

人力	总成本（单位：元）
我自己	0
家人	0
导师	0
领导	0
学友	0
分类总计	0

物力	总成本（元）
书房	0
图书馆	0
书籍	8000
文献（下载、打印、订阅纸质期刊）	6000
电脑	10000
分类总计	24000

时间（五年）	总成本（小时）
每天至少 2 小时（以每年 365 天计）	3650
周末、寒暑假（在每天 2 小时的基础上再学习 2 小时，每年以 90 天寒暑假计算外加 40 个周末计算，除寒暑假外的）	1700
分类总计	5350

　　感想：制定完预算表，我发现要实现目标，不是要花多少钱，而是要付出多少努力（以时间计算）的问题。想想在过去的 10 多年中，除了备课、读闲书，我用了几个小时来学习？如果我能坚持 5350 个小时，也许我的目标早就如期实现了。

表 20.11　晋升下一级职称时间进度计划表

目标：为实现 5 年晋升下一级职称的目标，特制定本时间进度表。完成时间 2025 年 12 月 31 日。

　1. 启动
　2021 年 1 月 1 日
　开始从课题、论文各个方面全盘着手准备。
　2. 课题
　2021 年 6 月完成教改课题一项。
　2022 年 6 月完成教育科学规划课题一项。
　3. 论文
　2022 年发表一篇 C 刊论文。
　2023 年发表一篇 C 刊论文。

4. 教学竞赛

2022 年参加校"教学十佳"竞赛。

5. 建设"一流"课程

2023 年争取把我的"跨文化商务沟通"课程建设成省级"一流"课程。

6. 指导学生竞赛

2021—2025 年争取每年至少指导一个学生获得全国大学生英语竞赛特等奖；指导学生参加"外研社·国才杯"阅读、写作、演讲大赛获奖。

7. 做班主任

2022 年开始做一届班主任（学校规定，评副高以上职称要有 1 年以上班主任工作经历）。

感想：从时间进度表来看，对我来说，最难实现的是论文，其他的都不是困难。多阅读、多思考、多练笔可能是唯一的出路。计划做得这么好，5 年后可能仍然不能实现，但梦想总归是要有的。To read, think, write, and dream! 哪怕实现不了，也无怨无悔，毕竟努力过了。人生重在过程，结果如何，无法预知。谋事在人，成事在天，心态要好！虽然文秋芳老师说过："职称是一个大学老师的尊严"，但是努力过还是达不到，也没什么。尊严的东西可能也不是一个职称就可以给的。不管怎样，努力，坚持！相信自己！

7. 如果你有小孩，请参照本章的提纲及练习 3 中的表格，从孩子出生到高中毕业，预计需要多少资源、成本等？如果你没有小孩，回顾自己从出生到上大学使用了多少资源、成本等。

参考作答 1

表 20.12　三娃从出生到高中毕业所需资源、成本预算表

资源	总成本
人力资源	
1. 我和先生	0 元
2. 公公婆婆	0 元
3. 阿姨（阶段性）	2 万元
总计	2 万元
物力资源	
1. 出生及之前费用	10 万元

续表

2. 奶粉尿片费用	至少 3 万元
3. 孩子们生活各类费用	至少 1 万 / 年 × 18 年 =18 万元
4. 教育基金	
1）早教班（2 岁半 –3 岁）	2 万元
2）幼儿园（3 岁 –6、7 岁）	5 万元 / 年 × 3 年 =15 万元
3）小学阶段（6、7 岁 –12、13 岁）	1 万元 / 年 × 6 年 =6 万元
4）初中阶段（12、13 岁 –15、16 岁）	2 万元 / 年 × 3 年 =6 万元
5）高中阶段（15、16 岁 –18、19 岁）	4 万元 / 年 × 3 年 =12 万元
6）托班	6000 元 / 年 × 6 年 =3 万 6 元
7）兴趣班	1 万元 × 18 年 =18 万元
5. 医疗费用	5 万元
6. 学区房	约 200 万元
总计	约 298 万元
总预算	约 300 万元

有些费用不太清楚，还没经历过幼儿园之后的阶段，或许估算多了，也或许少了。但是不得不说养娃非常不易。当然地域不一样，需要的费用也不一样。跟大家的心理差不多，都希望给孩子好的教育环境和教育资源。而作为三个孩子的妈妈，除了眼见的生活压力和工作压力，我很清楚我需要做的就是努力地做更好的自己，比起物质财富，精神财富更加重要。

参考作答 2

表 20.13　孩子从出生到 18 岁所需资源及成本预算表

年龄段	所需资源	成本（单位：元）
0-3 岁	人力（大人的陪伴） 奶粉 尿布 玩具 书籍 医疗保健 置装费 小计	0 15000 200（没怎么用过） 1000 元 1000 元 1000（常规体检，真正生病就一次，大概 200 元） 1000（没怎么买过衣服，都是朋友、同事的孩子穿过的，或好朋友送的新衣服。） 19200

年龄段	所需资源	成本（单位：元）
3-6 岁	人力（大人的陪伴） 幼儿园	0 33000（第一年 2 岁半读幼托班，在私立幼儿园，24000 一年。3 岁后在自己单位幼儿园才 1500 一个学期，包吃。）
	兴趣班	3300（在市少年宫，师资好、价格实惠，但有点远。到 5 岁才上了两个兴趣班。）
	书籍	3000
	旅游	60000（每年都要出去几次，有全家游和母女游。）
	置装费	2000
	医疗保健	700（小毛病自己搞定，连续发热到卫生院打两针，这种情况也很少。）
	小计	101300
6-12 岁	人力（大人的陪伴）	0
	学习用品、学杂费	12000
	书籍	18000
	兴趣班	50000
	辅导课	50000（目前还没有上过任何辅导课，这是预估。可能五年级开始会上，也可能不上。）
	置装费	18000
	旅游	120000
	医疗保健	2000
	小计	270000
12-18 岁	人力	0
	学费、学习用品、学杂费	12000（如果上公立预计就这么多。如果初中上私校，3 年可能要 20 万，先不算）
	书籍	18000
	辅导课	60000（可能要，可能不要，先算在内）
	置装费	24000
	旅游	120000
	小计	234000
	总计	413900

　　从上表可见，我家孩子 0-3 岁基本上没怎么花钱，后期的费用最大的一项是旅游，并且这笔钱只是非常保守的估计。"读万卷书，行万里路"，让孩子体验各种生活，感受世界的丰富，把所读、所思与所见、所闻联系起来，才能真正读懂书籍、开阔视野、拓宽心胸、理解世界。让孩子看到更多的美好，她才会对更美好的生活充满憧憬并愿意为之努力；让孩子看到更多的人间疾苦，她才会明白

自己当下的生活是多么美好，才会更加珍惜，并愿意为了帮助他人献出自己的爱心。河流山川，聚天地之灵气；高楼大厦，显现代之文明，在游走中了解世界！当然，这笔账不应该只算到孩子的培养费中，我们做大人的也应该和孩子一起成长。

8. 想象20年后你想成为一个什么样的人，预计一下在未来20年的时间，你需要对自己投入哪些资源和成本。

参考作答1

这个问题很有意思！20年后的我就快退休了，我的三个孩子都已经长大成人。很期待这么多年以后，我还能这样跟大家分享我的故事和想法。我将从两个角度，谈谈这个问题。

首先，我是一名母亲，三个孩子的母亲。因为孩子比较多，很难做到面面俱到，但是我能做的，就是努力成为一个三观正、积极向上、有追求的妈妈，因为孩子首先模仿的就是自己的父母。要实现这个目标，需要投入的资源和成本包括：

（1）书籍。多阅读，既然很难成为金钱富翁，那就尽可能成为精神富翁，教会孩子为人处世，积极生活，有自己的追求；

（2）时间。自孩子脱离母体，那就是两个个体。既然是独立个体，就应该给彼此独立的时间。除了给予孩子陪伴的时间之外，更需要给自己一定的时间来平静心情，调整心态，排解焦躁的负面情绪。这样，才能在孩子们面前保持良好的状态，相处会更加愉悦。

再者，我也是一名人民教师，我热爱我的职业，我也喜欢跟学生在一起，因为跟学生在一起，是保持年轻心态的秘诀。我的目标是成为教学科研型教师。要实现这个目标，需要投入的资源和成本包括：

（1）书籍。多阅读，丰厚自己的专业知识，提升认知高度，拓宽学术视野。

（2）学术会议。要想办法参加相关的学术会议，见见大咖。

（3）论文。不能光输入，不输出，练笔是升华思想的重要途径。

（4）良好的社会关系。这里主要是指花精力维系和谐的家庭关系，发挥好家庭人力资源的作用。多跟家人沟通，获取他们的理解和帮助，能为自己腾出一定的时间做自己想做的事儿。

参考作答 2

20 年后的我退休了，所以这道题就变成了退休时会成为一个什么样的人。

表 20.14　成为 20 年之后理想中的我需投入的资源和成本

20 年后的我
目标：过上安然的退休生活，就把"安然"定义为那种"有岁月可以回首，有前程可以奔赴"的状态吧。
1）健康的体魄 　（1）有规律地坚持慢跑。场地可以是学校的运动场或附近的公园；需要一般的运动服装。 　（2）定期的登山活动（家庭项目），一年 2 次，也需要一般的运动装备。 　（3）健康检查，每年一次。 　（4）日常健康保健费用。
2）有岁月可以回首 　（1）教学：形成自己认同的核心教学理念，坚持探索和反思。（需要时间投入） 　（2）研究：跟教学相结合，具有自己的观测点，坚持积累素材，申报课题，撰写论文，在 20 年后能检索到自己的文字。（需要时间投入） 　（3）继续学习：多种形式并行，以提高能力为目的。（需要时间投入） 　（4）家庭：注重培养孩子们的关键能力和核心素养；与先生一起跟两个孩子共同成长，日后有可回首的共同度过的岁月；跟上时代的步伐，退休时不至于跟他们没有共同话题；赡养老人，少留遗憾。（需要人力、物力、财力）
3）有前程可以奔赴 　完成自己生于学生时代又妥协于现实的两个愿望。(需要人力，物力和时间的投入)

21 Using language assessments responsibly
第二十一章　负责任地使用语言测试

21.1　章节目录

1. 思维导图呈现本章目录

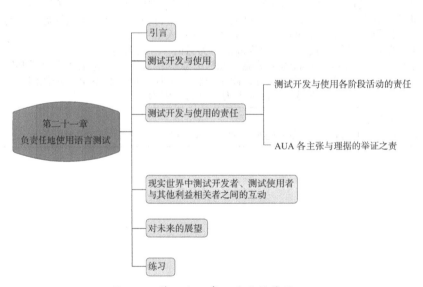

图 21.1　第二十一章目录思维导图

2. 表格呈现本章目录

表 21.1　第二十一章表格目录

21 Using language assessments responsibly	第二十一章 负责任地使用语言测试
INTRODUCTION	21.1 引言
ASSESSMENT DEVELOPMENT AND USE	21.2 测试开发与使用
RESPONSIBILITY FOR THE DEVELOPMENT AND USE OF ASSESSMENTS Responsibilities for activities in stages of assessment development and use, Responsibilities for claims and warrants in the AUA	21.3 测试开发与使用的责任 　　21.3.1 测试开发与使用各阶段 　　　　　活动的责任 　　21.3.2 AUA 各主张与理据的举 　　　　　证之责
INTERACTIONS AMONG THE TEST DEVELOPER, TEST USER, AND OTHER STAKEHOLDERS IN THE REAL WORLD	21.4 现实世界中测试开发者、测试 　　使用者与其他利益相关者之间 　　的互动
ONWARD	21.5 对未来的展望
EXERCISES	练习

通过思维导图的制作，有助于理解章节之间的逻辑关系。作者首先陈述了测试开发与使用过程中的主要活动、目的；接着分析了谁该为不同阶段的活动负主要责任，以及从测试使用论证（AUA）的角度出发，谁该为不同的主张和理据负主要责任；然后提出了要做到负责任地开发与使用测试，测试开发者、使用者与其他利益相关者之间要加强沟通，避免测试被误用；最后作者对本书所提出的 AUA 的本质和要解决的问题做了概述，对本书未来的使用和可能帮助测试开发者与使用者解决的问题做了展望。

21.2　原著思考题及参考作答

1. 请回想你熟悉的一个测试使用情境。你在该测试使用中扮演什么角色？测试开发者？决策者？还是两者兼而有之？你在其中一种或两种情境下是如何履行自己的职责的？随着你年龄和智慧的增长，你

的履职行为可能会有何不同？

参考作答1

　　最熟悉的测试使用情境就是期末考试了，我既是测试的开发者之一，也是决策者。作为开发者，我按照课程组的决定负责某一部分试题的编制工作，或者是负责试卷的校对或整合工作。作为决策者，主要是根据测试表现判断学生是否可以通过该考试。同时，根据学校的要求对卷面成绩进行分析，在此基础上反思教学效果，提出改进措施。

　　在阅读了本专著后，我觉得以前虽然也在测试的开发和使用中承担了相应的责任，但缺乏跟利益相关者，尤其是考生的沟通。例如在题型的选择、分数的权重和考试范围的划定上往往过于主观和武断。今后的命题工作要尽量按照AUA框架的指导构建AUA，并收集反馈和证据，加强同利益相关者的沟通，不断改进测试编制工作，提高测试质量，合理使用测试，改变以前只是为了完成任务而编制试题、完成试卷分析的做法，使测试能达到预期的有益影响。

参考作答2

　　在平时的课堂测试中，我既是测试的开发者，也是测评的使用者（决策者）之一。作为测试开发者与决策者，我会比较重视测试任务的编制和测试的使用，但却忽视了测试开发者与使用者的举证之责。读完本专著后，我觉得在今后的测试开发与使用过程中，要构建AUA，搜集证据，为主张和理据提供依据，使自己的测试得到合理的解释，即论证。作为开发者，我要让其他决策者和利益相关者相信：

- 测试记录是一致的；
- 基于测试的语言能力解释是有意义的、无偏颇的、有概推性的、相关的和充分的；

作为决策者，我要让其他利益相关者相信：

- 我的决策全面考虑了所有利益相关者的价值观和相关教育规章制度；
- 我的决策对所有利益相关者都是公正的；

• 我基于测试所做的决策对所有利益相关者都是有益的。

2. 请浏览项目 12，思考你是否也遇到过类似情况，或你知道有人曾经遇到过这种情况。你觉得在这种情况下测试开发者与使用者负责任的行为应该是怎样的？你觉得这种情况发生的可能性有多大？

参考作答 1

项目 12 中相互冲突的两个体系 National Entrance–Exit Test（NEET）及 locally developed tests（LDTs）各具优势与不足。之所以会发生冲突，有几种可能性：一是测试开发与使用受到行政干预；二是不同利益相关者的价值观与利益博弈；三是不当的测试理念及对测试道德准则的违背。如果能结合两者的优势，将有利于解决二者的矛盾，但是需要测试开发者、测试使用者与利益相关者之间加强沟通。

我曾有过类似的经历。当时的冲突体现在新生入学分级测试到底该采用全国统一英语考试相应级别的试题，还是我们自己开发试题。采用统一测试，节省人力资源和时间，但是无法了解我们想要了解的学生能力，而且对考试环境要求很高，例如听力设备等。最后，我们结合全国统一考试相应级别的英语试题，按照我们的学生特点和需求进行修改后使用，这样既充分利用了现有资源的优势，又补充了有利于诱发学生预测能力表现的试题，更具科学性。

我认为测试开发者与使用者负责任的行为应该在加强沟通与协商，充分考虑各利益相关者的利益，遵守测试开发与使用的相关准则，充分考虑现实的资源条件的基础上，各自担负起不同阶段的主要职责和 AUA 举证之责，开发高质量的测试，合理地使用测试，提高测试的有用性。

参考作答 2

项目 12 中两个冲突的 AUA 是分别为教育部推行的标准化全国入学—毕业英语考试（NEET）和地方开发的测试（LDTs）而构建的。教育部想用 NEET 取代 LDTs，两厢争执，于是请来外部的语言测试顾问，就两个不同的考试系统构建了 AUA 框架以比较二者的优劣。

通过对两类利益相关者的访谈（负责测试开发的教育部职员和高等教育机构中 EFL 项目的利益相关者代表），构建了两套平行的 AUA，论证了各方的合理性，并表述了来自一方对另一方的反驳。

我们自己在期末出卷也会碰到类似情况。有些教师认为应该多出教材上的题目，这样才能体现教学大纲的要求，学什么就考什么；有些教师认为应该多出课外的题目，这样才能测试学生是否真正掌握了知识，并能把知识迁移到教材以外的情景中加以运用。

在这种情况下，负责任的行为应该是各方都要对自己所持的观点进行合理性论证，并结合可用资源权衡可操作性。同时一定要加强不同利益相关者之间的沟通。

事实上，这种情况时有发生。因为一项测试总是会涉及很多的利益相关者，不同的利益相关者的价值观、对测试的认识（特别是对测试构念的理解）、对测试使用的需求各有不同。

3. 请回想你曾经的测试开发或使用情境，在该情境下，测试开发者、测试使用者和现实中的其他利益相关者因为缺乏充分的互动，导致该测试最终没能得到负责任的使用。这种情况有什么负面影响？能从工作伊始就做些什么来引发更多的互动，以使测试得到负责任的使用？

参考作答 1

有一年学校选拔学生去参加省师范生教学技能大赛，比赛要求先在校内开展初赛。由于比赛通知得比较晚，申请校内比赛的场地需要走流程，而且当时学生分布在不同的学校实习，教学技能组的老师决定让学生自行提交一个时长 15 分钟的教学视频，老师根据视频评出校内一、二、三等奖，其中一等奖获得者代表学校参加省赛。评价指标包括教学设计、教学呈现和教态等常见的参数。在制定这个测评方案的时候觉得该方案不错：有可靠的评价量表，视频提交的方式也为候选人提供了便利。看上去似乎一切顺利。

但当学生到了省赛的时候，问题就暴露了：教学设计和教态都没有问题，但临场经验不足，台上很慌张，导致设计好的东西没能很好地呈现出来。

我认为这是缺乏充分沟通导致的。视频是可以反复录制的，视频的表现跟临场的表现不一样。评价方案也是只由教师来决定，没有聆听学生的声音。当时学生正在实习，如果能听取实习现场带队老师的意见和建议就更好了。在决策过程中也没有考虑学生的意见，如果能够充分沟通，让校内二等奖或者更愿意去参加现场比赛的人去参加省赛（一等奖获得者自己本人也不大愿意去），结果可能会更好。

在本案例中，为了引导更多的互动，需要从一开始与参赛学生多沟通。在各个可能的利益相关群体中调查了解，制定"要选什么人"（构念），可能该竞赛能得到更负责任的使用。

参考作答 2

某校 2018 级大学英语分级教学改革中，原本应针对 2018 级新生进行一次英语水平测试以确定学生的层级水平。在该测试情境中，测试开发者是该校外语学院，测试决策者是教务处，涉及的任课教师和全体新生、教务管理人员等是其他利益相关者。测试使用者即外语学院关于如何开展考试，根据何种标准分班，分级教学任务如何安排等展开过讨论和征集意见。但因测试决策者（教务处）和使用者（外语学院）没有就测试形式达成一致，最后决定取消测试，改由学生根据自身的英语基础和意愿选择英语类别。

该决策带来的主要负面影响是：

（1）学生凭主观判断所做的决策会产生不少错误的肯定和错误的否定分类，对学生今后的学习和教师的教学带来困扰；

（2）分层教学方案中仍是 40—50 人 / 班，大学英语课堂教学的主体教学模式基本未变，未对教师从教学计划、教学内容、教学方法等方面进行培训，分级教学改革流于形式；

（3）对大学英语学科和大学英语教学的信心逐渐丧失。

要使测试得到负责任的使用，决策者应该多与一线教师沟通互动，听取一线教师的意见，而不是直接由上层决定，一线教师接受决定，毫无沟通余地，最后导致一线教师的教和学生的学都困难重重。

4. 请回想你在读本书之前对于语言测试的理解，再想想你耐心读完这本书的漫长历程。你的内心世界发生了什么变化？从什么角度来说读这本书使你变得更加美好了？或者，你准备去从事另一个职业了吗？

参考作答 1

在读本书之前，我从没想过一项测试的开发，尤其是大规模、高风险测试的开发与使用是如此严谨的一个过程；也从没想过测试除了对教师和学生之外还会对其他的人或机构产生影响。总而言之，对测试的认识非常有限。

读了本书之后，我对测试开发的过程、施考的过程以及测试结果的使用都有了更加全面的认识。对自己以前的测试开发和使用经历不断进行反思，也希望自己将来能真正落实本书所构建的测试开发和使用论证步骤，使自己的测评做到有理有据，能向利益相关者解释测试使用的合理性。

同时，通过本书的阅读，我也非常开心结识到了良师益友，开启了我的测试学学习之旅。希望自己能在这条路上坚定地走下去，见证越来越美好的自己。

参考作答 2

在读本书之前，我是语言测试理论的门外汉，读文献和听讲座时会接触到信度、效度等基本概念，但从未主动去查阅，总觉得语言测试是一跨学科（教育统计、心理测量、语言学等）领域，难度大，离自己很遥远。在测试实践中，如命题、监考、统计分数和制作试卷分析等，只是按照要求，凭经验做事，全然不知有一套语言测试理论可以用来指导现实世界的测试实践。

两位作者用了"zen-like path"（禅修历程）来概括读者阅读的心路历程，贴切形象。初读前几章因困难而产生浮躁和焦虑情绪，中间部分渐入佳境，到最后几章平静、习惯性地接受，觉得这就像禅宗，慢慢参道，渐渐领悟。在学术共同体的良好氛围中，我们相互促进终于要读完这本专著的最后一章了。

内心充实而平静，因成功读完难度较大的专著而收获力量，重新肯定自己，相信自己。回顾初读前 5 章时因为难度过大而怀疑否定自己，现在回过头去看，当初标记在书上的"不太懂""需要重读"等地方似乎豁然开朗。正如作者在题目最后幽默地说是不是准备开启另一职业。阅读难度这么大的专著后，内心最大的一个变化就是决定把测试学作为今后教研的方向，好好学习测试。

从哪些方面变得更好了：对待教学和科研会更加严谨；对未知领域的探索会更有信心；虽然这是阅读他们的第一本书，但是佩服两位作者思维的缜密、文笔的细腻、论述的详尽，睿智而又幽默，都是我应学习和努力的方向。

5. OK！现在你已经走过了语言测评实践（LAIP）的理论之路，准备投入不可预测的现实世界的测评实践了。在现实中你将如何做呢？遇到困难你会怎么办？如果遇上足以把你击垮的困难，你会如何处理？当这些困难来临时，本书中的金玉良言可能如何帮助你？你会不会觉得作者是在探寻真谛？如果是，您觉得他们能发现更多的真知灼见吗？或者是他们已经触摸到了真理并给读者以启迪了呢？

参考作答 1

读完本书，我觉得在将来的语言测评实践中要尽量遵循本书所阐述的方法，根据现实世界条件去开发和使用测评。遇到困难多回头看看书，看看项目示例，结合自己的实践，为自己的测试找到支撑理据的证据。要是困难确实很大，也不能轻言放弃，可以在理想的测评与现实资源中做出权衡。作者在撰写本书过程中，没有用说教的方式来阐述其理论，而是从现实困境出发，为走出困境探索出路；作者也没有一味枯燥地阐述理论，而是结合各种示例，让读者通过具体的示例来理解理论；作者的语言还极具幽默和文学色彩（如本题的英语表述，用的是一连串的隐喻），使本书具有可读性，对我今后的测试开发与使用论证工作应该会有很大的帮助。

作者的测评使用论证框架给了我很大的启发，这种启发并不局限于语言测试实践，还对读者的现实世界生活有很大的启迪。谢谢他们 90 次的修改！这种精益求精的精神对读者的影响已经超越了本书的知识本身，是对读者精神上的滋养！

参考作答 2

对问题一一作答如下：

（1）这本专著的阅读只是良好的开端，自己还处于懵懂状态，进入现实世界仍是战战兢兢，举步维艰，更别提深水区，仍需加大文献、专著的阅读力度，加强内化和输出，五年以后估计能尝试着涉入深水区。

（2）急流、漩涡和海啸都是现实测评世界中一个比一个更大的困难和困惑，我想有 AUA，有领域大咖的引领，有一起进步的学友，总能答疑解惑的。

（3）正如导读所述，两位作者"老骥伏枥、志在千里"，他们一定会继续探索现实世界中的语言测试，给读者带来更多的智慧。

21.3 补充思考题及参考作答

1. 请用自己的语言概括第 21 章，并对照"导读"中的第 21 章，对比两者的异同。

参考作答1

表 21.2　第二十一章我的概括与"导读"的概括对比（1）

我的概括	导读的概括
测试被误用的情况时有发生，直接损害某些利益相关者的利益，带来不良影响。如何才能最大程度地避免误用、如何才能负责任地使用测试是一个非常重要的议题。 　　要负责任地使用测试，就需要厘清测试开发和使用过程各阶段的活动、活动的目的以及各项活动该由谁负主要责任，或需要从测试使用论证的角度出发，厘清谁该为各个主张和主张下的理据负主要责任。落实责任是第一步，更重要的是测试开发者、测试使用者和各利益相关者之间要密切合作、有效沟通。 　　需要强调的一点是，本书提出的测试使用论证不是一个理论，而是一个框架或方式，目的是向利益相关者证明测试使用的合理性。因此作者认为，在充满不确定性的现实世界中，AUA 为论证测试使用的合理性，提高测试的公信力提供了一个有用的框架。	测试开发者与测试使用者（主要指决策人）同属测试利益相关者，但他们是测试开发与使用过程的主要负责人。对一些随堂测试而言，开发者与使用者同属教师本人，但在一些大规模、高风险测试环境中，开发者与使用者则截然不同。不幸的是，现实世界的开发者与使用者往往缺少沟通，这也成为测试误用的主要根源。一旦测试被误用，就会使考生及其他相关人员（如教师）的权益受到侵害。此类现象在现实世界中时常出现。 　　本章重点讨论避免测试误用的方式。最根本的解决方式就是加强沟通，让测试开发与使用者共同担负测试开发与使用各阶段（活动）的责任，践行 AUA。即便某一阶段的主要责任应由一方担负，另一方至少应做到了解。例如，在测试使用论证的全过程（AUA 构建与证据收集）中，双方都应明确主要负责的内容及需要了解的部分。测试开发初步规划与使用阶段的主要职责应由测试使用者（决策人）担负，但测试开发设计者对这两个阶段涉及的主要活动应该充分了解。再如，AUA 构建与证据收集中有关测试记录和解释的部分重点应由开发者负责，但决策者对此也应充分了解。换言之，测试的有效开发与合理使用，双方都应负责。此外，这两大角色也要和其他相关人员（考生、教师等）充分沟通，不断调整、改进和完善 AUA 框架、测试方案、蓝图以及测试任务。结尾处，作者提到 AUA 不是一种理论，而是一种指导测试开发与使用的框架或方式，开发与决策者应该时刻考量现实世界中的可用资源，并在此基础上通力合作。唯有如此，测试才不会被误用。

相同点：都对本章的重点——测试开发者和使用者该如何负责任地使用测试做了较为全面的概括。

不同点：我的概括略显粗糙，属于框架式，少了点"血"和"肉"。导读的概括紧紧围绕"如何才能不让测试被误用"展开，浑然一体。并且对如何负责任地使用这一块比我的概括要更加详尽，谁要负主要责任，谁要做到了解，讲得比较透彻。

参考作答 2

表 21.3 第二十一章我的概括与"导读"的概括对比（2）

我的概括	现实世界中开发与使用一项测试充满了不确定性，考试也可能被误用，那么谁对误用的测试负主要责任？测试使用的两大重要角色是测试开发者和决策者。在小规模、低风险的测试中，测试开发者和决策者往往是同一（组）人 / 群体；但在大规模、高风险测试中，测试开发者和决策者通常是完全不同的两个群体，他们各自的职责是什么，是否能在测试开发与使用的各阶段清晰划分；二者如何沟通协作才能避免测试被误用等是本章的主要内容。 　　本章从测试开发与使用五个阶段的活动和从构建 AUA 中收集主张和理据的支撑证据两个角度来阐述测试开发者和使用者（决策者）的责任。在初步规划和测试使用阶段，测试使用者负主要责任，但测试开发者也要做到了解情况。测试开发者的主要责任在测试设计、实施和试测阶段，但是测试使用者也要了解相关的信息，可见测试开发者和使用者的职责有些是重叠的，不可能清楚地分割。在构建 AUA 的过程中，测试开发者主要责任是向测试使用者证明测试记录的一致性，基于测试所作决策的有意义性、公正性、概括性、相关性和充分性；测试使用者则应明白 AUA 构建过程，测试记录和解释的不确定性，主要责任是向其他利益相关者论证所作决策的价值敏感性、公平性、和影响的有益性，但双方都要对对方的主要责任有一定的了解。 　　测试开发者和使用者职责的概念化（阶段 / 活动和 AUA）为现实世界的测试开发和使用的职责分析提供了框架，但在具体测试中，测试开发者、测试使用者和其他利益相关者的互动沟通影响着测试是否能被正确地使用。 　　本章结尾部分提出测试开发和使用论证（AUA）是指导现实世界开发和使用语言测试的一种方式，该方式认为测试开发者和使用者应对其他利益相关者负责。面对不断变化的不确定性和冲突的测试现实世界，作者希望该方式能为测试开发者和使用者提供一种系统的角度。
导读的概况（参见上表）	

　　不同：导读对本章的概括很到位，提炼重点，言简意赅，起到了真正的导读作用。从分析测试误用的主要根源到避免测试误用的途径，提出加强沟通，让测试开发与使用者共同担负测试开发与使用各阶段（活动）的责任，践行 AUA。可以看出导读作者对原文理解很到位，抓住了主要内容，做了高度的提炼，可见功底之深。反观自己对本章的阅读、理解和概括的过程，阅读两遍之后觉得本章的内容太发散，于是挑选自己认为的重点进行了翻译，最后在如何概括整合上遇到了很大的挑战。

　　反思：概括能力是自己很薄弱的一个部分，应多读文献，对文献进行概括，然后对比原文的摘要进行练习。

　　感想：导读花了比较大的篇幅对第 21 章进行概括，可见内容之重要。正如金艳老师在《中国语言测试理论与实践发展 40 年——回顾与展望》一文中对语言测试的社会学研究有待深入部分也提及了职责问题，如"确保考试的合理使用究竟是谁的职责？""谁又应该对考试的误用负责？"她提出要探索具有中国特色的社会学问题，要尝试建立考试利益相关者之间的交流和沟通渠道，对考试的误用进行有效的干预等。读了这本专著，为读测试学文献提供了铺垫，竟然能和学者们有共鸣。虽然觉得社会学问题是一个很宽泛很大的议题，但是今后的阅读和学习中会多一些留意和关注。

2. 请打印阅读 The ILTA Code of Ethics and Guidelines for Practice 的两份材料。谈谈你完成此任务后的收获与感想。

参考作答 1

收获：

阅读完这两份 ILTA 的纲领性文献，反思了自己在语言测试实践中的可取和不足之处。两份文件对自己的测试实践有重要的现实指导意义。

《实践指南》涵盖了三个方面的内容，也是从三个层面来指导语言测试实践：

- 语言测试人员要怎么做才能使测试成为一项良好的测试？即测试开发者和使用者的责任和义务；（本部分条款可用于指导测试开发和使用实践）

- 考生的权利和义务；（对今后处理一些考生疑问以及测试过程中的突发事件更有把握了）

- 基于课堂的语言测评实践。该部分对测试与测评进行了区分，对正式测评和非正式测评进行了区分。明确了教师作为测试编写者、施考人员以及测试结果使用者的责任。同时也明确了正式测试和非正式/即兴测评情境下的教师责任；考生在正式测试情境下的权利和责任。（对自己最常用的课堂测评具有非常现实的指导意义）

《道德准则》是对语言测试人员在测试开发、使用中提出的一系列应遵循的基本原则，目的是倡导负责任地使用测试，使测试对考生和其他利益相关者都有益；对语言测试、语言测评和教学服务质量的提高都有益。语言测评应服务于教育、服务于社会。

感想：

很多日常语言测评实践中的做法都是自发的，并没有过多地考虑权利和义务问题。两份文件让我认识到作为语言测试人员（虽然主要是课堂测评和校本测试的测试人员）的职责和使命，认识到让语言测评行为从自发向自觉转变，要让自己的语言测试行为真正服务学生、服务教育、服务社会。

此外，《指南》中指出考生有责任对测试内容保密，但我们可以看到在网上有很多关于大规模、高风险考试内容的回忆帖，比如雅思等，这是不是说这些考生实际上并没能履行自己的责任呢？

参考作答2

收获与感想：

花了近3个小时阅读完这两份打印材料，顿时对国际语言测试协会这个组织肃然起敬，对语言测试领域又多了一份了解和尊重。

《道德规范》于2000年通过，2018年进行了小范围修改和更新，说明该规范是与时俱进的；整个规范包括前言和九大原则两大部分，每个原则下又通过注释进行阐述。规范主要是从道德哲学层面设定标准尺度，以促进语言测试行业的规范发展。比较有印象的是原则5，把语言测试人员应通过各种途径进行继续学习和提升、把测试知识和技能分享给更多的人这点都放入了道德规范中。

和《道德规范》相比，《实践指南》则更具体和有针对性。全文有三部分，第一部分主要是好的测试实践应包括的基本议题；第二部分主要描述考生的权利和责任，第三部分则是规范课堂语言测评的具体议题。总体而言，ILTA实践指南的基本原则在于促进考试的效度、信度和公平性。读完一遍以后印象比较深刻的是第三部分，对本人今后的课堂测评实践无论是正式还是非正式都有指导作用。

3. 请翻译 The ILTA Code of Ethics and Guidelines for Practice 的两份材料，并分享你翻译的思维过程与感悟。

参考作答

（1）道德准则（The ILTA Code of Ethics）

道德准则

（2000 年 3 月在温哥华举行的国际语言测试协会年会上通过）

（2018 年 1 月经国际语言测试协会执行委员会批准对道德准则做了小范围修改）

这是国际语言测试协会（ILTA）制定的第一套道德准则。该《准则》是一份以道德哲学为基础的原则性文件，用于指导良好的职业行为。本准则既不是法规，也不是条例，也没有提供实践指南，而是旨在为语言测试人员提供一个道德行为基准，使其行为令人满意。本准则与单独的《实践指南》（可在 ILTA 网站查阅）相关联，遵循慈善、不伤害、正义、尊重自主和公民社会等原则。

本《道德准则》确定了 9 项基本原则，每项基本原则都有一系列注释对之加以阐述，从总体上澄清这些原则的性质；这些原则规定了 ILTA 成员应该做什么或不应该做什么，或者更笼统地说，他们应该如何表现自己，或者他们或他们这个职业应该追求什么。原则还确认了应用中所固有的困难和例外情况。注释进一步阐述了《准则》的制裁措施，明确指出，不遵守《准则》可能会受到严重处罚，例如根据《准则》道德委员会的建议，退出 ILTA。虽然源自其他类似的道德准则（可追溯历史），但本准则确实在尽力反映世界各地不断变化着的社会和文化价值观的平衡，因此，应由语言测试人员结合相关的实践指南进行解读。

所有职业准则都应体现职业良知和判断。本《道德准则》并不能使语言测试者摆脱他们所签署的其他准则所赋予的责任和义务，也不能使他们摆脱国家和国际法律规范所赋予他们的责任。

语言测试者是独立的道德主体，有时其道德立场可能会与参与的某些程序相冲突。他们在道德上有权拒绝参与违反个人道德信仰的程序。如果预见到可能会被要求参与与其信仰不一致的活动情境，接受职位的语言测试人员有责任让其雇主或未来的雇主了解这一事实。雇主和同事有责任确保此类语言测试人员在工作场所不被歧视。

《实践指南》（可在 ILTA 网站查阅）举例说明了《道德准则》的相关原则。《道德准则》侧重于职业的道德和理想，而《实践指南》则确定了从业的最低要求，并侧重于阐明职业不当行为和不专业行为。

《道德准则》和《实践指南》都需要对行业内的需求和变化作出敏捷的反应，而且随着时间的推移，这些《准则》将需要根据语言测试和社会的变化进行修订。《道德准则》将在五年内进行审查以进行必要的修订，如有必要，此项工作可提前。

原则 1

语言测试人员应尊重每位考生的人格和尊严。在提供语言测试服务时，应尽可能从专业的角度以最佳的方式为考生考虑，并尊重所有人的需求、价值观和文化。

注释

- 语言测试人员不得以年龄、性别、种族、民族、性取向、语言背景、信仰、政治派别或宗教为由歧视或利用考生，也不得在考生能意识到的程度上有意将其自身的价值观（例如社会的、精神的、政治的和意识形态的）强加给考生。
- 语言测试人员不得利用其客户，也不得试图以与其所提供的服务或其正在进行的调查目的无关的方式影响他们。
- 语言测试人员与考生之间的性关系是不道德的行为。
- 涉及使用考生（包括学生）的语言测试，教学与研究需经考生（包括学生）同意；要尊重他们的尊严和隐私。应告知相关人员，拒绝参加不会影响语言测试人员对他们的服务质量（在教学、研究、发展、行政管理方面）。涉及考生的所有媒体形式（纸张、电子、视频、音频）在用于次要目的之前都须经考生知情同意。
- 语言测试人员应努力以尽可能有意义的方式向所有相关利益者传达信息。
- 在可能的情况下，应就涉及考生利益的所有事项征求他们的意见。

原则 2
语言测试人员应对其以专业身份获得的有关考生的所有信息保密，并在分享此类信息时使用专业的判断。

注释

- 面对复印材料和传真、计算机化考试记录和数据库的广泛使用、各方对考试公信力要求的增加以及从考生处获得的信息的私人性质，语言测试人员有责任为考生保密，并保护与测试者—考生关系相关的所有信息。
- 保密不能是绝对的，特别是当测试记录可能涉及入学和职位竞争时。语言测试人员必须在保密这一基本职业责任和对社会的更广泛的责任之间谨慎平衡。
- 同样，在适当的情况下，语言测试人员的专业同事也有权访问除他们自己的考生以外的其他考生的数据，以改善该专业提供的服务。在该情况下，获得数据访问权的人员应同意保密。
- 从考生以外的其他来源收集的考生数据（例如，从受试学生的教师处收集的数据）也应遵守同样的保密原则。
- 可能会有关于披露的法定要求，例如，语言测试人员在法院或特别法庭上被称为专家证人。在这种情况下，语言测试人员不受保密这一职业责任的限制。

原则 3
语言测试人员在进行任何试验、实验、处理或其他研究活动时，应遵守国家和国际准则中所载的所有相关道德原则。

注释

- 语言测试的进步取决于研究，而研究必然涉及作为主体的人的参与。研究应符合公认的学术调查原则，以对专业文献的透彻了解为基础；并按照最高标准进行规划和执行。
- 所有研究都必须有正当理由；也就是说，应合理地期望拟议的研究能够为所提出的问题提供答案。
- 研究对象的人权应始终优先于科学或社会的利益。
- 当研究对象可能存在不适或有风险时，应考虑该研究的益处，但不得将其本身用于证明此类不适或风险的合理性。如果发生不可预见的有害影响，研究应始终停止或修改。
- 应由独立的道德委员会对所有研究提案进行测评，以确保研究符合最高的科学和伦理标准。
- 研究的目的、方法、风险和不适等相关信息应提前告知研究对象。信息应以能被充分理解的方式传达。同意应是自由的，不受压力、胁迫或胁迫。
- 在研究成果发表之前，研究对象有权随时拒绝参加或退出研究。此类拒绝不得危及研究对象被对待的方式。
- 对处于依赖关系的研究对象（例如，学生、老年人、能力有问题的学习者），应特别注意获得事先同意。
- 如果研究对象是未成年人，应获得其父母或监护人的同意，但如果孩子足够成熟和并能理解研究活动，也应获得孩子的同意。
- 在研究中获得的机密信息不得用于经同意的研究协议规定的目的以外的任何目的。
- 发表的研究成果应当真实、准确。
- 出版的研究报告不应允许确认所涉及的研究对象。

原则 4
语言测试人员不得滥用其专业知识或技能。

注释

- 语言测试人员不得蓄意使用其专业知识或技能来推进有损考生利益的目的。当测试人员的干预进展不能直接有利于考生时（例如，当要求其作为一项旨在其他情况下进行的能力测试的试测对象时），应绝对清楚地向其说明测试的性质。
- 不符合社会普遍的道德、宗教等价值观，或不受欢迎的移民身份，不应成为测评语言能力的决定因素。
- 无论在何种法律环境中，语言测试人员不得直接或间接参与实施酷刑或其他形式的残忍、不人道或有辱人格的处罚（见 1975 年东京宣言）。

原则 5
语言测试人员应持续发展其专业知识，并与同事和其他语言专业人员分享这些知识。

注释

- 继续学习和提高自己的知识是从事这一职业的基础；如果做不到，就会对考生造成伤害。
- 语言测试人员应利用各种可利用的继续教育方法。这些可能包括参加持续的语言测试项目和专业会议，以及定期阅读相关的专业出版物。
- 语言测试人员把与同事和其他相关语言专业人员交流的机会视为发展其专业知识的重要手段。
- 语言测试人员应通过在公认的专业期刊或会议上发表文章的方式与同事分享新知识。
- 语言测试人员应在培训中为语言测试人员的教育和专业发展做出贡献，并为该培训的核心要求制定指导方针。
- 语言测试人员应准备好为更广泛的语言专业学生的教育做出贡献。

原则 6
语言测试人员应共同承担和维护语言测试职业的诚信责任。

注释

- 语言测试人员应通过培养同事间的信任感和相互责任感来促进和加强其职业诚信。在出现意见分歧时，应以坦率和尊重的方式表达观点，而非相互诋毁。
- 语言测试人员代表社会制定和执行规范，因此，享有特权地位。与此相对应，语言测试人员有责任在其专业实践，及可能反映其专业实践诚信的个人生活中维护适当的个人和道德标准。
- 语言测试人员如果意识到同事的不专业行为应采取适当的行动，这可能包括向有关职权部门提交报告。
- 不遵守本《道德准则》将被视为最严重的问题，并可能导致严厉的处罚，包括退出ILTA 的成员资格。

原则 7
语言测试人员应努力提高语言测试、测评和教学服务的质量，服务社会，促进这些服务的公平分配，并为社会的语言学习和语言能力教育做出贡献。

注释

- 语言测试人员在促进语言测试提供 / 服务的改善方面负有特殊的责任，因为许多考生由于其非母语身份而被剥夺了权利且缺乏权力。
- 语言测试人员应凭借其知识和经验，为负责提供语言测试服务的人员提供建议。
- 语言测试人员应准备好充当倡导者的角色，并与其他人一起确保语言测试考生能够获得可能的最好的语言测试服务。
- 语言测试员应准备好与提供语言测试服务的咨询机构、法定机构、志愿机构和商业机构合作。
- 如果由于财政限制或其他原因导致服务低于最低标准,语言测试员应采取适当的行动。在特殊情况下，语言测试人员可能必须与这些服务脱离关系，前提是这种行为不会对考生造成伤害。
- 语言测试人员应准备好向社会解释和传播相关的科学信息和既定的专业意见。在此过程中，语言测试人员应澄清其是否是在为某一被认可的专业机构的发言人。如果其所表达的观点与普遍持有的观点相反，他们应如此表示。
- 语言测试人员对敏感的社会—政治问题（如种族、弱势群体和子女抚养）的公开辩论做出有科学依据的发言是合理的。
- 语言测试人员应区分其基于专业知识的教育者角色和作为公民的角色。
- 在履行本原则下的职责时，语言测试人员应注意避免自我宣传和诋毁同事。
- 语言测试员应明确表示，他们不会声称（也不会被视为声称）他们独自拥有所有相关知识。

原则 8
语言测试人员应注意其对所服务的团体的责任，同时认识到这些责任有时可能与其对考生和其他利益相关者的责任相冲突。

注释

- 当考试结果是代表机构（政府部门、专业机构、大学、学校、公司）获得时，语言测试人员有责任准确报告这些结果，无论这些结果对考生和其他利益相关者（家庭、未来雇主等）来说多么不受欢迎。
- 作为所服务团体中的一员，语言测试人员应该认识到团体对其测试责任的要求，即使他们自己可能不同意这些要求。如果他们的不同意足以构成负责任的反对，他们应有权撤回其提供的专业服务。

原则 9
语言测试人员应定期考虑其项目对所有利益相关者短期和长期可能的影响，出于良心，可保留拒绝提供其专业服务的权利。

注释

● 作为专业人员，语言测试人员有责任评估提交给他们的项目的伦理后果。虽然他们考虑不到所有可能发生的情况，但他们应对可能产生的后果进行彻底的测评，并在当从其专业角度来说这些后果是不可接受的情况下，撤回他们的服务。在这种情况下，应与其他语言测试人员协商，以确定他们的观点在多大程度上得到了认同。在其同事持不同观点的情况下，让个人站在良心的立场上，维护保留个人观点的权利。

图 21.2 《ILTA 道德准则》翻译
（注：《道德准则》有中文简体翻译的官方版，译者为何莲珍，审校为金艳和亓鲁霞。可在 ILTA 官网下载。

（2）实践指南（ILTA Guidelines for Practice）

国际语言测试学会（ILTA）实践指南

本指南作为草案于 2005 年在渥太华举行的国际语言测试协会会议上提交，传阅，以做进一步审议。《指南》最终于 2007 年巴塞罗那 ILTA 会议上获得通过，并在 2018 年至 2020 年期间进行了审查和修订。

最初参与起草的有：Charles Alderson、Alan Davies（主席）、Glenn Fulcher、Liz Hamp-Lyons、Antony Kunnan、Charles Stansfield 和 Randy Thrasher。2018-2020 年修订版由 Vivien Berry、Benjamin Kremmel（主席）和 India Plough 起草。

（感谢日本语言测试协会在指南方面所做的开创性工作。第 1 部分的大部分内容是在他们的工作基础上发展起来的。此外，还要感谢美国教育研究协会、美国心理协会和国家教育测量委员会，其《教育和心理测试标准》对第二部分有重要影响；以及国际考试委员会，其《基于计算机和互联网的考试指南》为本指南的更新提供了信息。

国际语言测试学会（ILTA）实践指南

（2007 年 6 月在巴塞罗那举行的国际语言测试协会年会上通过）
（更新版本将于 2020 年由年度业务会议（ABM）正式批准生效）

第一部分涵盖了在所有测试 / 测评情况下良好测试实践的基本考量。第二部分涵盖了考生的权利和责任。第三部分概述了基于课堂的语言测评的具体考量。本文件是为不同的受众而写，因此重复是不可避免的。如果读者愿意，可以先参看与其背景最为相关的部分。除非另有说明，指南也适用于语言测评中新技术的开发和使用。如果这些测试模式需要独特的指南，在相应的章节中也有提供。

第一部分

A. 在所有测试 / 测评情境下良好测试实践的基本考量

1. 测试开发人员必须清楚地说明自己对测试的理解，即清楚地说明测试及其每个子部分要测量什么（测试构念）。
2. 所有的测试，无论其目的或用途如何，都必须提供能够做出有效推断的信息。效度是指基于测试分数做出的推理和使用的准确性。例如，如果考试目的是测试在商务交流中使用英语的能力，基于测试分数所做的推论也确实测量了该能力，则该测试是有效的。然而，由于在商务交流中使用英语的能力是一个构念，测试开发人员必须清楚地说明这个构念是什么或者是由什么组成。只有当考试尽可能准确地提供了它所要测量的技能或能力时，基于考试分数的推断或解释才是有效的。
3. 所有测试，无论其目的或用途如何，都必须是可信的。信度通常指的是某一特定测试结果的一致性，它们在多大程度上是可推及的，因此在不同时间、不同环境下具有可比性。

B. 测试设计人员和测试编写人员的责任

1. 测试设计应确定测试的预期目的，并作明确的说明。
2. 测试设计人员必须决定要测量的构念，并明确说明如何操作该构念。
3. 应详细说明测试和测试任务规范，并以预期测试使用者可理解的语言进行说明。
4. 应在试测前对任务和题项编写者的工作进行编辑。如果不能进行试测，则应在施测之后、报告结果之前对测试任务和题项进行分析。有问题或不合适的任务和题项不应计入个体考生的报告分数。
5. 必须为需要人工评分的测试任务准备评分信息指南（也称为等级评价或评分方案）。指南必须进行使用，以证明其可对考生的表现进行可靠的测评。
6. 评分人员应该为这项任务接受培训，并应计算和公布评分员间以及评分员内信度。如果采用自动评分系统，则必须证明其运行可靠且有效。
7. 考试材料应保存在安全的地方，不允许任何考生获得相对于其他考生的不公平的优势。
8. 必须注意确保在施考过程中以同样的方式对待所有考生。
9. 必须认真遵守评分程序，并检查评分处理程序，以确保不会出现任何错误。
10. 测试结果的报告应以便于考生和其他利益相关者理解的方式呈现。

基于计算机的测试（CBT）和网考开发人员的额外责任。

11. 测试开发人员必须提供证据，证明 CBT 和网考有自动防故障性能，并在发生系统故障时，不会使考生处于不利形势。
12. 测试开发人员应该保持测试系统连续运行，而不会受到不适当的干扰，例如，在可能的范围内尽可能减少必须运行的软件和硬件更新的数量。
13. 施考和应考所需的所有硬件、软件和浏览器要求必须尽可能以非专业的语言清楚地以文档的形式记录下来。
14. 必须使用便于修改的硬件和软件（例如，字体大小、作答格式）。
15. 为了提高可访问性，开发人员应该使用最少的软件和硬件功能来测量构念。
16. 测试开发人员必须提供有关在发生软件或硬件故障时应遵循的程序的信息。
17. 应创建模拟测试和辅导课程，以便考生能够熟悉测试的功能。
18. 如果 CBT 或网考是纸笔测试的改编版，并用于相同的目的，则开发人员必须提供与纸笔考试等值的证据。

C. 准备或施考高风险考试的机构的职责

　　开发和施考入学、认证或其他高风险考试的机构（学院、学校、认证机构等）必须使用了解当前语言测试理论和实践的测试设计者和题项编写者。题项必须由在要测试的语言方面具有较高水平的人员审查。

　　对考生和相关利益者的责任

　　（测试前）
机构应向所有可能参加考试的考生提供充分的信息，说明考试的目的、考试试图测量的一个或多个构念，以及要达到的程度。还应提供关于分数／等级如何分配以及结果如何报告的相关信息。

　　在 CBT 和网考情况下，机构必须确保满足技术要求，必须对施考人员和考生进行测试功能的培训，必须为考生提供实践和熟悉这些功能的时间。

　　（测试中）

　　机构应提供对考生有利的施考设施。应仔细准备施考材料，并对监考员进行培训和监督，以使每次施考的流程同时统一，确保所有考生收到相同的指令、相同的作题时间，并获得相同的任何允许的援助。如果发生了对施考统一性质疑的情况，应查明问题所在，并应立即宣布将采取的补救措施，以抵消对受影响的考生的负面影响。

　　在口语测试的情境下，应能对进行适当的监考和监督，为评分员／对话者和考生提供安全可靠的专业环境。

　　在 CBT 和网考情境下，机构应确保在测试前、测试中和测试后立即提供技术支持。应制定计划以应对技术困难（例如，断开连接、系统崩溃）。

　　（评分中）

　　机构应采取必要的步骤，确保每个考生的成绩都得到准确的评分／评级，并将结果正确地放入该测评使用的数据库中。应进行持续的质量监测，以确保评分流程按预期运行。

　　（其他考量）

　　如果要对没有参加同一考试或同一形式考试的考生做出决定，必须注意确保所使用的不同的测量实际上是可比的。

　　如果使用了一种以上的测试形式，则应尽快公布形式间的信度估值。如果测试数据是手动输入计算机的，则必须制定程序以检查输入的准确性。

D. 准备和实施公开测试的人员的职责

　他们应该：
　1. 明确说明该测试适用于哪些群体，不适用于哪些群体。
　2. 以非专业人员能够理解的语言清楚地说明该测试的测试构念。

3. 公布测试的效度和信度估值以及偏差报告，并以通俗易懂的语言提供充分的解释，以使潜在的考生和测试使用者能够决定该测试是否适合他们的情况。

4. 测试结果要以使测试使用者能从中得出恰当的和有意义的推论的形式来报告。

5. 避免对测试做出任何虚假或误导性的声明。

6. 当测试被误用时，公开发言，考虑采取法律措施，甚至取消测试。

7. 为考生发布文档，该文档：

7.1 解释相关的测量概念，以便非专业人员能够理解。

7.2 报告测试的信度和效度证据，以达到设计测试的目的。

7.3 描述评分程序，如果存在多种形式，则说明确保各种形式的结果的一致性的步骤。

7.4 解释测试结果的正确解释以及对其准确性的任何限制，包括测试分数的最长有效期。

E. 测试结果使用者的责任

使用测试结果进行决策的人员必须：

1. 使用足够可靠和有效的测试结果，以便做出公平的决策。

2. 确保测试构念与要做的决策相关。

3. 清楚地了解测试结果的局限性，并根据其局限性做出决策。

4. 考虑测试的标准测量误差（SEM），为决策提供数据。

5. 准备好解释并提供其决策过程的公正性和准确性的证据。

6. 考虑到考试提供者不能给出分数有效性的不确定保证，因为在考试之后存在语言磨蚀的可能性。

F. 特别事项

在常模参照测试中：

必须报告测试所规范的人群的特征，以便测试使用者可以确定该群体是否适合作为他们的考生可以比较的标准。

在标准参照测试中：

标准的适恰性必须由该测试领域的专家确认。

因为相关性本身并不足以确定标准参照测试的信度和效度。还必须使用适用于分析此类试验数据的其他方法（例如，定性分析的形式）。

第二部分 考生的权利与义务

A. 作为考生，您有权：

1. 被告知您作为考生的权利和责任。

2. 无论您的年龄、身体缺陷、种族、性别、国籍、宗教、性取向或其他个人特征如何，都应受到礼貌、尊重和公正的对待。

3. 根据测试结果的使用方式，采用符合专业标准且恰当的测量方法进行测试。

4. 在测试之前，收到一份简短的口头或书面说明，说明测试的目的、要使用的测试种类、是否将结果报告给您或其他人，以及测试结果的计划用途。如果您有身体缺陷，您有权询问和收到有关测试便利性的信息（特别安排）。您有权在测试前了解是否有任何此类特殊安排可供您使用。

5. 在测试之前了解测试将于何时进行，测试结果是否以及何时可为您提供，以及您是否需要支付测试服务费用。

6. 由经过适当培训并遵守职业道德准则的人员进行测试并解释测试结果。

7. 了解考试是否可选，并了解参加或不参加考试、完全完成考试或取消成绩的后果。您可能需要问一些问题来了解这些后果。

8. 在测试后的合理时间内，以通常能被理解的语言收到关于您的测试结果的书面或口头解释。

9. 在法律允许的范围内，对您的测试结果保密。

10. 提出对测试过程或结果的顾虑，并收到有关将用于解决此类顾虑的程序的信息。

11. 在 CBT 和网考情况下，被告知参加测试的最低系统要求。

12. 在 CBT 和网考情况下，应提供充足的时间来熟悉技术和系统功能。

B. 作为考生，您有责任：

1. 阅读和／或聆听您作为考生的权利和责任。

2. 在考试过程中，对他人以礼相待，尊重他人，不要做出任何妨碍其他考生发挥出最好能力的行为。

3. 如果您不确定为什么要进行测试，测试的方式，您要做什么，以及结果将用来做什么，请在测试前提出。

4. 在考试前阅读或听描述性信息，并仔细听所有的测试指令。如果您理解考试指令的语言有困难，您有责任通知考官。如果您希望获得考试便利，或者您的身体状况或疾病可能会影响您的测试表现，您应在考试前告知考官。

5. 知道考试的时间和地点，如果需要的话，支付考试费用，带着所需材料准时到达考场，并做好考试准备。

6. 诚信应考，在测试中不寻求或推动其他考生的帮助。

7. 诚信应考，对测试内容保密（不发布有关测试内容的信息）。

8. 如果您选择不参加考试，要熟悉并接受不参加考试的后果。

9. 如果您认为测试条件影响了您的测试结果，请告知负责测试的组织指定的相关人员。

10. 如果您在这方面有顾虑的话，请询问您的测试结果的保密性。

11. 以及时、尊重的方式提出您对测试过程或结果的任何顾虑。

第三部分 基于课堂的语言测评实践指南

在本节中，我们将首先区分测试和测评，以及正式和非正式的课堂测试和测评。

测试可以被理解为在特定的时间点上测量特定知识的工具，例如在一个学习单元结束时，或在期中或年终时，或在由机构或外部职权部门确定的任何特定时间点上。测试（有时称为考试或测验）经常收集数字形式的信息，如分数，允许按百分位进行分层排名。正式测试是指测试结果具有特定影响的情况，如升入更高年级、重复单元或课程学习，或获得进入高等教育机构的机会。

测评是指教师在课堂上使用的任何用于诊断和动态目的的程序，将学习与课程联系起来，以及对学习的测评和面向学习的测评。这包括确定学生的学习潜力以及其学习的有效性，还包括形成性和终结性测评。它还可以用来确认教学方法和所使用的材料的有效性。测评程序既包括正式测评，如测试，也包括非正式测评，如观察、访谈、问卷、检查表、表现和组合测评、同伴和自我测评，以及教师和学生之间的讨论。非正式测评不会对学生进行排名或评判，从中获得的信息通常只用于提高学习成果。

A. 教师作为正式和非正式考试、小测验和测评活动（包括从不同考试材料中选择或改编时）的测试编写者的责任。

1. 应明确说明测试或测评的预期目的（如诊断性、终结性评价、形成性测评、学业成绩测试）。
2. 在从现有材料中选择或改编测试或测评活动时，教师／试卷编写者应确保原始材料在测试目的、构念和预期目标人群方面适合当前的考生。
3. 测试和测评活动必须包括对考生／参与者的清晰、明确的指令。
4. 在用于终结性目的的成绩测试中，教师／测试编写者必须决定要测量的知识和技能，并明确说明测试如何测量这些知识和技能。
5. 对于需要人工评分的测试，必须提前准备评分指南。
6. 评分人员应接受针对该任务的培训，并使用为此目的而制定的评分指南。
7. 必须认真遵守评分程序，并检查评分处理程序，以确保不会出现错误。
8. 考试材料应保存在安全的地方，不允许考生获得相对于其他考生的不公平的优势。
9. 在施考前，应由同事对测试进行审核，以确保清晰并避免题项的模糊性。
10. 必须注意确保在施考过程中以相同的方式对待所有考生。
11. 测试结果的报告应以便于考生和其他利益相关者理解的方式呈现。
12. 在开发课堂内部的隐性测试以及随堂测试时，包括有计划的和自发的测评，教师／测试编写者应确保考生理解测试的预期目的、测试如何评分、由谁评分以及结果的用途。

B. 在所有正式情境下良好测试实践的基本考量

1. 明确说明测试的目的和内容。
2. 所有的测试，无论其目的或用途如何，都必须提供能够做出有效推断的信息。效度指的是基于测试分数做出的推断和使用的准确性。例如，如果一项阅读测试旨在测试学生把文本中信息转化为图表的能力，那基于测试分数的推断是有效的，因为测试实际上测量了这种能力。然而，由于将信息从一种媒介转移到另一种媒介的能力是一种构念，测试开发人员必须清楚地说明构念的定义或者构念的组成部分。只有当测试构念尽可能准确地描绘了要测量的技能或能力时，基于分数的推断或解读才是有效的。
3. 所有测试，无论其目的或用途如何，都必须是可信的。信度指的是测试结果的一致性，测试结果在多大程度上是可推及的，因此在不同时间和不同情境下，以及在有多个评分员／评级员的情况下，从一个评分员／评级员到另一个评分员／评级员之间是可比的。
4. 负责创建测试和施考的教师应熟悉当地机构的测试流程和行为准则。在可能的情况下，应对测试编写者和施考人员进行外部监控，以便有效地处理投诉程序。

C. 教师准备和实施正式考试的职责

对考生和利益相关者的责任

（在正式的终结性测试之前）

1. 必须向考生提供有关考试日期、时间和地点的明确信息。
2. 考生应该被告知允许参加考试的时间长度。
3. 应向考生提供有关考试目的、考试内容和评分程序的信息。
4. 评分程序必须用每个考生都能理解的术语来解释。

（考试中）
1. 考试的地点不应对任何考生不利。所有考生都应接受相同的指令，并获得任何允许的辅助工具。
2. 如果发生了对施考公正性质疑的情况，应确定问题所在，并应及时公布将采取的任何补救措施，以抵消对受影响考生的负面影响。补救措施可能包括为特定的考生（如有不同身体缺陷的考生）改变测试条件，为其提供便利。
3. 施考人员负责监控和维护诚信的测试环境。任何违规行为都必须记录在案，在考试结束时告知考生，并在评分前向相关人员报告。
4. 如果考生行为对其他考生造成干扰，施考人员有权并有责任取消任何个人的考试资格。
5. 当出现误用测试的情况时，测试编写者和管理人员有责任进行干预。

（评分时）
1. 应采取必要的步骤，以确保每个测试的评分／评级准确，并正确记录结果。
2. 应进行持续的质量监控，以确保评分过程按预期进行。
3. 结果必须以测试使用者（例如，考生、家长、校长等）能从中得出正确的推论的方式报告。
4. 不得对测试做出虚假或误导性的声明。
5. 必须对测试结果的恰当解读以及结果解读的局限性做出解释。
6. 应有明确的投诉程序和政策，最好有外部监督（如有可能）。

D. 教师作为正式考试成绩使用者的职责

使用测试结果进行决策的人员必须：

1. 使用足够可靠和有效的测试结果，以便做出公平的决策。
2. 确保测试的知识和技能与要做出的决策相关。
3. 清楚地了解测试结果的局限性，并在此基础上做出决策。
4. 准备好解释并提供其决策过程的公正性和准确性的证据。
5. 概述透明、公平的上诉或重新评分流程。
6. 给学生提供反馈，为提升未来学习提供建议。

E. 正式语境中考生的权利与责任

如果您是未成年人，作为考生，您和您的父母或监护人有权：
1. 被告知您作为考生的权利和责任。
2. 无论您的年龄、身体缺陷、种族、性别认同、国籍、宗教、性取向或其他个人特征如何，都应受到礼貌、尊重和公正的对待。
3. 根据测试结果的使用方式，采用符合专业标准且适当的措施进行测试。
4. 在测试之前，收到一份简短的口头或书面说明，说明测试的目的、要使用的测试种类、是否将结果报告给您或其他人，以及结果的计划用途。如果您有身体缺陷，您有权询问并收到有关测试便利性的信息（特别安排）。您有权在测试之前了解您是否可以获得任何此类特殊安排。
5. 在测试前了解何时进行测试，测试结果是否以及何时提供给您。

6. 由受过适当培训并遵守职业道德准则的人员施测并解释测试结果。
7. 了解考试是否是可选的，并了解参加或不参加考试、完全完成考试或取消成绩的后果。您可能需要问一些问题来了解这些后果。
8. 在测试后的合理时间内，获得对测试结果的书面或口头解释。用以解释结果的语言应通俗易懂。
9. 在法律允许的范围内，对您的测试结果保密。
10. 提出对测试过程或结果的顾虑，并收到有关将用于解决此类问题的程序的信息。

如果您是未成年人，作为考生，您和您的父母或监护人有责任：

1. 阅读和 / 或聆听您作为考生的权利和责任。
2. 在测试过程中，以礼貌和尊重的态度对待他人。
3. 如果您不确定为什么要进行测试，测试将如何进行，您将被要求做什么，以及将如何处理测试结果，请在测试前提出您的疑问。
4. 在考试前阅读或听描述性信息，仔细听所有考试指令。如果您希望获得考试便利，或者如果您的身体状况或疾病可能会影响您的考试成绩，您应在考试前告知考官。如果您理解考试语言有困难，您有责任告知考官。
5. 知道考试的时间和地点，带着所需的材料准时到达考场，并做好考试准备。
6. 遵循测试指令，并诚信应考。
7. 维护考试诚信，不在考试期间向其他考生寻求帮助，并对考试内容保密（不发布有关考试内容的信息）。
8. 如果您选择不参加考试，要熟悉并接受不参加考试的后果。
9. 如果您认为考试条件影响了您的成绩，请告知负责考试的教师或其他工作人员指定的适当人员。
10. 询问您的测试结果的保密性，如果您在这方面有顾虑的话。
11. 以及时、尊重的方式提出您对测试过程或结果的任何顾虑。

F. 教师进行非正式或即兴的课堂测评活动的职责

1. 教师必须确保告知学习者他们将在活动期间被测评，即使没有提前通知。
2. 必须注意确保学生了解他们将如何被测评以及由谁来测评。
3. 教师必须告知学习者如何使用来自自我、同伴和小组测评的分数。
4. 在完成小组测评任务时，应告知学生如何分配个人分数和小组分数。
5. 应采取必要的措施，确保所有学习者都有适当的、公平的机会参与活动，并表现出最好的能力。
6. 非正式或即兴的课堂测评结果只为进一步的教学提供信息，而不应因为测评结果不理想而在未来的课堂活动中贬低学生。
7. 除非学校政策、法律和 / 或主管当局要求，否则课堂活动的测评不应以分数的形式公开呈现，参与者也不应公开排名。
8. 应就非正式或即兴的课堂活动给学生个人或对 / 组提供适当的反馈，以促进学生的学习。
9. 应为学生提供机会，让其回顾测评结果，两人一组 / 小组讨论其对反馈的理解，从而促使学生对自己的学习负责，并了解如何利用反馈继续努力。

图 21.3 《ILTA 实践指南》翻译

反思：这两份文件语言理解难度不大，但要在有限的时间内译完还是有难度的。翻译的时候总想着以前学的翻译理论能不能指导实践。总体而言，这两个纲领性文献虽然不具有法律效力，但对成员具有规范、约束和限制的作用。

4. 请问你可以用上述两份材料做什么样的教学实践与科学研究？

参考作答 1

《道德准则》和《实践指南》可用于指导教师测评素养研究和语言测评的社会学研究。基于课堂的语言测评实践指南对自己作为语言教师的课堂测评实践也有非常现实的指导意义。

参考作答 2

我的关注点更多在《实践指南》上，初步思考是不是可以做以下教学实践与科学研究：

因为这是一个国际性的实践指南，可以尝试把三大部分内容特别是第三部分基于课堂的语言测评实践指南（Guidelines for practice in classroom-based language assessment）运用到我们的课堂中。这部分既可以指导我们课堂上的各种测评，也可以指导我们进行实证研究。指导教师做基于课堂的语言测评质性或量化研究，并探索这个国际语言测试指南在中国高校课堂中有哪些是适用的，哪些是值得改进的。

5. 作为英语教师，国际同行的道德准则和实践指南是什么？请查阅并回答。

参考作答 1

• 《美国全国教育协会教育职业道德规范》

《规范》既是所有教育工作者的理想，也为其行为提供了评判的标准。规范主要从对学生的责任和对教师的本职工作的责任进行了规范。

• 《新西兰注册教师职业道德规范》

《规范》规定教师的专业互动必须依据以下 4 条基本原则：

自主性：尊重并保护他人的权利；

公正性：分享权力，防止权力被滥用；

求善：善对他人，把对他人的伤害降到最低；

求真：诚实对待他人和自己。

教师的专业职责主要包括：

对学生的责任；

对学生家长 / 监护人及家人的责任；

对社会的责任；

对本职业的责任。

● 《加拿大安大略省教师职业道德标准》（2006 年修订版）

《标准》规定教师职业道德标准的目的是：

激励教师维护和提升教师职业的荣耀与尊严；

识别教师职业中的道德责任和义务；

指导教师职业中的道德决定和行为；

提升公众对教师职业的信任和信心。

教师职业道德标准是：关爱（Care）、尊重（Respect）、信任（Trust）和正直（Integrity）。

参考作答 2

表 21.4　中英美三国教师道德准则和实践指南举例

国家	文件名称	发布部门
中国	● 新时代高校教师职业行为十项准则	教育部
	● 高等学校教师职业道德规范	教育部 中国教科文卫体工会全国委员会
美国	● 教育专业伦理规范 ● 教育职业伦理准则	美国教育协会
	● 优秀教师行为准则	美国华盛顿州
英国	● 英国教师职业标准	英国教师标准局
	● 道德行为准则	英国剑桥大学董事会
	● 合格教师专业标准和教师职前培训要求	英国师资培训署教育标准局

　　教师的天职是教书育人，这一点没有国界，因此任何国家的教师行为准则都要体现为人师表这个共同特征。各国的教师职业道德规范大多以师生相处这一方面为核心内容，强调教师要注重对学生个性的培养，提倡平等教育、全纳教育、个性教育等，这些也是课程思政研究的范围。

参考文献
References

辜向东, 关晓仙 . (2003). CET 阅读测试与大学英语阅读教材易读度抽样研究 [J]. 西安外国语学院学报 (3): 39-42.

文秋芳, 张虹 . (2019). 跨院系多语种教师专业学习共同体建设的理论与实践探索 [J]. 外语界 (6): 9-17.

文秋芳 . (2020). 熟手型外语教师运用新教学理论的发展阶段与决定因素 [J]. 中国外语 , 17(1): 50-59.

孔文, 李清华 .（2008）. 英语专业学生元认知和认知策略使用与英语水平关系的研究 [J]. 现代外语第 2 期 , 173-184, 219-220.

Alderson, J. C. & Kremmel, B. (2013). Re-examining the content validation of a grammar test: The (im)possibility of distinguishing vocabulary and structural knowledge. *Language Testing, 30*(4), 535-556.

Alderson, J. C. (2009). Air safety, language assessment policy, and policy implementation: The case of aviation English. *Annual Review of Applied Linguistics, 29*, 168-187.

Alderson, J. C. (2010). A survey of aviation English test. *Language Testing, 21*(1), 51-72.

Alderson, J. C. (2011). The politics of aviation English testing. *Language Assessment Quarterly, 8*(4), 386-403.

Alderson, J. C. and Wall, D. (1996). Editorial for special issue on washback. *Language Testing, 13*(3), 239-240.

Alderson, J. C., & Urquhart, A. H. (1985). The effect of students' academic discipline on their performance on ESP reading tests. *Language Testing, 2*(2), 192-204.

Alderson, J. C., & Wall, D. (1993). Does washback exist? *Applied Linguistics, 14(2), 115-129.*

Alderson, J. C., Brunfaut T & Harding, L. (2014). Issues in language testing revisited. *Language Assessment Quarterly, 11*(2), 125-128.

Alderson, J. C., Brunfaut T & Harding, L (2014). Towards a theory of diagnosis in second and foreign language assessment: Insights from professional practice across diverse fields. *Applied Linguistics, 36*(2), 236-260.

Alderson, J. C., Brunfaut, T., & Harding, L. (2017). Bridging assessment and learning: A view from second and foreign language assessment. *Assessment in Education: Principles, Policy & Practice, 24*(3). 379-387.

Alderson, J. C., Nieminen, L. & Huhta, A. (2016). Characteristics of weak and strong readers in a foreign language. *The Modern Language Journal, 100*(4), 1-28.

American Educational Research Association, American Psychological Association & National council on Measurement in Education. (2014). *Standards for educational and psychological testing*. American Educational Research Association.

Bachman, L. & Palmer, A. (2016). 语言测评实践 [M]. 韩宝成, 罗凯洲 (导读). 北京: 外语教学与研究出版社。

Bachman, L. F. (1990). *Fundamental considerations in language testing*. Oxford University Press.

Bachman, L. F. (2004). *Statistical analyses for language assessment*. Cambridge University Press.

Bachman, L. F. (2005). Building and supporting a case for test use. *Language Assessment Quarterly, 2*(1), 1-34.

Baker, E. L., O' Neil, H.F., & Linn, R. L. (1993). Policy and validity prospects for performance-based assessment. *American Psychologist, 48*(12), 1210-1218.

Bond, L. (1995). Unintended consequences of performance assessment: Issues of bias and fairness. *Educational Measurement: Issues and Practice, 14*(4), 21-24.

Brown, J. D. (2014). *Mixed methods research for TESOL.* Edinburgh University Press.

Brunfaut, T. (2014). A lifetime of language testing: An interview with J. Charles Alderson. *Language Assessment Quarterly, 11*(1), 103-119.

Canale, M. (1987). The measurement of communicative competence. *Annual Review of Applied Linguistics, 8,* 67-84.

Canale, M., & Swain, M. (1980). Theoretical bases of communicative approaches to second language teaching and testing. *Applied Linguistics, 1*(1), 1-47.

Cheng, L., Watanabe, Y., & Curtis, A. (Eds.). (2004). *Washback in language testing: research contexts and methods.* Lawrence Erlbaum Associates.

Cho, Y., & Blood, I. A. (2020). An analysis of TOEFL® Primary™ repeaters: How much score change occurs? *Language Testing, 37*(4), 503-522.

Davies, A. (1997). Introduction: the limits of ethics in language testing. *Language Testing, 14*(3), 235-241.

Davies, A., Brown, A., Elder, C. Hill, K. Lumbey, T. & McNamara, T. (2002). 语言测试词典 [M]. 韩宝成 (导读). 北京：外语教学与研究出版社 .

Denzin, N. K., & Lincoln, Y. S. (2017). *The SAGE handbook of qualitative research* (5th ed). Sage.

Denzin, N. K., & Lincoln, Y. S. (Eds.). (2005). *The Sage handbook of qualitative research* (3rd ed.). Sage.

Eckert, P. & Rickford, J. (2001). *Style and sociolinguistic variation.* Cambridge University Press.

Eckert, P. (2008). Variation and the indexical field. *Journal of Sociolinguistics, 12*(4), 453-476.

Elder, C. (1997). What does test bias have to do with fairness? *Language Testing, 14*(3), 261-277.

European Association for Language Testing and Assessment. (2014). *EALTA guidelines for good practice in language testing and assessment.* European Association for Language Testing and Assessment.

Fulcher, G. (1996). Does thick description lead to smart tests? A data-based approach to rating scale construction. *Language Testing, 13*(2), 208-238.

Fulcher, G., & Márquez Reiter, Rosina. (2003). Task difficulty in speaking tests. *Language Testing, 20*(3), 321-344.

Fulcher, G., Davidson, F., & Kemp, J. (2010). Effective rating scale development for speaking tests: performance decision trees. *Language Testing, 28*(1), 5-29.

Hamp-lyons, L., & Davies, A. (2008). The Englishes of English tests: Bias revisited. *World Englishes, 27*(1), 26-39.

Harding, L., Alderson, J. C. & Brunfaut, T. (2015). Diagnostic assessment of reading and listening in a second or foreign language: Elaborating on diagnostic principles. *Language Testing, 32*(3) 317-336.

Harrison, R.L., Reilly, T. M., & Creswell, J. W. (2020). Methodological rigor in mixed methods: an application in management studies. *Journal of Mixed Methods Research, 14*(4), 473-495.

Holzknecht, F., McCray, G., Eberharter, K., Kremmel, B., Zehentner, M., Spiby, R., & Dunlea, J. (2021). The effect of response order on candidate viewing behaviour and item difficulty in a multiple-choice listening test. *Language Testing, 38*(1), 41-61.

International Language Testing Association. (2000). *ILTA Code of Ethics: Language*

Testing Update, 27, 14-22.

International Language Testing Association. (2018). *ILTA code of ethics.* International Language Testing Association. (Minor corrections approved by the ILTA Executive Committee, January 2018)

International Language Testing Association. (2020). *ILTA Guidelines for Practice.* International Language Testing Association. (Updated version to be ratified by ABM in 2020)

Kim, A. A., Chapman, M., Kondo, A., & Wilmes, C. (2019). Examining the assessment literacy required for interpreting score reports: A focus on educators of K–12 English learners. *Language Testing, 37*(1)，107-132.

Kirk, J. & Miller, M. L. (1986). *Reliability and validity in qualitative research.* Sage.

Knoch, U., Huisman, A., Elder, C., Kong, X., & McKenna, A. (2020). Drawing on repeat test takers to study test preparation practices and their links to score gains. *Language Testing, 37*(4), 550-572.

Kremmel, B., Brunfaut, T. & Alderson, J. C. (2015). Exploring the role of phraseological knowledge in foreign language reading. *Applied Linguistics, 38*(6) 848-870.

Kunnan, A. J. (2000). *Fairness and Validation in Language Assessment: Selected Papers from the 19th Language Testing Research Colloquium, Orlando, Florida.* Cambridge University Press.

Kunnan, A. J. (2004). Test fairness. In L. Taylor (Ed.), *European Language Testing in a Global Context.* Cambridge University Press.

Kunnan, A. J. (2004). Test fairness. In M. Milanovis, & C, Weir (Eds.), *European Language Testing in a Global Context* (pp.27-48). Cambridge University Press.

Le-Thi, D., Dörnyei, z. & Penllicer-Sanchez, A. (2020). Increasing the effectiveness of teaching L2 formulaic sequence through motivational strategies and mental imagery: A classroom experiment. *Language Teaching Research, 26* (6), 1202-1230.

Leung, C., Davidson, C., East, M., Evans, M. Green, T., Liu, Y., Hamp-Lyons, L., & Purpura, J. (2018). Using assessment to promote learning: Clarifying constructs, theories and practices. In J. Davies & J. Norris (eds.), *Useful Assessment and Evaluation in Language Education.* Georgetown University Press.

Linn, R. L. (1994). Performance assessment: policy promises and technical measurement standards. *Educational Researcher, 23*(9), 4-14.

Linn, R. L., & Burton, E. (1994). Performance-based assessment: Implications of task specificity. Educational Measurement: Issues and Practice, 13(1), 5-8.

Linn, R. L., Baker, E. L., & Dunbar, S. B. (1991). Complex, performance-based assessment: Expectations and validation criteria. *educational Researcher, 20*(8), 15-21.

Luoma, S., & Tarnanen, M. (2003). Creating a self-rating instrument for second language writing: from idea to implementation. *Language Testing, 20*(4), 440-465.

May, L., Nakatsuhara, F., Lam, D., & Galaczi, E. (2020). Developing tools for learning oriented assessment of interactional competence: Bridging theory and practice. *Language Testing, 37*(2), 165-188.

McCarty, R., & Swales, J. M. (2017). Technological change and generic effects in a university Herbarium: A textography revisited. *Discourse Studies, 19*(5), 561-580.

Messick, S. (1994). Alternative modes of assessment, uniform standards of validity.

ETS Research Report Series, (2), 1-22.

Messick, S. (1994). Alternative modes of assessment, uniform standards of validity. Paper presented at the Conference on Evaluating Alternatives to Traditional Testing for Selection, Bowling Green State University, October 25-6.

Miyamoto, A., Pfost, M., & Artelt, C. (2019). The relationship between intrinsic motivation and reading comprehension: Mediating effects of reading amount and metacognitive knowledge of strategy Use. *Scientific Studies of Reading, 23*(6), 445-460.

Moreno, A. I. & Swales, J. M. (2018). Strengthening move analysis methodology towards bridging the function-form gap. *English for Specific Purposes, 50*, 40-63.

Moss, P. A. (1992). Shifting conceptions of validity in educational measurement: Implications for performance assessment. *Review of Educational Research, 62*(3), 229-258.

Neiderhiser, J. A., Kelley, P., Kennedy, K. M., Swales, J. M., & Vergaro, C. (2016) "Notice the similarities between the two sets ..." : Imperative usage in a corpus of upper-level student papers. *Applied Linguistics, 37*(2), 198-218.

Patton, M. Q. (2017). Empowerment evaluation: exemplary is its openness to dialogue, reflective practice, and process use. *Evaluation and Program Planning, 63*, 137-140.

Phakiti, A. (2003). A closer look at the relationship of cognitive and metacognitive strategy use to EFL reading achievement test performance. *Language Testing, 20*(1), 26-56.

Phakiti, A. (2016). Test takers' performance appraisals, appraisal calibration, and cognitive and metacognitive strategy use. *Language Assessment Quarterly, 13*(2), 75-108.

Purpura, J. E. (2016). Learning-oriented assessment in second and foreign language classrooms. In Tsagari, D. & Baneerjee, J. (eds). *Handbook of Second Language Assessment.* (p.255-272). De Gruyter, Inc.

Purpura, J. E. (2016). Second and foreign language assessment. *Modern Language Journal, 100*(S1), 190-208.

Purpura, J. E. (2017). Assessing meaning. In Shohamy, E., Or, I. G., & May, S. (eds.). *Language testing and assessment.* Springer International Publishing.

Purpura, J. E., & Christison, M. (2016). A lifetime of language testing: An interview with Adrian (Buzz) Palmer. *Language Assessment Quarterly, 13*(2), 142-155.

Purpura, J. E., Brown. J. D., & Schoonen, R. (2015). Improving the validity of quantative measures in applied linguistics research. *Language Learning, 65*(S1), 37-75.

Richord, J & Price, M. (2013). Girlz II women: Age-grading, language change and stylistic variation. *Journal of Sociolinguistics, 17*(2), 143-179.

Şahan, Ö., & Razı, S. (2020). Do experience and text quality matter for raters' decision-making behaviors? *Language Testing, 37*(3), 311-332.

Shi, B., Huang, L., & Lu, X. (2020). Effect of prompt type on test-takers' writing performance and writing strategy use in the continuation task. *Language Testing, 37*(3), 361-388.

Shohamy, E. (1984). Does the testing method make a difference? The case of reading comprehension. *Language Testing, 1*(2), 147-170.

Swain, M. (1985). Large-scale communicative language testing: A case study. In: Y. P. Lee, A. C. Y. Fork, R. Lord, & G. Low (Eds.). *New Directions in Language testing.* Pergamon.

Swales, J. M. (2016). Configuring image and context: Writing "about" pictures. *English for Specific Purposes, 41*, 22-35.

Swales, J. M. (2017). Standardisation and its discontents. In Cargill, M. & Burgess, S. (eds.). *Publishing Research in English as an Additional Language: Practices, Pathways and Potentials*, pp.239-254. The University of Adelaide Press.

Swales, J. M. (2018). *Other floors, other voices: A textography of a small university building* (second 20th anniversary edition). University of Michigan Press.

Swales, J. M. (2019). The futures of EAP genre studies: A personal viewpoint. *Journal of English for Academic Purposes. 38,* 75-82.

Swales, J. M., & Post, J. (2018). Student use of imperatives in their academic writing: How research can be pedagogically applied. *Journal of English for Academic Purposes, 31,* 91-97.

Swales, J. M., Jakobsen, H., Kejser, C., Koch, L., Lynch, J., & Mølbæk, L. (2017). A new link in a chain of genres? *HERMES-Journal of Language and Communication in Business, 13*(25), 133-141.

Swales, J.M. (2004). *Research genres: explorations and applications*. Cambridge University Press.

Taylor, L. (2013). Communicating the theory, practice and principles of language testing to test stakeholders: Some reflections. *Language Testing, 30*(3), 403-412.

The Association of Language Testers in Europe. (1994). *The ALTE code of practice 1994*. The Association of Language Testers in Europe.

The Japan Language Testing Association. (2015). *The JLTA Code of Good Testing Practice*. The Japan Language Testing Association.

Toprak, T. E., & Cakir, A. (2021). Examining the L2 reading comprehension ability of adult ELLs: Developing a diagnostic test within the cognitive diagnostic assessment framework. *Language Testing, 38*(1), 106-131.

Vogt, K., Tsagari, D., & Csépes, I. (2020). Linking learners' perspectives on language assessment practices to teachers' assessment literacy enhancement (TALE): Insights from four European countries. *Language Assessment Quarterly, 17*(4), 410-433.

Wall, D. (1997). Impact and washback in language *testing.* In C. Clapham, & D. Corson (Eds.), *Encyclopedia of Language and Education. (Vol.vii: Language Testing and Assessment,* pp. 291-302). Kulwer Academic Publishers.

Wang, H., Choi, I., Schmidgall, J., & Bachman, L. F. (2012). Review of Pearson Test of English Academic: Building an assessment use argument. *Language Testing, 29*(4), 603-619.

Wiggins, G. (1993). Assessment: authenticity, context and validity. *Phi Delta Kappan International, 75*(3), 200-214.

Xing, P., & Fulcher, G. (2007). Reliability assessment for two versions of vocabulary levels tests. *System, 35*(2), 182-191.

Zhang, L., Goh, C. C. M., & Kunnan, A. J. (2014). Analysis of test takers' metacognitive and cognitive strategy use and EFL reading test performance: A multi-sample SEM approach. *Language Assessment Quarterly, 11*(1), 76-102.